山东大学儒学高等研究院教授自选集

中国近现代史研习录

李平生 著

山东大学出版社
SHANDONG UNIVERSITY PRESS
·济南·

图书在版编目(CIP)数据
中国近现代史研习录 / 李平生著. -- 济南 : 山东大学出版社, 2025.2. --(山东大学儒学高等研究院教授自选集). -- ISBN 978-7-5607-8600-1
Ⅰ. K250.7-53
中国国家版本馆 CIP 数据核字第 2025H0P383 号

责任编辑　傅　侃　韩思远
封面设计　王秋忆

中国近现代史研习录
ZHONGGUO JIN XIAN DAI SHI YAN XI LU

出版发行　山东大学出版社
社　　址　山东省济南市山大南路 20 号
邮政编码　250100
发行热线　(0531)88363008
经　　销　新华书店
印　　刷　山东新华印务有限公司
规　　格　880 毫米×1230 毫米　1/32
　　　　　17.375 印张　390 千字
版　　次　2025 年 2 月第 1 版
印　　次　2025 年 2 月第 1 次印刷
定　　价　88.00 元

总　序

山东大学素以文史见长，人文学科为山东大学学术地位和学术声誉的铸就做出了极为重要的贡献。而在目前山东大学的人文学科集群中，2012年重组的儒学高等研究院当之无愧地位于第一方阵，是打造“山大学派”的一支生力军。山东大学儒学高等研究院已成为目前国内规模最大、实力突出的国学研究机构。而儒学高等研究院的前身和主体是2002年成立的文史哲研究院。如此说来，儒学高等研究院已然走过了20年的岁月，恰如一个刚刚走出懵懂、朝气蓬勃的青年。

在这20年的生命历程中，儒学高等研究院锻造形成了鲜明的学术特色，即以中国古典学术为重心，以古文、古史、古哲、古籍为主攻方向。本院学者在中国古典学术领域精耕细作，取得了一批具有时代高度的标志性成果，受到学术界广泛赞誉。这一学术特色使儒学高等研究院积极融入了当代学术主流。20世纪90年代以降，中国人文学术发展的大趋势是从西方化向本土化转型，而古典学术是实现本土化的一项重要资源。儒学高等研究院顺应时势，合理谋划，全力推进，因此成为近20年来中国古典学术研究复兴与前行的重要参与者和推动者。

儒学高等研究院的另一特色是横跨中文、历史、哲学、社会学(民俗学)四个一级学科,并致力于打破学科壁垒,在合理分工的基础上力求多学科协同融合。儒学高等研究院倡导和推行的儒学研究实质上是广义的国学,不以目前通行的单一学科为限。在这种开放多元的学术空间中,本院学者完全依据自身的兴趣和能力进行自主探索、自由创造,做到术业有专攻。目前,本院在史学理论、文献学、民俗学、先秦两汉文学、杜甫研究等若干领域创获最丰,居于海内外领先地位。今后的工作重点是在学科协同和学科整合上做进一步探索尝试,通过以问题为轴心的合作研究产生新的学术优势和学术生长点。

在20年的发展中,儒学高等研究院一方面继承前辈山大学者朴实厚重、精勤谨严的学风,一方面力图贯彻汉宋并重、考据与义理并重、沉潜与高明并重、传世文献与出土文献并重、国学与西学并重、历史与现实并重、基础研究与开发应用并重、个人兴趣与团队合作并重、埋头做大学问与形成大影响并重的科研方针,致力于塑造一种健康、合理、平衡的新学风。本院学者中,既有人沉潜于古籍文献的整理考释,也有人从事理论体系的创构发明,他们能够得到同等的尊重和支持。古典学术研究的学派或机构具有自身特色或专长无可厚非,但必须克服偏颇和极端倾向,摒弃自大排他心态。唯有兼顾各种风格、路向的平衡,才能更好地契合学术发展规律,更大限度地释放学术创造力。

当下，古典学术研究正面临五四以来百年未有的历史机缘。中央高度重视中华优秀传统文化的创造性转化、创新性发展，注重发挥传统文化在提升国家文化软实力、推动世界文明交流互鉴、为社会治理提供历史智慧等方面的独特功用。儒学高等研究院将顺势而为，与时俱进，将现有的学术优势与国家重大需求相对接，在古典文献整理研究、儒家思想理论阐释、传统文化精华推广普及等领域齐头并进，努力为古典学术研究的全面繁荣做出新的贡献。

2005 年的“山东大学文史哲研究院专刊”第一辑出版说明中曾提出：“‘兴灭业，继绝学，铸新知’，是本院基本的科研方针；重点扶持高精尖科研项目，优先资助相关成果的出版，是本院工作的重中之重。”这是当年我们这项学术事业“筚路蓝缕，以启山林”时的初心。而今机构名称虽已更易，但初心不变。“山东大学儒学高等研究院教授自选集”即是这一事业的赓续和拓延。这套书是本院 33 位专家学者历年学术成果的集中盘点和展示，有的甚至是毕生心血之结晶。这同时也是对文史哲研究院成立 20 周年暨儒学高等研究院重组 10 周年的一个纪念。期待学界同行的检阅和批评。

山东大学儒学高等研究院
教授自选集编辑委员会
2022 年 10 月

自 序

光阴荏苒，在自己几乎还没有思想准备的情况下，我步入了花甲之年。2023年5月，我领到了由中华人民共和国人力资源和社会保障部统一印制、山东省人力资源与社会保障厅颁发的退休证。看到这个退休证的时候，我回味着一个月以前即4月7日下午山东大学党委安排儒学高等研究院党委召开干部会议时的情景，脑海里回荡着我当时卸任感言：此时此刻，纵有千言万语，也难以表达内心感慨！从个人的角度来说，这个时刻对我来说意义很重大，因为我在山东大学度过了将近44年，我的学习、工作、生活在这里完成了一个个重要节点，从特定意义上来说，我在山东大学度过了本人整个青春岁月。人生有这样的一段经历，我感觉很丰富，很充实，不仅是无悔无怨，而且是非常庆幸，非常快乐，可以说，这就是我已经拥有的幸福人生！其中包含着我40多年来的学术追求和探索，相关成果特此结集成册。

1979年，也就是全国高考制度恢复的第三年，我从江西吉安四中考入了山东大学历史系。当时之所以报考山东大学，是因为我在填报高考志愿的时候还未满17周岁，对于各个高校的办学水平一无所知，不知道如何填报高考志愿，是我的中学校长、一位数学老师向我推荐山东大学。他当时对我说：你报考山东大学吧，这个学校非常不错，因为这个学校拥有全国著名的刊物《文史哲》。因为这位老师的推荐，我不仅和山东大学结缘44年，而且也和《文史哲》杂志社结缘37年（其中20年担任责任编辑，其余时间参与管理）。

我在山东大学历史系读本科及研究生的七年，正赶上了思想界、学术界风云激荡的年代。20世纪80年代，整个社会充盈着尊重知识、尊重人才的浓烈氛围，学术研究迎来了思想大解放的洪流，校园里的莘莘学子像饥饿的汉子扑向面包那样涌入图书馆、自习室，像久渴的禾苗那样贪婪地吸吮着知识的雨露。在这样的氛围之下，我心无旁骛投入到历史学的知识海洋当中，聆听了众多名家大师的相关讲座，关注着历史领域的学术讨论。

在大学本科三年级的时候，我渐渐地明确了自己的专业方向，准备报考中国近现代经济史专业的研究生。当时，中国近代史领域的学术论战正如火如荼，双方攻守的战略要地是关于洋务运动的评价问题。一方以“三次革命高潮说”为旗帜，另一方以“四个进步阶梯说”为纲领，引领着由此而衍生出来的众多分支学派，纷纷就中国近代史的基本线索和分期标准提出了不同的学术见解，见仁见智，莫衷一是，但归根结底，争论的焦点在于如何看待洋务运动。这引起我对洋务运动研究的极大兴趣。从学术界讨论中，我知道了我校历史系孔令仁教授是这场学术论战的一员健将，她与李时岳教授、胡滨教授同气相求，在极左思潮仍然让人心有余悸的年代，顶着压力，冲破禁区，一致肯定洋务运动的历史进步作用。良师近在眼前，从1982年下半年起，我打定主意，要师从孔老师研究洋务运动。

当时我还不满20周岁，正值充满朝气而又富有幻想的年龄。对于我这个小字辈的造访，孔老师热情接待。得知我已经查阅了几大册《洋务运动》史料，阅读了百余篇相关的论文，孔老师对我表示了认可与赞许，并且对我的学习方法给予了指导。她语重心长地告诉我，选择一个具体问题作为研究的突破口当然是对的，但选题不能太窄，不能就事论事。知识结构要像金字塔一样，要有广阔而扎实的基础知识作支撑，立论才能高远。研究洋务运动要把它放在整个中国近现代史乃至世界近现代史的大背景中去考察，才能把握其实质，以避免一叶障目的弊病。所谓“功夫在诗外”，要注意基础知识与专业知识、史料功底与理论思辨相结合。这次拜访历时两个小时，孔老师在整个谈话过程中始终是面带微笑，耐心讲解，娓娓道来，正所谓“仁义之人，其言蔼如也”。

一年之后，当我正式考上研究生，师从孔老师从事中国近现代经济史研究时，她要求我先翻阅一遍几十册的《中国近代史资料丛刊》《中国近代经济史资料丛刊》，并介绍我到经济系去选修了《资本论》课程，到中文系去选修了“中国近代文学史”课程。她的安排，使我明白了知识结构合理配置的重要性。近年来,我一直在思考:一个合格的老师能够传授学生以知识,一个优秀的老师能够指导学生以方法,一个杰出的老师能够感染学生以人格。几十年来,孔老师在知识、方法和人格方面对我产生潜移默化的影响,成为我一辈子的宝贵财富,非笔墨所能够详叙。

1986年7月,我研究生毕业,获得硕士学位之后开始有了人生第一份职业,进入国内外著名学术期刊——山东大学《文史哲》杂志社从事历史学论文编辑。在这个高端平台上,我有幸结识了一批饮誉海内外的名家大师,开拓了我的视野。同时,《文史哲》严谨的学风也深深地熏染了我。《文史哲》业绩有口皆碑,2021年5月在学习贯彻习近平总书记给《文史哲》编辑部全体编辑人员回信的座谈会上,我感慨万千,并在其中谈道:"习近平总书记的回信中讲到了《文史哲》编辑部几代编辑人员薪火相传。很荣幸,我曾经属于其中一代人,当年亲身感受和后来见证了《文史哲》编辑队伍的辛勤劳作。这支编辑队伍默默奉献,精益求精,以学术质量作为办刊的生命线。他们心胸开阔,眼光独到,组稿编辑过程中既有'大刀阔斧',又有'绣花细针'。在学术大视野的背后,处理每一个细节都是很精致的。就校对差错率来看,优秀的标准是万分之一差错率,而我在那里工作的20年期间,《文史哲》差错率一直是万分之零点五以下。正是因为拥有这样一支编辑队伍,才使得《文史哲》一路走来达到了现在的新高度。这是一支能打大仗、能打硬仗、能打胜仗的队伍,充分体现了《文史哲》几代编辑人员的薪火相传。"《文史哲》的编辑生涯不仅提升了我的工作水平,也锤炼了我的学术能力,我的大部分学术成果都是在这个阶段中完成的。

2004年以后,我的工作岗位发生了多次变化,先后担任了山东大学社科处副处长、文史哲研究院副院长、新加坡南洋理工大学孔子学院中方院长、山东大学党委宣传部部长兼新闻发言人、山东大学儒学高等研究院党委书记兼中华美德教育学院党委书记,其间在英国威斯敏斯特大学留学一年。无论管理工作多么忙碌,我不敢也不愿意中止自己的学术探索,并结合工作实际进行文化理论研习,有了一些新成果。

早在1998年,我开始招收硕士研究生,在科研、管理的同时又增加了教学的职责。除了讲授中国近现代经济史、专业英语之外,我还有意识地结合自己的编辑生涯,在教学过程中给研究生讲授历史学论文写作。我认为,研究生期间最重要的收获是养成了独立从事科研的学术能力,这在研究生毕业论文当中应该得到集中体现。具体而言,一篇有学术价值的研究生学位论文,要从选题、论点、材料、方法这四个方面来考量。关于选题,要量力而行。通常来说,选题可以是大题小做,或者是小题大做,或者是中题中做。所谓大题小做,就是选择一个宏大的课题,在相对有限的较小篇幅里予以高度浓缩、高度提炼、高度概括;所谓小题大做,就是选择一个相对较小的课题但属于核心的课题,重点突破,突破之后能够产生一系列连锁性的延伸思考,即由小课题而引申到关于大课题的思考;所谓中题中做，就是选题不要太宽泛又不要太琐碎，选题范围适中，与在读研究生期间能够投入的精力、时间和既有学术功底基本匹配，适合于操作。通常情况下，硕士研究生学位论文更适合于选择中题中做。关于论点，要有问题意识。论文写作不能满足于史料罗列、事实陈述，要注意避免将议论文写成了叙述文，要有明确的论点并加以提炼概括，通俗来说就是“竖着进去，横着出来”。所谓竖着进去，即对于所选课题有一个纵向的清晰把握，但是不能满足于简单陈述；所谓横着出来，是对纵向脉络有了清晰的把握之后，还要有问题意识，进行横切面的分层次剖析、提炼概括。关于材料，要立足于原文。这是历史学论文写作过程中老生常谈的问题，即要尽可能地使用一手材料，自行消化，剥茧抽丝，条分缕析，而不能满足于使用二手材料乃至三手材料，或者仅仅依靠转引他人的成果及材料来支撑自己研究的主体内容。关于方法，要史论结合。在具体写作过程当中，特别要注意的是能够钻得进去，同时还要跳得出来，综合运用演绎法、归纳法和比较法，通过思辨来从中提炼概括出理论性的、规律性的内容。

正是因为上述经历，使我研究领域的学术成果集中在以下几个方面：一、中国近现代史研究；二、中国近现代经济史研究，尤其是蚕桑丝绸经济文化研究；三、中国老字号与儒商文化研究；四、历史学论文写作要素研究；五、宣传思想文化工作研究。需要说明的是，我的上述研究成果现在结集成册名曰《中国近现代史研习录》，虽然其中有一小部分内容超出了中国近现代史，但是因为它们是我本人基于中国近现代史学术研习而得，且敝帚自珍，故而附录于此。

回顾我自己四十多年来科研、教学、管理工作，学术研习一以贯之，虽无突出建树，但是从未放弃，相关成果现在可以结集成册，亦足以快慰平生。

是为自序。

李平生

2023 年 6 月

目　录

丝绸历史与文化

中国近现代史

历史学论文写作

导师风采

《文史哲》足迹

文化传承创新

丝绸历史与文化

世界经济大危机与中国蚕丝业

鸦片战争以后，随着对外贸易的扩大，中国蚕丝业获得了迅速的发展，至 20 世纪 20 年代末达到历史最高峰。然而，在 30 年代前期，中国蚕丝业开始了全面衰落。关于其衰落原因及后果，学术界至今尚缺系统而深入的专题研究。本文试图就这个问题进行全面探讨，以期抛砖引玉。

一

20 世纪 30 年代中国蚕丝业的衰落和当时发生的世界经济大危机有着密切的关系。

1929 年 10 月美国纽约证券市场股票价格的暴跌，标志着世界经济大危机的到来。这场危机规模之大、影响之深，都是空前的，它几乎使所有资本主义国家的经济体系陷入全面崩溃的境地。经济大危机造成了资本主义国家生产萎缩，购买力下降，生丝消费大大减少。首先我们来看看美国的情况。美国自 19 世纪末特别是第一次世界大战以来，近代机器丝织工业迅速发展，取代了法国而成为世界上最大的生丝消费国，至 20 世纪 20 年代后期所用生丝占世界生丝运销额的 80% 以上。经济危机爆发后，美国生丝消费额迅速下降，请看表1：

表1 1929—1934年美国生丝消费额①

单位：包（百斤）

年份	1929	1930	1931	1932	1933	1934
消费额	619747	582226	594889	553813	469427	461704

法国是当时世界上第二生丝消费大国，它所消纳的生丝以华丝为主。经济危机期间，法国丝织工业萎靡不振，对华丝的需要量大大减少。1934年法国消纳华丝量较诸1930年减少了1/3。②

危机所造成的各国生丝销路急剧减少，导致了国际市场上丝价的迅速下跌。纽约是当时的国际生丝贸易中心，其丝价下跌如表2所示：

表2 1928—1934年纽约丝价表③

单位：磅/美元

年份	1928	1929	1930	1931	1932	1933	1934
平均丝价	5.03	4.56	2.80	2.61	1.57	1.53	1.40

① 参见杨天荒：《退却中的日本天然丝业》，《工商半月刊》1935年第7卷第9号，第40—41页。

② 参见钱承绪：《中国蚕丝问题之总检讨》（上），《经济研究》1940年第1卷第9期，第22页。

③ 参见钱承绪：《中国蚕丝问题之总检讨》（上），《经济研究》1940年第1卷第9期，第29页。

纽约丝价的下跌,严重地影响了华丝的国内市场。试以上海为例:高等白厂丝在1930年每担售价为1538元,1931年跌为1441元,1932年跌为909元,1933年跌为690元,1934年跌为530元,1935年更跌为480元。①

为了摆脱危机,资本主义各国纷纷采取措施,其中主要措施之一,就是高筑关税壁垒。“按照美国商务部的统计,从1931年7月1日至1932年5月1日,有75国增加了关税。”②原来生丝进口免税的美国,这时开始征收25%以上的生丝进口税,加拿大也继起仿效。③ 瑞士本为中国辑里丝的老主顾,每年进口1000多担,织成丝织品后输往英国,这时期由于英国放弃了传统的自由贸易政策而实行保护贸易政策,对一切丝织品征收进口税,造成了瑞士生产的丝织品成本增加,销路不畅,从而导致了瑞士生丝原料进口锐减。1931年,瑞士来电订购辑里丝只有百余担,④仅及往年的10%。

外汇倾销是资本主义国家摆脱经济危机、嫁祸于人、争夺国际市场所采取的特殊手段。在1929—1934年世界经济大危机期间,绝大部分资本主义国家都实行了外汇倾销政策,这对华丝输出造成了极其不利的影响。19世纪70年代以来,由于世界黄金产量减少,白银产量增加,金贵银贱日趋明显,形成了

---

① 参见钱承绪:《中国蚕丝问题之总检讨》(上),《经济研究》1940年第1卷第9期,第29页。

② 啸秋:《一九三二年上半年之世界经济》,《东方杂志》1932年第29卷,第75页。

③ 参见高景岳:《无锡缫丝工业的发展和企业管理的演变》,《中国社会经济史研究》1983年第1期,第104页。

④ 参见赵鼎元:《辑里湖丝调查记》,《工商半月刊》1932年第23期,第20页。

以19世纪末和20世纪30年代初为代表的两个高峰。由于这时世界各国基本上都实行了金本位制，只有中国仍然采用银本位制，因此金贵银贱造成了中国汇兑的巨大损失即所谓“镑亏”，严重地影响了中国社会经济。但是另一方面，由于中国实行银本位制，银价的相对下降能限制进口，刺激外销，这对中国生丝输出来说是一个有利条件。世界经济大危机爆发之后，各资本主义国家为了倾销产品，限制进口，纷纷放弃了金本位制，实行外汇倾销，对华丝输出造成了极其不利的影响。首先，它使由中外汇兑而造成的有利于华丝输出的优势顿时丧失，华丝输出量受到限制。其次，它还使华丝在国际市场上同日丝竞争处于劣势。1931年日本放弃金本位之前，日美汇率为100日元合49.37美元，中美汇率为100银元合22.24美元。假定每担华丝国内市价为1000元，折合美金为222元；假定每担日丝在其本国市价为500元，折合美金为246元。这样，华丝国内市价虽高于日丝国内市价，但在美国市场上却低于日丝，从而有利于华丝销美。这种情况在日本放弃金本位制，尤其是美国实行通货膨胀政策之后发生了巨大的变化。1934年，日美汇率跌至100日元合29美元，中美汇率却因美国通货膨胀政策而升为100银元合33.78美元。假定此时日丝国内市价仍为每担500元，而折合成美金却降为145元，假定华丝国内市价跌为500元，但折合美金则为169元，反而贵于日丝。① 如果这时华丝在美国市场按照日丝同一价格销售，势必亏赔。这种情况使得日丝能够顺利地控制美国市场，排挤华丝。

---

① 参见章有义：《中国近代农业史资料》第3辑，生活·读书·新知三联书店1957年版，第401—402页。

危机期间，美国实行的白银政策和通货膨胀政策也使中国蚕丝业蒙受了巨大损失。首先，这些措施严重地限制了华丝输美数额。如上所述，由于实行通货膨胀政策，中美汇率上涨，从而影响了华丝在美国市场上的价格和销路。同时，白银政策造成的银价飞涨也起到了同样的作用。其次，白银政策还深深地冲击了中国缫丝工业。中国缫丝工业的发展有一个突出的特点，即丝厂资金短缺，尤其是在江浙一带，包括上海，绝大部分丝厂都是租赁而来。由于资金短缺，每当茧汛来临而需要大量资金用以周转之际，各丝厂纷纷向钱庄、银号及银行、洋行大量借款，造成了丝厂资金几乎完全依赖于借贷，甚至出现了有的丝厂工人的工资亦需由钱庄代发的现象。因此，可以说中国缫丝工业的发展与金融业有着密切的联系。由于美国实行白银政策，人为地抬高银价，引起了世界银价飞涨，致使中国国内存银大量外流，通货紧缩，金融梗塞，工商各界资金周转困难。在生丝销售非常迟滞的情况下，金融机构对于丝厂贷款格外持重。1934 年，上海丝厂因资金缺乏而停业者达一半以上。①

这时期，日本的竞争和侵略进一步打击了中国蚕丝业。日本的蚕丝业渊源于中国，在明治维新以前基本上属于家庭副业，发展缓慢，生丝输出几乎阙如。明治维新以来，日本政府采取了一系列发展资本主义的措施，举国上下，朝野内外，一致开始注意发展蚕丝业，扩大生丝输出，使日丝在国际市场上崭露头角。至 1909 年，日丝输出超过华丝，日本一举而成为世界上

---

① 参见石毓符：《中国货币金融史略》，天津人民出版社 1984 年版，第 270 页。

最大的生丝输出国。经济大危机爆发后，由于美国丝织工业萧条，生丝消费减少，日本蚕丝业也受到了巨大的打击，但是为了排挤华丝，控制国际市场，日本不惜采取了政府补贴以进行生丝倾销的政策。“1930 年，日本在海外囤丝，积有万担之多，而国内的囤积，亦有 10 万余担。丝价一落再落，每担竟低至 500 两左右。本年（1933）年春，（日本）政府乃颁布救济丝业法规，规定以 3000 万元为限，三年为期，为补偿银行受抵生丝之损失。3 月 8 日，政府决定以每担 1250 元之丝价，受抵标准级以上之生丝 15 万箱（7.5 万包），是年 3 月终，帝蚕公司已收足 5 万箱，6 月 10 日止，各银行亦收足 15 万箱，两共收受生丝 11.2 万包。”①之后，在日本政府支持下的“帝国蚕丝公司”将积存生丝分别储存于国内和美国，“又将部分存丝故意削价出售，所有损失，由日政府及中央丝商协会补助之。一方笼络外商，不购他国之丝，一方贬价售出，借以压倒华丝。于是华丝销路一落千丈”②。通过这些措施，日丝在危机期间销美数额虽然略有下降，但在美国生丝消费中所占比例却大大增加，几乎完全垄断了美国市场，致使华丝在美国的销路濒于断绝。请看表 3：

① 朱美予：《世界蚕丝业概观》，商务印书馆 1934 年版，第 125 页；转引自周匡明：《中国近代蚕业史概论》（3），中国纺织科学技术史编委会：《中国纺织科技史资料》第 11 集，北京纺织科学研究所，1982 年，第 15 页。

② 《中华日报》1934 年 1 月 27 日，转引同上。

表3 1929—1934年美国消费各国生丝数量及比例①

单位:担(百斤)

年份	美国生丝消费额		华丝及所占比例		日丝及所占比例		欧洲丝及所占比例	
1929	619 747	100%	66 372	10%	540 608	87%	12 767	2%
1930	582 226	100%	89 788	15%	475 430	81%	17 068	3%
1931	594 889	100%	66 165	11%	505 760	85%	22 964	3%
1932	553 813	100%	22 047	4%	518 764	93%	12 977	2%
1933	469 472	100%	26 200	6%	426 358	90%	16 969	3%
1934	461 704	100%	—	—	446 001	96%	—	—

日本在垄断美国生丝市场的同时,并不忘情法国。中国生丝销场向以法国为大宗,20世纪以来,法国生丝消费量在国际上的霸主地位虽被美国取代,但余势犹在,居世界第二位,其生丝来源主要是华丝。然而这种情况到危机期间发生了变化。据统计,1930年里昂输入各国生丝共135.8万公斤,其中华丝只有21.6万公斤,而日丝却有22.2万公斤,竟然超过了华丝。② 1934年7月21日里昂出版的《丝织业周刊》记载了该星期经过里昂有关方面烘验及公量检查过的生丝,其中日丝514包,华丝仅40包。同时,该刊还记载了当时里昂市面生丝现货的价格:华丝“月兔”牌(条份13/15)售价57法郎,日丝“×××”

① 参见张任侠:《中国丝业及其对外贸易之史的回顾》,《中国实业杂志》1936年第3卷第1期,第2414页。按:日丝1929年及1934年的输美数量,采用杨天荒前引文所列表,原表单位为包,每包=百斤。

② 参见张任侠:《中国丝业及其对外贸易之史的回顾》,《中国实业杂志》1936年第3卷第1期,第2413页。

牌(条份13/15,与“月兔”牌相等)售价45法郎。通过廉价倾销,日丝又侵夺了华丝大本营法国里昂市场。① 日本除了在国际市场上排挤华丝之外,还在中国境内采用种种卑劣手段打击中国蚕丝业,如从中国套购生丝、蚕茧,直接在华设立丝厂,操纵中国蚕茧售价以及大量地输入人造丝,等等。

众所周知,从1931年开始的日本对华军事侵略是日本帝国主义为摆脱国内危机所采取的措施之一,它给中国蚕丝业带来了极其不利的影响。九一八事变之后,日军侵占了我国东北,使当时在我国蚕丝业中占有重要地位的东北柞蚕业沦于侵略者的铁蹄之下,不归我有。据统计,九一八事变使中国丧失了70%以上的柞丝。② 事变前,蚕丝业发达的烟台每年从东北运入柞茧达10万笼,占当地柞茧消费量的2/3以上;事变发生后,烟台纩丝原料断绝,偶尔有东北柞茧运入,竟要征收关税。由于原料断绝,成本提高,烟台丝厂和绸厂几乎全部停工。③ 1932年一·二八事变中日军挑起的淞沪战火,又使江浙一带蚕丝业受到严重摧残。不仅如此,日军的这些军事侵略活动还造成了各地交通阻塞,金融窘迫,丝销断绝,致使本来就运销不便、资金不足的中国蚕丝业更加雪上加霜,一落千丈。

人造丝的迅速发展是中国蚕丝业衰落的又一重要原因。人造丝的勃兴,一方面是科学技术发展的结果,另一方面它和

---

① 参见钱承绪:《中国蚕丝问题之总检讨》(上),《经济研究》1940年第1卷第9期,第19页。

② 参见周匡明:《中国近代蚕业史概论》(3),《中国纺织科技史资料》第11集,北京纺织科学研究所,1982年,第16页。

③ 参见《山东柞蚕业调查》,《工商半月刊》1935年第7卷第3号,第63—64页。

当时发生的世界经济大危机有着密切的联系。人造丝萌芽于19世纪中叶,到19世纪末正式产生。由于人造丝以植物纤维制成,成本较低,价格一般只及生丝的1/3到1/4,所以它自产生和运用的那天起,就以价格低廉这一优势在国际市场上与生丝分庭抗礼。危机爆发后,资本主义各国经济萎缩,几乎所有的工业部门都停滞萧条,唯独人造丝却在迅猛发展。请看表4:

表4 1929—1935年世界人造丝产量①

单位:千吨

年份	1929	1930	1931	1932	1933	1934	1935
产量	198.6	192.0	224.0	239.0	340.7	354.0	455.0

注:其中不包括苏联产量。

上述奇特现象的出现和当时发生的世界经济大危机有着密切的联系。在危机期间,人造丝迎合了社会上一般人士购买能力低、难以消费天然丝绸这类奢侈品而退而求其次选择外观华丽、价格便宜的人造丝织品这种消费心理,从而获得了长足的发展,日益在国际市场上排挤着生丝。

人造丝发展的结果,首先造成了各国对华丝需要量的减少。危机之前,美国生丝和人造丝消费量逐年增长,但其中生丝在用丝总额中所占的比例却逐年下降。1920年美国消费的生丝占用丝总额的75%,人造丝只占25%;到1929年生丝消费

① 参见[苏]瓦尔加:《世界经济危机(1848—1935)》,戴有振等译,世界知识出版社1958年版,第429页。

占38.6%，人造丝消费却占61.4%。危机发生后，美国生丝消费量减少了1/4，而人造丝消费量却激增一倍以上。到1933年，美国生丝消费量只占用丝总额的23.3%。① 这种情况给华丝销美带来了不利影响。当时美国的丝织业分为三大类，即丝织厂（绸厂）、针织厂、线织厂。这三类工厂以往都以生丝为原料。进入30年代后，丝织厂、线织厂所用原料有70%改为人造丝。丝织厂中的丝绒制造业历来使用广东丝，这时广东丝的使用量已经一落千丈，大多改用人造丝；线织厂所制之丝线、丝边向用我国辑里丝，这时也大都改用人造丝。结果，华丝在美国的销路，仅针织业中的丝袜厂是赖。②

危机之前，除美国之外还有法、意、德、英及瑞士等国为主要的生丝消费国家，这些国家也是华丝的老主顾。可是到了20年代末，特别是危机期间，上述国家都积极发展人造丝，以抵制生丝进口，影响了华丝在欧洲的销路。如，南浔仝昌经行所产的纺织牌生丝在20年代末曾经风行法国、瑞士一带，几乎每月都有来电订货，平均每月15担，年销200包，颇有常规可循。除此之外，该地所产的次等丝，行销法国，为数亦巨。自30年代开始，由于人造丝的勃兴，南浔产丝在法国、瑞士的销场遂为所夺。③

迅速发展的人造丝不仅使华丝销路在国际市场上受到限

① 参见王天予：《人造丝与蚕丝》，《中国实业杂志》1935年第1卷第11期，第2000页。

② 参见缪钟秀：《美国丝业考察记》，《国际贸易导报》1933年第5卷第11期，第29—31页。

③ 参见赵鼎元：《辑里湖丝调查记》，《工商半月刊》1932年第23期，第20页。

制，而且还大量地涌入中国，冲击华丝的国内市场，致使华丝后院失火。在20世纪30年代之初，各国大量生产人造丝，其中美国居于首位，其次分别为日、英、意、法、德等国。这些国家所产人造丝不仅供给本国丝织用户，而且还大量地向外倾销，首当其冲的当然是实际上丧失了关税自主权的中国。中国大量地进口和使用人造丝开始于20年代后期，此后迅速增长。据估计，在30年代之初，我国生丝每年消费数量最多不过12万担，而同期人造丝进口数量却达13万担左右。[①] 实际上，这还不包括各国冒险家为了逃漏关税而进行的人造丝走私数目。可以肯定，在30年代之初人造丝进口数量超过了或至少是相当于国内生丝的消费数量，这对于我国当时的蚕丝业无疑是一个致命的打击！

二

中国近代蚕丝业是在对外贸易需要的刺激下发展起来的。在这种情况下，国际生丝市场的涨落成为中国蚕丝业发展的重要杠杆，它不仅决定了中国生丝出口贸易的盛衰，而且还深深地影响了国内的缫丝、栽桑、制种、养蚕乃至有关的各个行业。1929—1934年爆发的世界经济大危机沉重地打击了中国蚕丝业，导致了中国蚕丝业全面衰落。这主要表现在以下几个方面。

① 参见王天予：《人造丝与蚕丝》，《中国实业杂志》1935年第1卷第11期，第2004页。

(一)生丝输出数量、价值和产量日益减少

中国生丝输出数量和价值在1929年达到历史最高峰，随着经济大危机的发生，中国生丝出口贸易日趋恶化，从1930年开始，无论是输出数量还是价值都迅速下降，1934年降到历史最低点。此后，由于世界经济开始复苏，中国生丝出口贸易状况才略有好转。请看表5：

表5 1929—1936年中国生丝输出数量、价值一览表①

年份	数量(千担)	价值(百万元)
1929	190.0	230.09
1930	151.4	170.10
1931	136.2	131.93
1932	78.2	51.31
1933	77.1	48.25
1934	54.5	23.52
1935	76.3	35.69
1936	62.7	36.71

这时期，我国的生丝产量也迅速下降。经济危机之前，我国的生丝产量究竟有多少呢？由于缺乏精确的统计资料，我们只能作一个大体的估计。根据《中国丝业》作者曾同春推测，在20世纪20年代前7年中，中国的生丝年产量波动于22

① D. Liu, *The Silk Industry of China*, Shanghai, 1940, p. 265.

万—27万担之间;[①]根据国民党政府贸易局及日本蚕丝业同业组合中央会的调查,20世纪20年代末中国生丝年产量为25.2万担,[②]另据1934年5月出版的《中国经济年鉴》所载,“往常(指20世纪20年代后期)春丝产量,约300000担”[③],若加上秋丝,年产生丝当在30万担以上。上述数据,出入较大,但有一点我们可以肯定,即在20世纪20年代,我国生丝年产量基本上在25万担上下波动。危机爆发后,我国生丝产量迅速下降:1931年全国春丝产量仅13万担,[④]1933年全国产丝也只15万担左右。[⑤]

(二)中国缫丝工业的衰落

江浙地区是我国近代缫丝工业的中心之一,甲午战争后,这里的缫丝工业有了迅速的发展,到20世纪20年代末进入繁盛阶段。世界经济大危机的发生使这里的缫丝工业受到了沉重的打击,各地丝厂停业者犹如秋风扫落叶。上海丝厂在最盛时有107家,丝车25395架,但是到了1930年9月,丝厂开工者只有32家,丝车6791架。1931年5月至7月,时值每年蚕业旺季,丝厂开业者略有回升,计有70家,丝车18326架,但到同年9月随着蚕业转入淡季,丝厂开工者又迅速下降为30家,丝车7097架。1932年5月至7月,丝厂开业者虽回升为46

---

① 参见曾同春:《中国丝业》,商务印书馆1933年版,第82页。
② 参见戴礼澄:《蚕丝业泛论》,商务印书馆1938年版,第35页。
③ 《中国经济年鉴》第11章,商务印书馆1934年版,第267页。
④ 参见《中国经济年鉴》第11章,商务印书馆1934年版,第267页。
⑤ 参见《中国经济年鉴》第5章,商务印书馆1935年版,第121页。

家,丝车12262架,[①]但较诸上年蚕业旺季仍减少35%。上海在20世纪20年代末曾有7家双宫丝厂,由于连年经济萧条,欧美销路断绝,至年底全行倒闭。[②] 丝厂关闭,造成大量工人失业。在1932年5月至7月的蚕业旺季,上海至少有3万多名丝业工人失业。[③] 无锡是当时江苏省最大的缫丝工业基地,20年代末全县约有50多家丝厂开工,然而到1934年底全县丝厂勉强开工者只有23家,至1935年4月更减至16家,失业工人达3万余人。[④] 上海和无锡丝厂大都采取租赁制经营,一般以一个年度为期,在缫丝工业兴旺之际,每架丝车租金为4—4.5两白银。进入30年代,随着丝厂停业,每架丝车租金逐渐跌至2两以下,1933年更跌为1.5两左右,尚且无人问津。[⑤] 于是有些厂主变更办法,将租期缩短为半年,或者3个月,但也无济于事。由于丝场租赁无利可图,一些厂主便改租赁丝厂为建筑公寓,或干脆在那里经营房地产。据调查,在30年代之初上海至少有21家丝厂是因此而废弃的。[⑥] 除上海和无锡外,江苏省的苏州、镇江等地丝厂停业的消息也时有所闻。至于浙江省的缫丝工业状况,据1933年春调查,当时杭州市"虎林、纬成、天章3厂已告停歇,只存杭州、庆成、开元3家,仅能维持现状,自无发展可言。海宁县之双山、长安两厂,虽继续开工,但

---

① D. Liu, *The Silk Industry of China*, Shanghai, 1940, pp. 121-122.

② 参见《工商半月刊》第4卷第24号,国内经济,1932年12月15日出版,第4页。

③ D. Liu, *The Silk Industry of China*, Shanghai, 1940, pp. 121-122.

④ 参见陈真:《中国近代工业史资料》第5辑,第139—140页。

⑤ 参见刘大钧:《中国工业调查报告》(上),1937年版,第55页。

⑥ D. Liu, *The Silk Industry of China*, Shanghai, 1940, p. 93.

以市况不振，缩小范围，减少生产。双山丝厂当创办时，资本原有3万元，近已减至1万元。嘉兴之纬成公司裕嘉分厂、厚生丝厂、秀纶第一改良缫丝厂，于去年春均告停歇。海盐天成缫丝厂于初创时营业尚称发达，后以丝价暴跌，亦于去年冬宣告停业”①。

与此同时，我国其他各地的缫丝工业也不能摆脱衰落的厄运。广东在20年代丝业发达之时，规模较大的丝厂有210家，②1930年全省丝厂开业者121家，1931年111家，1932年58家，1933年69家，1934年开业者仅37家。由于销路不畅，丝厂时开时歇，没有定例。当时南海境内有数家丝厂因停业日久，致使釜锅锈坏而被废弃。③ 顺德是广东省蚕丝业最发达的地区，在鼎盛时期，计有大小丝厂（场）328家，缫丝女工27万，30年代初，勉强能维持常年开工者只有11家，缫丝女工失业者不下万人。④ 四川缫丝业在繁盛时期，丝厂机房林立，规模较大的铁机丝厂有20余家，至于大车及扬返木机之丝厂为数更多，尤以川北为最盛。危机发生后，四川丝厂机房相继倒闭。1934年四川铁机丝厂几乎全部停歇。南充缫丝业曾在四川独树一帜，20年代末全县有木机丝厂30余家，铁机丝厂四五家，每年产丝2000余担，直接间接以此为生者约20万人，至1935

① 《中国实业志·浙江省》第七编，1933年，第40页。

② 饶信梅：《广东蚕丝业之过去与现在》，《国际贸易导报》1930年第1卷第7号。

③ 刘大钧：《中国工业调查报告》（上），经济统计研究所，1937年，第48—49页。

④ 《粤省之蚕丝业》，《国际贸易导报》1934年第6卷第6号，第265页。

年，各铁机丝厂全行倒闭，木机丝厂减少1/3，全年产丝量不及鼎盛时期的1/10。① 山东周村丝厂以同丰、新记、恒兴德、德元丰四家为最大，到1932年，这4家丝厂全部倒闭，至于规模较小的手工缫丝工厂（场）歇业者更多。当时周村各丝厂（场）失业工人合计有4万—5万。临朐的丝厂也亏折不已，完全依靠政府救济才得以勉强维持。这一年山东厂丝在上海积压者达3800箱。② 山东柞茧纩丝业集中在胶东，最盛时期烟台有纩丝厂42家，附近文登、牟平、栖霞、海阳等地共有纩丝厂（场）100多家。1931年，烟台纩丝厂几乎全部停工，其他各县的柞丝生产规模也大为缩小。③ 湖北缫丝厂以光绪中叶张之洞创办的官丝局为最早，民国初年尚能维持，20年代以后因事中辍，然则当时尚有成昌和等2—3家丝厂继起。后来，在经济大危机浪潮的冲击下这几家丝厂全部倒闭。④ 广西平南、丹竹、濛江等处，在20年代蚕丝业最盛时期共有大小丝厂50多家，到30年代之初，随着丝价一落千丈，各地丝厂相继停歇。⑤

---

① 参见章有义：《中国近代农业史资料》第3辑，生活·读书·新知三联书店1957年版，第478页。

② 参见《鲁省丝业衰落》，《工商半月刊》1933年第5卷第8期，第77—78页。

③ 参见《山东柞蚕业调查》，《工商半月刊》1934年第7卷第3号，第64页。

④ 参见刘大钧：《中国工业调查报告》（上），经济统计研究所，1937年，第48页。

⑤ 参见陈鼎新、张其俊：《广西平南县之蚕丝业》，《全国农林试验研究报告辑要》1943年第3卷，第6页。

（三）各地农村蚕桑业的破坏

30年代前期，受世界经济大危机的影响，中国生丝出口日益减少，生丝价格迅速下跌，缫丝工厂纷纷关闭，这些极大地破坏了我国各地农村蚕桑业。这首先表现在我国蚕茧产量大大下降。在20年代蚕丝业鼎盛时期，我国的蚕茧产量究竟有多少呢？据《中华年鉴》统计，1926年前后我国蚕茧产量为333万担①，又据日本人上原重美1927年估计，当时我国蚕茧产量为366.2万担②，此外，还有一条材料讲到，“浙江为中国蚕丝最发达之省份，年产鲜茧最多时达120余万，占全国丝茧产额1/3”③。综上所述，我们可以认为，20年代蚕丝业鼎盛时期我国蚕茧产量（不包括柞茧）每年不下350万担。进入30年代之后，我国蚕茧产量迅速下降。1933年，全国干茧产量约80万担④，如果按烘折1∶3计算，则当年全国鲜茧产量为240万担左右。至1935年，全国蚕茧产量为140余万担，仅及危机前的40%⑤，可谓一落千丈。

世界经济大危机的爆发，还造成了我国各地农村桑蚕价格迅速下跌，桑园面积急剧减少。浙江吴兴是我国著名的辑里丝

---

① 章有义：《中国近代农业史资料》第2辑，生活·读书·新知三联书店1957年版，第222页。

② 周匡明：《中国近代蚕业史概论》（2），《中国纺织科技史资料》第10集，北京纺织科学研究所，1982年，第95页。

③ 钱承绪：《中国蚕丝问题之总检讨》（上），《经济研究》1940年第1卷第9期，第165页。

④ 《中国经济年鉴》第5章，商务印书馆1935年版，第121页。

⑤ 钱承绪：《中国蚕丝问题之总检讨》（上），《经济研究》1940年第1卷第9期，第130页。

产地，该地桑田面积达50多万亩，长期以来，这里的农民以蚕桑为主业，视蚕丝为生命线。在繁荣时期，吴兴每担桑叶最高售价达4.5元，最低亦值1.5元。1932年桑价惨跌为每担0.8—2.8元，1933年虽回升为1.5—3元，1934年又惨跌为0.3—1.2元。同时期吴兴蚕茧产量和价值也迅速下降。1930年茧产30万担，每担售价60多元，总值2000多万元；1931年产茧20万担，总值900多万元，1932年产茧12万担，总值300万元；1933年产茧15万担，总值375万元，1934年是最糟糕的一年，产茧不及10万担，最好的茧价每担25元，最差的仅售12—13元，以每担平均18元计，总值不及180万元。吴兴的蚕丝业由黄金时代进入了锈铁时代。江苏以太湖附近的无锡、江阴、武进为主要的蚕桑区。1930年无锡鲜茧产额为10万担，1932年减为5.7万担。① 与此同时，无锡桑园面积迅速减少。1930年，全省桑田面积约25万亩，1931年减为15万亩，1932年再减为8.4万亩。同期，江阴县的桑田面积也逐年递减，分别为12.4万亩、8.2万亩、5.4万亩。鉴于栽桑养蚕无利可图，甚至有亏赔之虞，许多农民愤而伐桑，改种水稻或经济作物。当时武进有1/4的桑树被砍伐。无锡由于农民伐桑，1931年桑田及桑园面积减少了1/3，至1934年减少了3/5，同期无锡育蚕户数减少了一半左右。素有“广东丝库”之称的顺德在30年代之初，“因茧价由每斤2元跌至2毫，桑叶价格也从每担5元跌至6毫。摘桑叶的工资每担还要付出6毫至6毫半，因此

---

① D. Liu, *The Silk Industry of China*, Shanghai, 1940, pp. 7, 10, 54.

农民宁可弃桑而不采。……而桑田完全被废弃了的达3/10”[①]。四川在繁荣时代每年产茧50万担左右，经济危机期间，由于丝价低落，销路疲滞，丝厂倒闭，茧无人收，农民纷纷伐桑，尤以川北为甚，几乎砍去2/3，川南由于蚕丝运往缅甸、印度而有特殊的销路，所受影响较小，但也砍去桑树。[②] 山东周村往昔每年产茧约百万斤，茧价最高时达每斤8角，1932年产茧只有20余万斤，茧价低至一角几分，尚且无人问津，致使许多农民拔桑种烟。[③] 广西苍梧县长洲以前桑田面积占耕地面积的60%，几乎家家种桑养蚕，30年代以后，由于每担鲜茧从100元跌到20元，农民养蚕无利可图，许多人便将桑田改种杂粮和瓜菜，到1934年该地桑田面积减少了一半，而且剩下的也都荒芜不堪。[④]

茧产下降，茧价下跌，桑田减少，导致了各蚕桑产区农村经济残破不堪。吴兴南浔曾以盛产辑里丝而富庶闻于天下，该地农民收入以产丝为大宗，一般人士以吃“丝饭”为荣幸。可是到了1932年，这里的人再也吃不上引以为自豪的“丝饭”了，而是纷纷前往救济机关设置的粥厂就食。这年春天，小小的南

---

① 章有义：《中国近代农业史资料》第3辑，生活·读书·新知三联书店1957年版，第626—627页。

② 参见尹良莹：《四川蚕业改进史》，商务印书馆1947年版，第31页；章有义：《中国近代农业史资料》第3辑，生活·读书·新知三联书店1957年版，第628页。

③ 参见《鲁省丝业衰落》，《工商半月刊》1933年第5卷第8号，第77页；章有义：《中国近代农业史资料》第3辑，生活·读书·新知三联书店1957年版，第628页。

④ 参见章有义：《中国近代农业史资料》第3辑，生活·读书·新知三联书店1957年版，第627页。

浔一镇竟设有三家粥厂，粥厂前就食者人头攒动，[①]其丝业衰落，经济残破，于此可见一斑。由于蚕农破产，生计无靠，啼饥号寒，许多地区例如无锡和吴兴曾经因此而多次发生抢米风潮。不仅如此，各地因蚕价下跌而造成的农民愤而伐桑还带来了严重的后遗症。1935 年，随着世界经济大危机缓解，欧美诸国经济逐渐复兴，对生丝需要量迅速增加，世界市场上生丝价格开始上涨。在这种形势下，和国际市场有着密切联系的中国缫丝工业按说应该获得迅速的恢复和发展，然而实际情况却不完全如此。江浙一带丝厂除少数几家而外，绝大部分都因无茧可缫而开工不足。这年 2 月至 5 月，沪锡两地，存栈求售之干茧，不足千担，仅敷两地丝厂半月之用。[②] 农民在危机期间愤然伐桑及在危机之后对栽桑养蚕仍怀戒心，可以说是造成这时期丝厂原料缺乏、开工不足的主要原因之一。

（四）对其他行业的影响

世界经济大危机期间，由于各地蚕丝业的衰落，其他各个与之相关的行业，如新种制造、丝茧交易以及商业、金融等，都受到一定的影响。我国新种制造业，即改良蚕种制造业发轫于林迪臣创办浙江蚕学馆（1897 年）。蚕学馆于 1898 年春制造新种 500 张，分送农民试育，开近代改良蚕种制造之先风。此后，各地公私机关经营改良蚕种制造业者逐渐增加，但规模不大，其初总产量仅以千计，直到 20 世纪 20 年代前期，每年产额

---

① 参见赵鼎元:《辑里湖丝调查记》,《工商半月刊》1932 年第 23 期，第 18 页。

② 参见钱天达:《景气声中之蚕丝业》,《国际贸易导报》1937 年第 9 卷第 3 号。

不过数万张而已。20年代中后期，随着杂交蚕种试育成功以及政府竭力提倡推广，改良种制造业有了突飞猛进的发展，尤以浙江、江苏两省为甚。据调查，两省共有新种场近300所，制种额由数万张上升为427万张，规模亦由小到大，颇极一时之盛。30年代之初，随着蚕丝业衰落，各地新种制造业大受影响，相继倒闭者十有八九，其他继续经营者也缩小范围。①

蚕丝业的衰落，造成了以买卖生丝、蚕茧为营业内容的经行、茧行数量的减少及规模的缩小。经行（或称丝行）是随着专业机户的产生而出现的，其数量增减在一定程度上反映了生丝生产规模的大小。南浔在1931年尚有辑里丝经行16家，各家资金自5万至10万元不等，到1932年春只剩下12家开业，其资金总额仅及往年的4—5家而已。当时震泽虽有16家经行开业，但亏本几达百万元。② 蚕行的出现是蚕茧商品化的结果，它兴起于19世纪末缫丝工业迅速发展之际，主要集中于江浙地区。茧行的经营在清末民初虽然带有一定的垄断性，但它在一定的程度上加速了蚕茧商品化，为丝厂提供了源源不断的原料。1924—1925年期间，江浙共有茧行1115家，进入30年代，由于丝厂倒闭，茧价下跌，许多农民或者停止、减少养蚕，或者留茧自缫，致使以经营蚕茧买卖为业的茧行也纷纷随之闭歇。到1935年，江浙两省茧行只剩下676家。③

---

① 参见戴礼澄：《蚕丝业泛论》，商务印书馆1938年版，第90—91页。

② 参见赵鼎元：《辑里湖丝调查记》，《工商半月刊》1932年第23期，第18页。

③ 参见唐传泗、欧阳侃：《江浙两省茧行家数及浙江丝行的家数》，《经济学术资料》1982年第11期，第57页。

蚕丝业的衰落，还影响了许多地区的金融和商业。浙江“崇德为蚕桑之区，其利息最高之时厥在蚕汛初起。当其时养蚕之家，皆需购买蚕种，需要资金者多，年利常达三分左右。今(1934年)虽给以四分五分之利，亦无贪图高利从事放借之人”。吴兴“近年农村衰落，丝茧贬价，农民因急需而向当铺抵押。当铺因感贷多赎少，致有限制之举”①。农民银行吴江分行在1932年2—5月曾给该地农村合作社发放蚕业信用贷款7.5万元，而如期偿还者只有1/10。该地江丰银行也曾发放蚕业贷款4万—5万元，如期偿还者也只有1/3左右，②致使该地农民于银行方面信用破产，其后果是严重的。由于丝业萧条，偌大一个以产辑里丝而闻名中外的南浔镇到1935年只剩下一家钱庄和一家银行，破落之象不忍入目。③ 平湖因桑茧价格惨跌，商人资本在农村流行的“寒叶”交易早已停止，向来放“加一钱”的高利贷者也不敢任意出贷了。山东临朐由于丝业破产，金融枯竭，农民常以四分之利贷款也找不到贷主。④ 广东顺德在丝业发达之时，金融业务在全省首屈一指，每届蚕丝交易时平均每日由广州运银赴顺德各属购丝者有30万元，总计县内每月有上千万元之现款流动周转，不但丝商获利丰厚，而且使该县大良、陈村、容奇、勒流、水藤等地专营汇划业务的银

---

① 章有义:《中国近代农业史资料》第3辑，生活·读书·新知三联书店1957年版，第478页。

② 参见赵鼎元:《辑里湖丝调查记》,《工商半月刊》1932年第23期，第17—18页。

③ 参见甫人:《南浔丝业之衰落》,《绸缪月刊》1934年第1卷第12期，第28页。

④ 参见章有义:《中国近代农业史资料》第3辑，生活·读书·新知三联书店1957年版，第679页。

号大加扩展，达数百家之多。后来随着丝业一落千丈，这些银号闭歇者十有七八。[①] 此外，四川、河南等地的许多商业集市也因丝业交易萧条而呈败落之状。[②]

三

长期以来，生丝是中国大宗的出口商品，其价值在20世纪20年代末以前一直属于出口商品中的首位。不仅如此，缫丝工业还是我国近代工业的重要组成部分之一，而蚕桑业则是我国各地尤其是浙江、江苏、广东、四川等地农村经济的主要支柱。因此，蚕丝业和我国的国民经济有着密切的联系。世界经济大危机造成的我国蚕丝业衰落，不仅大大地减少了我国的外汇收入，而且还造成了我国缫丝工业衰退、农村经济崩溃以及金融危机，带来了严重的社会问题。正因为如此，中国蚕丝业的衰落引起了许多人士的严重关切，他们纷纷要求政府采取相应的措施，挽救垂亡的蚕丝业。当时的政府为了减少外汇损失，安定国内经济，在丝业各界人士的大力支持下，采取了一系列挽救和改良蚕丝业的措施，使中国蚕丝业即使在世界经济大危机期间也出现了某些新气象。

面对着中国蚕丝业日趋衰落，政府采取了“治标”和“治本”的办法。现分别叙述如下。

---

① 参见《粤省之蚕丝业》，《国际贸易导报》1934年第6卷第6号，第247页。

② 参见尹良莹：《四川蚕业改进史》，商务印书馆1947年版，第46页。

所谓“治标”，就是针对当时丝销不旺、丝厂停工、金融梗阻而采取的救济措施，以解燃眉之急。其主要内容有以下几个方面。

（一）发行丝业公债

1931年，政府鉴于江浙地区生丝积压，丝厂停工，以及丝茧抵押于银行、钱庄而影响了金融界资金周转，乃由财政部和实业部联合出面发行江浙丝业公债800万元，以其中2/4为奖励生丝出口救济丝业之用，按两部丝车折一担丝补助公债160元，以1/4为改良蚕桑之用，充中央农业试验所改良蚕桑设备之用，以1/4为改良丝厂器械之用（后因基金问题没能解决，此项公债并未发行）。这次公债基金由每担生丝出口征收特捐元作为偿本还息之用。[①] 公债发行后，收效不大，江浙等地的陈丝陈茧在上海仍然堆积如山。至1932年，上海积压陈茧10万担，陈丝3万担，全部抵押于金融界，押款总额达2000多万元。政府鉴此危状，多次邀集金融、丝茧二界人士商讨对策，决定组织陈丝陈茧整理及推销两个委员会，同时由行政院咨请立法院议决发行救济丝业短期公债300万两，专为奖励生丝出口之用，其基金来源于中央拨付江浙两省裁厘协款，规定以8个月为整理期。在此期间，陈丝出口每担补助白银百两，结果共补助20000多担生丝出口。[②] 除江浙之外，山东省政府鉴于丝

① 参见夏道湘：《中国蚕丝业概况及其复兴之我见》，《中国实业杂志》第1卷第8期，第1411页。

② 参见《去年苏浙丝业不景气之情况》，《工商半月刊》1933年第5卷第2期；夏道湘：《中国蚕丝业概况及其复兴之我见》，《中国实业杂志》1935年第1卷第8期，第1421页。

销大减,也于1934年议决发行公债40万元以挽救丝业。①

（二）减免生丝各种捐税及提高人造丝进口税

丝业捐税在鸦片战争前早已有之,战后日益增加。五口通商时期,生丝出口每包(百斤)纳税银10两。厘金制度推行后,内地生丝运销也需纳厘捐。1866年,生丝从内地运往通商口岸每包纳税在30两以上。② 第二次鸦片战争后,生丝出口除纳正税外,尚须纳子口税。1931年,政府颁布了新的出口税则,规定在丝经类出口税当中,白丝由每担征银10两增至15两,灰丝由2.5两增至7.5两,黄丝由7.5两增至10.5两,同宫丝由5两增至7.5两。③ 由于政府滥征生丝捐税,华丝在国际市场上与日丝竞争处于更加不利的地位。在这种情况下,丝业各界人士纷纷奔走呼吁,呈请政府减免生丝捐税。政府迫于舆论,同时也为了奖励生丝出口,挽救江河日下的中国蚕丝业,乃在出口新税则颁布的第三年,即1932年下令暂行停征生丝出口税及特税(其中包括1931年发行丝业公债时为筹集基金而征收的每担出口生丝交纳30元的特捐),并酌给补助费。④ 1934年,全国经济委员会蚕丝改良委员会成立后,又呈准政府通令各省蠲免一切丝业捐税。在减免生丝捐税的同时,鉴于人造丝大量地涌入中国,严重地影响了生丝的国内销路,政府从

① 参见戴礼澄:《蚕丝业泛论》,商务印书馆1938年版,第155页。

② 参见姚贤镐:《中国近代对外贸易史资料》第2册,中华书局1962年版,第772、838页。

③ 参见章有义:《中国近代农业史资料》第3辑,生活·读书·新知三联书店1957年版,第237页。

④ 参见戴礼澄:《蚕丝业泛论》,商务印书馆1938年版,第155页。

1933年5月开始增收人造丝进口税，由原来的每担征收58金单位增加到73金单位。①

上述措施虽然稍微推动了华丝出口，减少了丝厂损失，但由于世界经济不景气，丝价奇廉，华丝仍然销路疲滞，丝厂亏赔不已，因此，中国蚕丝业衰败的局面仍无根本的改观。

为了挽救中国蚕丝业，在采用“治标”办法的同时，政府在丝业各界人士的强烈要求下还采取了“治本”的措施。所谓“治本”，就是对中国蚕丝业进行全面改良。中国蚕丝业的改良并非始于此时，它肇端于1897年杭州太守林迪臣创办的浙江蚕学馆，此后，各地陆续仿效。然而在此期间的蚕丝业改良都是以各地地方官绅为主角，以制造新种为主要内容，时兴时废，规模不大，领域不广，因而收效有限。真正的大规模的由政府组织的并得到丝界人士广泛响应的蚕丝业全面改良运动，应该说是开始于20世纪30年代。在此期间江浙两省实行的蚕业统制及1934年全国经济委员会蚕丝改良委员会的成立，将中国蚕丝改良运动推向高潮。蚕丝业改良运动主要在江浙一带进行，此外，广东、四川、山东等省也有相应的举动，但规模及成效都不如江浙引人注目。那么，蚕丝业改良运动的内容和成效究竟如何呢？它主要包括以下几个方面。

1. 推广改良种，取缔土种

长期以来，我国蚕种均系土法制造，品质既劣，病毒又多，亟待改进。至20世纪20年代，随着杂交种试育成功，改良种开始引人注目，时有“打倒土种”“提倡改良种”的口号，各地新

① 参见陆辉：《人造丝进口贸易的观察与瞻望》，《工商半月刊》1934年第6卷第18期，第30页。

种制造场纷纷设立，颇极一时之盛。由于其中不乏粗制滥造、唯利是图之辈，影响了改良种的生产和推广。1931 年江浙发生数十年未见之大水灾，更使江浙蚕种制造业一度陷入萧条状态。在这种情况下，政府从 1933 年春开始实行蚕种统制，其目的在于以行政力量严格取缔劣种劣茧，使蚕种出品优良、整齐划一。所采取的具体办法是，首先，就土种和改良种各指定二种为标准种，从 1933 年秋开始，各制种场制种出售及农民购种饲育概以所指定的品种为限，同时鉴于夏种每多低劣者，而投机商人因贪图厚利每以夏种夹杂春秋种出售，于是决定从来年开始严格禁制夏种并禁饲夏种。其次，督促各地种场改进产品质量，确定其制造蚕种所应具备的条件，规定除江浙两省省立原种制造场外，所有私人设立的制种场以及蚕桑试验机关无论公立或私立如欲制造原种，概须向江浙蚕业联合统制委员会申请登记，并经审查具备相应条件方可制造。最后，对蚕种价格及产销数量进行统一管理，以使供求适应，价格平衡，免致种商操纵而影响蚕农经济及丝商血本①，等等。由于蚕种统制是通过行政手段来进行的，加上有的人在推广改良种、取缔土种的过程中方法失当，酿成一些风波，因此，蚕种统制在实施过程中曾遭到不少人的非议和农民的反对。不过，总的来说，蚕种统制的确起了积极作用，它使江浙两省新式制种场大大增加，制种数量与日俱增，改良种日益取代土种而为农民所采用，到抗战前夕，江苏土种几至绝迹，浙江土种也大为减少。② 改良种

---

① 参见《江浙蚕业实行联合统制》，《工商半月刊》1933 年第 5 卷第 19 号。

② 参见谭熙鸿、夏道湘：《十年来之蚕丝事业》，《十年来之中国经济》，中华书局 1948 年版。

的采用，首先提高了蚕茧质量，减少了制丝耗损。当时制丝百斤，采用土种蚕茧烘折一般在300斤以上，缫折在500—700斤之间，而采用改良种蚕茧烘折降为280斤左右，缫折只有360斤。其次，还提高了蚕茧售价。1936年春，江浙二省鲜茧土种每担扯价为21元，而改良种每担扯价达30元。①

2. 设立各种蚕业指导机构

我国蚕丝业向为农民自家经营，缺乏相应的指导机关。20世纪20年代，江浙等地虽设有蚕业试验场，但多为研究性机构，其重点不在于指导农民栽桑养蚕。危机爆发后，政府开始意识到对各蚕区农民进行指导的重要性，于是在各蚕区设立了许多蚕业指导机构。这项工作主要由全国经济委员会蚕丝改良委员会进行，所获成效有：(1)育蚕指导。在江苏成立金坛改良蚕桑模范区，在浙江成立杭县及萧山两个改良蚕桑模范区，此外还分别在江、浙、皖、鄂、鲁等省设立蚕业指导所共达60余处，派遣技术人员从事实际指导。其指导工作大致分为领发蚕种、稚种共育、改良上簇、蚕室蚕具消毒、技术指导、合作烘茧及产销合作等数项。(2)训练蚕业人才。1934年3月在江苏设立了蚕桑指导人员养成所及蚕桑试验部，无偿散发桑苗。鉴于1930年以来丝业衰落，农民无心养蚕，任由桑树老废，甚至有伐桑之举，深恐丝市繁荣之日反有桑料缺乏之虞，于是订立无偿配给桑苗办法，规定凡是老废桑园及荒山废地而宜于栽桑者，均可向政府无偿领种优良桑苗。1934—1936年各

---

① 参见钱天达：《景气声中之蚕丝业》，《国际贸易导报》1937年第9卷第3号。

省领种桑苗共计500万株。[①]

3. 设立农村蚕业合作组织

为了维护蚕农的利益，稳固蚕茧质量，减少养蚕费用及防止商人垄断操纵，政府在江、浙、鲁、粤等省设立了蚕业合作组织，其中以浙江省为最多。1933年浙江省仅设有77所养蚕合作社，1934年则增至262所，1935年更增至333所，颇极一时之盛。江苏省从1936年春开始，也多方组织，设立70余所。山东省从1934年5月开始宣传成立蚕业合作组织，选定在该省蚕丝业最发达的临朐、益都两县进行，当年即成立有限、无限蚕业生产运销合作社，另外尚有2家蚕业联合社，到1936年虽然减少了56家，但其规模仍属不弱。广东省从1935年开始提倡，第二年组成11所，另外还有不少处于筹备之中，[②]可谓方兴未艾。

4. 更新缫丝设备

我国缫丝向恃人力木机，煮茧烘茧仅靠炭火。由于设备落后，缫法不良，制成之丝，粗细不匀，胶质坚硬，运销欧美之后往往要进行再缫，19世纪七八十年代以后，广东、上海等地出现了一批新式机器缫丝厂，采用法国和意大利直缫机，以蒸汽为动力及代替炭火烘茧煮茧，开中国缫丝之新纪元。然而，随着科学进步，缫丝设备更新换代，到20世纪20年代末，各地丝厂器械日益落后于时代，当时我国只有无锡华新丝厂、浙江省立

① 参见戴礼澄：《蚕丝业泛论》，商务印书馆1938年版，第165—166页。

② 参见戴礼澄：《蚕丝业泛论》，商务印书馆1938年版，第152页。

杭州丝厂拥有最先进的多绪机，[①]其余丝厂则仍然完全采用多年前引进的意大利式直缫机。设备的落后，造成了华丝品位远远落后于日丝。因此，从 20 世纪 30 年代开始，提高华丝品位成为丝业各界共同关心的课题。在这种情况下，江浙两省开始更新缫丝设备。江苏丝厂的设备更新，主要是依靠民间资本的力量进行的。据调查，抗战爆发前夕无锡已有 2/3 的丝厂拥有升降机，"即使说无锡蚕区至少在事变前直缫式的工厂已经绝迹也毫不过言"。1927 年，整个江苏省只有 1 台煮茧机，而到 1936 年则已有 56 台。[②] 与江苏的情况稍有不同，浙江丝厂的设备更新主要是依靠地方政府的支持而进行。1934 年，浙江蚕丝统制委员会购买了最先进的多绪缫丝机 500 部及一批扬返车、煮茧机借拨给本省各地丝厂使用。1936 年春，又购买多绪机 1200 部、扬返车 900 部、煮茧机 7 台，借拨给杭州、庆云等 12 家丝厂。[③] 通过这些措施，"抗日战争前的浙江制丝业超过了无锡，面貌焕然一新。1937 年春季与 1930 年比较，丝厂由 25 家增加到 32 家，还有一家丝厂正在建设中。过去一釜也没有的多绪机增加到 315 釜，占总釜数的 25%，超过了无锡。同时，拥有起重机（升降机——引者注）的丝厂由 8 个（32%）增加到 20 个（62.5%）。煮茧机也由 5 台增加到 32 台。2/3 的丝

---

① 参见奥村哲：《恐慌下江浙蚕丝业之再编》，《东洋史研究》1978 年第 37 卷第 2 号。

② 参见奥村哲：《恐慌下江浙蚕丝业之再编》，《东洋史研究》1978 年第 37 卷第 2 号，第 90 页。

③ 参见钱承绪：《中国蚕丝问题之总检讨》（上），《经济研究》1940 年第 1 卷第 9 期，第 167 页。

厂设置了煮茧机”①。新式设备的采用，大大提高了缫丝效率及质量，“在昔旧式丝车每日产丝不过八九两，使用是项新式丝车后，已可增至20余两，旧式丝车缫七十八分匀度之丝已感不易，新式丝车缫八十五分匀度以上不甚难”②。这一成绩超过了当时美国绸厂要求的所用生丝匀度必须在80分左右的标准③，足以和日丝抗衡，从而提高了华丝在欧美市场的竞争能力和信誉。

5. 改替生丝外销

中国生丝通常由上海、广州运往国外市场，长期以来洋行控制了中国生丝出口贸易和生丝检验。根据中国生丝出口贸易习惯，无论是土丝还是厂丝一般都由地方丝商收集，转卖于输出商人，而输出商人又托丝行、丝号、丝栈等机构或买办与洋行商议，由洋行或洋商组织的检验机构进行生丝检验，划定产品等级，成交后由洋行运销海外各生丝消费市场。生丝从生产到运往国外织造，数易其手，不仅使生丝每次转手价格随之增加，而且还造成了生丝生产者与国外用户相互隔膜，生丝的质量、规格不符合国外用户的要求。从20年代开始，中国丝商和丝厂为了摆脱这种不利局面，特别是摆脱洋行的控制和操纵，华丝直接运销国外的声浪逐渐涌起，先后有华通、纬成、虎林等丝厂或公司设立了生丝出口部。截至1930年，上海华商生丝

① 奥村哲：《恐慌下江浙蚕丝业之再编》，《东洋史研究》1978年第37卷第2号，第99页。

② 钱承绪：《中国蚕丝问题之总检讨》（上），《经济研究》1940年第1卷第9期，第167页。

③ 参见赵鼎元：《辑里湖丝调查记》，《工商半月刊》1932年第23期，第17页。

出口公司有华通、通运、景星、纬成、虎林等五家,直接运销亚洲、非洲及美国的生丝共计 7300 包,占当时上海生丝输出总额的 18%左右。① 不久,由于丝销不景气,上述五家生丝出口公司只剩通运一家继续营业,其余相继歇业。尽管如此,为了扩大生丝销路,减少售丝损失,摆脱洋行操纵,丝业各界人士仍在积极组织华丝直接对外推销公司,如无锡丝业巨头薛寿萱创办的华新、永泰、锦记等丝厂,都特派专员赴美常驻,负责产品宣传与推销。1935 年 4 月,浙江蚕丝统制委员会成立生丝推销委员会,设办事处于上海,将会中缫成生丝集中起来,检定品位,按同一规格包装整理,推销国外。总计该会当年向国外推销生丝不下八九千担,颇得信誉。1936 年,为谋直接对外推销,浙江蚕丝统制委员会又将生丝推销委员会加以充实,特别添设出口部,并派人在国外调查联络。在浙江的带动下,苏、粤等省也多注意及此,以图改进。② 在发展生丝直接对外贸易的同时,为了摆脱洋行的控制,政府进一步完善生丝检验制度。1929 年 7 月,成立生丝检验处,隶属于上海商品检验局,同年 10 月又将由外商掌握的"上海万国生丝检查所"收归国有。1930 年 4 月,实行公量检验制,从此上海外销生丝均以该处公量检验的结果为计量依据。从 1933 年开始,为了唤起缫丝厂家注意质量,政府举办生丝品质检验,1936 年 7 月正式实施品级检验,规定我国丝商、厂商与出口商绝大多数属外商之间的

① 参见缪钟秀、李安:《二十年来之蚕丝业》,《国际贸易导报》1931 年第 2 卷第 1 号,第 15、30 页。

② 参见钱承绪:《中国蚕丝问题之总检讨》(上),《经济研究》1940 年第 1 卷第 9 期,第 167 页;戴礼澄:《蚕丝业泛论》,商务印书馆 1938 年版,第 179 页。

生丝交易基本上按上海商品检验局所出品级证书的等级计价。[①] 除上海之外，广东省建设厅亦于1930年11月设立了生丝检查所，对出口生丝进行检验。通过这些措施，长期以来我国生丝外销由洋商操纵的局面开始改观。

除了以上的内容，当时的蚕丝改良运动还包括茧行统制、茧价统制、推广秋蚕、丝厂联合，等等。由于这些活动规模有限，收效不大，此不一一述评。

全面评价以蚕业统制为主体的蚕业改良运动不是本文的目的所在。不过，有一点我们可以肯定，总的来说，这场运动对于挽救衰败中的中国蚕丝业无疑起了积极作用。

20世纪30年代，这是中国近代蚕丝业史上的一个重要转折时期。由于中国近代蚕丝业是在对外贸易需要的刺激下发展起来的，国际丝市的波动决定着中国生丝出口贸易的盛衰，而生丝出口贸易的盛衰又制约着国内蚕丝业的兴废，这种状况造成了中国蚕丝业依赖于国际市场。同时，封建主义、资本主义的剥削、压榨，造成了中国人民大众的贫穷落后，消费低下，限制了生丝的国内消费，加深了中国蚕丝业对国际市场的依赖关系。在这种特定的环境下，中国蚕丝业走上了以出口→缫丝→养桑→栽桑为主要途径的道路。在这条道路上，随着国际市场对生丝需要量的增长，中国近代蚕丝业逐步发展，在20世纪20年代末踏上了它的顶峰。同时，也是在这条道路上，随着1929—1934年世界经济大危机的爆发、国际市场对生丝需要

---

① 参见戴礼澄：《蚕丝业泛论》，商务印书馆1938年版，第149页；蔡无忌：《解放前的上海商品检验局工作概略》，《文史资料选辑》第88辑，文史资料出版社1983年版，第138—139页。

量大为减少,中国近代蚕丝业又迅速跌入了全面衰退的深渊。这是30年代中国蚕丝业的一个转折。

中国蚕丝业虽然有着悠久的历史,但是长期以来,制种、栽桑、养蚕、缫丝、外销等各个领域,技术落后,设备陈旧,经营不善,然而这些弊端在经济大危机之前并没有充分地暴露出来,也没能引起各界人士的足够重视。1929—1934年世界经济大危机的爆发,造成了中国蚕丝业的全面衰落,也暴露了中国蚕丝业的所有弊端,从而引起了丝界人士和政府的深思与反省,针对暴露出来的种种问题,采取相应的措施,提高技术,更新设备,改善经营,使中国蚕丝业出现了一些振兴的新气象。这是30年代中国蚕丝业的又一转折。在这种情况下,我们有理由认为,随着世界经济危机的结束,国际市场对生丝需求量的回升,中国蚕丝业完全有可能走上较诸经济大危机之前更加迅速发展的道路。然而,1937年的卢沟桥炮火使中国人民艰难开辟出来的这条道路毁于一旦,中国蚕丝业在万劫不复的窘境中走完了它的近代历程。这是中国近代蚕丝业的悲剧。

(原载《中国经济史研究》1989年第4期。按:该期目录显示标题为《世界经济危机与中国蚕丝业的衰落》,而第128页正文使用的标题为《世界经济大危机与中国蚕丝业》,应该以正文标题为准)

论民初蚕丝业改良

中国蚕丝业有着数千年的灿烂历史，一直是广大农民的主要家庭副业之一，构成了国计民生的一个重要支柱。然而，千百年来，中国蚕丝业发展相对较慢，几乎没有重大改进。蚕农墨守旧法，陈陈相因，技术落后，设备简陋，既限制了蚕丝生产的发展规模，又影响了蚕丝的质量和价值，使其日渐难以适应欧美工业革命以后国际市场的新需要，这种状况到了鸦片战争以后才开始有改善。民国初期（1912—1927），中国蚕丝业借着辛亥革命以后政治、经济、思想、文化诸方面出现一系列变化的有利时机，在原有的基础上进行了大规模的改良，初步形成了我国蚕丝业近代化的基本格局。在中国蚕丝业由传统向近代迈进的历程中，民初蚕丝业改良起到了承前启后的历史作用。

一

自古以来，丝货是我国最重要的输出物品之一，一直完全垄断着国际市场，鸦片战争以后，中国生丝输出随着西方丝织工业的发展、国内一批通商口岸的开放而逐年增长。1833 年中国生丝输出量为9920担，1845年为10576担，1856年为63357担，1876年79385担，1899年为148100担。① 生丝输出的急剧增长，刺激了国内蚕丝业的发展，不仅浙江、江苏、广东、四川这著名四大蚕丝产区蒸蒸日上，而且其他省份的蚕丝业也有了一定程度的发展，就连一些偏远的地区也出现了许多新的蚕丝产区，整个中国蚕丝业呈蓬勃之势。

然而，在这繁荣的背后，隐藏着严重的危机。中国缫丝向恃人力木机，由于设备简陋，缫法不良，产丝粗细不均，胶质坚硬，运销欧美后需要再缫才能上机织造，这一问题随着欧美丝织机械化的提高而日益凸显。一向大批进口中国生丝的西欧商人在19世纪70年代不止一次抱怨中国生丝缫制和包装的粗劣，指出“除非在这两方面采取改进措施，他们（中国）生丝就必须从我们的消费中排除出去”②。与此同时，在遭受灾难性微粒子蚕病的法国和意大利，科学家在使用刚刚发明的显微镜检查欧洲蚕瘟的过程中发现“中国蚕子亦有瘟病，以致出丝不旺”。当时的宁波海关税务司德国人康发达还曾著有一书，对中国蚕丝业发出警告：“中国若不讲求蚕瘟，倘遇年岁不好，传染日深，将来病蚕生子，蚕种相传，蚕子将有灭绝之一日。”③ 面对危机，有识之士开始谋求改良中国蚕丝业的良策。19世

① 参见唐传泗、欧阳侃：《中国近代商业史统计资料——丝绸的贸易与价格》，《经济学术资料》1982年第6期，第59—60页。

② 汪敬虞：《关于继昌隆缫丝厂的若干史料及值得研究的几个问题》，黄逸平编：《中国近代经济史论文选》下册，上海人民出版社1985年版。

③ 朱有瓛主编：《中国近代学制史料》第1辑下册，华东师范大学出版社1987年版，第942页。

纪70—80年代,广东、上海出现了一批采用西方先进技术和设备的机械缫丝厂,首先开始了缫丝改良。1897年,杭州知府林迪臣创设了我国第一所蚕业专科学校——浙江蚕学馆,开启了以教育为中心而对蚕丝业进行根本改良的先河。清末新政时期,由于丝界有识之士的大力提倡和清政府采取了一些发展工商业的措施,蚕丝业改良的规模得以向更深的层次和更广阔范围辐射。这一切,为民初蚕丝业改良全面展开提供了良好的基础。

辛亥革命以后,共和体制的确立,封建帝制的倾覆,曾给许多人带来莫大的鼓舞,人们似乎已经看到了振兴中华的一线曙光。"实业救国""教育救国"一时成为许多人士由衷的共识和真诚的追求。而1914—1918年,欧战又为中国资本主义工商业的发展带来了前所未有的好机运。在此情况下,丝界人士对政体焕新的中华民国政府寄托着复兴蚕丝业的殷殷厚望,呼吁政府加快对蚕丝业的改良步伐。民初政府为了消弭人们的不满,缓解来自丝界的压力,尤其是为了扩充其中窘迫不堪的财政来源,对与国计民生关系匪浅的蚕丝业生产采取了一些改良措施和扶植政策。与此同时,广大丝业教育和科研人员为了复兴有数千年传统的中国蚕丝业,呕心沥血,历尽艰辛,积极投入了蚕丝业改良的活动。

尤其使人感奋的是,孙中山曾对振兴中国蚕丝业倾注了巨大的热情。早在1890年,他就对"今天下农桑之不振"发出感叹,要求当局"鼓励农桑"。① 1894年,他在《上李鸿章书》中表示:"文今年拟有法国之行,从游其国之蚕学名家,考究蚕学新

① 参见《孙中山全集》第一卷,中华书局1981年版,第1—2页。

法，医治蚕病。”①尽管此愿未遂，但他并不气馁。次年，他与陆皓东、区凤墀等人在广州创立“农学会”，拟定该会之要举为“首以翻译为本，搜罗各国农桑新书，译成汉文，俾开风气之先”②。1912年他以临时大总统的身份拟订了一份生产蚕茧85万吨、生丝7.1万吨、绸缎12500万米的计划③，并针对清末以来丝绸捐税繁重的状况，提出“鉴及我国蚕丝一项无独攸关国计民生，其在国际贸易地位又极其重要，力主干茧捐率不宜增高，遂订定每干茧100斤捐以16元为率”④。这一税率的厘定，一直受到国内丝界的欢迎。1919年他在制定《实业计划》时，专门谈到了改进我国蚕丝业的具体方案。这些，对于民初我国蚕丝业的改良与发展，具有重大的推动作用和指导意义。

民初蚕丝业改良得以大规模地展开，还有一个极为重要的外部因素，即后来居上而又咄咄逼人的日本蚕丝业，对于发展缓慢的中国蚕丝业已经构成了致命的威胁。日本蚕丝业向来远远落后于中国，但明治维新以后，由于日本政府的扶持与鼓励，日丝在国际市场上开始崭露头角。1870年，日丝出口量7000担，仅及华丝出口量的七分之一；1880年日本蚕丝出口量为15000担，为华丝出口量的五分之一；1890年，日丝出口量为21000担，为华丝出口量的四分之一；1900年，日丝出口量为46000担，几及华丝出口量的二分之一；1909年，日丝出口

---

① 参见《孙中山全集》第一卷，中华书局1981年版，第18页

② 参见《孙中山全集》第一卷，中华书局1981年版，第35页。

③ 参见杨力编著：《中国的丝绸》，人民出版社1987年版，第193页。

④ 参见中科院历史所第三所南京史料整理处编：《中国现代政治史资料汇编》第二辑第24册，（八），农业·蚕业。

量为135000担,已经完全超过了华丝出口量。[①] 在此后的几十年当中,日丝出口量一直超过华丝出口量,而且双方的差距越拉越大。面对此数千年来未有之变局,有识之士莫不震惊,莫不悚然而思改进。

面对国内外的形势,民国初期的蚕丝业改良开始在全国范围内大规模地展开。

二

进行蚕业改良,首先需要有一大批掌握着近代科技知识的专业人才基础,而这个基础的建立,离不开近代蚕丝业教育。中国近代蚕丝业教育肇端于1897年创办于杭州的蚕丝馆。稍后,在清末新政时期,南京、保定、上海、成都、济南、广州、淮安、武汉等地出现了一批蚕业学堂或附设有蚕科的农业学堂。不过,此时尚未出现由中央政府统一规划的近代蚕丝业教育体系。地方与地方之间的各行其是,限制了近代蚕丝业教育在全国范围内的推广。这种情况,民国初年得以改善。1912年12月7日,北京政府教育部在部令三十号文件中,正式公布专门农业学校之规模,共计十条,宗旨在养成农业专业人才,(其中)关于蚕业学校之订定甚详。[②] 各省遵令,纷纷设立农业学校,其中许多农校均设有部定农学五科之一的蚕学。至1918

① Lillan M. Li, *China's Silk Trade: Traditional Industry in the Modern World (1842-1937)*, Harvard University Press, 1981, pp. 86-87.

② 参见戴礼澄:《蚕丝业泛论》,商务印书馆1939年版,第145页。

年,据调查,全国甲种蚕校及甲种农校设有蚕科者共27所,乙种蚕校及乙种农校设有蚕科者共114所,女子蚕校或女子职业学校设有蚕科者共5所,蚕业讲习所8个。此外,还有一批专供地方急需的蚕业速成班和补习班①。至此,我国正式形成了由中央政府统一筹划、地方政府纷纷响应的近代蚕丝业教育体系,其意义不容低估。在民初蜂拥而起的蚕校及设有蚕科的农校中,虽有不少后因军阀混战、时局动荡、学制更迭而随即停废,但也有许多一直保存下来,并且卓有成效,其中最有名的是浙江蚕学馆和江苏女子蚕业学校。浙江蚕学馆(民国初年易名为"浙江省立甲种蚕校",该校先后易名十余次)为我国培养了最早一批掌握着近代蚕丝科技知识的专业人才,"不仅对浙江的蚕丝事业发挥了一定作用,即从全国来说,也有了很大影响"②。江苏女子蚕校在辛亥革命前由史量才等人创办,1918年该校聘浙江蚕学馆第三届毕业生、曾赴日本学习蚕业的著名专家郑辟疆担任校长。郑氏接任后,锐意改革,强调"蚕桑丝绸的系统教育"。1985年,该校毕业生、我国当代著名的蚕丝业专家费达生回忆起60多年前的这段经历时还深有感触说:"这种教育使我受用一生。"③郑氏还率本校师生深入乡村巡回指导,成果显著。由于他对江苏女子蚕业学校的突出贡献,他本

① 参见戴礼澄:《蚕丝业泛论》,商务印书馆1939年版,第145页。

② 徐淡人:《浙江蚕学馆与蚕校的回忆录》,《中国纺织科技史资料》第8集,北京纺织科学研究所,1982年,第29页。

③ 费达生:《建立蚕桑丝绸的系统观点》,《经济日报》1985年3月9日。

人担任该校校长达51年之久,为我国教育史所罕见。[1] 在浙江蚕学馆和江苏女子蚕校的推动下,"苏浙两省初等蚕丝教育乃以育蚕指导为中心,而日渐发达",两校的丰硕成果,博得了人们普遍赞誉,称之为"成绩最著","其有助于我国蚕丝业之改进甚巨"。[2] 除了设有众多的蚕校和设有蚕科的农校外,至20年代,我国蚕丝业教育还发展到高等教育,迈入了大学的殿堂。当时的国立中央大学、中山大学、浙江大学以及南京金陵大学、广东岭南大学都设有蚕桑系。

总之,辛亥革命后的十几年,我国已经形成了一个初具规模、拥有各个层次、比较完整的蚕丝教育体系。我国现代蚕丝教育的基本布局和结构主要是在这个时期形成的。[3] 可以说,近代蚕丝教育体系的建立,是民初蚕丝业改良的最大成果,它为蚕丝业改良与发展向深度和广度进军,乃至为解放以后蚕丝业的振兴,提供了必不可少的人才基础。

进行蚕丝业改良,需要一定的技术条件。民国初期,蚕丝业研究队伍进一步扩大,在一些蚕丝产区出现了一批独立的专业化研究机构,其中规模最大的有浙江省立原种制造场、江苏省立扬州蚕桑模范场、湖北省立桑蚕试验总场、广东丝业研究所。[4]

---

① 参见周德华:《纪念郑辟疆先生诞辰110周年》,《丝绸》1990年第12期。

② 孙伯和:《民元来我国之蚕丝业》,朱斯煌主编:《民国经济史》,银行学会,1948年,第309页。

③ 参见梁加龙:《论中国近代蚕丝教育的几个问题》,《丝绸史研究》1991年第4期。

④ 参见缪钟秀、李安:《二十年来之蚕丝业》,《国际贸易导报》1931年第2卷第1号。

据1924年《中国年鉴》记载，当时全国有专业蚕桑试验场10所。[①] 此外，在许多蚕校和蚕丝业官方组织和民间机构中，也附设有相应的研究机构。如山东省临朐县农会1919年创设了山东第一家蚕种制造所，稍后各地仿效，建立了10余家蚕种制造所。[②] 鉴于中国蚕丝有一最大缺点，即为"蚕种病毒之多……所含病毒，常在90%以上"[③]，因而当时蚕丝业主要任务是研制和推广改良种。到20年代中期，新蚕种的研制取得了突破性的进展，为蚕丝业改良的进行提供了必要的技术条件。

中国传统蚕丝业的特点在于一家一户地分散经营，缺乏合作与交流，从而影响了生产技术的提高。为谋蚕丝业的根本改良，必须进行有计划的管理和有意识的指导，并建立相应的管理机构和民间组织。1914年，北京政府颁布了"振兴实业法"，各地出现了专门管理实业的部门，管理蚕丝业的机构也应运而生。迟至1917年，成都出现了"四川蚕务局"[④]。1919年，浙江实业厅会同省议会及丝界代表曾拟设"蚕务总局"，各县设分局。[⑤] 1923年广东在省长廖仲恺的支持下，成立了"广东全省

---

① 参见曾同春：《中国丝业》，商务印书馆1934年版，第167页。

② 参见庄维民等：《近代山东蚕桑生产技术的改进》，《丝绸史研究》1991年第3期。

③ 钱承绪：《中国蚕丝业问题之总检讨》（上），《经济研究》1940年第1卷第9期，第135页。

④ 缪钟秀、李安：《二十年来之蚕丝业》，《国际贸易导报》1931年第2卷第1号；浙江省一轻局、浙江丝绸工学院等编：《浙江丝绸史料》下编，1979年油印稿，第160页。

⑤ 参见夏道湘：《中国蚕丝业概况及其复兴之我见》，《中国实业杂志》1935年第1卷第8期，第1418页。

改良蚕丝局”[1]。此外,这时期兴办的中央和地方的农业、蚕丝试验场,除负责蚕丝业的研究和推广外,在某种程度上也具有行政管理职能。与此同时各地出现了一批蚕丝业民间组织。在浙江,1918 年前后成立了“浙江丝会”,1919 年由省议会、教育会、绸业会、实业机构等 15 个团体发起成立了“浙江蚕桑改良会”,各县也出现了一些民间团体。[2] 在江苏,缫丝工业后来居上的无锡于 1915 年成立了“丝厂事务所”,1925 年又成立了“丝业指导所”[3];吴江县于 1923 年成立了“蚕丝改进社”[4]。在上海,1916 年成立了“江浙丝绸机织联合会”,1924 年江浙丝绸会馆改组为江浙丝绸同业总工会。在广东,民初出现了“蚕丝合作社”[5]。在四川,1915 年重庆成立了“四川丝业公会”[6]。这些民间组织的活动宗旨,皆在于蚕丝业的改良与合作。

民初蚕丝业改良活动还出现了一个新的动向,即中外合作。1917 年欧美驻沪丝商因欧战即将结束,国际生丝消费渐

---

① 浙江省一轻局、浙江丝绸工学院等编:《浙江丝绸史料》下编,1979 年油印稿,第 161—162 页。

② 参见钱耀兴主编:《无锡市丝绸工业志》,上海人民出版社 1990 年版,第 13—14 页。

③ 高景岳等编:《近代无锡蚕丝业资料选辑》,江苏人民出版社 1987 年版,第 171 页。

④ 缪钟秀、李安:《二十年来之蚕丝业》,《国际贸易导报》1931 年第 2 卷第 1 号;夏道湘:《中国蚕丝业概况及其复兴之我见》,《中国实业杂志》1935 年第 1 卷第 8 期,第 1416 页。

⑤ 夏道湘:《中国蚕丝业概况及其复兴之我见》,《中国实业杂志》1935 年第 1 卷第 8 期,第 1417 页。

⑥ 孙伯和:《民元来我国之蚕丝业》,朱斯煌主编:《民国经济史》,银行学会,1948 年,第 313 页。

次恢复,“感于日丝供给之垄断,丝价之暴涨,乃力谋改进华丝,以资抵制”,因而在上海成了“中国合众蚕桑改良会”。该会由法国驻沪商会与江浙皖丝茧总公所倡议,邀请英、美等国丝商,共同捐资,推举代表而组成,并由中国政府派员监督。该会在江浙皖重要产茧区均设有蚕种制造场、蚕业指导所与讲习所。1918 年,广东丝业研究所邀请美法丝商协会及岭南大学,在广州成立了“万国生丝改良会”,其性质与“中国合众蚕桑改良会”相仿,但因经费枯竭而未见发展。为了使中国生丝符合国际市场的通用标准,中美丝商还于 1924 年合办了上海“万国生丝检验所”,使用的检验方法和机械设备均以当时最先进的美国纽约生丝检验所为依据。[①] 它为我国生丝的等级划分、均度确定,提供了得到国际市场认可的通用标准,从而推动了我国缫丝技术的改进。

对于上述中外丝商的合作活动,以往有些论者多加指责,认为外商的目的在于更好地掠夺中国生丝原料,控制中国的蚕丝生产,使之被纳入世界资本主义的经济体系,而中外丝商合作也使中国丧失了更多的主权。其实,这是一种误解。在中国蚕丝业生产技术落后、改良起步较晚的情况下,积极地进行中外合作,引进先进的技术和设备,缩小中外之间的差距,未尝不是一种进取的途径。外商合作的目的当然是为自身的利益,然而通过合作,中国蚕丝业也加快了改良的步伐。尤其需要指出的是,外商并未能通过合作而操纵蚕丝业改良的主动权,不仅中国丝商一直对上述机构和活动分理其职,参与其事,而且中

---

① 参见周匡明:《中国近代蚕业史概论》(4),《中国纺织科技史资料》第 12 集,北京纺织科学研究所 1982 年版,第 12 页。

国政府也一直行使着监督权和管理之权，并在后来将上述民间机构收归国有，继续为蚕丝业改良服务。

三

民国初期，由于丝界人士的呼吁和提倡，蚕丝业教育和科研人员的参与和推广，以及政府采取了一些相应的政策和措施，我国丝业改良取得了一系列新进展，按行业可叙述如次。

（一）蚕种业

蚕种的品质不仅影响到蚕茧产量，也影响到缫丝质量，乃至影响到华丝在国际市场的地位。在20世纪20年代以前，蚕农主要采用自留种，或就近购买土种。由于蚕种日渐退化，含有大量病毒，因而所收蚕茧质量粗劣，传统的蚕种制造业已经日益难以适应近代缫丝工业的需要，改良蚕种已成为当务之急。中国蚕种之改良，以清末浙江蚕馆的创办为嚆矢。辛亥革命后，浙江省立甲种蚕桑学校在杭州城外设立原种制造场，研制改良蚕种推广于蚕乡。1921年，东南大学与合众蚕桑改良所合作研制诸桂及新圆无母体传染微粒子病毒的纯种3000张，推广后，收茧量高出土种饲育者倍许。[①] 不过初期的蚕种改良还局限于制造无母体传染病毒的纯种，这种改良纯种虽优于农民自制土种，但虫质不堪强健，倘遇饲育环境不良，亦易遭

① 参见孙伯和：《民元来我国之蚕丝业》，朱斯煌主编：《民国经济史》，银行学会，1948年，第313页。

失败。到20年代中期，蚕种改良取得突破性进展。1925年，浙江首先购进日本优良原种，从而研制出诸桂与赤熟的一代杂交新品种，制种万余张，饲育后获显著成效。① 紧接着，江苏有关方面闻风而起，在短短的一二年内，一方面采用一代杂交种，并引进日本的二化性华一、华二、华三、华五等品种，制造出一二化性杂交种，另一方面又采用冷藏法，实行人工抑化，制造夏秋种，为日后江浙一带推广二化性夏秋种创造了条件。由于新蚕种收效显著，渐成专业化的生产，江浙两省蚕种场之设立呈风起云涌之势，其产量亦由起初的每年数千张、数万张而增至一二百万张。②

（二）养蚕业

长期以来，养蚕业属于一家一户的分散经营，蚕农恪守千年古法，听天由命，迷信色彩浓厚。即使到20世纪20年代初，江浙一带的蚕农在蚕儿生长时节，"每禁人窥视，六亲绝往来"③，生怕因冲撞了"蚕娘娘"而招致厄运。因此，为谋农村养蚕业的改进，首先要破除迷信思想，灌输以科学的养蚕知识，在条件合适的地区将蚕农组织起来。1923年冬，江苏女子蚕校成立推广部，校长郑辟疆率教员，"带了各种改良蚕具、图表和改良木缫丝车，前往（吴江县）震泽镇及其附近各村，作改良育蚕和缫丝的宣传，为时两周，取得良好效果。1924年春，在震泽镇开弦弓乡开始了育蚕指导，深受蚕农欢迎"，并在此基础

① 参见戴礼澄：《蚕丝业泛论》，商务印书馆1939年版，第76页。

② 参见高景岳等编：《近代无锡蚕丝业资料选辑》，江苏人民出版社1987年版，第184—185页。

③ 曾同春：《中国丝业》，商务印书馆1934年版，第168页。

上建立了我国第一家育蚕合作社。同年秋,又在无锡洛社镇建立了育蚕指导机构,后来,推广部师生通过该机构“指导蚕户共同暖种、稚蚕共育及其他有利合作事业,并改良养蚕上一切技术,蚕户经一度指导,略有门径”①。金陵大学蚕桑系(初称蚕科)于1923年成立后,在附近各蚕区设立了指导所,“以供实地指导农民养蚕栽桑新法,并自饲养以作模范”,除向蚕农印送养蚕通俗读物,代蚕户消毒蚕具,指导蚕农除沙、分箔、给桑及调剂空气诸法外,为了破除当地不准生人进入蚕室的陋习,他们还鼓励蚕农到指导所实地考察,“农民之来参观者,日必有十余起”②,此外,“苏州二农(校)所属之蚕科,浙江省立西湖蚕桑学校,均渐能注重蚕业之改良推广,而各以办理蚕业指导所为务”③。通过上述活动,农村的养蚕技术得以大大提高。

(三)缫丝业

缫丝业是我国整个蚕丝业领域中最早采用西方先进技术和设备的行业。19世纪70—80年代广东、上海出现的机器缫丝工厂,标志着我国缫丝业出现了一个质的飞跃。进入民国以后,机器缫丝业迅速发展。广东1926年共有丝厂202家,丝车95125架;上海1927年有丝厂93家,丝车22168架④;无锡缫

---

① 缪钟秀、李安:《二十年来之蚕丝业》,《国际贸易导报》1931年第2卷第1号。

② 饶信梅:《广东蚕丝业的过去和现在》,《国际贸易导报》1930年第1卷第7号。

③ D. Liu, *The Silk Industry of China*, Shanghai, 1940, p. 94.

④ 参见高景岳等编:《近代无锡蚕丝业资料选辑》,江苏人民出版社1987年版,第324—327页。

丝工业起步较晚(最早一家丝厂创于 1904 年)但发展极快,至 1928 年有丝厂 37 家,丝车 10166 架①,在短短 20 多年内成为我国又一著名的缫丝工业中心;苏州、镇江两地 1928 年共有丝厂 8 家,丝车 1544 架②;浙江省在 1922—1928 年先后设立的丝厂有 20 多家③。此外,四川、山东、福建、广西等省也出现了一批新的机器缫丝厂。总之,这时期我国机器缫丝厂的出现犹如雨后春笋,其发展规模已基本上接近我国近代缫丝工业的最高水平。在缫丝工厂迅速增加的同时,有些地方还引进了新式缫丝机器。从 20 世纪 20 年代中期开始,江浙一些丝厂淘汰了原来所采用的意大利、法国在 19 世纪中叶研制的缫丝机器,而引进了比较先进的日本缫丝机器,并运用新法缫丝。进入 30 年代,江浙一些丝厂又进一步引进和仿制了刚刚发明的、在当时属世界最先进的日本多绪立缫式丝车,从而基本上完成了设备更新和技术改造,使我国的缫丝工业又重新跟上世界先进水平。由于缫丝工厂的增加和设备的更新,在我国生丝总产量中,厂丝和土丝各占的比例发生了明显的变化:1890 年厂丝产量为 12575 关担,占总产丝量的 9.5%,土丝产量为 119847 关担,占总产丝量的 90.5%;到 1928 年,厂丝产量为 141463 关担,占总产丝量的 52.7%,土丝产量为 127022 关担,占总产丝

---

① 参见钱承绪:《中国蚕丝业问题之总检讨》(上),《经济研究》1940 年第 1 卷第 9 期,第 97 页。

② 参见《中国实业志·浙江省》第七编,1933 年,第 39—40 页。

③ 参见高景岳等编:《近代无锡蚕丝业资料选辑》,江苏人民出版社 1987 年版,第 324—327 页。

量的 47.3%。[1] 这表明,到 1928 年,经过我国丝界人士的努力,在我国有数千年历史的缫丝业形成以工业化为主的整体格局。

（四）生丝出口业

中国近代蚕丝业是在对外贸易需要的刺激下迅速发展起来的,走上了一条以出口→缫丝→养蚕→制种、栽桑为主要途径的道路。[2] 这一系列环节中,对外贸易是整个生丝生产过程中的龙头。然而,长期以来,中国生丝外贸由洋行把持,属于一种间接贸易,而从来没有生丝直接外贸的机构。洋行操纵了中国出口生丝的价格、外汇结算、品级鉴定,中国丝商深受其害。不仅如此,间接贸易还造成了华丝生产厂家与外国丝织用户之间相互隔膜,信息不通,供需双方从不见面,使华丝品种、质量难以符合国外用户的要求,限制了华丝出口数量和价格,乃至影响到了整个缫丝业的改进。为了改变这种不利的局面,中国丝商和生丝厂家开始谋求对外直接贸易,到 20 世纪 20 年代,先后有了“华通、纬成及虎林等公司生丝出口部之成立。华通公司成立于民国十年。前有沈氏兄弟,曾开始谋中法间生丝直接贸易,既而失败。同时而成华通贸易公司,此为我国人自办生丝出口公司,以谋直接贸易打通之嚆矢。迨民国十四年六月,而杭州讳(应为纬——引者注)成公司复在沪设立生丝出口部。民国十五年二月,虎林公司即继之而起。于是向日华丝

---

① 参见徐新吾主编:《中国近代缫丝工业史》,上海人民出版社 1990 年版,第 660—661 页。

② 参见李平生:《世界经济大危机与中国蚕丝业》,《中国经济史研究》1989 年第 4 期。

之输出,纯恃洋行为原动力者,今(1931年)乃渐有改善之势"①。这些公司的活动,起初收效虽然有限,但它毕竟是改善华丝对外贸易从而推动整个蚕丝业生产的一种新尝试、新途径,为我国近代蚕丝业改良运动中力图建立的产供销一条龙的生产体系,在一定意义上安上了龙头。

四

中国近代蚕丝业在国际市场上的劲敌是日本,而民初蚕丝业改良所效法的对象也是日本。当时有识之士已经开始密切注视日本蚕丝业的发展状况,并通过对比日本,人们找到了自身的差距,从而为中国蚕丝业改良确定了目标。民国初期,由于丝界人士的竭诚努力,以及中国政府在某些方面予以的扶持,我国蚕丝业改良活动得以全面展开,从而使制种、养蚕、缫丝、外贸等各个领域出现了一些新气象。到20世纪20年代末,我国"各产丝主要区域,皆有蚕桑学校、蚕桑试验场、制种所、新式缫丝试验所等私人组织或公家经营机关之出现"②。可以说,经过民国初期的全面改良,在我国已有数千年历史的蚕丝业虽然尚不能与当时的头号蚕丝强国日本并驾齐驱,但已发生了巨大变化,基本上跨入了近代化的行列。

然而,综观民初蚕丝业改良,它尚处于一个较浅的层次,同

---

① 缪钟秀、李安:《二十年来之蚕丝业》,《国际贸易导报》1931年第2卷第1号,第15页。

② 曾同春:《中国丝业》,商务印书馆1934版,第166—167页。

时，各个部门的发展也不是平衡的。这时期，除了建立初具规模的近代蚕丝业教育体系，并在蚕种改良方面取得了突破性的进展而外，养蚕、缫丝、生丝外贸等领域的改进则相对薄弱，而栽桑方面的改进几乎付诸阙如。尤为重要的是，广大蚕丝界人士在改良过程中苦心探索出来的系统性改造工程方案还没有充分地深化到广大乡村和企业，使之在全国范围内推广施行并产生一系列的连锁效应；而北京政府除了一般性的倡导和扶持外，既无蚕丝业改良的整体方案以及中央的统筹机构，又没有对这项于国计民生关系甚巨的蚕丝业发展予以特别的优惠政策，所有这一切使得民初我国蚕丝业改良与发展与世界先进水平相比还有很大的差距。进入 20 世纪 30 年代，我国蚕丝业改良运动进入高潮，为日后蚕丝业的全面复兴带来了一线生机。不幸的是，后来长期的战争使中国蚕丝业与中国经济一起饱受摧残，在无可奈何中走完了它的近代历程。

（原载《中国经济史研究》1993 年第 3 期）

论晚清蚕丝业改良

在中国漫长的历史过程中,蚕丝业以独特的功能推动着社会经济的发展,纤细柔软的蚕丝在某种程度上构成了国计民生的一个重要支柱。略览史籍,我们不时可以看到蚕丝闪烁的光彩:乡村农户以养蚕织绸安身立命,诗人骚客以咏蚕喻丝抒发情怀,达官显贵以绫罗绸缎炫豪耀富,各级官吏以生丝绢帛折税抵赋,天朝上国以鬻丝输绸而怀柔域外,等等。蚕丝业构成了社会生活众多领域中不可或缺的一项重要内容。然而,我们应该看到,长期以来蚕丝业生产一直属于农民的家庭副业,技术上陈陈相因,设备上简陋粗糙,从栽桑、制种到养蚕、缫丝,既无专业化生产,也无系统的经营管理。鸦片战争以后,随着中国生丝出口外销的急剧增长,西方近代科学技术和经营管理经验东渐,以及来自国际市场的压力日趋紧迫,古老的中国蚕丝业面临着挑战,开始了自我革新的艰难历程,经过一系列的改良,逐步迈向近代化。

一

自古以来,丝货是我国最重要的输出物品之一,一直垄断着国际市场，久为各国商人争相采购，从中牟取暴利。鸦片战争以前，由于中西交通艰险以及清政府实行闭关政策，中国生丝出口虽受外国欢迎却数量有限，年出口量最多时也没超过八九千担。[①] 鸦片战争以后，中国生丝出口量急剧上升。19 世纪 40 年代中期，中国生丝每年出口量超过 1 万担。[②] 出口量的急剧膨胀，刺激了各地蚕丝业的迅猛发展，不仅浙江、江苏、广东、四川这著名的四大蚕区蒸蒸日上，而且其他省份的蚕丝业，如山东、安徽、江西、福建、河南、湖南、湖北、山西、直隶、陕西等地也急起直追，就连我国僻远的北疆南陲，如新疆、甘肃、广西、台湾也闻风而起。老蚕区焕发青春，新蚕区应运而生，这种迅猛发展的势头是前所未有的。

然而，在中国蚕丝业生产日趋繁荣的背后，也隐藏着严重的危机。

中国土法剿制的生丝，粗细不匀，胶质坚硬，运销欧美后需要经过再缫才能适用于机器织绸业。随着生丝外贸的不断扩大，这一严重问题在国际市场上日益引人注目。在当时众多品种的出口生丝当中，以湖州辑里丝最为有名，其特点是“富于拉力，色泽洁白，丝身柔润”，但由于土法生产，没有固定的条份和品质标准，因而它的缺点“亦所难免，条份不准，匀度不及是已。此实为其致命伤。……今日销美厂丝，匀度都须在八十分以上，而辑里丝之匀度，至多不过四十至五十分之间耳……

① 参见张任侠：《中国丝业及其对外贸易之史的回顾》，《中国实业杂志》1936 年第 2 卷第 1 期，第 2417 页。

② Lillian M. Li, *China's Silk Trade: Traditional Industry in the Modern World (1842–1937)*, Harvard University Press, 1981, p. 71.

不适用于机器生产”①。19世纪70年代初,法国里昂丝商协会致函上海商会,指出华丝在同一包装内品质不一,不匀不洁,难于操作,许多名牌丝已失去了信誉。同时,美国丝商协会将中国生丝掺杂的情况报告给该国政府。上海商会也为华丝品质下降而通报中外人士,特别指出,“中国生丝的缺点是缫制粗糙,包装混杂,复摇丝和沾丝中用糖油等杂物增加重量。欧洲以为中国丝条纹太粗,改用棉花代替。美国对复摇丝的品质杂、损耗大颇有意见”,并发出警告:“如果这样下去,丝价将再度下降,并将失去市场上的地位。”②

就在中国蚕丝业生产抱残守缺,徘徊不前,甚至产品质量有所下降的时候,国际上一些蚕丝业原来并不发达的国家开始注意进行改良。早在中世纪,意大利就发明了“拈丝”的工序,即把丝拈成股以便经得住纺机的拉力。18世纪初,这种技术传到英国,并被广泛使用。③ 1828年,法国“发明共燃制丝器械,使里昂机织业一度大放异彩”④。19世纪中叶,一场灾难性的微粒子蚕病蔓延欧洲,使意大利、法国这两个欧洲主要产丝国遭到空前打击。这场厄运促使欧洲科学家苦心研讨应策良方。不久,法国科学家巴斯德通过显微镜找到病源,发现了防治方法,并由此而诞生了“微生物学”这门新型的科学。同

① 赵鼎元:《辑里湖丝调查记》,《工商半月刊》1932年第23期,第16页。

② 徐新吾主编:《中国近代缫丝工业史》,上海人民出版社1990年版,第95页。

③ 参见[英]克拉潘:《现代英国经济史》上卷,姚曾廙译,商务印书馆1986年版,第192页。

④ 戴礼澄:《蚕丝业泛论》,商务印书馆1938年版,第16页。

时,意法开始对蚕丝业进行了较为系统的改良,“两国育蚕之家,树桑有术而叶肥茂,选种必良而蚕硕壮,且察其僵之犹癞也,药而别饲之,使不传染……其(茧)化之出蛾也,烘而干压之,使可久藏……而彼皆创立艺学,以教民导民,故其缫丝之矣,直可历七蚕八蚕之长,而其成丝之功,遂及五茧六蚕之细”①。尽管意法两国生丝在国际市场上从未撼动过华丝的霸主的地位,但它们所进行的一系列技术改良则远远走在中国的前列,并对中国蚕丝业产生了一定的影响。

如果说意法蚕丝业改良的兴起表明中国蚕丝业在生产技术上已经落后于世界先进水平,那么日本蚕丝业的迅猛崛起则表明中国蚕丝业在国际市场上的霸主地位已经开始动摇。日本蚕丝业向来不如中国,明治维新以前只有少量的蚕种和土丝出口,日本政府对此不重视,“且有提高税率,及取缔出口丝商之谬举”②。明治维新以后,日本朝野充分地认识到蚕丝业在国民经济中的地位,采取了一系列的改良措施,使日丝开始在国际市场上崭露头角。1870 年,日丝输出量为 7000 担,仅及华丝输出量的七分之一。此后迅速增长,到 1909 年,日丝输出量达 135000 担,超过了华丝输出量③,在国际生丝市场上跃居霸主地位。这一数千年未有之变局,对于古老的中国蚕丝业是一个莫大的刺激。

---

① 徐新吾主编:《中国近代缫丝工业史》,上海人民出版社 1990 年版,第 94 页。

② 李安:《二十年来日本之蚕丝业》,《国际贸易报》1931 年第 2 卷第 1 号,第 2 页。

③ Lillian M. Li, *China's Silk Trade: Traditional Industry in the Modern World (1842-1937)*, Harvard University Press, 1981, pp. 74-75.

鸦片战争以后，中国缫丝业还受到国内通商口岸外国丝厂的冲击。早在1840年，美国丝商曾把美国丝车介绍到中国，19世纪50年代又把上海生丝送到广东再缫，并将“符合美国人的想法”的丝车从广东介绍到上海试缫。1861年，英商主办的怡和纺丝局在上海设立，这是中国境内第一家外国丝厂，最初有丝车100架，2年后扩充为200架，机器设备主要是由香港制作，并从法国引进技术工人。[①] 到1894年，上海规模较大的外商丝厂有4家，共有丝车1500架，职工3750人，年产丝1620担。[②] 综观这时期外商在华设立的丝厂，数量不多，起初的经营效果并不佳，但它们对于中国古老的手工缫丝业无疑是一个冲击，它们引进的先进设备，训练出来的一批熟练技术工人，客观上推动了中国缫丝工业的产生。

与此同时，一些外国驻华官员为了本国能从中国获取更多的精美生丝，对日渐落后的中国蚕丝业发出了警告，并提出了一些改进意见。19世纪70年代宁波海关税务司德国人康发达指出：“中国若不讲求蚕瘟，倘遇年岁不好，传染日深，将来病蚕生子，蚕种相传，蚕子将有灭绝之一日。”[③]他还向清政府提出了改良蚕丝业的建议，“顾不为采纳，后康氏复选派宁波人江生金者赴法人蒙伯里野蚕校习新法育蚕”[④]，江生金因此

① 参见汪敬虞：《十九世纪西方资本主义对中国的经济侵略》，人民出版社1983年版，第369、371页。

② 参见徐新吾主编：《中国近代缫丝工业史》，上海人民出版社1990年版，第135页。

③ 朱有瓛主编：《中国近代学制史料》第1辑下册，华东师范大学出版社1987年版，第942页。

④ 钱承绪：《中国蚕丝业问题之总检讨》（上），《经济研究》1940年第1卷第9期，第103页。

而成为中国第一个蚕丝业方面的留学生，学成回国后担任了浙江蚕学馆总教习。1880年，法国里昂丝会为改进华丝质量，“曾托总税务司赫德氏调查吾国农民养蚕状况，作为进行张本，其报告书凡十有九。此外在法国著作中，殷殷以改良中国蚕丝为言者，亦屡见不鲜。诚以‘中国生丝’原料与（法国丝织）制造，不可分离，苟缺乏原料，则制造之基本动摇矣”①。尽管这些外国驻华人员的动机在于谋求本国的利益，但他们对中国蚕丝业的批评并非无的放矢，这也从一个侧面表明，改良中国蚕丝业已是大势所趋、刻不容缓了。

正是在这种背景下，中国蚕丝业迈开了由传统走向近代的艰难步伐，在甲午战争以前发轫并主要集中于与华丝出口贸易有直接关系的缫丝领域。

1872年，华侨商人陈启沅在家乡广东省南海县创办了我国第一家华资机器缫丝工厂——继昌隆缫丝厂。开办之初，规模比较狭小，尚未以蒸汽作动力，“全厂不过数十缫丝釜位，只有单缫而没有复缫”，经过几年的努力，扩大到800釜位。由于该厂采用了法国共拈式丝车，增加了“加拈”工序以提高生丝抱合力，并进行了生丝条纹规范化和茧料的分类选择，结果提高了生产效率，“每一女工可抵十余人之工作”。此外，陈启沅又结合了本地特点，发明了一种足踏式人力丝车，“所制之丝，较之法国所产无多逊”，这种“汽机缫丝与足机并行不悖”的局面在南海一直持续了数十年。② 由于继昌隆出丝精美，获利丰

① 曾同春：《中国丝业》，商务印书馆1934年版，第163页。

② 参见彭泽益：《中国近代手工业史资料》第2卷，中华书局1962年版，第44页。

厚,南海各乡以及邻县顺德等地争相仿效,纷纷设立了丝厂。从1881年到1894年,仅顺德开办的规模较大的丝厂就有35家,平均各厂每年产丝35000斤。[①] 这样,在最初的缫丝生产技术改进方面,广东在全国处于领先地位。

随后,上海也出现了华商创办的近代机器缫丝工厂。1881年,黄佐卿设立了公和永丝厂,拥有法国式丝车100部以及锅炉、引擎、吸水器等全套设备。1887年以后,丝车增至900部。[②] 到1894年,上海规模较大的华商丝厂共有8家,丝车2576部,职工5850人,年产生丝3782担。[③] 具体说来,上海丝厂的出现,其年代稍晚于广东,其数量也远逊于广东,但大都仿效外商丝厂的模式,机器设备都是从国外进口(稍后可以在当地仿造),开始就采用了蒸汽作动力,采用四绪缫法,每两部丝车另配有一名打盆工,因而其生产效率远远高于广东,成为后起之秀。

甲午战争以前,中国蚕丝业改良的内容仅限于缫丝行业,其地域则囿于广东、上海两地,对全国其他地区尚未产生多大的直接推动作用,至于对其他蚕丝行业(如蚕桑、制种、养蚕)的影响更是微乎其微。当时中国蚕丝业已经出现了危机的隐患,但人们尚未清醒地认识到危机的到来及其产生的根源。更为重要的是,当时尚未出现某种专业的官方机构或民间组织,

---

① 参见孙毓棠:《中国近代工业史资料》第1辑,科学出版社1957年版,第972页。

② 参见缪钟秀:《上海丝厂业概况》,《国际贸易导报》1930年第1卷第3号,第1页。

③ 参见徐新吾主编:《中国近代缫丝工业史》,上海人民出版社1990年版,第141页。

也没出现系统的蚕桑教育与研究机构在全国范围内对整个蚕丝业的各个领域进行自觉的、有意识的改良和推广。可以说，甲午战争以前，中国蚕丝业改良尚处于萌芽状态，行业的改良还没能够由治标发展到治本，更未形成一项波及全国范围、包纳各个领域的系统性改造工程。

二

甲午战争以后，清政府对日作战惨败的现实以及随之而来的帝国主义列强瓜分中国的狂潮，给社会各阶层带来了空前的刺激。民族危机的加剧使有识之士忧心如焚，苦苦地探求保国保种的良策。清政府由于允许外资在华设厂制造，对于民族资本投资办厂的禁律有所松动。伴随着甲午战后发展民族工商业呼声日益高涨的潮流，振兴和改良在国计民生中长期占有重要地位的蚕丝业，成为人们共同关注的重要课题之一。

面对现实，有识之士已经开始认识到中国蚕丝业的危机，指出："自通商以来……中国之蚕桑犹昔也，而丝市日衰，丝商日困，推原其故，皆外邦种蚕（桑）以分其利，且种桑养蚕之法精于中国。中国若墨守旧法，将日复一日，年复一年，丝市之衰不知伊于胡底？"①即使在蚕丝业最发达的江浙两省，"亦不过拘守成法，未能变动推广，且因蚕病蔓延而致蚕种不佳，育蚕者往往折本，愚民无知，委为运气使然，绝不考求其致此之由而补

① 《论中国整顿蚕桑宜先设养蚕学堂》，《皇朝经世文四编》卷二十三，文海出版社 1972 年版，第 1 页。

救之。数十年后，蚕桑之利未知何如，可不惧哉！可不惜哉！”[1]同时，他们还放眼世界，注意到了法国、意大利、日本在蚕丝改良方面取得的新进展：“二十年前，（法意）产丝极旺之时，蚕忽患病，比户传染，幸经格致家巴斯陡（按：今译巴斯德）……用六百余倍之显微镜细察蚕身，乃知所患者形如椒末（按：即现在所称的微粒子病毒）……精选无病之蚕，即以传种，名曰做子分方法。法意等国莫不师之，于是蚕病遂除而产丝复旺。日本于蚕务亦极力整顿……曾将蚕蛾选择佳者送至两国考察，又派人往意法两国学习养蚕诸事，所以日丝之出洋，年盛一年，上下获利无算。”“至今各国产丝之旺数十倍于前矣，其利之厚可想而知，况日本蚕丝本远不如中国。”[2]外洋蚕桑之利蒸蒸日上，而我国则江河日下，这种强烈的反差使有识之士莫不扼腕叹息而图谋改进。

培养一大批掌握近代科技知识的蚕桑专业人才，这是进行蚕丝业改良的前提条件。1897 年，中国出现了第一家蚕丝业学校——浙江蚕学馆。该校由杭州太守林迪臣创设于西湖之畔，占地 10 亩，有考种楼、饲蚕所、茧室、储叶处、斋舍、膳室庖舍共 80 余间房屋。鉴于微粒子蚕病曾使意法蚕丝业几遭灭顶之灾，“中国蚕子亦有瘟病”，因此，“蚕学馆之设以考验蚕种分方做子为第一要义”。主要课程有理化、动植物学、气象土壤学、栽桑制种、蚕体生理及解剖、育蚕缫丝、显微镜检查、病虫害防治，等等。蚕学馆的宗旨是“以除微粒子病，制造佳种，精求

---

① 《论中华亟宜讲求蚕桑之利》，《皇朝经世文四编》卷二十三，文海出版社 1972 年版，第 1 页。

② 《论中华亟宜讲求蚕桑之利》，《皇朝经世文四编》卷二十三，文海出版社 1972 年版，第 1 页。

饲育，传授学生，推广民间为第一要义"[①]，这既是该馆的办学方针，也是我国蚕丝业全面系统改良运动的肇端。浙江蚕学馆除了为我国培养了第一代掌握近代蚕丝业知识的专业人才外，还对蚕种改良、养蚕缫丝技术的改进，以及蚕丝业科技书籍的编著和介绍等作出了一定的贡献。[②]

浙江蚕学馆的创办及其所取得的成效，引起了社会的关注，人们称林迪臣开风气之先的举动为"绝大见识"，在赞叹之余又不免表示几分遗憾："林太守……既能成，亦不过浙江一省，一时安能广传，使家喻而能户晓。"[③]因此，各省有识之士一致发出仿效浙江蚕学馆以兴办本省养蚕学堂的呼吁："补救之法，莫若于省中设立学堂，调取书院高等诸生，令其讲求植桑制种之法，学成后遣往各县分立中小学堂，其法视省……劝谕乡民，律以奖罚。"[④]这种呼吁很快在力图变法维新的光绪皇帝那里产生了共鸣，就在百日维新期间，光绪皇帝颁布诏谕，"命于已通开口岸及出产丝茶省份设立茶务学堂，及蚕桑公院"[⑤]。尽管维新运动旋即夭折，但蚕丝业改良的浪潮已势不可当，在清末新政时期再次被有识之士所推崇，并得到清政府的支持，伴随着民族资本主义工商业迅速发展的势头而逐步在全国各

---

① 朱有瓛主编：《中国近代学制史料》第1辑下册，华东师范大学出版社1986年版，第945页。

② 参见徐淡人：《浙江蚕学馆与蚕校的回忆录》，《中国纺织科技史资料》第8集，北京纺织科学研究所1982年版，第29页。

③ 施景琛：《劝蚕说》，《皇朝经济文编》卷四十四，第2页。

④ 施景琛：《劝蚕说》，《皇朝经济文编》卷四十四，第2页。

⑤ 舒新城：《中国近代教育史料》，人民教育出版社1961年版，第47页。

地深化推广,形成了一场略具规模的社会运动。

甲午战后至清末新政时期,各地的蚕丝业改良运动大致可以划分为以下几种类型。

首先,设立了一批蚕业学堂或附设有蚕科的农业学堂,初步形成了蚕丝业教育体系。1897 年浙江蚕学馆创办之后,各地纷起仿效。1898 年,湖广总督张之洞筹办湖北农务学堂,随后添招蚕科学生 30 名。同年,安徽省安庆设立蚕科蒙学馆,收学生 50 人,学制 5 年。1899 年,福建省设立了福州蚕桑公学,试办蚕事,以期广开风气,三四年后初具规模,设有本科和别科,“本科专讲蚕业学理兼事实验;别科则专事实验兼授学理”①。1901 年,南京成立了江南蚕桑学堂,“以考究栽桑养蚕制种缫丝等法,参用东西洋新理,改良土法,俾扩固有之利源,开未来之风气为宗旨”。学生分为正科、别科,在教学管理方面设有教习、试验、事务三个部门。② 同年,山东益都设立了青州中等蚕桑学堂,经几年的试办,颇有成效,“经日本农学士谷井恭吉前往考试,极为称许”③。1902 年,河北保定成立了直隶高等农业学堂,学科分为速成、预备二种,均以农桑为正业,制造为副业。1904 年,江苏女子蚕业学校在上海创办,后迁往苏州,正式开办。它不仅是我国最早的女子蚕业教育机构,也是我国近代女子教育事业的先驱。此外,四川、广东等省也兴起

① 朱有瓛主编:《中国近代学制史料》第 1 辑下册,华东师范大学出版社 1987 年版,第 969 页。

② 参见李文治:《中国近代农业史资料》第 1 辑,生活 · 读书 · 新知三联书店 1957 年版,第 871 页。

③ 朱有瓛主编:《中国近代学制史料》第 2 辑下册,华东师范大学出版社 1987 年版,第 182 页。

了蚕业教育。清末新政时期，随着学制改革，废科举，兴新学，把蚕丝业教育纳入全国统一的规范化管理已成势所必然。1904 年，清朝学部公布了初等和中等农工商实业学堂章程，将蚕学规定为农业学堂的主要科目之一①，有些省份还兴办了高等蚕科教育。至此，我国各层次的蚕业教育体系初步建立，它为我国培养了第一批掌握近代蚕业科技知识的专门人才，推动了各地蚕丝业改良运动的迅速发展。

其次，各地出现了一批专业的蚕业研究机构和附设有蚕科的农事试验场。长期以来中国没有专门的蚕丝业研究机构，到了近代这种缺陷日益明显。改变这种落后的状况已是时代的需要。1898 年，上海育蚕试验场成立，这是我国第一家蚕业研究机构，该场“聘日本熟于饲蚕之事井原君，取绍兴湖州日本种，以日本法育之，以较两者优劣”。次年，江苏淮安饲蚕试验场成立。1902 年，河北保定设立了直隶农事试验场，其宗旨是，“调查全省土壤，讲求蚕桑、种植禾稼并制造各事”，设有蚕桑、森林、园艺、工艺四科。1903 年，济南设立了山东农事试验场，内设蚕科，聘日本人谷井恭吉为农桑教习。1906 年，清政府在北京设立了农工商部农事试验场，蚕桑为其中八科之一②。到 1908 年，据清政府农工商部统计，全国共设有 7 处农事试验场③。在此后的几年当中，江西、福建、湖北、湖南、安徽等省均设有农事试验场，其中都设有蚕桑科目。这些机构的设

① 参见朱有瓛主编:《中国近代学制史料》第 2 辑下册，华东师范大学出版社 1987 年版，第 66 页。

② 参见李文治:《中国近代农业史资料》第 1 辑，生活·读书·新知三联书店 1957 年版，第 875 页。

③ 参见《农工商部统计表》上册，农政总表，光绪三十四年编订。

立，无论其收效如何，皆起到了开风气之先的作用，在一定程度上为蚕丝业改良的推行提供了技术条件。

除此之外，各地还建立了一批推广蚕丝业改良的官方机构和民间组织。进行蚕丝业改良，需要有相应的管理机构和协调组织，以便统筹安排，指导推广。尽管蚕丝业生产与国计民生密切攸关，为历代政府所重视，各级官吏均有劝课农桑分理贡赋的职责，但从未设立过管理蚕丝业生产及改良的专门机构。19 世纪七八十年代，有些省份开始设立了蚕桑局或蚕棉局，但最初它们的职责只是提倡和介绍蚕桑之利，而对改良工作尚无力顾及。清末新政时期，改良蚕丝业的机构开始出现于各地。1903 年，清政府设立农工商部，各地成立农工商局。1908 年，清政府又敕令各省设立劝业道，以兴办当地实业，推广与改良蚕丝业是其主要管辖范围。此外，这时期各地出现的农会、商会对于推广和改良蚕丝业均有襄理职责，有的地区则直接设立了相应的行政管理机构。1904 年，山东设立了农桑总会，随后各县设立了分会。1907 年，浙江人周怀效担任四川劝业道，为谋通盘筹划，在省城设立了商务总局，在宜蚕各县设立蚕务局，“要求将蚕桑一项，列入各蚕桑县份重要考成之一，曾得巡抚、布政司、按察司三大宪之同意，使各县知事，注意蚕桑，努力发展”①，其筹划之周密，为全国所罕见。此外，江西、湖南、湖北、福建、新疆、山西、陕西等省均先后设立了蚕桑局或蚕桑传习所，以进行改良和推广工作。

与此同时，各地出现了一批旨在进行蚕丝业改良与合作的

---

①　参见尹良莹：《四川蚕丝改进史》，商务印书馆 1947 年版，第 23 页。

民间组织。1898 年,上海农学会会员朱阆樨等人在江苏如皋建立了蚕桑公社,采用新法饲育日本及绍兴、新昌种蚕。1902 年,曾赴日本考察蚕丝业技术的四川合江人张森楷在家乡建立了四川第一家蚕桑公社,既经营蚕桑生产,又附设蚕桑学校,并引进江南改良蚕种,聘请浙江蚕学馆毕业生入川进行技术指导。由于办有成效,各县纷纷继起设立蚕桑公社,到 1906 年前后,“蜀省各属蚕桑公社无虑数十百处”①。后因资金短绌,大多数蚕桑公社开办不久随即停废。1910 年,上海正式成立了江浙皖丝厂茧业总公所,其宗旨是推广蚕桑,研究生产,维持公益,融洽官府和丝茧同业之间的联系②。上述民间组织的出现,表明推广和改良蚕丝业已由社会各界的共识发展成为社会各界的共同行动。

总之,到了清朝末年,我国蚕丝业改良运动已初步发展为一种自上而下、遍布全国、涉及诸多领域的系统工程,已由最初的个体自发行为发展成为一种社会性的自觉活动,它构成了整个中国社会经济由传统走向近代化的一个重要方面。

三

晚清是我国社会经济发生重大变化的时代,在内外形势的压力下,蚕丝业进行全方位的改良已是大势所趋。然而,它在

① 李文治:《中国近代农业史资料》第 1 辑,生活 · 读书 · 新知三联书店 1957 年版,第 887 页。

② 参见徐鼎新:《试论清末民初的上海(江浙皖)丝厂茧业总公所》,《中国经济史研究》1986 年第 2 期,第 68 页。

具体的运作过程中却经历了一条曲折坎坷的道路。

作为蚕丝业改良运动的前奏曲，19世纪七八十年代广东、上海出现了我国第一批近代缫丝工厂，但它们最初的命运蒙上了几分苦楚。当第一批丝厂在广东南海创办时，乡间以旧法缫丝者、抱残守缺之士"咸非笑之"，指责男女在同一厂房工作有伤风化，高耸的烟囱有伤风水，汽笛响声如鬼叫，等等，不一而足。70年代末，南海竟然发生了数千乡民捣毁丝厂、哄抢丝货的事件，并酿成人命血案。地方当局在处理该案件时，采取了各打五十大板的态度，一方面追究杀人越货者的责任，另一方面又谕令受害者——南海各丝厂"克日齐停工作"①。10多年以后，当有人禀请开设丝厂时，地方当局仍以"商民设立机器，专利病民"为辞，不许"擅制"。② 80—90年代上海出现的几家丝厂，因位于通商都市，没像南海那样遭到守旧势力的直接干涉，但最初由于尚未建立稳固的原料市场，技术不熟练，以及受中法战争、中日战争的影响，步履维艰，连年亏损，经营困难。曾为近代蚕丝业教育和改良作出过卓越贡献的浙江蚕学馆，创办之初也是历经磨难，在夹缝中求生机。杭州知府林迪臣抱着振兴蚕业的宏愿而创办蚕学馆，然而他本人则因戊戌维新的失败而忧愤成疾，尚未见到第一届学生毕业便抱恨而逝。1902年，浙抚任道镕为给刚刚故去的李鸿章立专祠，竟满口胡言，"浙本蚕乡，农民素习蚕桑，蚕学馆无甚作用"，拟下令停办蚕学馆改建李祠。1906年，"蚕学馆成就卓著，正应扩充"，但当

① 彭泽益：《中国近代手工业史资料》第2卷，中华书局1962年版，第51页。

② 徐新吾主编：《中国近代缫丝工业史》，上海人民出版社1990年版，第123页。

时清朝官员却借口经费短绌,打算缩小其规模。[①] 上述两议虽因浙省士绅的抗议、抵制而未果,但说明振兴与改良蚕丝业在这两位巡抚大人的心目中根本就居于无足轻重的地位。

即使是在步履艰难的情况下,晚清蚕丝业改良也取得了初步的进展,其主要成绩可以按行业分别叙述如次。

制种业。蚕种制造是整个蚕丝业生产的第一个环节,蚕种的品质不仅决定着蚕茧的收成,而且影响到缫丝的质量乃至华丝在国际市场上的销路。长期以来,各地农民均采用土种,"所含病毒,常在百分之九十以上"[②]。即使在蚕丝业最发达的浙江省,"农民所育蚕种,历系余杭、新昌、嵊县,及太湖一带的自制土种,品质既劣,病毒又多"[③],蚕种的粗劣成了蚕丝业发展的致命伤。有鉴于此,改良蚕种成为初期蚕丝业改良的中心议题,它以 1897 年浙江蚕学馆的创办为嚆矢。该馆"以考验蚕种分方做子为第一要义"[④],引进法国微生物学家巴斯德发明的方法,以显微镜检查病毒,研制成改良蚕种千余张,推广试育后很快就取得了明显的收效。1899,浙江省"蚕事甚劣,收量视丰岁十之四五耳,而蚕馆所制种则大率十得八九"[⑤]。随后,

① 参见徐淡人:《浙江蚕学馆与蚕校的回忆录》,《中国纺织科技史资料》第 8 集,北京纺织科学研究所,1982 年,第 29 页。

② 缪钟秀、李安:《二十年来之蚕丝业》,《国际贸易导报》1931 年第 2 卷第 1 号,第 10 页。

③ 钱承绪:《中国蚕丝业问题之总检讨》(上),《经济研究》1940 年第 1 卷第 9 期,第 135 页。

④ 朱有瓛主编:《中国近代学制史料》第 1 辑下册,华东师范大学出版社 1987 年版,第 945 页。

⑤ 朱有瓛主编:《中国近代学制史料》第 1 辑下册,华东师范大学出版社 1987 年版,第 956 页。

蚕学馆研制的改良种逐渐推广到外省。1903年,山东开始引进改良种。1907年,四川蚕务总局为了改变当地主要生产土种黄丝的状况,曾从浙江蚕学馆运来了诸桂、新元、新昌及轰青等改良白茧种①;同年,新疆也采用了江南改良种②。与此同时,广东开始研制改良蚕种,1909年广东农林试验场“试验第一次饲育广东蚕种,共分二法。一用框制蚕种试验,一用普通蚕种试验。框制之种,系用显微镜检查蚕蛾留其无毒者;普通之种,系普通养家蚕寻常制法未经检查者。今比较成绩,当以框制者为优。计框制之种,病茧甚少,结茧颇美;普通之种,惟微粒子病颇多,其茧质亦稍薄”。在同年进行的第3次试验中,改良种不仅产量高,而且“其茧质之厚,丝质之白,为广东轮月种(按:广东传统的多化性蚕种)所罕见”③。

栽桑养蚕业。栽桑养蚕是中国古老的行业,由于农民一家一户地分散经营,墨守旧法,生产技术长期没有得到改进,有些地区则由于闭塞落后,一直鲜知蚕桑之利。鸦片战争以后,栽桑养蚕开始得到有识之士的提倡和各地官府的重视与推广,并在技术上有一定的改进。直隶蚕桑局1892—1897年间,从山东、四川采购蚕桑苗,劝民领种2000余万株,推广后蚕桑之利由原来的3州扩大到50余州县。河南蚕桑局1880年成立时,

---

① 参见尹良莹:《四川蚕丝改进史》,商务印书馆1947年版,第24页。

② 参见章楷:《陕甘新近代蚕桑推广述略》,《丝绸史研究》1990年第3期。

③ 谢贤章:《广东全省农林试验场始末》,广东政协编:《广东文史资料》第59辑,广东人民出版社1989年版。

通饬41余州县领发桑苗近30万株。① 江苏丹徒、江浦、丹阳等县往昔蚕桑之利微薄,同治年间经地方官员的提倡,一时蚕桑大兴。光绪年间,在安徽、江西、福建、湖北、湖南、四川、陕西等省许多州县,推广蚕桑已成为当地官员的重要职责。即使在边陲地区,推广蚕桑也为社会各界所注重。新疆自古虽为丝绸之路的要道,但栽桑育蚕极为罕见,1874年“左宗棠在天山以南,提倡蚕桑,设蚕桑局于疏勒,教民育种、饲蚕、压条、采叶等法,更栽桑秧数十万株,给民领种,耗费巨万”②。台湾巡抚刘铭传,曾派人“赴江浙安徽等省,搜集蚕桑之种,及其栽饲之法,编印成书,颁与人民,大为奖励……以筹蚕桑之业,一时颇盛”③。广西过去从无蚕桑,1879年马丕瑶任巡抚时,“派员赴粤购买蚕苗,分发恭城、平乐、平南、桂平诸县农民栽植,并购入粤省蚕种,教民育蚕”,1881年,“以事创伊始,为使农民得育蚕之方,于平南、恭城二县,同时设置蚕丝局,由马抚台亲董其事,广聘粤中技士,分负技术指导之责,是为推广蚕桑事业之嚆矢”。④

甲午战争之后,各地在继续推广蚕桑事业的同时,侧重于新品种的引进和生产技术的改进。浙江蚕桑学馆除了研制和

---

① 参见章楷:《冀晋豫鲁四省近代蚕桑丝业概述》,《丝绸史研究》1991年第4期。

② 赵鸿基:《新疆蚕丝业》,《蚕丝杂志》1947年第1卷第8期,第17页。

③ 彭泽益:《中国近代手工业史资料》第2卷,中华书局1962年版,第48页。

④ 陈鼎新、张其俊:《广西省平南县之蚕丝业》,《农声》1943年第230期,第46页。

改良新品种以外,还大力考究饲育方法,如蚕具消毒、调剂育蚕温湿度、切叶饲育、定时给桑、除沙防蝇。[①] 山东长山县1903年从南方引进湖桑和改良种,是为山东引进外省蚕桑品种的开端,随后还引入了新法催青。[②] 新品种的引进和技术的改进带来了明显的效果。1898年江苏如皋蚕桑公社"所育日本及绍兴新昌县澄潭镇种蚕,按新法育之,大丰稔,成茧洁白精密,每八百两得丝百两耳"[③]。山东长山蚕丝分为南丝、北丝两种,"南丝光匀",系引进江南蚕桑新品种的"同利公司所出,四乡亦渐推广。北丝即县境之丝,色暗质硬。现在农村亦渐改良"[④]。福建桑棉局在光绪末年派遣官费学生赴日留学研究蚕业,归国后采用日本新法,"所出之蚕丝蚕茧丝绵等,品质色泽均有可观"[⑤]。

缫丝业。19世纪七八十年代广东、上海出现的机器缫丝工厂,标志着我国有数千年传统的生丝生产技术开始出现了一个质的飞跃。甲午战争以前,两地丝厂的总数约有80—90家。甲午战争以后,随着设厂制造、兴办实业浪潮的涌现以及蚕丝业改良运动的深化,缫丝工业在原有的基础上有了较大的发

---

① 参见朱有瓛主编:《中国近代学制史料》第1辑下册,华东师范大学出版社1987年版,第954页。

② 山东史志编纂委员会编:《山东省志·丝绸志》,山东人民出版社1991年版,第5、60页。

③ 李文治:《中国近代农业史资料》第1辑,生活·读书·新知三联书店1957年版,第877页。

④ 《山东全省实业表·济南府长山县》,光绪三十四年调查编订。

⑤ 《福州之蚕丝业》,《经济半月刊》1927年第1卷第2期,第26页。

展。广东在1894年共有丝厂75家,丝车26356部[①];到1911年左右,丝厂增为109家,丝车增为42100部[②]。上海在1894年共有丝厂12家,丝车4076部[③];到1911年,丝厂增为48家,丝车增为13738架[④],其增长幅度明显高于广东。与此同时,缫丝工厂开始出现于全国其他地区,星罗棋布,给当地传统的缫丝业带来了新的气息。到1911年,浙江创办或申请创办的新式丝厂约有20家[⑤],江苏创办的丝厂约有10家。[⑥] 此外,在四川、山东、湖北、广西等省也有一些机器缫丝厂零星地出现。

这时期,全国各地还出现了一批虽然尚未使用蒸汽为动力的机器设备,但在生产技术上大有改观的手工缫丝工场。这类手工工场生产的生丝洁白光亮,条份均匀,其品质大大地超过了传统土法缫制的生丝而与近代机器缫丝大体一致,可供出口之用,因而人们在习惯上将这类生丝亦称为厂丝,以区别于土丝。到1911年,广东约有手工缫丝工场180家,四川约有手工缫丝工场18家,山东烟台有手工柞丝工场43家,辽宁有手工

---

① 参见徐新吾主编:《中国近代缫丝工业史》,上海人民出版社1990年版,第143页。

② 参见饶信梅:《广东丝业之过去与现在》,《国际贸易导报》1930年第1卷第7号,第8页。

③ 参见徐新吾主编:《中国近代缫丝工业史》,上海人民出版社1990年版,第143页。

④ D. Liu, *The Silk Industry of China*, Shanghai, 1940, p. 94.

⑤ 参见浙江省轻工业厅、浙江丝绸工学院等编:《浙江丝绸史料》下编,1979年油印稿,第48页。

⑥ 参见徐新吾主编:《中国近代缫丝工业史》,上海人民出版社1990年版,第196—205页。

柞丝工场数家。[1] 这类手工工场的出现，对于当地缫丝生产技术的改进与产品质量的提高同样具有不可忽视的作用。

国际市场的需求是近代中国蚕丝业发展与改良的杠杆。鸦片战争以后，由于欧美国家丝织业机械化生产的普及与提高，对生丝原料日益考究，要求生丝条份高、匀度好、拉力强，传统土丝难以达到上述标准，应运而生的厂丝则适应了国际市场的需要，备受海外用户的青睐，出口量逐年上升。1890 年，土丝出口量为 47847 担，厂丝出口量为 12575 担；1900 年，土丝出口量为 43063 担，厂丝出口量为 35277 担；1910 年，土丝出口量为 46215 担，厂丝出口量为 63969 担。[2] 在晚清这 20 年当中，土丝出口量徘徊不前，甚至略有下降，而厂丝出口量则增长了四倍多，总量超过了土丝。这表明，缫丝工业在近代中国显示出它的勃勃生机，厂丝在生丝对外贸易中占据了主导的地位。

总的说来，晚清蚕丝业改良尚处于一个较浅的层次，其自身还存在着一些问题，如对改进生丝外贸体制一直未加重视。中国近代蚕丝业与国际市场息息相连，长期以来，由于洋行垄断了中国的外贸运销和品级检验，华丝从国内生产到运往国外用户织造数易其手，不仅造成了华丝在国际市场转手价格层层加码，销路受限，而且还导致国内厂家与海外用户之间相互隔膜，供需双方信息不通，从而影响了中国蚕丝业的发展与改进。产供销一条龙这是近代社会经济发展的要求，而晚清各地却没出现专门的生丝外销机构，缺乏蚕丝业走向世界的龙头行业，

① 参见彭泽益:《中国近代手工业史资料》第 2 卷，中华书局 1962 年版，第 366 页。

② 参见徐新吾主编:《中国近代缫丝工业史》，上海人民出版社 1990 年版，第 660 页。

这无疑是晚清蚕丝业改良的一大缺陷。同时,在晚清蚕丝业改良运动中,各部门的进展是不平衡的,有些地区则时兴时废,这也限制了其自身的效果。然而,坚冰已经打破,与蚕丝业有关的教育体系、研究部门、管理机构、民间组织的初步建立,制种、栽桑、养蚕、缫丝等领域新气象的呈现,表明晚清蚕丝业已经发生了质的变化,开始由传统走上了近代化的道路,并为民国初期蚕丝业的进一步改良打下了基础。①

(原载《文史哲》1994 年第 3 期)

① 参见拙文《论民初蚕丝业改良》,《中国经济史研究》1993 年第 3 期。

论近代山东蚕丝业改良

山东蚕丝业有悠久的历史，早在商周时代已达到了相当的水平。春秋战国以降，有关“齐鲁千亩桑”的记载史不绝书，齐纨鲁缟成为中国丝绸精品的象征，“齐鲁衣履冠天下”的兴旺景象一直持续到盛唐时期。宋朝以后，随着全国经济中心的南移，山东桑蚕业渐渐落后于浙江、江苏、四川、广东而居全国第五位，但柞蚕业一直居全国之首。可以说，数千年以来，蚕丝业在山东经济发展的历程中起了举足轻重的作用。然而，和全国其他地区一样，山东蚕丝业一直属于农民的家庭副业，在长期的过程中几乎没有重大的改进，从栽桑、制种、养蚕到烘茧、缫丝、交易，从未出现过专业分工，生产技术陈陈相因，生产设备简陋落后，经营范围狭窄局促。这种状况到了近代才有了根本性的改进。

一

鸦片战争以后，中国蚕丝业在国际市场需求孔亟的刺激下出现了空前的繁荣，但同时也面临着新的危机。欧洲工业革命以后，一直大批引进中国生丝的资本主义国家在丝织业领域纷纷采用了机械化生产,对生丝的条份、匀度要求日益严格,使中国传统的以手工缫制的生丝日渐难以适应国际市场的新需求。尤其是明治维新以后,日本机制生丝在国际市场上的崛起,更使中国生丝遭到了强有力的挑战。在此形势下,从 19 世纪 70—80 年代开始,以广东、上海一批近代缫丝工厂的出现为契机,中国蚕丝业走上了近代改良的道路。此后,随着近代蚕丝业教育的兴起,蚕丝业研究机构的创办,蚕丝业管理机构和民间组织的建立,以及生丝直接外销行业的出现,到 20 世纪 20—30 年代,中国蚕丝业改良取得了较为可观的成果,形成了近代化的基本格局。

在内外形势的压力下,山东蚕丝业开始走上了改良的道路。和全国其他地方一样,山东蚕丝业的改良也是以缫丝技术的改进为肇端,稍有不同的是,它不是开始于桑蚕业,而是发轫于柞蚕业。

中国柞蚕业发源于山东。早在《禹贡》一书中就有关于山东柞蚕业的明确记载,晋代崔豹的《古今注》就有关于汉元帝永光年间东莱郡居民已知利用柞蚕制作棉絮的描述,表明当时放养柞蚕已较普遍。到明代,山东柞蚕放养技术已臻完善,清朝前期,山东柞蚕的放养、缫制技术先后传到陕西、河南、河北、贵州、四川、辽宁、安徽等省。长期以来,尽管山东柞蚕业居全国之首,但缫制设备和技术却相当落后:使用一周长一丈六的木制大框,以铁片凿孔,作集绪器,二人操作,其中一人踏车,一人索绪。所缫之丝,条份粗,色泽黯,纤度不匀,丝缕紊乱①。这种土法生产的大纩丝只适用于国内织造土绸,而不适用于国

---

① 参见《山东省志 · 丝绸志》,山东人民出版社 1991 年版,第 151 页。

外机器织绸。“西人所用之纺车,直径仅有16—18英寸,华工所用之车则有77英寸之长”,加上“华工往往用蚕十个至二十个一抽,杂乱无定,以致精粗不能一律,西人因而不愿购用”。①尽管19世纪60年代烟台已辟为对外通商口岸,但各地普遍落后的缫丝业限制了山东柞丝的外销。

市场的需求是生产改进的杠杆。为了适应国际市场的需求,烟台首先开始了设立机器缫丝厂的尝试。1877年,德商设立了烟台缫丝局,这是山东第一家机器缫丝厂,也是全国第一家专缫柞丝的近代机器工厂。该厂的设备均从外国进口,使用法国“开奈尔式”缫丝机及其他配套设备。在生产技术方面主要有两项改进:一是在缫丝方面,缩小丝车直径,将山东传统的70多英寸的丝车直径缩小为22英寸,同时将以往每绪用茧10至20个固定为5至6个,所产的小缫丝克服了传统的大缫丝粗细不匀的缺点②;二是在染色方面,对丝线进行了化学处理,使之易于上色③。1882年,该厂改组为股份有限公司,由中德合办,德方任经理,但大部分股东却是中国人。1885年,该厂由于负债过巨而歇业。次年,北洋大臣李鸿章委派盛宣怀收买该厂,但将机器设备闲置了五六年,致使蒸汽机开始生锈。1892年,该厂再度部分装置动力设备,“开始一半使用蒸汽机,

---

① 《通商各关华洋贸易总册》,1894年,烟台,第46页。

② 参见姚贤镐:《中国近代对外贸易史资料》第三册,中华书局1962年版,第1494页。

③ 参见孙毓棠:《中国近代工业史资料》第1辑,科学出版社1957年版,第76页。

产量增至每日 70 斤”[1]。1895 年,该厂租给烟台华商顺泰商号经营,改名为华丰纩丝厂,全部使用蒸汽机。到 1900 年前后,该厂已有法国式丝车 550 部,蒸茧锅 38 台,占地 38 亩,雇用职工 600 多人,每日产丝 250 斤[2],已有了相当的规模。

1899 年,烟台又出现了华泰纩丝厂,规模为占地 20 亩,汽机 32 马力,煮茧器 28 个,缫车 530 台,职工 578 人。1902 年,益丰纩丝房在烟台设立,规模较大,据 1903 年烟台《海关关册》记载:“内中规模胥以新法,普遍布电灯,气象至属壮丽。计本埠机器纩丝厂已鼎足而三矣。”[3]

同时,青岛也出现了柞丝厂。1901 年德商在柏林成立了“胶州华德缫丝公司”,并于 1902 年至 1903 年间在青岛沧口开办了“一家大规模的蒸汽缫丝厂,用新法缫制野蚕丝(柞丝)”,至 1907 年,该厂已培训了 1200 名熟练工人,“能以质量符合开办时所希望的精美无比的柞丝应市,这种柞丝使织户和染坊能制造出前所未有的颜色鲜艳、质料匀净的新型柞绸”。[4] 1910 年,青岛和烟台的华商接办了该厂,组成有限公司。次年,因当地流行病暴发,该公司宣布解散。

综观清末烟台、青岛先后出现的四家规模较大的近代柞丝工厂,尽管其经营状况不佳,但引进了外国先进的机器设备,采

---

① 姚贤镐:《中国近代对外贸易史资料》第三册,中华书局 1962 年版,第 1493 页。

② 参见徐新吾主编:《中国近代缫丝工业史》,上海人民出版社 1990 年版,第 509 页。

③ 徐新吾主编:《中国近代缫丝工业史》,上海人民出版社 1990 年版,第 511 页。

④ 汪敬虞:《中国近代工业史资料》第 2 辑上册,科学出版社 1957 年版,第 281 页。

用了先进的生产技术，其意义不容低估，他们对于山东缫丝工业的改进起了推动作用。

近代山东蚕丝业的改良以缫丝技术的改进为嚆矢，但它是由个体经营者来进行的，最初对蚕丝业其他领域尚未产生直接的推动作用，尚不能称为一种社会的自觉行动，完整意义上的蚕丝业改良应具备广泛的社会性，全盘统筹的自觉性。从这个角度看，清末山东蚕丝业教育、科研的兴起，以及有关的一些社会组织的出现，才开始了真正意义上的蚕丝业改良。

甲午战争以后，内忧外患的日趋紧迫促使清政府采取了一些有利于发展资本主义工商业的政策，戊戌变法与清末新政的一些措施促进了工商业的发展。在“振兴实业”浪潮的推动下，振兴有数千年传统且在国计民生中占有重要地位的蚕丝业，成为社会各界有识之士所关注的重要课题之一。在这种形势下，山东茧丝业改良开始全面展开。

进行蚕丝业改良，需要有一支掌握着有关科学知识的人才队伍。中国素有蚕丝业，但从无系统的蚕丝业教育。清末新政时期，伴随着学制改革，废科举，设新学，蚕丝业教育受到了社会的重视，成为一门新兴的学科。1901 年，山东巡抚周馥在青州（益都）设立中等蚕桑学堂，拨银五千两作创办经费，建造宿舍，置备仪器图籍，延聘教习，于 1904 年夏正式开办。这是山东省第一所蚕桑专业学校。经过一年的学习，该校学生“颇有成效”，“经日本农学士谷井恭吉前往考验，极为称许”。由于办学有成效，次年在附近 10 县扩大了招生范围。[1] 随后，济

① 参见朱有瓛主编:《中国近代学制史料》第 2 辑下册，华东师范大学出版社 1987 年版，第 182—183 页。

宁、郯城、兖州、蒙阴、黄县、齐河、阳信、平度、禹城等地均开办了蚕桑学校或附设蚕科的农业学校。[①] 鉴于山东尚无高等农业教育，1906 年，山东巡抚杨士骧在省城东关设立了山东高等农业学堂，延聘日本农学教习，召集当地子弟入堂学习。1909 年，该校高等农科正式开办，蚕科为其主要科目之一。[②] 到 1911 年清政府垮台时，初等、中等、高等蚕丝业教育体系在山东基本形成。

进行蚕丝业改良，离不开相应的科学技术的研究与推广。1903 年，山东农事试验场设立，占地 180 亩，以日本谷井恭吉为农桑教习[③]，同时，山东林业试验场也告成立，两者于 1905 年报清政府农工商部核准立案。[④] 这是山东第一批近代农林研究机构，改良蚕桑是其研究的重要课题。稍后，专业化的山东省立蚕桑试验场在青州设立[⑤]，县立的蚕桑试验场也开始在各地相继出现。在蚕业研究方面，最初主要是在选种和催青方面有所进展。微粒子蚕病是对蚕种危害很大的一种病毒，但长期以来农民对此一无所知。随着近代科技的传入，19 世纪末山东农民已知该病毒通过母体传染，因而采取了选蛾法以期预防。至于催青，传统土法不能保证适宜的湿度，致使蚕卵孵化

---

① 参见《山东省志 · 丝绸志》，山东人民出版社 1991 年版，第 258 页，另见齐河、阳信、平度、禹城等清末民初时修纂的县志。

② 参见张洪生：《晚清山东高等教育概览》，《山东史志资料》第三辑，1983 年，第 81 页。

③ 参见李文治：《中国近代农业史资料》第 1 辑，生活 · 读书 · 新知三联书店 1957 年版，第 874 页。

④ 参见《农工商部统计表》（上），农政总表，光绪三十四年编订。

⑤ 参见李文治：《中国近代农业史资料》第 2 辑，生活 · 读书 · 新知三联书店 1957 年版，第 184 页。

不齐，蚁蚕瘦弱。清末，著名蚕桑业教育家郑辟疆曾到山东高等农业学堂讲授新法催青，提倡炭火加温，备以检验仪器，以保证适宜的温湿度。与此同时，山东还开始从江南一带引进了较为先进的新蚕种和新桑种，逐渐推广于各县。① 尽管清末山东的蚕丝业研究与新品种的推广尚未有明显的收效，但无疑具有渐开风气之用。

进行蚕丝业改良，需要有相应的管理机构和协调组织，以便统筹安排，指导普及。虽然蚕丝业与国计民生密切攸关，为历代政府所重视，各级官吏均有劝导农桑分理贡赋的职责，但历朝政府从无管理蚕丝业的专门机构，这种状况直至 20 世纪之初才有改变。清末新政时期，中央成立了农工商部，各地成立了农工商局，以管理有关事宜。此外，各地的农会、商会对改良与推广蚕丝业均有襄理职责。1901 年，山东巡抚袁世凯奏设农工商务局，管理各项实业事宜，同年继任巡抚的周馥“尤重农桑，通饬各属设立农桑会”②。1904 年，周馥又在省城设立了农桑总会，分理蚕桑生产。随后，各府、州、县纷纷响应，到 1911 年，泰安、沂州、济宁、平度、博平、长山等府县先后设立了农桑会、蚕桑局（所）等机构③。同时，历城、章丘、临清、冠县、牟平、鱼台、东阿等 20 余县设立了农会或商会。④ 上述官办机

① 参见《山东省志·丝绸志》，山东人民出版社 1991 年版，第 51、60、79 页。

② 朱有瓛主编：《中国近代学制史料》第 2 辑下册，华东师范大学出版社 1987 年版，第 184 页。

③ 参见《山东全省实业表》有关部分，光绪三十四年编；另见《农工商部统计表》第二册，农政，农务分会表，光绪三十四年编。

④ 参见 1919 年编《山东各县乡土调查录》有关各卷。

构或民间组织均以发展农桑为其主要职责,对于山东蚕桑业改良起到了渐开风气的作用。

总之,到清朝末年,由于地方当局的提倡,蚕桑各界有识之士的努力,作为一种系统工程的山东蚕丝业改良,已经揭开了序幕。尽管这时的成效尚不明显,但具有广开风气的社会意义,并为民国初年的进一步改良打下了一定的基础。

二

辛亥革命的胜利,封建帝制的倾覆,曾给许多中国人带来了巨大的鼓舞,“振兴实业”“发展实业”一时成为许多人士的由衷呼唤和真诚追求,1914—1918 年第一次世界大战,也给中国工商业的发展带来了前所未有的好机会。而后来居上的日本蚕丝业这时已登上了国际丝市的霸主地位,给有着数千年传统的中国蚕丝业以莫大的刺激。这一切,催促着中华民国初期蚕丝业加快了改良步伐,山东蚕丝业改良也有了进一步的发展。

民国初期,山东缫丝业改进的规模进一步扩大,这不仅表现为出现了一批拥有近代机器的桑蚕缫丝工厂,而且还表现为缫丝技术已有明显改进的小纩(框)丝房在各地大批涌现。

山东以蒸汽为动力的桑蚕缫丝工厂出现于 1911 年以后,主要集中在周村。1911 年周村出现了裕厚堂缫丝厂,拥有意大利坐缫机 100 台,国产卧式三节锅炉 2 座,年产丝 30 余箱(每箱百斤)。1912 年周村设立了恒兴德缫丝厂,起初用足踏木框机,1925 年改用机器缫丝,有意大利缫丝机 160 台,兰开厦式三节锅炉2座，年产丝160箱。1919年周村同丰丝厂设立，起初只有100余支小蹬框，3年后改用机器缫丝，有意大利坐缫机200台，锅炉2座，年产丝180箱。1924年周村元丰丝厂设立，有仿日式缫丝机50台，仿日式改丝机18台，锅炉1座，年产丝50箱。民国初期，山东规模较大的桑蚕丝工厂即此4家。① 此外，尚有一些规模较小的桑蚕缫丝工厂，如周村的义泰昌、元亨、太公纪、义丰德、新纪等丝厂，博山有福春恒等丝厂，益都有德昌福等丝厂。②

除了机器缫丝厂对缫丝技术有了根本性的改进以外，山东各地新出现的一大批小纩丝房和丝场对于缫丝技术的改进有不可忽视的作用。山东小纩丝房、丝场始于光绪末年，而兴旺于民国初期，全盛时期有柞蚕小纩丝房400余家，主要集中在胶东一带③；有桑蚕小纩丝场300家左右，主要集中在胶济铁路沿线④。这些小纩丝房、丝厂虽然没有蒸汽机、铁制缫车等设备，但均采用了西式脚踏车，缫成之丝洁白光亮，条份均匀，质量远远超过了传统土法缫制的大纩丝，而与机器缫制的厂丝大体一致，可供出口之用，因而人们习惯上将小纩丝也称为厂丝，其产量逐年增长。

山东蚕桑业教育在民国初期得到了大规模的发展。1912

---

① 参见《山东省志·丝绸志》，山东人民出版社1991年版，第154页。

② 参见杨大金：《现代中国实业志》（上），商务印书馆1940年版，第143页；徐新吾：《中国近代缫丝工业史》，第269页；《山东省志·丝绸志》，山东人民出版社1991年版，第154页。

③ 《胶济铁路经济调查报告汇编》（二），栖霞县，第6页，1933年调查。

④ 何炳贤主编：《中国实业志·山东省》第八编第二章，民国实业部国际贸易局，1934年，第58页。

年，北京政府教育部“正式公布专门农业学校之规模，共计十条，宗旨在养成农业专门人才，关于蚕业学科之订定甚详”，次年又具体地将农校分为甲乙两种实业学校，蚕学列入其中主修的五科之一。① 各省遵令，纷纷设立各种农业学校和实业学校，蚕丝业教育颇极一时之盛。山东也不例外，蚕桑业教育随各种专业学校的设立而逐步普及，截至1919年，在全省百余县中，共设有各类农业学校、实业学校、蚕业学校、蚕桑讲习班60—70所。② 另外，1921年设立的烟台蚕桑学校则是我国柞丝业教育规模最大的一所学校。这些学校均以推广栽桑育蚕新法为圭臬，如滋阳县“农校成立有年，人民历受熏陶，于桑树栽培法颇注意”，“境内养蚕，惯用旧法，仍以三眠及四眠为多。惟农校所养，均系诸桂新元等类(江南新蚕种——引者注)，是项蚕种出丝最多，且富强力而有光泽，故城乡各区，多有采用以图改良”，“是皆教育之成效也”。即使在蚕丝业向不发达的曹县，由于普及蚕丝业教育，“近来始有蚕桑思想，渐渐一年多一年”。③ 民初山东蚕丝业教育的盛况不仅是空前的，同时也是绝后的。二三十年代以后，由于军阀混战，政局动荡，学制更迭，山东各县的蚕丝业教育大都停废，但各地因此而引入了新的风气，新法育蚕渐渐为农民所接受。

在蚕丝业研究方面，除了原有的几家机构以外，民国初期山东各地创办了一批新的机构，其中最值得一提的有三家，即山东省立蚕业劝业场，省立模范蚕业讲习所和烟台丝业改良

---

① 参见戴礼澄:《蚕丝业泛论》，商务印书馆1938年版，第145页。

② 参见1919年编《山东各县乡土调查录》有关各卷。

③ 参见1922年编《山东之农业概况》“济宁道属”章节中的滋阳与曹县的概况。

会。山东省立蚕业劝业场于1918年创办于益都，设有制丝、养蚕两部，并有贩卖、讲演、调查三个附设机构，主要活动有：培育新桑苗与新蚕种，改良养蚕与缫丝方法，进行蚕丝业调查，并派员下乡对农民进行巡回指导。到1922年，该场的主要成绩有："养种部每年培养桑苗六万余株、制蚕种五千余张分配各县，制丝部每年缫丝四十箱左右发上海出售，价格较优。"①省立模范蚕业讲习所1918年创设于济南东关，兼具教育与研究的职能，所内除普通教室外，还设有养蚕室、调理室、贮桑室、制丝室、干茧室、陈列室及显微镜室，等等。② 烟台丝业改良会成立于1920年前后，也称"芝罘万国蚕丝业改良会"（The Chefoo International Commission for Silk Improvement），是民国初期我国北方唯一的一所柞蚕业改良与研究机构，中外合办，下设5个分场，每年向农民分发柞蚕种约5万—6万枚，"历年成绩，颇有可观"③。除防治柞蚕微粒子病毒外，该会还研究山东地质，创办了蚕桑学校、缫丝试验所、蚕桑试验场，"其规模之大，在中国尤当首屈一指"④。

与此同时，山东蚕丝业管理机构臻于完备，同业团体也从无到有，推动了蚕丝业改良有组织、有计划地进行。1912年，山东省农桑总会改组为山东省农会，负责全省蚕丝业改良与推广。各县也纷纷建立了农会，分理农桑指导事宜，迄至1919

---

① 参见1922年编《山东之农业概况·附调查》。

② 参见庄维民、吕景林：《近代山东蚕桑技术的改进》，《丝绸史研究》1991年第8期。

③ 缪钟秀、李安：《二十年来之蚕丝业》，《国际贸易导报》1931年第二卷第1号，第11页。

④ 曾同春：《中国丝业》，商务印书馆1934年版，第176页。

年，新设有农会或对清朝农会进行改组的有60余县。① 除农会之外，各级实业机构也负有蚕丝业改良与推广的职责。民国以后，山东省政府设置了实业厅和建设厅，各县则相继建立了劝业所和建设局，以负责当地蚕丝业改良与推广的具体事宜，如济阳等11县的劝业所于1920年成立以来，开办各类蚕业讲习会和蚕种制造所，不时派员下乡讲演蚕桑之利，获有成效。这时期，蚕丝业民间同业联合团体也开始出现。1921年，烟台海关税务司苏古敦组织了“华洋丝业联合会，聘请蚕丝专业人员，切实计划鲁东柞蚕丝业推广与改良实施之方法”②，并呈准免征柞茧从安东运入烟台的进口税，以保护当地的柞丝工业。除此之外，临朐、益都、长山、博山、蒙阴、沂水、莱芜、安邱等产丝各县均设有丝业公会，周村的茧丝公会、丝麻织业同业会，烟台的绸业代理店同业会，上海的山东丝业公会亦先后成立。这些同业联合组织的出现，既是山东蚕丝业日趋兴旺的标志，也在一定程度上有利于山东蚕丝业改良有组织地协调发展。

综观民国初期的山东蚕丝业改良，在清末的基础上已有了较大的发展，这不仅表现为在栽桑、制种、养蚕、缫丝等领域出现了一些新气象，而且更主要表现为近代蚕丝业教育体系大体形成，研究机构初具规模，管理机构基本完备，同业组织从无到有，从而使蚕丝业改良形成一种比较完备的社会系统工程。尽管这个系统工程有待于完善，但从总体来说，山东蚕丝业改良已开始从官方扩展到民间，从城镇辐射到乡村，从工商业推广

---

① 参见1919年编《山东各县乡土调查录》有关各类。

② 李文治:《中国近代农业史资料》第2卷，生活·读书·新知三联书店1957年版，第163页。

到农业，从而使有数千年历史的山东蚕丝业大体上迈进了近代化。

三

中国近代蚕丝业是在对外贸易需要的刺激下急剧发展起来的，其兴衰与国际丝市的起伏息息相关。1929—1935 年世界经济大危机期间，国际市场极度疲软，丝价暴跌，销路停滞，给中国蚕丝业以空前打击，山东蚕丝业也由高峰跌入低谷：蚕茧年产量 20 世纪 20 年代为 40.5 万担，达历史最高峰，1930 年下跌为 11.5 万担，此后更是逐年下跌。① 在缫丝业工业方面，周村 4 家规模较大的蒸汽机缫丝工厂于 1932 年全部歇业，人力机缫丝工厂在鼎盛时期全省共有 300 多家，到 1933 年仅存 160 余家。② 在柞蚕丝集中的胶东，最盛时烟台有纩丝厂 42 家，附近的文登、牟平、栖霞、海阳等县共有纩丝房 100 多家。1931 年，烟台纩丝厂几乎全部停工，其他各县纩丝房开工者寥寥无几。③ 总之，整个山东蚕丝业的发展面临着空前的危机。

随着危机的加深，传统育蚕缫丝方法的弊病全盘暴露，社

① 参见何炳贤主编：《中国实业志 · 山东省》第五编第十一章，民国实业部国际贸易局，1934 年，第 212—213 页。

② 参见何炳贤主编：《中国实业志 · 山东省》第八编第二章，民国实业部国际贸易局，1934 年，第 57—58 页。

③ 参见《山东柞蚕业调查》，《工商半月刊》1934 年第 7 卷第 3 期，第 64 页。

会各界振兴蚕丝业的呼声日益高涨，改良的步伐大大加快，山东蚕丝业迎来了全面更新的大转机。危机与转机同时并存，成了20世纪30年代前半期山东蚕丝业的一大特色。与清末民初相比，其改良的主旋律在于新品种的推广，对农村养蚕大规模的巡回指导，研究机构的整顿与完善，新式烘茧炉的采用，农户蚕业产销合作社的组建，等等。这些内容既有原来规模的扩大，更有新气象的降临。

山东农民育蚕均用自留土种，其微粒子病毒含量常在20%以上。含此病毒的蚕虫在生长时一般都会中途死亡，加上农民制种不得法，因而养蚕量虽多，但成茧量甚少。清末民初，山东各地虽已开始用新法研制的改良种以代替土种，但尚未普及推广。1932年，山东省实业厅训令历城、莱芜、临朐、益都等44县建设局，鉴于“近几年来蚕户多用土种，以致蚕病日滋，茧收多歉，丝质驳杂”①，要求各县推广使用改良种。改良种的推广曾取得一定的成效，如临朐县1935年推广2万张，1936年推广4.4万张，“两年以来之成绩，甚为优良……（收蚁量）较饲育土种，计增产三成以上。又土种茧制丝一担，平均需茧一千四百斤左右；而改良之茧种，则仅需八百斤左右。改良蚕种，舒解容易”②。

长期以来，山东缺乏专业的养蚕指导机构，1935年，山东省建设厅为谋指导农民用新法养蚕，在临朐设立蚕业指导总所1处，分所10处。到1937年，共推广改良种2万张，“系该总

---

① 《山东实业公报》第七期，训令，第9页，1932年1月。

② 张鸿烈：《改良山东蚕丝业问题》，《进德月刊》1937年第2卷第6期，第1页。

所首用新法催青,再由各分所分发各蚕业合作社饲育,并由各技术人员为各领种社员作蚕室及蚕具之消毒与指导改良蚕室、切桑方法、用网除沙、麦秆制簇、室内上簇等工作。……两年中之指导工作,颇称顺利”。益都省立蚕业实验场除在当地推广改良种外,并代农民新法催青,巡回指导,“凡饲育该场蚕种及受指导之蚕户,每张蚕种结茧量可达三十斤左右,较之饲养土种及未经指导者,增加茧产达一倍有余”①。

蚕业研究机构这时期也得到了整顿与完善,1933 年 4 月,山东省实业厅训令各县“尚未设有蚕桑试验场研究机关者,亟应妥为筹划,切实进行,其已实置者更应实事求是,力加整顿”,宜蚕各县临朐、长山、昌乐等均奉令“先后设立蚕种制造所,负各县改良普及并指导之责”。② 蚕业研究也有了新的成果,1934 年,秋蚕饲养首先在临朐试行,从而开始克服了养蚕季节短促的局限。1935 年,临朐饲育了当时较为先进的一代杂交种 4.4 万张,次年饲育 6.2 万张,计划 1937 年扩展到莱芜、益都,推广一代杂交种 10.2 万张③,后因七七事变爆发而中止。

与此同时,杀茧技术有了明显的提高。以往山东农民杀茧一般采用盐水腌泡,此法既伤茧质,又费盐耗资。1935 年,临朐蚕业合作社联合设立了 1 所最新式烘茧灶,购置日本大和式烘茧机 1 部和带穿式烘茧机 2 部,次年新法烘茧 60 余万斤,全

① 张鸿烈:《改良山东蚕丝业问题》,《进德月刊》1937 年第 2 卷第 6 期,第 4—5 页。

② 《山东实业公报》第二十二期,呈文,第 11 页,1933 年 4 月。

③ 参见《山东省志 · 丝绸志》,山东人民出版社 1991 年版,第 51—52、63 页。

为无锡永泰丝厂购去,获价较土法烘茧高出四分之一。由于新法烘茧品质优良,同年,山东省建设厅训令各地所产改良茧一律送往该烘茧厂烘制。[①]

尤其值得一提的是,这时期出现了农民育蚕的合作组织。长期以来,山东农民养蚕属于一家一户的分散经营,这种状况使农民既无力摆脱茧贩的盘剥,又不利于乡村蚕业改良有计划有组织地进行。1931 年,山东省实业厅与农矿厅联合训令各县举办蚕业合作社事宜。[②] 首先指导农民组织这种合作社的是邹平"山东乡村建设研究所"。该院 1932 年指导农民组织蚕丝合作社 10 个,社员 271 户,推广改良种 593 张,此后规模逐年扩大,并指导农民催青、烘茧、缫丝、运销等。[③] 为谋统筹指导,1934 年建设厅在益都及临朐指导农民成立蚕业生产运销合作社 400 余个,社员 1 万余人,并在两县各设 1 处联络社,"建设厅蚕种推广及养蚕指导,乃就各合作社努力推行"[④]。乡村蚕农之间相互合作组织的出现,具有重大的意义,它第一次把蚕农组织联合起来,克服了一家一户分散经营的弱点,有利于蚕业改良有计划地统一推行。

除上述内容外,20 世纪 30 年代山东蚕丝业改良的新动向还有缫丝领域股份有限公司的创立、各种县立短期蚕业培训班的设立、模范缫丝工厂的组建、蚕种制造条例的颁布、丝茧捐税

---

① 参见《山东省志 · 丝绸志》,山东人民出版社 1991 年版,第 117 页。

② 参见《山东实业公报》第五期,训令,第 14—15 页,1931 年 11 月。

③ 参见章楷:《冀晋豫鲁四省近代蚕丝业概述》,《丝绸史研究》1991 年第 4 期,第 28 页。

④ 张鸿烈:《改良山东蚕丝业问题》,《进德月刊》1937 年第 2 卷第 6 期,第 5—6 页。

的减免,等等。这一切不仅大大加快了山东蚕丝业改良的步伐,也为衰落中的山东茧丝业注入了全面复兴的勃勃生机。然而,1937年七七事变爆发后,山东迅速沦于日军铁蹄践踏之下,蚕丝业遭到毁灭性打击,本可望有所成就的蚕丝业改良运动不幸夭折。此后,在日伪统治时期和国民党挑起的内战时期,山东虽然间歇性地出现和保存了几家蚕丝业改良机构,但其成效均微不足道,山东蚕丝业在无可奈何中走完了它的近代历程。

四

纵观近代山东蚕丝业改良的历程,它发端于清末,成形于民初,到30年代达到鼎盛。从其内容上看,它以缫丝工业的兴起为先导,继之以教育、科研、管理、协调等改良机构的出现为主干,然后以农村合作组织的兴起为深化,从而发展成了一项规模渐渐扩大的社会性系统改造工程。从其发展过程来看,它经历了由民间个体经营者自发的行为演化为官方提倡、专业人员指导、民间响应三体一位的社会自觉行动的过程。从其行业来看,它涉及了工业、农业、教育、科研等部门。从其地域来看,它以烟台、青岛这两个山东最早开埠的城市为龙头,以胶济铁路、津浦铁路为主干道,渐渐地向各地展开。总之,改良是山东蚕丝业在数千年以来的历史中所发生的一次重大变化,是山东社会由传统走向近代的一个组成部分。

山东蚕丝业改良在取得一系列成效的同时,也面临着一些制约因素,表现在以下三个方面。

（一）日本的经济侵略冲击了山东缫丝工业

民国初期，日本在山东设立的丝厂共有3家：青岛铃木丝厂、张店铃木丝厂、钟渊丝厂，其中对山东缫丝工业冲击最大的是张店铃木丝厂。该厂“资本定位日币二十万元，买茧之季，日本正金银行充量供给其用款，等于无利息之贷款……取之不尽，用之不竭”①，其结果，导致“山东之蚕丝业大受其影响，茧市几全为该厂所操纵”②。与此同时，胶东柞蚕纩丝工业也受到日本的冲击。清末民初胶东纩丝工业极为发达，但其柞茧原料则有一半以上来自辽东，从清末开始，日商就在辽东收购柞茧，到1922年渐渐控制了辽东的柞茧市场。九一八事变东北沦陷后，“东北柞茧不再输入烟台，烟台各丝绸厂之原料三分之二以上自东北入口者，今(1935年)以原料缺乏，柞茧丝绸工厂皆行停工”③。日本经济侵略对山东缫丝工业的冲击，无疑地限制了缫丝技术的改进与推广。

（二）军阀混战、官场腐败影响了蚕丝改良的成效

民国以来，山东军阀林立，战争频仍，匪祸连绵，“全境人民，苦于乐土，弃家舍业，耕耘不暇，田园荒芜，已成普遍，而于

---

① 《日本经济侵略中山东丝业状况》，《国际贸易导报》1931年第3卷第6期。

② 何炳贤主编：《中国实业志·山东省》第八编第二章，民国实业部国际贸易局，1934年，第58页。

③ 《山东柞蚕业调查》，《工商半月刊》1935年第7卷第3期，第63—64页。

桑树之栽培，肥料之施用，养蚕制种缫丝方法之改进，更不暇计之”①。同时，官场恶习也影响了蚕丝业改良的成效。20世纪二三十年代山东设立的实业局、农事试验场、蚕种制造所、蚕业劝业场等机构，均负有改良与推广之责，“但各机关人员对于农民，究少联络，且未全尽指导之责，故蚕业机关之过去成绩甚少”②。1921年成立的“芝罘万国蚕丝改良会”经费充足，“本来对蚕丝改进事业很可能有许多的作为，但最终仍旧因一些举措中了官僚化的毒只做到浅尝而止的地步，未能深入”③。

（三）缺乏生丝直接外贸与品级检验机构

长期以来，洋行控制了生丝外贸和品级检验，中国生丝运往国外数易其手，不仅使每次转手价格随之增加，而且还造成生产者与国外用户相互隔膜，信息不通，供需双方意见不一，从而影响了中国蚕丝业的发展与改进。为了了解国际市场，摆脱洋行控制，江浙两省20世纪20—30年开始了生丝直接外销，并派专人常驻国外。同时，上海、广东两地还设立了出口生丝品级检验机构，采用国际通用标准，打破洋行的垄断。遗憾的是，山东茧丝业各界对于生丝直接外销与品级检验这两项至关重要的内容，始终没有予以足够的重视，不仅一直没有设立专门的机构，甚至没有把它提到议事日程，这是山东蚕丝业改良

---

① 《山东丝业之今昔观》，《中行月刊》1934年第9卷第4期，第120—121页。

② 吴英若：《山东蚕业失败之原因》，《山东实业公报》1932年第8期，第7页。

③ 方柏容：《我国柞蚕丝业的回顾》，《纺织建设月刊》1948年第1卷第3期，第28—29页。

运动中的一个重大缺陷。

尽管山东蚕丝业改良存在一些问题,但从整体上说跟上了全国的步伐,其规模稍逊于江浙,大体可与川粤并驾齐驱,而居于除此之外的全国其他省份之上。七七事变之后,山东蚕丝业改良基本上中止,但它既已取得的成果对于改变农村养蚕风气,提高养蚕缫丝生产技术,唤起社会各界对蚕丝业的重视,产生了一定的积极作用,并为解放以后山东蚕丝业的全面复兴打下了一定的基础。

(原载《中国社会经济史研究》1994 年第 2 期)

近代周村蚕桑丝绸业

在近代中国蚕桑丝绸的发展历史上，出现了五个中心区域，即浙江、江苏、广东、四川、山东。而在近代山东蚕桑丝绸的发展历史上，出现了两个系统、三个中心。两个系统为柞蚕业系统和蚕丝业系统，三个中心为胶东地区、周村一带和临朐附近。其中胶东地区属于柞蚕业系统，周村和临朐属于蚕桑业系统。如果就栽桑、养蚕、缫丝、织绸、印染自成体系，产供销一体化，农工贸一条龙等特点而言，则山东桑蚕业在全国最著名者，非周村莫属。近代以来，周村的蚕桑丝绸业在当地的社会经济中，乃至在全国的社会经济中，都曾具有一定的地位和影响，并延及当代。对此，有必要进行深入的探讨。

一

要了解近代周村一带蚕桑丝绸业的兴衰状况及其所形成的特点，首先应该了解它的社会背景和客观条件。

长期以来，丝货是中国最重要的输出物品之一。鸦片战争以后，国际市场上需求量的剧增，推动了中国各地蚕桑丝绸业的发展。据海关统计，1868 年生丝出口 5.73 万担，丝织品出口0.36万担;1910年生丝出口增长为13.92万担,丝织品出口为2.87万担。此后,生丝出口增长更为迅速,1929年为19万担,达到历史最高峰。同时期的丝织品出口量增长不大,一直徘徊在3万—4万担之间,1921年为4.28万担,达到历史最高峰。1929—1935年期间,因世界主要资本主义国家发生大规模的经济危机,生产萎缩,购买力下降,中国的丝货出口也随之锐减,1934年生丝出口下降为5.45万担,丝织品出口下降为1.95万担①。近代周村蚕桑丝绸业的发展与国际市场息息相关,其消长起伏大体上随着国际市场的变化而变化。

近代以来,中国蚕桑丝绸业的迅猛发展除了在出口数量方面有了急剧的增长以外,还表现在出现了一些质的变化。其一,机器缫丝业和机器丝织工业的产生。19世纪七八十年代出现在广东、上海的机器缫丝工厂,揭开了中国缫丝业史册新的一页。到20世纪二三十年代,机器缫丝工厂分布于上海、广东、浙江、江苏、四川、山东、湖北、福建、广西等地,使中国缫丝业基本上跨入了近代化的门槛。在丝织业方面,近代机器工业出现稍晚,民国初年江南一带所采用的工具手拉机和电力机,使传统的丝织业生产出现了质的变化。其二,近代蚕业教育的兴起。中国素无正规系统的蚕业教育,直到1897年浙江蚕学馆的建立才改变了这种状况。清末新政时期,各地普遍兴起了蚕业教育,到民国初年,全国各地已基本形成了一个初具规模,拥有高等、中等、初等不同层次,比较完整的蚕业教育系统。其三,近代蚕业研究机构的建立。长期以来,中国没有专门的蚕业研究机构,鸦片战争以后,改变这种日益明显的缺陷已是时

① D. Liu, *The Silk Industry of China*, Shanghai, 1940, p. 265.

代的需要。清末民初时期，上海、浙江、江苏、广东、四川、山东、湖北、湖南、江西、安徽、河北等省，都先后设立了一大批蚕业专门研究机构或附设有蚕科的农事试验场，为近代中国蚕桑丝绸业的发展提供了技术条件。其四，一批专门的蚕业官方机构和民间协调组织的出现。尽管蚕业与国计民生密切攸关，为历代政府所重视，各级官吏均有劝课农桑分理贡赋的职责，但从未设立过专门的机构或组织。清末民初时期，各地蚕务局、农桑会、丝绸工会等组织的出现，表明官方和民间已经开始对蚕业进行有计划的管理和有意识的指导，并赋予其近代内容。上述特点表明，有数千年传统的中国蚕桑丝绸业在鸦片战争以后，由于外部形势的震荡和内部机制的更新，经过数十年的艰难嬗变，而形成了近代化的基本格局。① 近代中国蚕桑丝绸业的上述特点，在近代周村也有不同程度的反映。

在分析了近代中国蚕桑丝绸业的大背景之后，有必要再考察一下近代山东蚕桑丝绸业发展的小环境。19 世纪末 20 世纪初青岛港、胶济铁路、津浦铁路的修建，加强了山东与外洋、与东南沿海地区及内陆地区的经贸往来，同时也促进了山东各地区相互之间的货物流通。由于丝货在对外贸易中所占的重要地位，山东地方官府对发展传统的蚕桑丝绸业较为重视，写作于 19 世纪末的《历下志游》指出，“近年来封疆大吏无不以此（蚕业）为要务”②。在各地农村蚕业渐次发展的同时，光绪年间，烟台、青岛相继出现了四家由中外商人投资兴建的规模

① 参见拙作《论晚清蚕丝业改良》，《文史哲》1994 年第 3 期；《论民初蚕丝业改良》，《中国经济史研究》1993 年第 3 期。

② 彭泽益：《中国近代手工业史资料》第 2 卷，中华书局 1984 年版，第 17 页。

较大的近代柞丝工厂,揭开了山东缫丝业新的一幕。清末民初时期,初等、中等、高等蚕业教育体系在山东基本形成,为新式蚕业技术的推广培养了一批专业人才。同时期各地出现的蚕业研究机构,引进了科学的栽桑、制种、养蚕、缫丝等先进技术,并推广于乡村,逐渐改变了当地数千年不变的生产技术。此外,这一时期各地相继出现的专业化的蚕桑局、农桑会、丝业工会以及对于推广和改良蚕业有监督管理或襄助协调之责的农工商局、农会、商会、合作社等官方机构或民间组织,对于改变传统的一家一户、闭塞落后、因循守旧的生产经营方式,推动近代山东蚕业的发展,起到了渐开风气的作用①。在山东小环境内所出现的这些有利因素,对于近代周村蚕桑丝绸的发展,产生了直接的推动作用。

近代周村蚕桑丝绸业的发展,同时还得益于它自身所拥有的优势。

第一,周村一带蚕桑丝绸业有数千年的传统。周村地处古代青州和齐国的腹地。早在远古的新石器时代,东夷人就创造了当地较为发达的纺织业。据《尚书·禹贡》记载,九州之一的青州一带盛产蚕丝。在临淄郎家庄发掘的东周古墓随葬品中,就有极为丰富的丝织品。及至战国时代,齐国都城临淄一处,专门设立了司理丝绸生产的"三服官",下辖织造工匠3000余人。齐国所生产的"齐纨",与鲁国生产的"鲁缟",成为当时中华丝织精品的象征。对于精美的齐纨,史书上常有"新裂齐纨素,皎洁如霜雪","冰纨绮绣纯丽之物"等

① 参见李平生:《论近代山东蚕丝业改良》,《中国社会经济史研究》1994年第2期。

类的赞誉诗句①。由于齐纨鲁缟出品之美,产量之大,其“衣履冠带天下”的盛况久为历代史家所津津乐道。后因安史之乱和辽金元南侵,北方连年战祸,农桑遭受破坏,中国社会政治、经济、文化中心南迁,周村一带蚕丝业在全国的地位有所下降,但农民的养蚕丝绸的传统一直未辍。明清时期,随着商品经济的发展,周村一带蚕丝业又得以复兴,成为当地五大行业之一。鸦片战争以前,周村农户养蚕织绸始终是其主要特色。据道光《济南府志》所载:“长山(即周村一带)俗多务织作,善绩山茧,茧非本邑所出,而业之者颇多,男妇皆能为之。”②千百年经久不衰的传统,为近代周村蚕丝业发展打下了坚实的基础。

第二,周村具有良好的交通和商贸条件。周村为长山县名镇,往北距离县城 18 里,位于古代青州(今益都)、济南之间东西大道的要冲,北接黄河两岸,南通沂蒙地区,地理交通位置十分有利,素有旱码头之称,“商旅往来,咸息宿于此,故每逢四九市集,交易素旺于他镇。更以周村附近,民风善织,用丝殊多,抱丝求售者,远近毕集”③,早在鸦片战争以前便已经发展成为一个著名的商业手工业城镇。19 世纪 60 年代烟台开埠以后,山东货物由烟台出口者,大半须从周村转运。尤其到了 1904 年,胶济铁路修成通车,更为周村工商业的发展带来了便

---

① 夏鼐:《我国古代蚕、桑、丝、绸的历史》,《考古学和科技史》,科学出版社 1979 年版,第 106 页;陈真光:《源远流长的山东丝绸》,《丝绸史研究》1984 年第 2 期。

② 彭泽益:《中国近代手工业史资料》第 1 卷,中华书局 1984 年版,第 213 页。

③ 何炳贤主编:《中国实业志 · 山东省》第四编第五章,民国实业部国际贸易局,1934 年,第 151 页。

利的条件。该路在周村土围外东南一里设有客货站台,从此,“东往青岛、平度、潍县、昌乐、博山等,西往济南、章丘及赴津浦路之各县者,无不经此”①。同年,周村自辟为商埠。民国时期,周村的陆路交通也有了改善,先后建起了周村至清河镇、博兴、博山的汽车公路,同时,水陆交通也很方便。② 交通条件的改善,吸引了大量的商业资本和金融资本。到 20 世纪二三十年代,周村“全镇商店计一千七百六十六家,除列入工业类外,其完全以买卖为业之商店,计有七百二十七家,固定资本一百六十九万一千八百三十五元”。钱业“最盛于民国七八年间,几达一百余家,其营业以存款为主……而以周村镇之流动存款居多,于民国二十一年中,计有三十二万二千一百元。放款之区域,以桓台、邹平、高苑、博兴、青城、章丘、淄川、临朐、益都为范围,在民国十七八年时,信用放款营业额颇盛”。③ 综观周村商业在“鼎盛时期,驾乎省垣而上之”,即使到了 30 年代萧条时期,交易额犹达 3500 万元以上。④ 良好的投资条件,推动了周村蚕桑丝绸业的发展。

---

① 何炳贤主编:《中国实业志·山东省》第四编第五章,民国实业部国际贸易局,1934 年,第 143 页。

② 鲍泽春:《周村商埠的交通转运业》,《周村商埠》,山东人民出版社 1990 年版,第 22—23 页。

③ 何炳贤主编:《中国实业志·山东省》第四编第五章,民国实业部国际贸易局,1934 年,第 158 页。

④ 参见《胶济铁路经济调查报告》第五分编,长山县,1933 年出版,第 9 页。

二

清末民初时期,周村蚕桑丝绸业在整个中国及山东诸种有利的社会环境推动下,依靠自身拥有的优势条件,获得了较大规模的发展,并出现了一些前所未有的新气象。

(一)蚕桑业

千百年来,周村一带及整个山东一直栽种鲁桑。鲁桑是全国最早由人工培育而成的桑树品种,故有“桑之始”之说,其特点为叶大而圆,力劲而厚,枝叶低矮,便于采摘,产量高,经过长期的自然选择和人工选择,逐渐形成了具有一定性状由多种品类组成的“鲁桑类型”,并广泛流传到黄河、长江流域。由于年久退化,到光绪中叶不少鲁桑“多养成大树,而柔嫩亚于湖桑”①,渐失其优势。1903 年春,长山县同利桑场从杭州购进湖桑 8 万余株,除自用外,余者售给农民栽植。此为山东引进外省桑树之开端。同时,同利桑场还从湖州购进了数百张改良蚕种,售于当地农民,以便取代微粒子病毒含量较高的当地土种。到了民国初期,周村蚕桑业进入了黄金时代。据 1922 年调查,长山县全境有桑园 5000 余亩,养蚕户数 5428 家,年产茧量 2000 多担。② 据 1925 年公布的数据,长山年产茧量为 1230 担。据 1930 年调查,长山年产茧量为 7000 担。鉴于上述数字

① 卫杰:《蚕桑萃编》卷二,桑政,桑种类,中华书局 1897 年版。

② 参见《山东农业概况》,长山县,蚕桑,1922 年编。

出入较大,山东省实业厅于1932年重新调查,结论为长山县养蚕户数2000家,年产茧量9375担。①

（二）缫丝业

山东所产传统生丝为大框丝,其特点为条份粗,色泽黯,纤度不匀,丝缕紊乱,只适于国内织造土绸,而不适于外洋机器织绸。光绪二十七、八年间,长山县引进了较为先进的小框丝缎制技术,所缫之丝远较大框丝进步,产品洁白光亮,类似机器缫制的厂丝,从而改变了当地缫丝业的格局。据光绪三十四年调查,当时长山县的生丝品种分为“白黄两种,又有南丝北丝之别。南丝光匀,同利公司所出,四乡亦渐推广。北丝即县境中丝,色暗质硬,现在民间亦渐改良”②。此后,周村的小框丝生产技术推广到附近的临朐、益都、莱芜等县。尤为值得一提的是,清末民初周村出现了一批机器缫丝工厂。1909年,裕厚堂缫丝厂设立,起初仍用人力缫丝,旋即实现了生产过程的机械化。这是山东第一家民族资本经营的桑蚕缫丝工厂,也是周村第一家近代企业。民国以后,周村缫丝工业进一步发展,共有丝厂8家,成为近代山东机器缫丝工业的中心,在全国也有一定的地位。1931年为周村缫丝工业最发达的年份,是年周村8家机器缫丝工厂及一批小框丝场共产丝厂900箱,运往上海,行销海外③。

① 参见何炳贤主编:《中国实业志·山东省》第五编第十一章,民国实业部国际贸易局,1934年,第218页。

② 《山东全省实业表》,济南府长山县,丝业表,光绪三十四年编。

③ 参见丁久之:《去年山东丝业概况》,《工商半月刊》1934年第6卷第15号,第5页。

（三）丝织业

周村丝织业素称发达，早在鸦片战争以前就在一家一户经营的基础上形成了工场手工业。据史书记载，“有清初叶，周村之线春、湖绉及其他丝织品，销路信用扩大，于是围内机坊，遂大肆扩充，雇用工人，常年织造”①。鸦片战争以后，周村一带机坊不断增加，1900 年有机坊五六十户，织机二三百台，每户少者织机 4 台，多者 8 台，产品质量亦逐渐提高，分量加重，面子加宽，改名为“洋绉”②。胶济铁路通车以后，该地丝织业更趋发达，据 1919 年调查共有大小手工机坊 120 余家，提花织机 400 余台③，并且还出现了机器丝织工厂，其“织机之多，有至三十余座者”④。同时，丝织机器设备也有了改进，1922 年以后，“因各种华丝葛、线春等织品流行市面，花样新奇，木机提花，不能适用，遂改用日本佐佐木工厂铁木合制机，提花精美，出品精良。此项事业，因此大振，继起者颇多”⑤。1924 年，周村新式织机有 85 架，“主要产品为华丝葛，与湖州所产者相

---

① 赵占元：《周村丝麻织业调查》，《工商半月刊》1934 年第 6 卷第 9 号，第 67 页。

② 雷雨忱等：《建国前周村丝织业的发展和演变》，山东省政协文史资料委员会：《周村商埠》，山东人民出版社 1990 年版，第 152—153 页。

③ 庄维民、吕景琳：《近代山东丝绸生产技术的改进和发展》，《丝绸史研究》1993 年第 3 期。

④ 赵占元：《周村丝麻织业调查》，《工商半月刊》1934 第 6 卷第 9 号，第 67 页。

⑤ 吴英若：《周村一带丝织业调查》，《山东建设月刊》1934 年第 4 卷第 1 期，第 18 页。

同”①。到30年代初,周村已广泛地使用了铁制织机。这种织机虽仍系人力带动,但比木机运转平稳,操作方便,增加了捻丝装置,产品丝条匀细,而且能织出双绸。生产设备的改进,大大地推动了产品更新,使之利润倍增,这又反过来刺激了人们的投资热情。在20年代最盛时期,周村机坊和工厂常年开工织造者达1400余家,织机2500多座,所用原料,完全采用真丝,产品销路几遍全国,尤以东北三省为巨。② 到1934年,即使在不太景气的情况下,周村丝织品(已掺用人造丝)年产量亦达41.5万余匹,价值410万元,占全省丝织品(不含柞蚕丝织品)产量和价值的80%以上。③

（四）丝绸贸易

当地发达的蚕桑丝绸业以及优越的交通地理位置,使得周村成为长江以北最大的丝绸贸易集散中心。早在明朝末年,丝店的雏形就已在周村出现。到了清朝中叶,周村开始“设有丝店,代客买卖而后,遂成为山东丝业市场”④。所交易的生丝,除本地所产外,还来自蒙阴、沂水、泰安、沂州、滕县、新泰、莱芜等县。烟台开埠以后,“在周村以出口商品成交的黄丝,采用

① 蔡受百:《中国丝织业发展史》,《总商会月报》1924年第4卷第7号,第15页。

② 参见赵占元:《周村丝麻织业调查》,《工商半月刊》1934年第6卷第9号,第67页。

③ 何炳贤主编:《中国实业志·山东省》第八编第二章,民国实业部国际贸易局,1934年,第103页。

④ 何炳贤主编:《中国实业志·山东省》第四编第五章,民国实业部国际贸易局,1934年,第151页。

箱子包装,经过陆路运往烟台后再分级挑选。质量最佳的一级蚕丝供应外销出口,二级蚕丝运往上海供织绸用,三级蚕丝则运销广东供制造丝线、丝带用。周村当地亦产大量丝绷、丝线、丝带等供国内销售”①。到 1928 年,周村共有丝店、丝局、丝索行 36 家。丝店系代客买卖性质,丝局系自营性质,丝索行系制造兼买卖性质。在丝绸交易方面,光绪中叶周村设有绸庄 10 余家,民国初年达 20 余家,到 1930 年前后则更达 46 家,丝织品(已掺用人造丝)交易辐射全国各地,其中南销江苏、上海、浙江等处,计价值 196 万元,西销河南、山西、陕西等省,计价值 68 万元,北销河北、天津、北平等处,计价值 50 万元,销往东北三省共计价值 37 万元,销往西北及蒙古等地计价值 10 万元,销往本省各地计价值 30 万元②。由于交易发达,周村镇内中心地带竟因此而出现了一条丝市街和一条绸市街。这里白天车水马龙,生意兴隆,晚上灯火辉煌,行人辐辏,其繁华不亚于中心大街。专业化的周村丝市街和绸市街,在山东可谓独树一帜,其规模在全国其他地区亦属罕见。

(五)印染业

周村绸庄在收购丝织品之后,兜售于外埠之前,要将丝织品分别种类等次,请由本镇染坊染色。丝织业的发达,也带动了当地印染业的繁荣。1926—1936 年间,周村有染坊 36 家,其中使用机器漂染者有 4 家,均系 1930—1932 年间创办,其余

---

① 青岛档案馆编:《帝国主义与胶海关》,档案出版社 1986 年版,第 55 页。

② 参见赵占元:《周村丝麻织业调查》,《工商半月刊》1934 年第 6 卷第 9 号,第 85—91 页。

32家均为手工染坊。自从周村出现了人造丝织物后，丝绸印染业发展到了一个新的阶段。起初，旧式手工染坊技术落后，只能染纯丝织物，而不能染丝麻织物和纯人造丝织物，机器染厂出现以后，才改变了这种状况，并引进了印花技术和电光轴、轧光设备。

此外，近代蚕丝业教育的春风也吹到了周村一带。近代中国蚕丝教育肇端于1897年创办于杭州的浙江蚕学馆，因其办有成效，各省纷起效法。1901年，山东巡抚周馥鉴于"青州一带地脉干燥，于蚕之生理极为相宜，且该处山多地少，民间亦多恃此为业，惟风气初开，拘于旧闻，于种桑饲蚕烘茧缫丝之法素鲜讲求，坐失厚利而不知"，乃在青州（今益都）设立中等蚕桑学堂，拨银5000两作为创办经费，建造宿舍，置备仪器图籍，延聘教习，于1904年夏正式开办，这是山东省第一所蚕桑专业学校。第一批招生10人，全系由邻近的长山县遴选出来，送往肄习，并由县府按年筹给学费60两，以资津贴。经过一年的学习，这批长山县籍的学生"颇有收效"，"经日本农学士谷井恭吉前往考验，极为称许"[①]。第二年，地方官员为继续推广蚕丝业教育，决定"仿照长山县办法"，扩大招生范围，分别从诸城、安邱、临朐、寿光、乐安等5处各招生4名，从昌乐、临淄、博山、高苑、博兴等5处各招生2名，共30人入学。这些学生毕业后，对于振兴当地蚕桑作出了贡献。

从20世纪30年代开始，周村蚕桑丝绸业进入了衰退阶段，其原因归纳起来为：（1）1929—1935年的世界经济大危机，

---

① 朱有瓛主编：《中国近代学制史料》第2辑下册，华东师范大学出版社1987年版，第182—183页。

造成了国际及国内市场生丝与丝绸需求量的大为减少;(2)人造丝的大量涌入,虽然也一度刺激了周村丝麻织业的畸形发展,但同时侵夺了蚕茧和生丝的销路;(3)日本在青岛、张店、周村设立的几家日资缫丝厂对周村缫丝工业造成了极大的危害;(4)九一八事变后日本军队占领东北,致使周村丝绸断绝了国内一大销路。30年代周村蚕桑丝绸业的衰落情况,大致为:蚕茧业,周村一带最盛时可产蚕茧100万斤左右,到1933年仅产20万斤;缫丝业,1931年周村出产厂丝900箱,1932年减为600箱,1933年再减为400箱左右,1934年裕厚堂等周村四大丝厂全行闭歇;丝织业,1931年周村一带有机坊织户1200余家,入丝麻织业同业公会者452家,到1933年秋,尚存机坊织户960余家,入同业公会者仅261家;丝业贸易,1928年周村共有丝店、丝局、丝索行36家,1934年尚存28家。①

1935年以后,随着世界经济大危机由萧条转向复苏,国内外丝绸市场渐趋好转,周村蚕桑丝绸业本应获得恢复。然而,1937—1945年日本帝国主义发动的全面侵华战争波及山东,使周村的社会经济遭受空前的摧残和洗劫,随后国民党反动派挑起的1946—1949年内战,使周村继续处于动荡之中。这一切,断送了周村蚕桑丝绸业的发展前程,使之和国内工商经济一起,在无可奈何中走完了近代历程。

---

① 《鲁省丝业衰落》,《工商半月刊》1933年第5卷第8号,第77页;丁久之:《去年山东丝业概况》,《工商半月刊》1934年第6卷第15号,第5页;赵占元:《周村丝麻织业调查》,《工商半月刊》1934年第6卷第9号,第86页。

三

综观近代周村蚕桑丝绸业，它以机器缫丝工业最发达，丝织品的产量最多，以及丝绸交易集散中心这三大特点而称雄于山东乃至整个长江以北地区。除此之外，它还有一些自身的特点和弱点。

第一，建立了蚕丝业的系统工程，实现了产供销一体化，农工商一条龙。所谓蚕丝业系统工程，按照我国当代著名的蚕丝业专家费达生所言，它"实际上包括：植桑、制种、育蚕、烘茧、缎丝、织绸、印染、剪裁、缝纫直至制成人们的直接消费用品等一系列的生产活动，其中一环扣一环，形成了一个前后环节相互依存的系统。这个系统总的来说可以划分成农业和工业两个部分，又由于各个环节的分工专业化，节节都能独自经营，它们之间的生产关系注入了流通的因素，所以又联上了商业。用当前通行的话来说就是农、工、商一条龙"[①]。建立蚕丝业系统工程，是我国近代蚕业教育和改良所孜孜以求的一项重要内容。根据近代中国工商业经济的实际状况，近代蚕丝业的系统工程大致集中在前面几个环节，即植桑、制种、育蚕、烘茧、缫丝、织绸、印染等环节。从这个角度看，周村比较具有典型意义。如周村当地的植桑育蚕，主要是为了生产蚕茧，以供当地缫丝之用，而所缫之丝大部分是供当地织绸之用（所产厂丝则

---

① 费达生：《建立桑蚕丝绸的系统观点》，《经济日报》1985 年 8 月 9 日。

运销海外,但比例不大);至于所织之绸,由当地印染,然后再运销外埠。其中一环扣一环,前后环节相互依存的关系是比较明显的,为其他许多地区所不具备。这种自成系统的特点,有利于它自身的良性循环,稳步发展。

第二,人造丝的大量涌入,一度刺激了周村丝麻织业的畸形繁荣,同时也阻碍了当地养蚕缫丝和传统丝织业的发展。从20世纪20年代开始,人造丝大量地涌入山东,到1932年,仅从青岛入口的人造丝就达84.9万公斤。① 周村一大批机纺织户贪图眼前利益,大肆购入,或掺入真丝,织成人造丝与真丝交织的改良葛、中山葛(当地人称之为丝麻织品),或纯用人造丝织成麻葛、素葛,而传统的以真丝织造的洋绉、华丝葛、湖绉、线春等丝织产品大受排挤,结果“以数千年来负有丝织盛名之周村,畅销土丝之集中市场,而今一变为麻织品之周村”。人造丝的大肆涌入,刺激了周村丝麻织业的畸形繁荣。不仅丝绸商、银钱商纷纷向这方面投资,许多小商户也争先恐后地开设机坊,有些理发铺、木匠铺、粪场的经理或业主,甚至妓院的鸨儿,也买上一二张织机,聘请经理和雇用工人便开设机坊。1930—1931年1月,周村土围内外织机猛增到14000余张,各有关从业人员达四五万人,生产丝麻织物品种达30多个,年产量300多万匹,运销全国各地②。据1934年调查,周村丝织业

---

① 青岛档案馆编:《帝国主义与胶海关》,档案出版社1986年版,第391页。

② 参见赵占元:《周村丝麻织业调查》,《工商半月刊》1934年第6卷第9号,第67、85页;雷雨忱等:《建国前周村丝织业的发展和演变》,山东省政协文史资料委员会:《周村商埠》,山东人民出版社1990年版,第157页。

所需原料，以人造丝为大宗，年需 41.3 万斤，价值 161.2 万元，而生丝年需 23.06 万斤，价值 152.2 万元。① 同年，周村出产各类丝织品 41.5 万匹，其中纯用生丝织造的洋绉、华丝葛、湖绉、线春等仅有 7.5 万匹，而用人造丝与生丝交织的改良葛、中山葛却达 21 万匹，即使纯用人造丝织造的麻葛、素葛也达 13 万匹②，可见人造丝对生丝排挤之烈。

第三，周村一带的蚕茧业和缫丝业遭到了日商丝厂的严重压迫和排挤。中国丝绸在国际市场上所获得的丰厚利润，一直为各国所艳羡。一些外商在利润的驱使下，来到中国投资设立缫丝工厂，以冀分得一杯羹。然而综观晚清时期，英、美、法、德商人在上海和烟台、青岛所设立的 8 家丝厂，尽管设备先进，规模宏大，但在经营状况方面，几乎没有一家是成功的，或者经营不几年就倒闭、改组，或者无声无息，对于中国民族缫丝工业并没造成激烈的竞争或严重的危害。进入民国以后，在西洋诸国商人在华设立丝厂因营业失败而全部撤回的情况下，日本商人却独家杀入，在中国设立 6 家丝厂。这 6 家日商丝厂分别为苏州的瑞丰丝厂，武汉的汉口丝厂、中华丝厂（20 世纪 20 年代这两家丝厂均已倒闭），青岛的钟渊丝厂、铃木丝厂，张店的铃木丝厂。截至 1927 年，日商在山东 3 家丝厂共有丝车 1332 架，而整个山东的 7 家华商丝厂（全集中在周村）总共才有丝车

① 参见何炳贤主编：《中国实业志 · 山东省》第八编第二章，民国实业部国际贸易局，1934 年，第 103 页。

② 参见赵占元：《周村丝麻织业调查》，《工商半月刊》1934 年第 6 卷第 9 号，第 89 页。

700架左右。① 与清时期外商在华设立丝厂对中国民族资本设立的丝厂并无激烈竞争的情况不同，民国时期日商在山东设立的3家丝厂，尤其是设在张店的铃木丝厂，对周村的缫丝工厂和当地的蚕桑业造成了严重的危害。张店铃木丝厂于1914年设立，厂舍宏大，起初专为承办青岛铃木丝厂收购周村一带鲜茧。1923年，该公司改组，成为独立的丝厂，购置缫车298架，锅炉3座，资本为20万日元，“买茧之季，日本正金银行，充量供给其用款，等于无息之贷款……因日本政府暗中主办，资本方面可谓取之不尽，用之不竭”，“每年收买茧数约二十万斤以上”。② 每当收茧季节，铃木丝厂恃其资本雄厚，又借仗日本军方作其后盾，大肆操纵茧价，盘剥农民。茧市刚起时，该厂故意抬高茧价，一旦农民将大批鲜茧运来，该厂却趁机杀价乃至拒收，几经反复，结果导致“山东之蚕丝业大受其影响，茧市几全为该厂所操纵”③。受害首当其冲者，自然是与之邻近的周村各丝厂。不仅如此，1933年张店铃木丝厂还直接在周村设立分厂，厂址就在裕厚堂缫丝厂临街马路的斜对面。日商铃木丝厂操纵茧市，侵夺市场，是30年代周村几家较大丝厂全部倒闭的一个重要原因。外商丝厂操纵当地的茧市，予取予夺，其危害之烈，这在当时的全国各地，周村可谓是唯一的事例。

第四，在充分肯定清末民初周村蚕桑丝绸业的重要地位

---

① 参见徐新吾主编:《中国近代缫丝工业史》，上海人民出版社1990年版，第632—635页。

② 《日本经济侵略中山东丝业状况》，《国际贸易导报》1931年第2卷第6号，第5页。

③ 何炳贤主编:《中国实业志·山东省》第八编第二章，民国实业部国际贸易局，1934年，第58页。

时，还应当看到它自身所存在的一些弱点和不足。例如，尽管周村较早地引进了江南蚕种和湖桑，但绝大部分农民栽桑养蚕仍系采用传统旧法，因循守旧，催青和烘茧技术一直没有改进，专业的蚕种制造场则到20世纪30年代才出现。在蚕茧、小框丝、土丝的产量方面，远远落后于附近的临朐县。至于缫丝机器设备和技术，各厂的丝车和资金，则远远落后于上海、江浙以及川粤。在丝织业方面，虽然机坊林立，30年代也曾出现了几十台电力织机，但绝大部分机坊织户系采用手工生产，尚未发展为大规模的现代机器工业，逊于江南一带。在20—30年代所进行的蚕丝业改良与推广运动中，周村的规模亦不如临朐、益都等县那么宏大，有声有色。这一切，虽然没有影响到近代周村蚕桑丝绸业在山东全省乃至整个长江以北地区的重要地位，但也的确是一些不应忽视的问题。

全面地探讨近代周村蚕桑丝绸业的历史，总结其成功的经验，分析其自身尚存的弱点，这对于推进当代经济建设，是一项大有裨益的工作。

（原载《文史哲》1995年第2期）

丝绸的起源与传说

许多学者认为丝绸是中国第五大发明。这种说法自有其道理，因为中国丝绸文化比四大发明古老得多，涉及领域也更为广泛。在古今中外的纺织品系列中，丝绸以其无穷魅力一直稳居于皇后宝座。早在2000年前，中国丝绸曾经是罗马帝国上层贵族炫耀奢华的重要衣物，其价格一度与黄金相等。

中国丝绸在世界历史上具有首创意义。五千年来，中华民族祖先不断发明创造，代代传承，吐故纳新，精益求精，形成了博大精深的中国丝绸文化，同时也丰富了世界丝绸文化宝库。就物质文明而言，中华民族在种桑、养蚕、缫丝、浣纱、织造、印染、成衣、刺绣等方面开创了世界丝绸史的先河，满足了人们蔽体保暖的生理需求和追求华丽的审美需求，并且在长期的实践中不断积累了生产经验。在精神文明方面，丝绸文化丰富和发展了中国的服饰典章、赋税制度、语言文学、工艺美术、舞蹈绘画、宗教信仰、风俗礼仪、审美情趣，渗透于中国人的人生观、哲学观、政治观、经济观、宗教观、道德观、外交观当中，以不同的方式，从不同的角度，塑造和影响了中国人的思想文化。

从2000年前汉朝张骞出使西域开始，中国丝绸便源源不断地西行传入中亚、西亚和欧洲，为以前只有亚麻和羊毛织物的地区增添了精美适用的纺织新品种，而外国货物和文化也随之传入中国,形成了著名的“丝绸之路”。后来,又形成了联系全世界的“海上丝绸之路”。西方人借此从中世纪文明走向近代资本主义文明,开辟了人类文明史上的新纪元。随后,西方文明漂洋过海,渐进地延伸到东方大地,加速了中华民族走向科学、民主和现代化的进程。

总体而言,中国丝绸文化的内涵极为丰富,在历史变迁、民族交融、国际交往中不断嬗变和发展,形成了一种极富生命力的博大精深体系,既古老又常新,既古典又时尚,奢华而不失雅致,富贵却惠及平民,跨越时空,贯通中外,构成了中华民族五千年文化宝库中的精华部分。

在丝绸发源地中国,有关蚕丝的传说和神话很多。根据各种文献记载,我们可以知道这些传说和神话首先是和黄帝及其正妃嫘祖联系在一起的。

黄帝是神话传说中的中华民族人文始祖,大约生活在五千年以前,以统一华夏民族的丰功伟绩而载入史册。在这个过程中,黄帝正妃嫘祖也做出了不可磨灭的贡献,她作为中国丝绸文化的缔造者,留下了悠久的神话传说。

有关嫘祖与蚕丝的神话在各地有不同的传说,下面是比较流行的一种:嫘祖母仪天下,经常带领妇女织麻网、剥兽皮,负责生产衣冠。因为劳累过度,嫘祖病倒了,饮食无味。一天傍晚,几个女人在山上采野果给嫘祖吃,发现了桑树上结着的白色小果子。众人摘下带回家,发现怎么也咬不烂,便倒进锅里煮起来。煮了好长时间,还是咬不烂。一个女子随手拿起木棍,插进锅里乱搅,拉出来一看,木棍上缠着很多像头发丝的细白线。这是怎么回事?女子们继续边搅边缠,不久,煮在锅里的白色小果子变成雪白的细丝线,晶莹夺目,柔软异常。她们立即把这件稀奇事告诉嫘祖。嫘祖详细观看之后，高兴地说："这不是果子，不能吃，却有大用处。你们立下一大功。"说也怪，嫘祖自从看了这白色丝线后，病情全部好转了。她亲自带领妇女上山看个究竟，在桑树林里观察了好几天，弄清了这种白色小果是一种虫子吐丝缠绕而成的，并非树上长出来的果子。她回来之后把此事报告黄帝，并要求黄帝下令保护桑树林。从此，在嫘祖倡导下，开始了栽桑、养蚕、缫丝、织绸的历史。

后人为了纪念嫘祖衣被天下、福泽万民的功绩，尊称她为"先蚕娘娘"，为之建祠祭拜。早在西周时期（前 1046—前 771），祭祀先蚕之礼就已开始，此后历朝历代循而未改，皇后要亲自栽桑养蚕，以示榜样，中国历史上唯一女皇武则天也曾经诗赞嫘祖。1949 年以前，在很多蚕区能够看到一些与先蚕祠近似的蚕神庙，供奉着"先蚕"嫘祖。在当代中国，有许多地方还举办嫘祖文化节以示纪念。

另外一个著名的关于丝绸起源的神话传说，则是"马头娘"的故事。远古时期一位父亲出外征战，家里女儿思念父亲。一天，女儿开玩笑地对自己养的一匹公马说："如果你能帮我把父亲接回来，我就嫁给你。"那匹马听了这话，真的跑去把父亲接了回来。为了感谢那匹马，父亲精心地照顾那匹马，谁知马不喜吃食，而每次见到姑娘则非常兴奋，高声长嘶。父亲感到非常奇怪，偷偷地责问女儿。女儿就把先前对马说的戏言告诉了父亲。父亲恼怒之下杀了那匹马，将马皮挂在院中。后来，父亲再次出征，女儿在院子里玩，用脚踢马皮，说："你是畜生，怎么能娶人当媳妇呢？你被杀死剥皮，不是自找的吗？"话还没说完，只见马皮腾空而起，卷着姑娘不见了。过了几天，姑娘和马皮化成了蚕，在树上吐丝。乡亲们便把这种树叫作"桑"。桑者，丧也，是说姑娘在桑树下献身。父亲知道了，十分伤心。一天，蚕女乘着此马，从天而降，对父亲说："天帝封我为女仙，位在九宫仙嫔之列，在天界过得很自在，请不必为女儿担心。"说罢，升天而去。后来，各地纷纷盖起蚕神庙，塑一女子之像，身披马皮，俗称"马头娘"，亦称马明王、马鸣王，祈祷蚕桑丰收，十分灵验。这个传说经过民间艺人的加工改造，在浙江省湖州地区便形成了广为流传的叙事诗《马鸣王赞》，既积淀了浓郁的丝绸文化传统，也反映了有关养蚕的生产知识和生产习俗。

在四川省，关于蚕神有另外一个版本。四川简称蜀，蚕桑业发达，自古以来流传着关于蚕丛的神话。许多专家学者认为，"蜀"字是由一棵弯曲的桑树以及树下一只蚕虫而构成的。蚕丛是古代蜀国首位称王者，一位养蚕专家。据说他的眼睛跟螃蟹一样向前突起，头发在脑后梳成椎髻，衣服样式向左交叉（通常汉族传统衣服为右衽，即向右交叉的）。他居住岷山石室中，后率领部族从岷山迁居成都，铸就了古蜀国的辉煌历史，也使四川盆地有了"蚕丛古国"的别称。考古发掘中，三星堆出土了不少与蚕丛氏相貌一致的器物，如人像面具中的纵目式面具和椎髻左衽服饰等。由于蚕丛在古代蜀国的开创之功，以及常服青衣，巡行郊野，教民蚕桑，他被后代子民立祠纪念，尊奉为青衣神。

当然，在所有关于丝绸文化的神话故事当中，最为家喻户晓的人物便是牛郎织女了。起初，织女和牛郎分别作为星宿名称而出现在古代典籍当中，后来民间对于织女星和牛郎星隔河互映的天文景象赋予了神话传说，经过不断演绎、加工、提炼，使之具有了特定的文化含义，以牛郎放牛种地、织女生产丝绸的形象，说明了丝绸文化在中国传统的男耕女织社会分工中具有典型意义。

（原载《联合日报》2011年5月14日）

中国古代丝绸业的发展

中国丝绸究竟起源于何时？在神话传说中，一般会上溯到黄帝正妃嫘祖时代。这是有考古学依据的。在山西夏县西阴村新石器遗址中，考古学家发现了丝质茧壳化石，据此可以推断早在6000年以前中华民族发源地黄河流域便有了蚕茧，并被人们所利用。而在中华民族的另外一个发源地长江流域，考古人员在江苏省苏州市吴江区梅堰新石器时代遗址中，发现绘有蚕纹装饰的陶片。更令人惊奇的是，考古人员在浙江吴兴钱山漾良渚文化遗址中发现了丝线、丝带和平纹绢残片，其鉴定结论为：这是世界上最早的丝绢残片，距今5000年左右，基本上对应着神话传说中的黄帝和嫘祖时代。

夏商周时期（前23世纪—前3世纪）的蚕桑丝绸业的发展，也得到了许多考古学方面的实物印证。商代甲骨文上已有蚕、桑、丝、帛等象形文字及祭祀蚕神的记载和蚕桑的完整卜辞，可见桑蚕业已经在物质生产和精神生活中担当了重要角色。河南安阳殷墟出土的青铜器上，有清晰可辨的菱形斜纹丝织物的残痕。周朝青铜器铭文有关蚕桑丝绸的内容，则更加丰富。

春秋战国时期，诸侯林立，列国争雄，各国都把奖励蚕桑生产作为富国利民的要策，使各地丝绸业呈现出一派兴旺景象。

从地域分布来看，丝绸生产遍布全中国，中原地区胜于江南；从生产水平来看，养蚕方法讲究，缫丝质量很高，其纤维之细之匀，可与近代产品相媲美；从丝绸品种来看，有十几种之多，山东的齐纨、鲁缟，河南的卫锦，湖北的荆绮，湖南的楚练，都是当时独具地方特色的丝绸精品。

汉代（前202—220）是中国历史发展的一座高峰，与此相适应，汉代丝绸业也进入了历史上的第一个高峰时期。为了发展蚕桑生产，汉代中央政府专门设置了蚕业管理机构，在京城长安设立了"东织室"和"西织室"，在河南和山东分别设立了"三服官"，在四川设立了"锦官"，这些都是专门的丝织机构，各拥有数千名织工，专门为王室织造上等丝织品。汉代丝绸产量之多，使得汉武帝曾经一年之中就向百姓征收捐税达500万匹丝绢。汉代丝绸品质之精良，可以1972年湖南长沙马王堆西汉墓出土的素纱禅衣为代表。

这件素纱组织结构为平纹交织，所用原料的纤度较细，"禅衣"仅重49克，如果除去袖口和领口较重的边缘，重量只有25克左右，折叠后甚至可以放入火柴盒中。它代表了汉代养蚕、缫丝、织造工艺的最高水平，也是迄今为止世界上最轻的丝织品。湖南省博物馆曾委托南京云锦研究所复制这件总重49克的素纱禅衣。但复制出来的第一件素纱禅衣重量超过80克。后来，专家共同研究才找到答案，原来是现代蚕宝宝比几千年前的要肥胖许多，吐出来的丝明显要粗重，所以织成衣物重量也就重多了。紧接着专家们着手研究用一种特殊的食料喂养蚕，控制蚕宝宝的个头，再采用这些小巧苗条的蚕宝宝吐出的丝复制素纱禅衣，终于织成了一件49.5克的仿真素纱禅衣，这一研究竟耗费专家们13年的心血。

从古代丝织技术和发展艺术来看,唐代(618—907)正好是一个转折时期。随着与中亚、西亚的文化交流更加频繁,唐代工匠不断汲取西方纺织文化的营养,改进传统织造技术,改变传统丝绸图案,逐步形成了一个新的丝织体系,直到清代基本上没有改变。盛唐时期的丝织品没有了以往的神秘、细腻,也不再简约、古朴,丝绸的色彩着重艳丽豪华,图案以洋溢着生活气息的花鸟居多。百鸟争鸣,蜂蝶翩舞,显示出一派春意融融、生机勃勃的景象。盛唐社会的安定统一,开疆拓土的豪气与霸气,在这滑爽细腻的丝绸上发挥得淋漓尽致,也让中国丝绸步入了一个更加辉煌灿烂的黄金时代,达到第二个高峰时期。按照专家计算,唐代人口很多,每户人家都按照官府规定去生产丝绸,一般来说每户人家大概有 10 亩桑地,可以生产出 10 匹丝绸。这样的每户人家丝绸产量应该算是中国古代最高峰时期。

从公元 10 世纪的宋代开始,由于中国经济重心由北方逐渐转移到南方,丝绸业的中心也随之聚集于江南地区,无论是生产规模、技术工艺,还是经营方式,江南丝绸业逐步超过了北方。现存的一幅宋代《蚕织图》将江南蚕织户从"腊月浴蚕"为始到"下机入箱"为止的养蚕、织帛的整个生产过程描绘得清晰明了。该卷由 14 个场面组成,用长房贯穿,每个场面下有楷书小字注明内容。全卷场面宏大,共绘 74 人,翁妪长幼,皆穿宋装。图中人物的神态举止惟妙惟肖;桑树、户牖、几席、蚕具、织具等绘制逼真,富有写实之风。

从 14 世纪明代开始,中国丝绸产品通过发达的海上贸易输往东南亚,以及葡萄牙、西班牙、荷兰、英国、法国等欧洲国家。直到 19 世纪末叶,丝绸产品一直是中国对外出口商品中的最大宗物品，并且在国际生丝贸易市场上牢牢地居于霸主地位。

丝织业的发达造就了各地独具特色的刺绣工艺。春秋战国时期（前770—前221），刺绣工艺已有夸张变形的龙、凤、虎等动物图案，有的还间以花草或几何图形，神情兼备，错落有致，用色丰富，对比和谐，画面极富韵律感。秦汉时期（前221—220），不仅帝王之家绮绣遍地，就连一般富人也穿用五色绣衣，家居用具也用绣品。南北朝时期绣制佛像之风盛行，绣法严整精工，色彩瑰丽雄奇，这类工艺品今天可在英国、日本等国家的博物馆里看到。唐代刺绣推陈出新，发明了“平针绣”这种流传至今的绣法。北宋（960—1127）绣品在开创观赏性刺绣艺术方面堪称空前绝后，女子学习女红，刺绣是一项基本技艺，并且是富家女性消遣养性、从事精神创造活动的主要手段。许多文人也积极参与，形成了画师供稿、艺人绣制、画绣结合、精品倍增的局面。明清两代成为中国历史上刺绣最为风行的时期，一些地方性的刺绣流派如雨后春笋般兴起，著名的有苏绣、粤绣、蜀绣、湘绣、京绣、鲁绣等。除此之外，丝织业的刺绣工艺也吸收外来文化，绣品表现出东西文化交融的时代特色。

如今，尽管机械化生产业已取代了传统手工业，但作为传统文化遗产的刺绣技艺却被很好地继承了下来。中国不仅有许多地方名绣，一些少数民族也都有其精彩的民族刺绣。刺绣工艺不仅用于服饰和家居用品中，更融合了中国绘画、书法的审美要素，以一种独特的艺术品形象，生动展示着中华丝绸文化的特色。

（原载《联合日报》2011年5月21日）

丝绸经济贯通古今

据报道,印度至今有一种入葬习俗,人们对于德高望重的死者,要用丝绸裹尸以表示尊重。事实上,这种丝绸崇拜最早起源于古代中国,并且至今流行于中国江南蚕乡。无论是神话传说还是考古研究都表明,早在距今五六千年以前的新石器时期,中国古代先民就产生了蚕桑丝绸崇拜。人们将桑树用于宗庙祭祀;把桑叶看作神叶,当作药材以祛暑清热。桑梓成了人们对自己家园的美好称谓,而事实上,桑梓是蚕宝宝真正的家园。在上古时代的中国人眼里,蚕是一种神圣的动物。蚕由点点蚕卵而变为蚕蚁而成为青虫,蜕变之后吐丝成茧,羽化为蛾,化为飞翔的精灵　这是一个美好、圆满的生命轮回,令人羡慕和崇拜。于是,中国古人赋予了她神秘、高贵的人文色彩。当时人们把作茧自缚看作是人死后必经的过程。因此,丝绸在中国古代最初是用于祭天,或是用于裹尸入葬抑或是用来包裹贵重物品,随同主人一同殉葬。

然而,古代丝绸毕竟是作为贵重衣料而出现的,在历代官服和富贵人家服饰中占有重要的地位。商周时代衣服材料主要是皮、革、丝、麻,当时人们已能精细织造极薄的绸子、提花几何纹锦绮和绞织的罗纱。春秋战国时期,穿着丝绸衣料是生活富足安康的象征,不仅王侯公卿一身贵重的丝绸华服,即使是穿粗麻短衣平民百姓平时也戴着用未经染色的白丝绢做成的帽子。魏晋南北朝时期服饰有所变革，冠帽多用折角巾、菱角巾、紫纶巾、白纶巾等丝绸做成的巾帽。宋代官服面料以罗为主。明代官员头戴用丝绸做成的乌纱帽，而无官职的平民则不得顶戴。清代官服主要品种为长袍马褂，以丝绸为衣料，至于贵妇所穿旗袍则更是以精美丝绸缝制而成。

中国古代丝绸服饰与礼仪等级有着密切的关系，是“分尊卑、别贵贱”的工具之一和物化表现。周代服饰有严格规定，等级尊卑十分明显，纳入礼仪范畴。当时发达的纺织印染技术为周朝建立完善的服饰制度提供了坚实的物质基础。在中国古代服饰制度中，最能反映丝绸与等级制度密切关系的，则是文武百官的补服。补服是一种饰有品级徽识的官服，或称补袍，与其他官服主要区别是：其服饰的前胸后背各缀有一块形式、内容及意义相同的补子。因此，只要一望补子上的纹样，便可知其人的官阶品位，这有点类似于现今军官的军衔。补服定型于明代，当时官吏所穿丝绸大袍胸前背后各缀一块方形补子，文官服装绣着飞禽以示文明，武官服装绣着猛兽以示威武。其制作方法有织锦、刺绣和缂丝三种。

丝绸产生以后，因为本身质地精美，价值较高并且稳定，便于携带，有时便行使了货币的职能，成为财富的象征，加速了商品流通。西周中期有一篇青铜铭文记载：奴隶主曶曾向另一个奴隶主买来5名奴隶，其代价是一匹马加一束丝，双方并订立了契约。可见，一束丝在当时价值不菲，同时充当了某种货币符号。中国古代第一部诗歌总集《诗经·氓》的开头描写了一位青年男子抱着麻布与一位妙龄女子交换丝绸的故事，这说明春秋战国时期中原地区生丝贸易已经比较普遍，人们对此习以为常。《史记》描述了春秋战国时代山东蚕桑业发达盛况:“齐纨鲁缟,衣被天下”,“齐鲁千亩桑,与万户侯等”。这既说明山东丝绸已经流通于各地,也说明拥有一定规模的蚕桑丝绸便成为拥有财富的象征。唐代白居易《新乐府》组诗中《卖炭翁》结尾写道:“半匹红纱一丈绫,系向牛头充炭直。”这说明了丝绸价值不菲,也说明丝绸实际上承担了某种货币职能。

在历朝历代的进贡物品和税赋体系当中,丝绸也曾经扮演着重要角色。古代典籍《尚书》《史记》多次记载了许多地区重要贡品都包括丝绸类制品。战国时期秦国商鞅变法将养蚕制丝与交纳赋税联系在一起。汉代宫廷和各地官府拥有大量丝绸,除了用于王公贵族衣料外,还服务于均输(实物纳税)和平准(稳定物价)。到了三国时期,征收丝绸第一次被政府以明文规定纳入了赋税体系,这在历史上具有标志性的意义,影响了此后历代政府的赋税制度。唐朝“租庸调”制度规定:每个成年男子每年向国家缴纳粟 2 石,此为租;缴纳绢 2 丈、绵 3 两,此为调;服役 20 日,称正役,不役者每日缴纳绢 3 尺,此为庸。这些规定的突出特点在于,服役与纳绢之间有了一定的灵活性,可用纳绢代替服役,丝绸的货币功能得到了充分体现。丝绸不仅与政府的赋税政策有关,而且也成为国家财富的象征。直到明朝中叶,作为实物赋税形态的丝绸才淡出了赋税体系而让位于银两。

丝绸业还见证了江南地区的资本主义萌芽。由于商品经济的发展,从明朝开始,一些善于经营的地主在积累了钱财之后,雇用一些人员种桑、养蚕、织绸,将产品投入市场,从中营利。有些商人不仅贩卖丝绸,而且自家买茧开车缫丝,有的以包买主的形式直接支配小生产者。在苏州、杭州等丝织业发达地区,出现了许多拥有大量资金和几台至几十台织机、雇用几个至几十个工人的机户。这些机户,都是拥有一定数量的资金和织机、雇用较多机工的手工工场主,已经完成了早期资本的原始积累。与此同时,出现了一批靠出卖劳动力为生的丝织手工业者。在丝织业发达的城市苏州,有些丝织工匠有固定的雇主,每日领取工作报酬;而没有固定雇主的丝织工匠,则每天黎明挟其技艺聚集桥头,几十人乃至上百人成群结伙,探头伸脑,等待雇用。丝织业领域这种"机户出资,机工出力"状况由来已久,是明代江南地区资本主义萌芽的典型表现。

1840年鸦片战争以后,长期闭关自守的中国被迫打开大门,对外贸易迅速扩大,本来就在国际市场占据霸主地位的丝绸及生丝一直是中国对外输出的最大宗物品,其贸易额长期居于各类出口商品的首位。然而,表面的光鲜并不能消除其背后所隐藏的危机,中国蚕桑丝绸业面临着数千年来未有之变局。这时的欧美国家均在进行或完成了工业革命,机器织绸对生丝原料提出了更高的要求,中国手工缫丝日渐落伍;东邻国家日本自从明治维新以后把发展机器缫丝业当作实现工业化的龙头产业,采取各种措施抢占国际市场,排挤了中国生丝而居世界丝市的霸主地位;同时,随着西学东渐,中国蚕桑丝绸业面临着全方位系统性改造的压力。

这既是危机,又是契机。跨入近代门槛的中国丝绸文化,迎接挑战,奋力改良,犹如春蚕那样数次蜕变,化蛹成蛾,完成了一次次升华。

1872年,广东南海县陈启沅创办的继昌隆缫丝厂是中国历史上最早的民间资本创办的机器工厂之一,成为民族工业的先驱。1897年,杭州知府林迪臣创办了中国第一家蚕丝业学校——浙江蚕学馆，培养专业人才，改进蚕种、养蚕和缫丝技术，并对蚕丝业科技书籍的编著和介绍等做出了贡献。1898年，上海育蚕试验场成立，这是中国第一家蚕业研究机构。到1908年，全国共设有7处农事试验场，都设有蚕桑科目。各地建立了一批推广蚕丝业改良的官方机构和民间组织，如农桑总会、蚕桑局、蚕棉局、蚕务局、蚕桑公社、丝厂茧业总工所等等，有识之士还引进了法国微生物学家巴斯德（Louis Pasteur）发明的以显微镜检查微粒子蚕病毒的方法，不仅研制了改良蚕种，而且还推动了微生物学科在中国的产生。凡此种种，标志着有数千年传统的中国蚕丝业发生了质的变化，开始走上了近代化道路。

中华人民共和国成立以后，尤其是改革开放以来，经过几代人的努力，蚕桑丝绸业得到迅猛发展，其兴旺发达为历史上绝无仅有。到1995年，蚕茧产量76万吨，生丝产量11万吨，绸类产量31亿米，均超过历史上最高水平，在出口贸易的国际市场上已经远远超过了日本，重新成为世界头号丝类产品出口国。

（原载《联合日报》2011年5月28日）

丝绸之路连接中西

丝绸以她柔顺的质地、绚丽的色彩、丰富的纹样，成为古代中国上层社会的奢侈品，她体现了穿戴者的身份和地位，同时也为古代中国的对外交往作出了突出贡献。从汉代（前 202—220）开始，丝绸随着商人、使者、僧侣、旅行家的足迹，甚至伴随着边疆征战者的铁马金戈，传到了西域，传到了中亚、西亚，传到了阿拉伯乃至欧洲，成为中国和西方国家进行大规模经济文化交流的纽带，架起了中西交通的桥梁，并且被赋予了新的内涵。一个著称于世的专有名词——丝绸之路（The Silk Road）因她而生。

说起这个专有名词，倒有一番插曲。从汉代张骞出使西域以来，这条最远能够到达欧洲罗马的中西交通要道，历史上曾经有过“皮毛之路”“玉石之路”“珠宝之路”“香料之路”“佛教之路”和“陶瓷之路”等不同的称呼，但是都不足以概括她的神韵。第一次将这条东西大道赋予诗意命名的人是德国地理学家李希霍芬，他于 19 世纪 70 年代首先提出了“丝绸之路”这个概念。1910 年，德国历史学家赫尔曼在其著作中，进一步确定了丝绸之路的基本内涵，即它是中国古代经由中亚通往南亚、西亚以及欧洲、北非的陆上贸易交往的通道，因为大量的中国丝和丝织品经由此路西传，故此称作“丝绸之路”，简称“丝路”。

当汉代张骞、班超等人出使西域的时候，西方崛起了横跨欧亚非三洲的罗马帝国。尽管当时罗马人和中国人没有任何直接的联系，但是通过往返于丝绸之路的中亚商人转手贸易，获得了来自遥远东方的中国丝绸，并且迷恋不已，甚至达到狂热程度，购买丝绸一掷千金，即使价格不亚于等量黄金也在所不惜，甚至因为大量购买丝绸导致黄金大量外流而引起社会不满。与当地原有的亚麻和羊毛相比，丝绸柔韧舒适，深受人们喜爱。

据说，古罗马恺撒大帝穿着中国丝绸袍服去看戏，引起了巨大的轰动，人们争先恐后地要一睹他身上空前豪华的服装。史料记载，埃及亚历山大城市已经是丝绸的集散地，前后与恺撒大帝和安东尼将军有过刻骨铭心爱情经历的埃及艳后克娄巴特拉酷爱穿着来自中国的丝绸织品，曾经穿着丝绸外衣接见使节。到了东汉后期，罗马使节带着对东方文化的向往，通过丝绸之路来到中国，建立了常驻外交机构，并开展对中国的丝绸贸易。

出于对精美丝绸的艳羡，一些国家开始引种蚕桑。关于中国蚕桑种子往西域乃至更远国家的传播过程，留下了许多传说。唐朝僧人玄奘西行取经回国途经于阗（今和田）时，听到一则传说并记录了下来，主要情节是：古代西域丝绸与黄金等价，各国均欲向东邻中国引种蚕桑，但是中国边关严禁蚕桑种子出关。于阗国王娶东邻某国公主为王后，暗中要求对方将蚕种带来。新娘下嫁时，偷偷把蚕桑种子藏在帽絮中，边防官员碍于公主的身份而不敢搜查，所藏的蚕桑种子得以闯过关卡，养蚕缫丝方法也随之传到了于阗。此后，于阗桑树连荫，可以自制丝绸了，于阗国王为此建寺纪念。现存的其他文献也有类似的记载。考古学者曾在和田遗址发现了一块8世纪的木版画，上面描绘一位中国公主戴着一顶大帽子，据考证这就是传蚕公主的故事写照。

至于更远的西方世界何时开始栽桑养蚕织绸，在丝绸之路一带则流传着“查士丁尼国王的烦恼”的故事。故事发生在6世纪中期，东罗马帝国与波斯战事方酣。东罗马帝国有两座城市是重要的丝绸中心，通过加工中国蚕丝，获得重要的财政收入。但是蚕丝要从波斯商人那里买来，不仅所费甚巨，且常常因为战争而受阻，这使东罗马帝国查士丁尼国王大感头痛。为此，他派了两个僧侣到中国江浙一带学习养蚕、缫丝、织锦。这两个僧侣弄到了蚕桑种子后，在泉州买通了一位船家，秘密混出了层层关卡，在552年将中国的养蚕缫丝织锦技术传入东罗马帝国。

中国丝绸的外传，为许多国家带来了新的衣料物品和蚕桑丝绸之利。在朝鲜，传说早在公元前12世纪，箕子带去了蚕桑丝织技术。秦朝不少中国人为逃避苦役，渡海前往朝鲜，传授蚕丝技术。在日本，传说有来自秦朝的兄弟二人东渡黄海而来，传授蚕桑丝织技术。公元3世纪，日本的这类记载逐渐增多。在东南亚和南亚，公元前2世纪，中国海船从雷州半岛出发，航行到越南、泰国、缅甸、印度、斯里兰卡、苏门答腊岛等沿海地区，带去了大批丝绸。在罗马和波斯，至少在东汉时期就已经传入了中国的蚕桑品种，甚至当地已经具备了一定水平的丝织技术。

丝绸之路以丝绸而得名，但是她的内涵绝不局限于丝绸，因为世界历史上许多次民族大迁徙沿着此路而展开，许多东西方商旅沿着此路伴着驼铃进行经贸往来，中原文化、罗马文化、波斯文化、阿拉伯文化、中亚文化和印度文化都曾在这条千年大道上先后登场，荟萃一堂。因此，这条丝绸之路除了留下许多故事传说，见证无数历史画卷之外，还在丝绸之外的东西方经济文化交流方面产生了巨大的影响。

在经济交流方面，丝绸之路为沿途东西方国家带来了许多新的物品、新的物种，互通有无，扩大流通，繁荣和发展了沿途各国的经济生活。我们今天所常见的一些蔬菜植物，并非都是中国原有的土产。苜蓿、葡萄、菠菜、黄瓜、石榴，以及古代文献中记载的一批带有“胡”字的植物，如胡豆、胡桃、胡葱、胡荽、胡椒、胡桐泪、胡萝卜等等，十有八九是来自西域，通过丝绸之路传入中国。罗马的玻璃器，中亚的乐舞杂技，也纷纷从丝绸之路传入中国。与此同时，中国一大批精美的物产和技术通过丝绸之路传到了西亚，传到了欧洲，如商队从中国运出铁器、金器、银器、镜子和其他豪华制品，以及漆器、瓷器、火药、指南针等等，丰富了西方国家的社会生活，为世界文明做出了重大的贡献。

在文化交流方面，随着丝绸之路的开辟，纸制品开始在西域以及更远的地方出现。考古人员在楼兰遗迹发现了 2 世纪的纸张。8 世纪前后，阿拉伯人曾经俘获一批擅长于造纸术的唐朝工匠，造纸术由此传播到西方。中国古代印刷术也是沿着丝路逐渐西传的技术之一。在敦煌、吐鲁番等地，已经发现了用于雕版印刷的木刻板和部分纸制品，其中唐代《金刚经》雕版残本如今仍保存于伦敦的大英图书馆。13 世纪，不少欧洲旅行者沿着丝绸之路来到中国，将印刷技术带回欧洲。同时，一些外国的宗教，如佛教、拜火教、摩尼教和景教，也随着丝绸之路来到中国传播,并且传播到韩国、日本与其他亚洲国家。

中国丝绸还通过海上交通线源源不断地销往世界各国,有的学者又进而加以引申称之为海上丝绸之路。汉武帝派遣使者和应募商人出海贸易的航程曾经远达东南亚、印度洋。10世纪以后,随着中国南方的进一步开发和经济重心的南移,从东南沿海城市广州、泉州、杭州等地出发的海上航路日益发达,越走越远,从南洋到阿拉伯海,甚至远达非洲东海岸。到了15世纪初期,明朝郑和率领当时世界上最庞大的由300多艘舰船、数十艘宝船组成的舰队,穿过马六甲,航行于印度洋,最远到达非洲东海岸,在完成了七下西洋壮举的同时,也带去了精美无比的丝绸、瓷器以及其他精湛的中华工艺制品。

(原载《联合日报》2011年6月11日)

专访：丝绸里的文化密码

“丝绸承载着许多中华文化的内容，蕴含着典雅高贵、奢华时尚的审美情趣，弥漫于中国的历史进程，传播于古代罗马帝国、当代巴黎时装展厅，以其动人心弦的独特之美，展现出跨越时空的力量和兼通中外的无穷魅力……”读着山东大学儒学高等研究院李平生教授《丝绸文化》里的这段话，谁都会为丝绸的美好而心向往之。但李平生教授却告诉记者，千万不要过于相信自己的主观意识，文化“是一种意蕴有时亲眼所见未必为真，即使是不懈地去研究、去感受，都很难找到本质里的密码”。

的确，时间总爱给一些光彩夺目的东西蒙上灰尘，让它们在历史长河中沉浮。因此，无数次相遇摩擦出的火花才显得弥足珍贵。李平生教授与他的著作《丝绸文化》同样如此。近日，《文化大观》记者就此对李平生教授进行了专访。

“遭遇丝绸”40年

40多年前，还在江西吉安市读小学的李平生就与蚕桑丝绸有了亲密接触。彼时，李平生精心喂养了一些蚕宝宝，他用体温呵护蚕种,用鸡毛小心翼翼地挑出蚕蚁,到郊外采来桑叶进行喂养,好奇地望着蚕宝宝一天天长大,知道了一些成语典故的原始状态,如“蚕食”“作茧自缚”“破茧而出,化蛹成蛾”“春蚕到死丝方尽”……

李平生没有想到,正是不经意间的亲密接触,使他40多年里与蚕桑丝绸的学术研究交织在一起。“许多年后,在对丝绸文化一步步深入研究时,似乎还能听到蚕宝宝低吟般的吃食声。”李平生告诉记者,他在1979年考入山东大学选择了历史学。学习过程中,他愈发感受到中国丝绸的源远流长以及在国计民生中的地位。

“20世纪以前,对外出口贸易数量和价值最多的就是丝绸和茶叶。因为中国是个农业国,当时对外出口没有高科技,也没有工业产品,甚至最初那个时候资源概念一点都不强烈。”因此大学写毕业论文时,李平生面临选择,但内心对蚕桑丝绸的热爱,让他还是把选题定在了丝绸经济史的研究方向上。

“当时准备把丝绸和茶叶的对外贸易一起写,后来觉得这个题目太大,就想做完了丝绸研究再做茶叶研究,结果选题中有无穷无尽的问题需要探究,就下决心先对丝绸做一个全面的研究,也就选择了山东近代丝绸研究。”李平生告诉记者,1983年学士学位论文获得了指导教师孔令仁教授的肯定,1986年获得硕士学位的论文,也是在孔令仁教授指导下完成的,只不过选题范围由原来最初的晚清山东蚕丝业研究扩展到了中国近现代蚕丝业研究。

“做学问来不得半点假,一切都得认真再认真。”为了做好硕士毕业论文,李平生奔波多地查阅资料,先后去过北京、上海、南京、无锡、苏州和杭州等地,手抄了数千张卡片资料。为了摘录山东蚕桑丝绸方面的史料,他甚至在学校图书馆把清代和民国的山东地方志翻了一个遍。

李平生告诉记者,早在攻读硕士学位期间,他就前后积累了几百万字的资料,为之后的丝绸文化研究打下了坚实的基础。后来,因为工作需要,他的研究重点有所偏离,对丝绸的研究也有所停顿,但仍一直收集着相关材料和丝绸文化研究的最新成果。

福尔摩斯有言:从一个人瞬息之间掠过的表情,包括肌肉的每一处牵动,甚至眼睛的每一次转动,都能揣测出他内心深处的想法。许多年来,李平生内心无时无刻不为丝绸所动。常常,望着自己积累起的资料,想象当年小男孩与蚕宝宝曾经的亲吻,他随时都想吟唱一首“丝绸文化之歌”。

2010 年,山东大学国际教育学院为了实施中华文化走出去战略,联系山东大学出版社出版一套《中华文化读本》系列丛书,编辑就丝绸文化向李平生约稿。于是,多年积累又迎来了一次喷发的机会。正在新加坡南洋理工大学担任孔子学院中方院长的李平生,挤出时间,扑下身子,几易其稿,终于完成了《丝绸文化》的写作。

“柔”字里的行云流水

5000 多年来,中华民族的祖先不断发明创造,代代相传,吐故纳新,精益求精,形成了博大精深的丝绸文化。李平生告诉记者,丝绸通过不同方式和角度,渗透到中国人的人生观、哲学观、道德观等各个方面,而且不断塑造和影响着中国人的生命智慧。

“细滑柔软的丝绸蕴含着的是什么？是生命的张力，是无尽的想象，是美好的意蕴。”

每每聊起丝绸文化，李平生都心生激越，他说蚕食桑叶吐丝，蚕丝经各种工艺制成丝绸，其生命虽然短暂，但其数次的转变和升华，极大地丰富了中国人的思想和文化。因此，在他的《丝绸文化》一书中，仅以蚕桑丝绸密切相关的成语典故就有100多个，大多通俗易懂，寓意深刻。

丝绸柔软却不失顺滑，象征着从古至今行云流水的美好意象。如果用一个字来形容丝绸所代表的中国传统文化，那就是“柔”。李平生说，“柔”与儒家文化里的“中庸”相对应，体现着礼尚往来的意味，而且根植于中国5000年的文化里，阐释的是中国人的心境和精神。因此，丝绸文化是中国传统文化的重要组成部分，在中国人修身养性提升自我品行方面有着独特的寓意和启迪。

（原载《文化大观》2015年第3期）

中国近现代史

论晚清山东经济现代化

处于显学地位的现代化研究是一项系统性工程,需要从多学科、多角度进行探讨。比如,我们既需要宏观概括,也需要个案考察;既需要理论阐释,也需要实证分析;既需要确定其现实坐标,也需要探寻其早期脉络。相对而言,中国早期经济现代化研究比较薄弱,而区域经济的早期现代化研究则更显薄弱。有鉴于此,本文拟将考察晚清时期山东经济现代化。作为个案研究,该课题似乎有其独特价值。山东是一个京畿邻省,较诸其他各省更易于受制于清朝中央政府,政治上稳健乃至保守;作为农业大省、儒家文化的发祥地,重农抑商文化传统在山东牢固地扎下了根基。不过,我们也应看到,山东是一个沿海大省,海岸线居全国之首,东部地区历史上就受齐文化的熏染,航海经商的记载史不绝书,鸦片战争以后则更容易感受到越洋而来的西方文化。因此,探讨晚清时期山东经济现代化,更能够以小见大,从中窥见中国社会在从传统走向现代化的过程中所留下的一个早期侧影。

一

现代化的启动大体上分为两种类型，一种是内源型的，主动的；另一种是外源型的，被动的。毫无疑问，晚清山东经济现代化的启动属于外源型的，被动的。众所周知，鸦片战争以前山东和全国一样，一直保持着封建经济的主要特点，即自给自足的自然经济占据着主导地位，生产与交换低水平重复，这决定了山东经济难以依靠自身的力量产生内源型的变革，难以主动启动现代化。就像某人沉睡于漫漫长夜之中而需要外力的推动或刺激才能惊醒一样，山东经济由传统向现代化的转型也需要某种外力的推动或刺激。两次鸦片战争之后，不仅外国侵略者的枪炮声炸响于卧榻之侧，而且外国商品和资本挟着坚船利炮的余威，直接堂而皇之地由贸易口岸向内陆腹地渗透，使山东传统的经济结构开始分解而出现了一些迥然有异的新变化。因此，我们在探讨山东经济由传统走向现代化这个课题时，深入分析外国经济对近代山东的侵略与冲击所造成的影响，便成为不可绕过的首选内容。

学术界传统的观点一致认为：晚清时期外国经济势力侵入中国是以其军事侵略为开路先锋的，外国商人利用了不平等条约而获得的特权进行工商活动。他们建港修路，营造了剥削中国人的吸血管；他们经营电讯及邮政，架设了刺探中国情报的触角；他们经营外贸，设立工厂，开办金融，倾销本国的廉价产品，掠夺了中国原料。总之，外国资本主义对中国的经济侵略导致了近代中国长期落后。应该说，这种观点一语中的，鞭辟入里，但不免失之简单化和“程式化”。历史是复杂的，定性评价可以透过现象看到本质，但是单一的线性判断毕竟不能简单地代替全方位的学术探讨。如果从多维的角度分析晚清时期外国商人的经济活动，我们可以发现，它对山东经济现代化的启动产生了错综复杂的影响。

1. 外国投资兴建港口和铁路，兴办电讯和邮政，为山东经济现代化的启动提供了某些便利条件。关于交通运输与农工商业的关系，孙中山于 1894 年曾发出感慨：“夫百货者，成之农工而运于商旅，以此地之赢余济彼方之不足，其功亦不亚于生物成物也。”“夫商务之能兴，又全恃舟车之利便”①。孙中山的议论是针对当前全国的情况有感而发的，其原理同样适用于山东省。山东旧式水路交通或由于河道淤塞，或由于船只狭小，或由于路途曲折遥远，或由于缺乏机器动力，运输能力大受限制，且无远洋航运，影响了货物通畅。烟台港和青岛港的修建，胶济铁路和津浦铁路的通车，改变了山东水路交通的原有格局，大大地提高了山东货物运输和商贸往来的能力。烟台港自 19 世纪 60 年代由法国人修建后，因所处位置四通八达，占水路运输衢冲之便，很快成为重要港口，使山东货物有了远销外洋的第一条通道，免除了借道其他口岸而造成的靡费与劳顿。青岛港于 20 世纪初由德国人修建，不几年便骎骎乎而凌驾于烟台港之上，成为山东第一大港，1913 年即居于国内第六大港的地位。② 胶济铁路于 1904 年由德国人修建通车之后，使山

① 孙中山：《孙中山全集》第 1 卷，中华书局 1981 年版，第 15—16 页。

② 参见胡汶本：《帝国主义与青岛港》，山东人民出版社 1983 年版，第 23—24 页。

东“过去负担不了的大车长途运输的费用的内地土产品，现在也有经由火车运到沿海港口找到销售市场，并且它们的产量也都有逐年增长。铁路沿线和深入内地的地方到处可以看到市场繁荣的景象”①。稍后，由中、英、德三国合办的津浦铁路通车，它贯通南北，与横贯东西的胶济铁路相沟通，从而使山东与全国的市场发生了更为密切的埠际关系。与此同时，晚清时期外国商人还在山东经营电讯和邮政事业。② 从某种意义上说，山东水路交通体系的根本变化以及现代信息传递的初露端倪，打破了山东原有的封闭状态，提高了货物的流通速率，改善了信息滞后且不对称的状态，为山东在新的层次上连接全国、走向世界，提供了不可或缺的联络通道，从而为山东经济现代化的起步创造了某些便利条件。

2. 口岸、洋行的增加，刺激了山东对外贸易的发展，从而改变了山东原有的经济结构。晚清时期，山东被迫开放的口岸城市有三处，即烟台、青岛、威海卫。随着口岸的开放，外国洋行亦纷纷登陆。以烟台为例，清朝末年共有外国洋行 40 余家，业务涉及外贸、航运、银行、保险等方面，主要从事丝绸、草帽辫、棉纱、煤油、火柴等项进出口业务。③ 口岸的出现，洋行的增加，刺激了山东对外贸易的发展。烟台承担着山东对外贸易的主要任务，进出口贸易额 1863 年为 391 万两，1899 年达 2970

① 青岛市档案馆编：《帝国主义与胶海关》，档案出版社 1986 年版，第 113 页。

② 张玉法：《中国现代化的区域研究：山东省（1860—1916）》，（台北）中央研究院近代史研究所，1982 年，第 219 页。

③ 逄振镐、江奔东：《山东经济史 · 近代卷》，济南出版社 1998 年版，第 48 页。

万两。[①] 面对国际市场的对外贸易不仅扩大和加速了山东货物的双向流通，更为重要的是作为机器生产的物化形式，外国商品输入还意味着一种不同于传统的生产力的变相引入，这种“外生变量”进入山东以后，必将在流通、消费、需求诸方面带来许多新的因素。[②] 烟台开埠以后，山东传统的经济结构开始出现了一些变化。在进口贸易方面，洋货的大量涌入冲击了山东传统的手工业，如大量洋布、洋纱的进口，冲击了山东的土布、土纱业生产，使山东传统的耕织结合、纺织一体的农村经济结构开始瓦解。鸦片贸易在19世纪60年代获得合法地位后，趋利的本性使农民纷纷弃种粮食而改种罂粟，致使粮食生产面积相对减少。同时期，外国煤油大量涌入，排挤了传统的用于照明的豆油，致使烟台腹地传统榨油业之元气大受损伤。[③] 在出口贸易方面，烟台开埠及青岛港建成后，沿海和内陆的一些农副产品和手工业产品渐渐成为大宗出口商品。随着大批洋货的进口和大批土货的出口，形成了以烟台和青岛为中心，以胶济铁路和津浦铁路为主干，向周围辐射的中心市场，从而使山东经济开始改变原有的自给自足的结构方式，日益与全国市场乃至国际市场发生密切联系。

3. 外国传教士、商人引进了先进的科技知识和生产设备。鸦片战争以后，西方先进的科学技术首先通过传教士引入山

---

① 交通部烟台港务管理局：《近代山东沿海通商口岸贸易统计资料》，对外贸易教育出版社1986年版，第1—15页。

② 庄维民：《近代山东市场经济的变迁》，中华书局2000年版，第9—11页。

③ 逄振镐、江奔东：《山东经济史·近代卷》，济南出版社1998年版，第33—34页。

东,随后外国商人在山东投资兴办企业的过程中,为了自身获得巨额利润而改进生产手段,引进了西方国家先进的技术设备。且不说烟台港和青岛港的兴建、胶济铁路和津浦铁路的修筑,都采用了先进的科学技术和机器设备,施行了国际上通用的技术标准,某些设计能力甚至达到当时的国际领先水平,也不说上述某些设施直到百年后的今天仍然发挥着它们的功效,当时传教士和外国商人在布道或经营的过程中输入的科技知识和机器设备,对于山东生产力水平的提高也起到了示范性的作用。1864 年,美国传教士狄考文在登州创办文会馆,传播西方科学文化知识,是为西方科技在山东传播之始。1871 年,美国传教士带进苹果、梨、樱桃等果树苗,在烟台设园栽种。①1882 年,德商创办的烟台纩丝局添置机器设备,成为华北第一家部分采用机器生产的丝厂,不仅产丝精良,而且对织出的绸缎进行化学处理。由于资料的零散和缺乏,要想全面复原这方面的内容是不可能的,亦无必要,但事实确凿存在。科技没有国界,设备没有阶级性,后进地区对外来的先进技术与设备的仿效跟进,有利于渐开风气,加快当地经济的发展步伐。

4. 外资侵入对山东经济现代化同时也造成了不利影响。近代以来,清政府在对外战争中屡战屡败,每次伴随而来的即是大量的战争赔款,巨额的负担对山东经济产生了"抽血"效应。不仅如此,伴随着炮舰而闯入的外国资本对山东工商各业进行的垄断与掠夺,对山东经济也造成了不利的影响。洋行是外国资本在山东的化身,就近代山东而言,烟台、青岛、济南有

① 山东省科学技术委员会:《山东科学技术志》,山东大学出版社 1990 年版,第 1 页。

上百家洋行及其代理机构,它们利用沿海贸易权、内地通商权,建立了洋货推销网和土货收购网,不仅垄断了山东的对外贸易,而且借助不平等的税则特权压抑着华商的经济活动。鸦片战争以后,外国商品输入中国需缴纳"值百抽五"的口岸税及运销内地的"子口半税",即只需纳 7.5%的税额便可畅行无阻地运销中国各地。然而,本国商品从产地运往销售地则"逢关纳税,遇卡抽厘",厘金征收额一般在 10%以上,有的高达 50%,不平等税则使外国商品轻易地排挤着山东市场的商品。洋行还利用手中拥有商品检验权、掌握海外市场信息、经营远洋海外货运等优势,予取予夺,翻云覆雨,任意抬价和压价,操纵市场行情。与此同时,外国银行进入山东,或依仗自身资本雄厚的优势,或借助殖民当局的支持,广泛展开业务,逐步渗透进而垄断山东金融业,排挤着山东各地的华商银行或票号钱庄。外国资本势力还垄断了山东的港路矿事业。烟台港、青岛港的建立,胶济铁路、津浦铁路的修建,不仅使外国资本操纵了山东交通运输业,榨取了山东人民的血汗,而且还使山东原有的运输业大受打击而趋于衰落。至于德国垄断胶济铁路两侧 30 里以内矿产开采权,则更是打击了山东本地的土矿业。此外,外国资本大肆向国外输出棉花、蚕丝、原煤、矿石等,掠夺了山东大量的原料。上述外国资本势力对山东的垄断与掠夺,大大阻碍了山东经济现代化的进程,愈到后来,这种阻碍作用愈加明显。

二

现代化从狭义上来说，就是指人类从传统农业社会向现代工业社会转变的历史过程，其实质就是工业化。① 由于外国侵略者步步进逼，国内农民反清起义此起彼伏，清政府面对内外压力，为了强化国家机器，首先在军事领域引入了先进的机器生产。现代化起步于军事工业，这是中国不同于西方国家的特征之一。同时，由于中国民间资本还很幼弱，尚无足够的资本投资大型企业，而一些与国计民生密切攸关的民用企业，清政府基于国家利益的考虑，在当时亦不宜由民间资本经营，这样，兴办大型的或前沿的民用企业的任务便历史地落在了清政府及洋务官员身上了。官办企业优先于民间企业而发展，这是中国不同于西方国家的特征之二。综观中国早期现代化的道路，尤其是工业化的起步，经历了一个由军工到民用、由官办到民办、由"求强"到"求富"的变化过程。上述特征与变化过程，在山东经济现代化的艰难起步阶段同样得到了具体的体现。

作为山东第一家较大规模的机器工业，同时也是具有一定代表性的省办军工企业，山东机器局于 1875 年创办于济南后，在几十年的发展历程中，形成了以下几个方面的特点：(1)具有强烈的抗敌御侮的忧患意识和时代要求。山东机器局的创

① 参见罗荣渠：《现代化新论》，北京大学出版社 1993 年版，第 11—12 页。

办者、山东巡抚丁宝桢早在镇压捻军起义的过程中就意识到“洋枪洋炮纵横攻击,其推坚破敌,……莫不披靡”[①]。山东机器局创办后虽然一波三折,兴废不定,然而一旦边防吃紧,便呈扩展态势。这说明,山东机器局的发展主线便是抵抗外来侵略。(2)体现了独立自主、权自我操的原则。丁宝桢力主“所有一切建厂造屋及备办机器,并将来制造各项,均需自为创造,不准雇募外洋工匠一人。庶日后操纵由我,外人无所居奇,乃于国家有利”。连外国人也注意到山东机器局“一切厂房,一切西洋机器,……全部系在中国人监督下装备起来的,没有雇用一个外国人”[②]。这在当时同类军工企业中可谓绝无仅有。(3)招揽和培养了一批高层次的管理人员和技术人才。丁宝桢“数年来于全省及外省留心亲访精谙机器之员为创造之用”[③],先后被他罗致而来的重要人物有张荫桓、薛福辰、徐建寅、曾昭吉等人,这些都是当时的俊彦之才、洋务精英和技术骨干,为山东机器局的创建和发展立下了汗马功劳。(4)采用了先进的机器生产。工业化的主要标志是机器生产,山东机器局创办伊始便体现出这方面近代特色,当时已有机器厂、生铁厂、熟铁厂、火药厂等,采煤“也使用机器”,“有一条三尺宽的铁轨穿过场地,……有一个汽机可以做火车头。”1878年,一位外国人在山东机器局内看见“一切西洋机器——包括碾压机、镟床、蒸磺机等,……所有的机器都完美地转动

① 孔令仁、商鸣臣:《山东机器局述论》,《文史哲》1983年第3期。

② 孔令仁:《山东机器局资料辑要》,《山东史志资料》1983年第3期。

③ 孔令仁:《山东机器局资料辑要》,《山东史志资料》1983年第3期。

着，没有丝毫震荡”①。(5)资本主义性质的企业化倾向较明显。山东机器局使用的劳动力是从市场上雇用的自由工人，他们不再具有封建人身依附关系。所生产的军火，虽然不是能在市场上自由出售的商品，但调拨他省时需要收取工料费以进行成本核算，从而使其产品曲折地体现出商品的特性。②

在“求强”的标榜中兴办的军事工业，必然会伴随着资金不足、原料匮乏、运输不便、信息不畅诸问题的出现，于是“寓强于富”，由“求强”转入“求富”，建立一套与军事相配套的民用工业。电报作为近代科技发展的成果，于1881年进入山东，到了清朝末年山东计有清政府主办的部电局36个，地方政府主办的官电局19个，年发报数三四十万字。与此同时，现代意义上的邮政也于1876年出现在山东，1896年山东邮政总局设于烟台。至1909年，山东共有邮电局及代办所342处，收发信件总数1496万件。③ 电报与邮政的出现，意味着山东各地与外界的信息沟通渠道大大拓展。在矿产方面，山东地方政府采用官办的形式，兴办了淄川铅矿和淄川煤矿，采用官督商办的形式兴办了峄县中兴煤矿和平度金矿。上述矿产业经济效益并不理想，但或因采用了先进机器设备和生产技术，或因采用了资本主义的管理方式，从而起到了渐开风气的作用。

因时代的变迁和官府的倡导，山东早在甲午战争以前就出

---

① 孔令仁:《山东机器局资料辑要》,《山东史志资料》1983年第3期。

② 参见孔令仁:《山东机器局资料辑要》,《山东史志资料》1983年第3期。

③ 参见逄振镐、江奔东:《山东经济史·近代卷》,济南出版社1998年版,第500页。

现了一批民间资本兴办的近代工业，只是数量有限，规模狭小。甲午战争以后，在严重民族危机的刺激下，一些向资产阶级转化的官僚、地主、商人，强烈要求发展近代工业，以作为抵御外国经济侵略、挽救民族危机的手段。同时，清政府鉴于《马关条约》允许外国人在华投资设厂，如果阻挠华商设厂制造，无异于作茧自缚，于是放宽禁约，颁布律令，鼓励发展近代工商业。民间投资热情的喷发，使山东出现了一批民办、官商合办、中外合办的近代企业，主要涉及缫丝、卷烟、纺织、火柴、电灯、玻璃、陶瓷、造纸、酿酒等行业，其中最值得书写一笔的是烟台张裕酿酒公司，它于 1895 年由南洋巨富华裔张弼士投资兴建，到 1908 年，“该公司现有葡萄园千亩”，“数年来所酿之酒贮于窖内，品极醇厚。计窖内所贮之无汽红、白酒二十余种，计红酒二十万高达，白酒十五万高达，经深于品酒之人尝试，称为佳酿”①。十几年以后，“张裕”成为中国“第一酿酒厂”，“张裕金奖白兰地”驰名天下。

与现代化象征的机器工业在山东从无到有的单边走势不同，山东手工业作为传统经济的一个重要组成部分，到了近代则面临着一个多元选择的方向。一方面，部分山东传统手工业面临着衰落的命运，如洋纱的大量进口，对传统的手工纺纱业构成了严重的威胁。早在 19 世纪 80 年代，海关报告就指出，“棉纱进口的增加严重影响（山东）当地的纺织业”，甚至断言：“本省土纱纺织几乎停顿了”②。大量洋货的涌入，如洋铁、洋

① 汪敬虞：《中国近代工业史资料》第 2 辑下册，科学出版社 1957 年版，第 998—1001 页。

② 汪敬虞：《中国近代工业史资料》第 2 辑下册，科学出版社 1957 年版，第 422 页。

剪、洋油(煤油)、洋烛、洋针、燃料、肥皂,都在不同程度上打击了山东当地相关的手工业。另一方面,山东某些传统手工业因近代外贸的需要而获得了转型与发展的历史机遇。如,山东传统的手工缫丝业和丝织业因产品具有不可替代性,且无洋货倾销而带来的竞争压力,反而因国际市场的需求刺激而获得了长足的发展。烟台作为柞丝生产中心,清末出现了一批手工纩丝局。临朐、青州、周村作为桑蚕业的生产和集散中心,年产生丝达30万斤以上。在丝织方面,1880年开工的织机,烟台有200台,附近的昌邑、宁海、栖霞共有750台,青州有10台,共计年产丝绸六七千匹。① 还应该注意的是,在对外贸易的刺激下,山东出现了原来不曾有的新兴的手工业,如草辫业、花边业、发网业。到了清末,草辫业已成为"山东省北部和中部大部分地区人民收入的主要来源之一"②。山东花边业始创于烟台、青岛,甲午战争前后由外国教会和商人传入,很快就成为当地农民的一项重要的家庭手工业。"历年以来,借此艺为生活之妇女,即烟台一埠已以千计。"③上述手工业者受制于洋行和包办商,预先领料,确定规格,计件付酬,事实上已成为商业资本控制下的雇工。因此,这类手工业所体现的生产关系,已带有某些资本主义的性质。

晚清时期山东的金融与商贸领域也出现了一些现代化的

---

① 参见彭泽益:《中国近代手工业史资料》第2卷,中华书局1962年版,第86页。

② 安作璋:《山东通史·近代卷》下册,山东人民出版社1994年版,第439页。

③ 彭泽益:《中国近代手工业史资料》第2卷,中华书局1962年版,第409页。

新气象。随着外国金融势力在中国登陆,晚清时期山东旧式金融体系(钱庄、票号、典当)已经不能满足当地工商业近代需要,这不仅因为它们普遍存在规模小、资本少的缺点,难以适应跨地区、跨省的远距离大额交易活动,而且因为它们的经营机制落后,也难以适应近代社会商品流通对信贷运作的要求。于是近代银行在山东应运而生,1898 年中国通商银行在烟台设分行,成为山东境内开办最早的华资银行。

随后,大清户部银行和交通银行也在山东设立分行。另外,保险业也开始出现在山东。1907 年,青岛华商“源泰源号”因保险业为洋行垄断,利源外溢,乃集资 100 万元创办华太保险有限公司。随着对外贸易的发展和新的交通网络的形成,晚清山东市场体系和商品流通发生了结构性调整和变迁。山东原有的市场结构主要由产地市场、运河城镇市场和沿海市镇市场构成,带有浓厚的封闭色彩。烟台、青岛开埠以后,新的市场体系以口岸为中心,由产地市场、专业市场、中转市场、集散市场、中心市场这样五类市场构成①,从而具备了现代化市场体系的雏形。

应该说,农业是经济现代化进程中最为滞后发展的一个生产部门。传统的山东是一个典型的农业社会,地瘠民贫,灾荒频仍,生产工具简陋,生产方式落后,农民安土重迁而以工商为末业,地主富农稍有盈余则购田置舍,喜放高利贷而缺乏投资工商意识。自给自足的生产方式决定了农村经济千百年来在封闭的社会里低水平地重复运作,缺乏变异性的新生产力量。

---

① 庄维民:《近代山东商品流通结构的变迁及其意义》,《东岳论丛》2000 年第 2 期。

然而，进入近代社会以后，伴随外力的介入，农村社会已经不可能保存往昔世外桃源式的生产方式。晚清时期山东农业经济亦出现了一些现代化的新气象，这不仅表现在农业生产中的专业化趋势扩大，农产品商品化程度加深，以及出现了一批自由或半自由的劳动力出卖者（长工、短工），出现了一批采用雇佣劳动的经营地主[①]，更为重要的是，晚清时期山东出现了由官府创导、民间组织积极参与的农业改良与推广运动，为山东农业增添了迥异于传统的现代化亮色。在农业科技方面，清末山东设立一批农林试验机构，其中山东农桑总会附设的农事实验场最具规模，办有成效。该场于 1903 年设立，至 1906 年陆续购地 500 余亩，建屋 50 余间，试验项目有造林、试种桑果、试用机器农具、改良品种、试用化肥、研究土壤、提供畜牧良种等等[②]，对近代农业科技在山东的引进与推广起了积极作用。伴随着废科举、兴实业的浪潮，山东还设立了一批农业学堂及附近设有农科的新式学堂。1901 年成立的山东大学堂，设有农科。1906 年设立的山东高等农业学堂其办学宗旨是："授高等农业学艺，使将来能理公私农务产业，亦可充各农业学堂之教员、管理员。"[③]到清朝末年，初等、中等、高等农业教育体系已在山东初见端倪。清末新政时期，山东还有组织地引种和推广外国农作物良种，除山东农事实验场曾引种美国的豆麦、蔬果

---

① 参见罗仑、景甦：《清代山东经营地主经济研究》，齐鲁书社 1985 年版，第 158 页。

② 参见张玉法：《中国现代化的区域研究：山东省（1860—1916）》，（台北）"中央研究院"近代史研究所，1982 年，第 610 页。

③ 张洪生：《晚清山东高等教育概览》，《山东史志资料》1993 年第 3 期。

及日本的水稻、马铃薯等良种用作试验改良外，省农务局还多次引进美种棉花和美种花生，推广种植，此举为山东后来成为棉花大省和花生大省奠定了基础。此外，湖桑的引种，化肥的试用，新式农用机器的采用，以及公私机构进行的植树造林，开办垦殖公司，也都在不同程度上推进了晚清山东农业现代化的进程。

三

经济现代化是一项系统性的社会改造工程，我们在探讨这一课题的时候，不应该仅仅局限于生产和制造方面出现了多少家新式企业、外贸和商业领域有了多少指数的增长等等这类显性的发展指标，还应该考察相关的隐性推动因素，例如经济现代化在社会意识形态中的反响与要求，工商阶层的自我关怀程度，以及在社会制度方面所获得的认可与保障。一般说来，经济现代化在器物层面上可以有单个的工商企业去自发地完成，而经济现代化在社会意识和制度保障方面的要求必须有民众心理的认同和官方机构的创导。从某种意义上说，纯粹官方的实业机构和工商组织的出现，才有可能使经济现代化由自发的、分散的个体行为上升为自觉的、综合性的社会行为或曰群体行为。因此，分析晚清山东地方政府倡导工商的力度，及其引发的民众心理变化，探讨官办实业机构及亦官亦商的工商组织发展状况，便成为研究晚清经济现代化而不可或缺的一项内容。

鸦片战争以后尤其是甲午战争以后，日益加剧的民族危机使山东人民充满了生存焦虑，优胜劣汰的法则迫使各界人士共同思考各种途径来实现国家的富强，“先富而后强”，“兴办实业”，“振兴工商”成为山东各界有识之士的共同愿望。在兴办实业的浪潮中，清末新政无疑具有划时代的意义。1901 年 1 月，清政府迫于内外交困的压力，发布“变法”上谕，要求在京师大臣暨各省督抚“各就现在情弊，参酌中西政治，举凡朝章、国政、吏治、民生、学校、科举、军制、财政，当因当革，当省当革，如何而国势始兴，如何而人才始盛，如何而度支始裕，如何而武备始精，各举所知，各抒所见，通限两个月内条举以闻”①。同年 4 月，山东巡抚袁世凯率先上折，提出筹备“新政”的十条建议，其中第九条内容涉及：应亟兴商务，设立商会，增加国家财源，并应官商合力振兴商务与洋商角逐②。此后，山东巡抚袁树勋，从当地“选派学生赴英、美、德各国游学，专习工艺实业”③。总体而言，通过兴办实业以达到富强已成为山东政府日益明确的目标。

各级政府倡导工商，在一定意义上有助于改变社会的价值取向和评判体系。清末有关法律对商人地位予以保护和提高，规定各地应设商会，以促进工商业发展；体面商人可以随时谒见商部官员，各级衙役不得阻碍；各地商务总会致函督抚以下各级衙署，可以用平级官署间“移”和“照会”字眼，以示对作为民间社团的商会地位的尊崇；官府根据商人投资实业的数额及贡献大小，授予不同的官衔。在山东兴办实业的浪潮中，地方

① 朱寿朋：《光绪朝东华录》，中华书局 1958 年版，第 4602 页。

② 参见安作璋：《山东通史 · 近代卷》下册，山东人民出版社 1994 年版，第 286 页。

③ 《清实录山东史料选》下册，齐鲁书社 1984 年版，第 2001 页。

当局规定对官督商办、官商合办、民捐民办的企业,可以俟其"事业办成,确有明效,或予以专利,或酌量请奖"[1]。这说明主流社会对于商人的地位和作用已经予以认同。与此同时,兴办实业的价值认同在新式教育的兴办中也得到体现。例如,山东高等学堂(前身为山东大学堂)设置的科目除经史国文外,还设有物理、化学、机械诸科目,并聘请外籍教师讲授德、法、日等外文课程。山东农业高等学堂办学目的在于"探各国富强之源,浚中土未有之利,化士人空疏之弊,辟农民愚暗之蒙,合士农为一途,融体用为一贯"[2]。晚清山东远涉重洋的留学生所学专业包括法政、师范、军事、工业、农业、商业、矿业、化学、铁路、艺术等,这表明,"学而优则仕"这种士人读书的唯一追求,在晚清急剧的社会变革中已演化为多元化的人生选择,民众的价值观念已经转型,为兴办实业而学以致用的教育内容及民众心理占据了越来越大的比重。

与此同时,山东出现了总管全省经济的实业机构,并在交通、工业、矿业、商业、农业各方面设立了专门的管理机构,或组织了半官半商、亦官亦商的实业团体以事推动。从官方设立专门实业机构以事倡导,商民参加实业团体以示响应这个角度来说,晚清山东经济现代化开始进入了全社会自觉行动的轨道。山东最早的统管全省农工商务的专门实业机构是商务局。该局于1901年由袁世凯奏设,其章程规定:"凡创设公司,扩充商业,振兴工艺,借以开通风气,利益民生",确有成效者,将"分

① 逄振镐、江奔东:《山东经济史·近代卷》,济南出版社1998年版,第120页。

② 吕伟俊:《山东区域现代化研究(1840—1949)》,齐鲁书社2002年版,第145页。

别给奖,以为通商惠工者劝。”另外,章程还保护工商人士学习西法工艺制造各种日用工业产品,鼓励商人兴建商务学堂,出国考察商务,刊印商务报刊,宣传中外商情,调查全省物产以利贸易出口和成立商会等。① 这表明山东和全国一样,不再把商务视为末业,已经认识到了工商业在国计民生中的价值地位。1902 年,山东商务局改为农工商务局,仍以“振兴实业为宗旨”,统管全省的商务、栽树、养蚕、垦殖、工艺等为民兴利的各项实业。值得特别提出的是,1904 年该局派员分赴各州县调查物产,遵照清政府商部的统一规定而分类登录,共分植物、动物、工产、矿产四类,计有 27 门,并录下列条目:(一)种类及产地。(二)价值及厘税。(三)销路及运路。(四)产额及比较②。上述调查其内容之广,其说明之详,其分类之细,在一般人看来似乎过于烦琐,然而它却是山东有史以来第一份实实在在的全省物产资料的普查报告,它为山东地方政府制定振兴实业的计划,提供了原始而翔实的依据资料。毫无疑问,发展地方经济,首先要了解当地的资源优势,认清自身的缺陷与不足,根据自己的实际情况,因地制宜以收实效。然而,在当时的条件下,要想在全省范围内进行大规模的物产资料普查,任何个人或单个民间团体均无力胜此重任,只有通过政府机构运用行政力量,才能获得比较完整的资料。清末新政时期山东地方政府能够注意及此,不能不说是政府功能的一大改进,也在一定程度上说明了实现山东经济现代化已经开始转变为自觉的社

① 参见逄振镐、江奔东:《山东经济史·近代卷》,济南出版社 1998 年版,第 119 页。

② 参见张玉法:《中国现代化的区域研究:山东省(1860—1916)》,(台北)“中央研究院”近代史研究所,1982 年,第 474—475 页。

会行为。此后，考察当地的风土物产成为山东各府州县的一项重要工作，实业志、工商志、乡土物产志等内容正式成为各地方志当中的重要篇章，它们既是当地政府制定实业计划的重要参考，又是当地振兴实业的历史记录。

除了统管全省实业的综合性的管理机构外，清末新政时期山东还设立了一些专门性的实业管理机构。在农业方面，1903年济南设立农桑总会，聘请日本农业技师传授农业技术；并成立农业学堂（兖州）和蚕桑学堂（青州），培养了农业专门人才；设立农事实验场（济南）从事农业改良与推广工作，有计划地引进优良品种，试验农业机器，使用化肥，研究土壤，等等。同时，各地设立农桑分会，到1909年，全省农桑会已有60余所。1910年4月，山东农桑总会改为农务总会，各县改为农务分会，翌年据农工商部统计，全省共有农务分会106所[①]，几乎遍布山东各县。为了开垦荒滩，山东还相继设立了垦务局。在手工业方面，1900年在省城济南设立了教养局，“专教贫民工业者，学作粗工；另设工艺一局，考求各项精巧工作，如范金冶铁织绣雕嵌之类，以外全省工艺模范”[②]。从1902年起，山东工艺局“专以传授工艺，改良土货为宗旨”。该局下设铜铁、绣花、毛毯、织布、木器、人力车等共计6个分厂。胡廷干接任山东巡抚以后，“益加推广，添拨两局经费，于教养局附设小学堂，以期进而益上。又于曹州、沂州等府，暨济州、莒州、峄县、福山、潍县等处，各设工艺分局，于邹县、惠民等处，分设教养分

① 参见安作璋：《山东通史·近代卷》下册，山东人民出版社1994年版，第471页。

② 彭泽益：《中国近代手工业史资料》第2卷，中华书局1962年版，第534页。

局，于益都、寿张、泰安等县，各设习艺所，博山设玻璃公司，于德州、诸城、禹城各州县设草辫公司局厂”①。到1910年山东官办工艺局所共计114个。② 在交通方面，设立了北运河工程局和官商合办的小清河轮船公司。关于矿务，1905年山东设矿政调查总局于济南，另于峄县、淄博、泰安设分局。关于金融，为了抵制德国人开办的德华银行在山东发行纸币造成的不利影响，1907年山东官府出银10万两设立大清户部银行济南分行，下辖周村、烟台、青岛3个分号。胶济铁路即将通车之际，为了阻止德国势力由胶澳一隅向山东腹地扩张渗透的隐患，1905年5月山东当局奏准将济南、周村、潍县三地同时开埠，以利商货运转。③ 至于实业管理与协调方面，除了1901年袁世凯奏准于省城济南设立山东总商会之外，随后各地重要城镇也设立了商会。据统计，到清朝灭亡之前，山东已有47个商会。④

随着山东经济的发展和各种实业机构、工商组织的兴办，为了便于管理和统筹安排，山东巡抚吴廷斌于1908年奏准设立山东劝业道。这是全国最先设立的省级劝业机构之一，为山东最高实业管理机构，除了管辖原已设立的农工商务局、垦务局、湖田局、矿政调查局等实业机构外，下设劝业公所，公所内

---

① 彭泽益：《中国近代手工业史资料》第2卷，中华书局1962年版，第534页。

② 参见彭泽益：《中国近代手工业史资料》第2卷，中华书局1962年版，第538页。

③ 参见孔令仁、李德征：《周村开埠与山东近代化》，山东大学出版社1996年版，第12页。

④ 参见张玉法：《中国现代化的区域研究：山东省（1860—1916）》，（台北）“中央研究院”近代史研究所，1982年，第605页。

设总务、农务、商务、工艺、矿物、邮传等科,各项实业的分科管理,改变了过去那种机构重叠、各行其是的弊病。对于今后兴办各项实业,山东劝业道制订了三项措施:(一)劝农:间旷种树,编制专书,制造肥料,讲求畜牧;(二)劝工:成立商品陈列所,编考工书,行惠工法,招商兴办工业;(三)减免土货出口税,裁撤厘金税卡,拓通运道以利流通,维持市面,实行公司查账。[①] 上述措施未必全部付诸实施,但总体来说,山东劝业道成立以后在鼓励发展农工商业方面还是做了一些事情。如在农业方面,饬令各州县设立农桑会,引进新品种,进行农业改良;在实业方面,督促各地成立商会,举办商品陈列馆,鼓励土货出口;在工艺方面,在谋求发展官办工艺的同时,鼓励民间私人开办工厂,改良旧工艺,引进新技术,奖励新式企业。总之,劝业道的设立,意味着山东政府对兴办实业的重视大为加强,改良力度上了一个新的台阶,为山东农工商业呈现新气象提供了更为有利的软环境和保障措施,从而推动了山东经济现代化的进程。

四

如何全面评价晚清山东经济现代化,是一项较为棘手的工作,这首先因为我们无法绕开外国资本势力的侵入究竟给山东现代化造成何种影响这样的敏感问题。我们知道,山东

---

① 参见张玉法:《中国现代化的区域研究:山东省(1860—1916)》,(台北)"中央研究院"近代史研究所,1982 年,第 605 页。

和全国一样,是载负着血与火的历史而进入近代社会门槛的。一方面,两种文化的冲突与交融又是以民族压迫的方式进行的,被压迫民族的封闭落后与外国侵略者的强大凶残形成了尖锐的矛盾和对比。近代以来屡遭外敌侵略与压迫的屈辱国耻一再使人感到义愤,激发了国人抗敌御侮的斗志。我们在热情讴歌这种义愤的同时,也应冷静地意识到义愤出诗人,但不能产生科学。我们在揭露外国资本主义侵略中国的同时,也应客观地认识到自身原有的缺陷与差距,从而努力跟进,变被动为主动,变挨打为自强。同时,我们还应当看到,历史的发展往往呈现出二律背反的态势:外国经济势力渗入山东,自然是为了攫取山东的财富,以满足自身的私欲;然而,这一过程客观上冲击了山东社会原有的封闭结构,为山东经济由传统走向现代提供了某些助力。从这个意义上来说,晚清侵入山东的外国经济势力是一柄双刃的利剑。一方面,它为近代山东提供了先进的交通运输条件,引进了先进的科技和设备,改变了山东原有的经济结构,使之开始打破传统的自给自足的封闭状态,而与全国经济乃至世界经济发生密切联系,并开始改变人们的思想观念,使之放弃落后,向往先进,这无疑有利于山东经济现代化的起步。当然这种作用是客观上带来的,为外国侵略者不期有而有之。但另一方面,外国经济又是伴随着侵略势力而进入山东的,它以外国坚船利炮为后盾,以不平等条约为护符,以雄厚的资金和广泛的特权为挹注,榨取山东人民的血汗,操纵了山东经济命脉,使山东经济现代化的发展空间限制于有限的范围之内。还应注意的是,虽然外国经济势力有某些刺激作用,但我们的研究分析不应限于"冲击—反应"的简单模式中,即不应认为它是山东经济现代化起步的唯一杠杆，或以为山东经济现代化只是单纯的被动反应，而应看到原有的山东经济也不乏走向现代化的有利因素，尤其是在民族危亡的刺激下，山东人民焕发出忧患意识和图强精神，以不同的方式主动迎接挑战，致力于工商农贸各业的发展与创新，这些才是山东经济现代化的根本动力。

此外，晚清山东经济现代化的各项技术指标并不耀眼。作为经济现代化的最直接体现应该是工业化，在这方面山东与东南诸省相比有较大的差距。山东机器局作为晚清山东最早的也是最大的机器工业，其经营规模和生产能力与洋务运动时期的其他几家大型军工企业（如江南制造局、福州船政局）相比，其差距不可以道里计。在官办民用企业方面，且不说山东尚无上海机器织布局、轮船招商局那类大型企业，即使是屈指可数的淄川铅矿、峄县中兴煤矿、平度金矿，或者是兴废不定，或者是资金短绌，或者规模狭小，因而经济效益并不理想。[①] 在民间投资兴办的近代工业方面，除了张裕酿酒公司独树一帜以外，其余如在缫丝、纺织、火柴、电灯等领域出现的近代工厂，在全国范围内尚不能有一席之地。在港口贸易方面，烟台在1897年以前作为山东唯一的对外贸易港口，其外贸地位在全国开放口岸中常常徘徊于第7位至第15位之间。[②] 青岛港建成后取代了烟台在山东对外贸易中的龙头地位，但在清朝灭亡之前，青岛港的对外贸易额在华北诸港中尚排在天津、牛庄、大

① 参见李时岳，胡滨：《从闭关到开放——晚清“洋务”热透视》第二章、第三章，人民出版社1988年版。

② 参见交通部烟台港务管理局：《近代山东沿海通商口岸贸易统计资料》，对外贸易教育出版社1986年版，第15页。

连之后①,在全国的排名则更是靠后。至于晚清时期山东金融、商业、手工业、农业等领域的现代化硬性指标,与全国同类情况相比,自然不占优势。

上述技术指标尽管有些显得寒碜,但是,我们的研究目光不应该仅仅局限于此,而应看到晚清时期山东经济出现了明显的现代化趋向,并对山东社会的发展产生了深远的影响。

首先,山东工业化已经开始起步。在一个封闭的农业社会里机器工业从无到有,它所产生的社会影响是不言而喻的。马克思、恩格斯曾经指出:"新的工业的建立已经成为一切文明民族生命攸关的问题;这些工业所加工的,已经不是本地的原料,而是来自极其遥远的地区的原料;它们的产品不仅供本国消费,而且同时供世界各地消费。旧的、靠本国产品来满足的需要,被新的、要靠极其遥远的国家和地区的产品来满足的需要所替代了。过去那种地方的和民族的自给自足和闭关自守状态,被各民族的各方面的互相往来和各方面的互相依赖所代替了。"②马克思、恩格斯的有关论述虽然是在19世纪中叶针对西方国家而言的,个别结论不能直接对应近代中国,但毫无疑问,他们的基本原理适合于指导我们的分析研究工作。晚清山东工业化的起步,不仅给山东提供了前所未有的工业产品,改变了山东商品市场的走向,更为重要的是,作为"资本主义最典型的特点之一"③,工业发展在当时的情况下,意味着引进了一种迥异于封建经济的生产力和生产关系,意味着产生了一

---

① 参见寿杨宾:《青岛海港史:近代部分》,人民交通出版社1986年版,第93页。

② 《马克思恩格斯选集》第1卷,人民出版社1995年版,第276页。

③ 《列宁选集》第2卷,人民出版社1995年版,第739页。

种改变传统社会的根本性物质基础。

其次,对外贸易改变了山东原有的经济结构和商品流通体系。山东原有的经济本质上是一种自给自足的农业经济,因制度结构、技术水平的停滞僵化,生产能力低水平重复,产品结构单一,生产资源匮乏,商品流通体系一直处于循环往复的落后状态。鸦片战争以后山东出现的对外贸易,成为推动山东经济发生迥异于传统而走向现代化的最初杠杆和主要动力①,这不仅表现为它输入了以前不曾有的新商品,引发了一般贸易的急剧增长,甚至也不仅仅表现为它以新的贸易结构逐步替代旧的贸易结构,更为重要的是,对外贸易输入物美价廉的机器产品,显示了工业生产的先进力量,实质上是在变相地引进一种新的生产力,对外贸易已成为国内资本移植西方先进技术的最初渠道。就一般情况而言,生产决定了消费,但从辩证的角度看,消费引导了生产。晚清山东兴起的对外贸易,在某种意义上改变了山东原有的经济格局,推动了山东产业结构的变迁。不仅如此,对外贸易还使晚清山东商品流通体系出现了新的内容和特点,例如,一些农产品和手工业逐渐脱离了旧的流通体系,由内销为主转为外销为主;随着中外贸易增长,洋货成为山东当地市场的主要流通商品,与此同时土货因对外贸易的刺激而出口日增,品种增加;一些省内工业产品开始进入流通领域,渗入农村生产领域,同时一些农产品作为机器工业的原料而流入市场;商品流通除以口岸市场为起点外,山东各地的商品流通向中心城市和工商业城市集中的倾向日益突出,越来越多的商品

① 参见庄维民:《近代山东市场经济的变迁》,中华书局2000年版。

流向了中心市场和集散市场。① 上述情况说明,山东商品流通体系发生了显著的变化。

再次,各界倡导工商及相关实业机构团体的设置,为山东经济现代化的起步提供了良好的环境条件。作为孔孟的故乡、儒家文化的发祥地,自古以来,"官不言商""官不言利""商为四民之末",因要"重农抑商""重本抑末""贵五谷而贱金玉",这些千年的古训在人们的脑海里早已根深蒂固,使得商人在"士农工商"的传统社会阶层构成中居于四民之末,地位受到抑制。而到了晚清时期,山东官办企业、官督商办企业、官商合办企业的兴办,均以追逐利润和讲求效益为指归,商民则通过经营企业获取利润而可进入主流社会,其社会地位获得了相关法律的保障,这些有利于人们渐开风气,更新思想,从价值观念上认同"振兴工商"的重要意义。更为重要的是,晚清山东各地商会等团体的出现,表明工商阶层已经开始有了自我关怀意识;而官府设立各种工商管理机构,则表明山东当局已经自觉地将倡导和保护工商视作重要的行政内容。这些均为山东经济现代化提供了制度性的保障,为工商业的发展营造了良好的社会环境。

最后,各种实业的兴办不仅具有抵御外侮、与外国侵略抗争的意义,而且还昭示了山东社会的发展方向。且不说作为山东经济现代化肇端的山东机器局的军火产品可以直接用于反侵略战争,其生产的兴衰起伏取决于疆场形势的变化,即使是山东各地兴办的民用企业,同样也具有"稍分洋人之利"、防止

---

① 参见庄维民:《近代山东商品流通结构的变迁及其意义》,《东岳论坛》2000 年第 2 期。

外人觊觎山东物产原料、堵塞经济利益外流的初衷和作用。从军事上和经济上防止外国侵略,由“求强”而到“求富”以实现抵御外侮,这是山东各地企业兴办的重要出发点。本此目标,晚清山东各地在农业、手工业、工业、交通、外贸、商业、金融等领域均不同程度地出现了一些现代化的新气象,虽然它们规模狭小,力量单薄,远不足以对山东传统经济形成整体性颠覆的冲击力,但考虑到这是在短短的几十年里对千百年来所形成的经济体制进行的一次全方位的初步改造,其意义仍不能低估。尤为重要的是,它们作为新生事物,已跳出了传统经济长期低水平重复的怪圈,自身蕴含着可持续发展及引导社会迈上新台阶的因素,并且昭示了山东经济现代化的未来方向。

现代化作为“人类历史上最激烈、最深远并且显然是无可避免的一场社会变革”①,其本质特征或界定性因素应该是综合性、多层次、全方位的。大体而言,物质层面、制度层面、文化层面这三者依次变革,这是现代化事业不断深化的逻辑展开。在此过程中,其核心内容应该是经济结构的变革以及由此引发社会经济的大幅度增长。“经济搞得好坏,就成了检验领导集团实现现代化成败得失的试金石,也是预示其他各方面变革的基本指标。之所以如此,原因有二:其一,经济增长最易于测量,而且测量的意义最易于阐释;其二,一旦经济增长(这是现代化的特殊魅力)未能兑现,其他方面的发展政策都可能化为空中楼阁”②。从这个意义上来说,经济现代化是山东社会由

① [美]吉尔伯特·罗兹曼:《中国的现代化》,“比较现代化”课题组译,江苏人民出版社1995年版,第4—5页。

② [美]吉尔伯特·罗兹曼:《中国的现代化》,“比较现代化”课题组译,江苏人民出版社1995年版,第13页。

传统走向现代化的根本基础,而加强该领域的研究,则有利于我们在错综复杂的社会现象中把握现代化的本质。

（原载《文史哲》2002 年第 6 期）

源远流长的山东老字号

“老字号”在人们的心目中通常是指一个企业、商号、店铺的招牌，是某些商品的外在标志，甚至是某个企业经营风格或者文化底蕴的一种象征。可以说，商品经济是老字号的必要前提，生产经销是老字号的实现手段，质量是老字号得以产生的沃土，信誉是老字号得以存续的温床，文化是老字号得以彰显的旗帜。山东老字号正是具备了上述特征，从而为绚烂的齐鲁文化增添了不可或缺的绚丽篇章。

山东老字号源远流长，与早期历史上的手工业生产和商品流通相伴而生。它的起源或许可以追溯到南北朝时期的当铺。在漫长的封建社会中，尽管许多山东老字号或因年代邈远而难以详考，或因口耳相传而语焉不详乃至湮灭无闻，但可以肯定，它们的传说早已流布齐鲁大地。明清时期随着商品经济的繁荣和资本主义萌芽的出现，一批饮誉全国的山东老字号脱颖而出，进入了官方史书和民间文化，为我们现在追寻其历史留下了一些可资利用的依据。

东昌、兖州两府内的运河沿岸地区，胶东半岛的沿海地区，以及济南、青州两府间的鲁中地区，分别形成了各具特色的区域经济中心，并在店铺经营的基础上形成了一批著名的老字号。比如，位于济南市西南 100 多公里处的东阿镇，自古以其得天独厚的自然条件而成为阿胶正宗产地，世代相传，久盛不衰，至明朝中期已达到“妇幼皆通煎胶”的鼎盛时期。清代，南北多家中医慕名而来，诊病兼营阿胶，随之出现了多家规模较大的制胶作坊，如邓氏树德堂、涂氏怀德堂、于氏天德堂、王氏景春堂、庄氏东岳衡老药店等10余家宝号，各领千秋。创办于乾隆四十五年的济宁玉堂酱园，取南北风味之长，研制出如“什锦”“八宝”“香干”“冬菜”“黑黄酱”等小菜及“金波”“状元红”“葡萄绿”等露酒，成为江南、江北都喜欢的消费品，并且不断扩大规模，逐渐成为济宁独一无二的大规模的手工工厂，凭借“味压江南”“京省驰名”的美誉，成为闻名全国的工商字号。而在乾隆年间被人们誉为可与汉口、佛山等全国著名工商业大城市相提并论的“旱码头”——周村，则是山东中部的生丝、茧绸、丝绸集散市场，设有丝织店、丝局、绸货店等，与烟台、潍县、胶州一并成为山东四大贸易中心。同时，外地巨资商人在周村设店者日多，清代中叶章丘旧军孟氏家族先后在这里开设了谦祥益、万福祥、泉祥、阜祥、瑞林祥、元祥、春和祥、鸿祥等八大祥号，经营茶叶、杂货、布匹、绸缎等，矜恕堂孟氏开办的鸿记布店在当地首屈一指。创办全国连锁商号的瑞蚨祥东家就是从周村贩卖土布起家的，其经营规模创造了传统商业的一个神话，其儒商精神后来还成为国际连锁商号巨头沃尔玛学习的样板。

鸦片战争以后，尤其是辛亥革命以后，中国进入了急剧的社会转型时期，工商经济呈现出民族性与世界性齐头并进的态势，山东老字号进入了一个全面发展时期。烟台作为山东第一个对外开放的口岸，在晚清山东经济现代化过程中曾起过领头羊作用，作为东部沿海地区的中心市场，吸引国内外各路巨商纷纷云集，到光绪末年有各类商号1000多家，主要从事棉布、棉纱、煤油、火柴、丝绸等商品的进出口贸易，较大的商号与工厂有大成栈、双顺泰、万顺恒、怡美、晋升、顺泰、协成机器场、北洋烟草分厂等等。特别值得大书特书的典型是享誉百余年的老字号“张裕酿酒公司”。该公司肇始于1892年，由侨商领袖张弼士苦心经营，聘请洋酒师，引进洋品种，采用国外先进的酿酒工艺和设备，酿造出独具特色的白兰地、红葡萄酒、白葡萄酒等产品，成为“中国第一酿酒厂”。青岛作为20世纪初后来居上的山东最重要的对外开放口岸，兴起了一批著名企业和商号，如绸布业中的谦祥益、瑞蚨祥，餐饮业中的“三大楼”——聚福楼、春和楼、三盛楼，钟表眼镜业中的“亨得利”，青岛第一家影院——福禄寿大戏院（红星电影院），以及春和楼、劈柴院、宏观堂、盛锡福等老字号。特别是青岛啤酒厂和颐中烟草公司，它们最初均由外国人投资创办，虽然早期带有明显的殖民化色彩，但是几经辗转易手，最终成为民族企业，延续至今已成为青岛乃至中国的骄傲，它的命运与祖国近代百年的荣辱兴衰紧紧地联系在一起。同时，面对近代以来外国的经济侵略，一批山东老字号还承载着挽救民族危机、救亡图存的使命，增添了“稍分洋商之利”的时代特色。如，诞生在周村的清末山东民族机器缫丝业先驱——裕厚堂，曾经是日本在山东的铃木丝厂的主要竞争对手和排挤对象；而民国初年丛良弼等人在济南创办的振业火柴公司，其字号命名为“振业”，含有“振兴中华，实业救国”之意。

抗战以前，山东工商业经济发展水平达到了当时中国的最高峰，山东老字号也进入了它的鼎盛时期，并且在地域和行业的分布上呈现出自身的特点。从地域上看，在运河沿岸城市、胶东沿海地区、铁路公路沿线等交通发达的地区和政治经济中心城市，老字号企业数量多，规模大，知名度高，经营管理特点突出。从行业上看，商业、饮食服务业、医药业等这类传统的事关民众日用生计的商号企业发展程度较高，历史悠久，数量较多，在经营管理上体现出更多的传统风格和民族色彩，至今仍散发着无穷的魅力，而工业、金融业和现代交通业的老字号则基本上创建于19世纪60年代以后，尤其是在清末新政时期和五四爱国运动时期，山东的纺织、面粉、卷烟、火柴、陶瓷、缫丝、电灯、玻璃、造纸、酿酒等行业的老字号蔚为壮观。这类具有现代化特征的轻工行业引进了资本主义的生产方式，机械化程度高，技术含量大，相对集中在胶东沿海地区及中心城市，在经营管理上体现出更多的时代色彩，为中国后来的现代化事业奠定了一定的基础。同时，山东老字号还形成了一套行之有效、可供借鉴的经营特色和管理经验。

山东老字号有着几十年、上百年，甚至数百年历经风霜的光辉历程，在漫长的商品经济的大潮中塑造了一个个久负盛名、经久不衰、驰名中外的非凡形象。然而，历史的进程不是凝固的，时代的变迁必然会给山东老字号打上深深的烙印，使之经历大浪淘沙般的洗礼。1949年以后，尤其是改革开放中国逐步进入市场经济时代以后，山东老字号迅速分化，我们欣喜地看到，许多山东老字号在当今社会仍承载往昔的辉煌，并且与时俱进，保持着旺盛的生命力和可持续发展的后劲。

（作者署名：李平生、赵秀芳。原载《联合日报·文史周刊》2007年10月27日）

山东老字号纵横谈

一、老字号的基本特征

“老字号”在人们的心目中通常是指一个企业、商号、店铺的招牌，是某些产品的外在标志，甚至是某个企业经营风格或者文化底蕴的一种象征，因此“老字号”的内涵是丰富而蕴藉的。虽然，“老字号”作为一种商业文化现象，人们对它并没有一个统一、严格和规范的定义，但是人们关于“老字号”基本特征的界定似乎又是不言而喻的。顾名思义，“老字号”一般是指那些历史悠久的企业、商号、店铺所拥有的特殊标记，通常人们印象中的“老字号”企业，是指在繁华街区中那些悬挂着或典雅或古朴的招牌的商号店铺，或者指是生产某种传统名牌商品的厂家。拥有“老字号”金字招牌的企业、商号、店铺，一般来说应该具备以下四个特征：一是历史性。其存在多则数百年，少则几十年（按目前通行的说法，至少在 1949 年以前就诞生了），它体现着时代的沧桑感，是某种形式的历史见证，在这里突出了一个“老”字。二是优质性。其产品质量优良，有严格的标准，有公认的好评，经得起检验，让人自然而然地对这类产品的质量产生安全感，在这里突出了一个“优”字。三是信誉性。这类企业、商号、店铺所生产的产品或者经销的商品，信誉卓著,童叟无欺,有口皆碑,在消费者心目中树立了良好的形象,在社会上具有较高的知名度,在这里突出了一个“名”字。四是民族性和文化性。它是我们中华民族一笔宝贵的无形资产,往往具有深厚的文化底蕴,是中华民族千百年来所形成的传统美德和价值取向的一种体现,是民族精神在国内外市场上的一种展示,在这里突出了一个“华”字。

根据上述四个特征,我们可以把“老字号”作如下界定:它是指在长期的市场竞争中形成的在消费者更新换代过程中长盛不衰的“老牌子”,它是指广大消费者在经历了无数次商品交换之后而自然认可的“金字品牌”。它包括:(1)历史名店。由店名而联想到其在所属行业中的地位,如“同仁堂”(药店)、“胡庆余堂”(药店)、“全聚德”(烤鸭店)、“瑞蚨祥”(绸布店)、“狗不理”(包子铺)等。(2)名优品牌。由品牌而联想到其产品,如“张小泉”(剪刀)、“福牌阿胶”(中医滋补品)、“碧螺春”(茶叶)等。(3)特殊的老招牌。由某个地名作前缀加上产品名称而形成的品牌,如“中华书局”“金华火腿”“龙井茶叶”“青岛啤酒”等。(4)名优品牌的生产厂家。由品牌而联想到其生产厂家,如“解百纳”“雷司令”的生产者“张裕”等。

中国是具有悠久历史的文明古国,在漫漫的历史长河中,逐渐形成了许许多多的经济标杆——“老字号”,这些以生意隆盛、特色经营和品质上佳为象征的“老字号”,对于中国社会经济来说,曾经走过无数的辉煌和灿烂,曾个个都是金光闪闪的有功之臣。中国的老字号不仅数量众多,而且博大精深,意蕴无穷,影响深远,是我们不可忽视的宝贵财富。这些老字号要么具有独特的传统文化特色,要么具备独到的经营之道、历代相传的加工工艺(俗称“绝活”)。

老字号的出现,是商品经济发展到一定阶段的必然。人们在无数次的商品交换过程中,经过反复地比较、选择、淘汰、确认,逐步地认可了某些质量可靠的产品,并且形成了历史的惯性,使得对该产品的认识凝固化。爱屋及乌,人们在对该产品认可的同时,对该产品的生产者和经销者也产生了信任感。与此同时,生产者和经销者在追求利润最大化之际,也需要借助于某些价值取向和文化理念,以“字号”这种具有象征意义的形式,树立自己的良好形象,获得消费者的信任,进一步开拓生产和经销的渠道,扩大业务范围。久而久之,一些对生产者和经销者来说具有标识意义的“字号”便脱颖而出,在经历了时间和实践的检验后,这些形象非但没有褪色,反而愈益鲜明,渐渐地升华为社会记忆里人所共知的“老字号”。从这个意义上讲,商品经济是“老字号”的必要前提,生产经销是“老字号”的实现手段。也可以说,质量是“老字号”得以产生的沃土,信誉是“老字号”得以存续的温床,文化是“老字号”得以彰显的旗帜。

提起山东的老字号,无论是地域范围还是行业领域,人们不由得就会想起济南瑞蚨祥、青岛亨得利、烟台张裕、济宁玉堂酱园、周村裕厚堂、德州扒鸡等这些久负盛名的老招牌。在几十年、上百年乃至几百年来的商业和手工业竞争中,这些闻名遐迩的老字号脱颖而出,它们当中有的以质量过硬而称雄于市场,有的以经营有方而见长于世间,有的以服务周到取信于顾客,有的以挽回利权而获誉于国人。总之,大浪淘沙,山东老字号是在激烈而无情的市场竞争中,以自己的专长压倒对手,博得了消费者的信任而流传下来,在齐鲁大地乃至全国各地牢牢地占据属于自己的一席之地。据了解,山东全省的著名老字号仅济南就有40多家,青岛有20多家,至于烟台、周村、济宁、临清、泰安、德州那些当地人以及外地人耳熟能详的老字号更是难计其数。这些星罗棋布的老字号,疏密相间地镶嵌在齐鲁大地,成为一道道亮丽的风景。

山东老字号源远流长,它与山东早期历史上的手工生产和商品流通相伴而生。有的学者曾经把它的起源追溯到南北朝时期的当铺,认为这些当铺门前的招牌浓墨书写着的"当"或"大押",以及附着的蝙蝠图案(含"引福归堂"之意),便是早期山东老字号的标识。此说虽然有争议,但是毫无疑问,在早期山东,虽然有一些老字号具体的产生时间和字号名称因年代邈远而难以详考,另外有一些老字号在民间口耳相传的传播渠道中语焉不详乃至湮灭无闻,但可以肯定,远在明清以前,山东各地就已经稀疏出现一些老字号。明清时期,随着商品经济的繁荣和资本主义萌芽的出现,山东老字号进入了一个新的发展时期,一批饮誉全国的老字号脱颖而出,进入了官方史书和民间传说的视域,不再成为遥远的绝响。鸦片战争以后,山东和全国一样载负着血与火的历史而进入近代社会的门槛,西方资本主义的商品侵略对山东传统经济秩序产生了实质性的影响,它"温室般地助长"着古老中国的这个沿海省份"从封建生产方式到资本主义生产方式的转变过程",使山东开始由传统的农业社会向工业社会转变。社会经济的近代转型,一方面使得一批山东老字号继续保持着自己的传统特色,并在新的经济环境中获得了更大的发展空间;另一方面则使得大量的山东老字号增添了"稍分洋商之利"的时代特色,承载着挽救民族危机、救亡图存的某种使命。中华民国成立以后,国家政体焕然一新,价值观念跃然进化,中国社会以更主动的姿态与世界联系在一起,在早期现代化的道路上呈现出民族性与世界性齐头并进的态势。山东老字号在“实业救国”“振兴中华”浪潮的推动下,进入了一个全面发展时期。不幸的是,抗日战争的爆发阻断了山东老字号的正常发展道路。解放以后,随着社会经济环境的巨大变化,山东老字号形成了三种不同的走向:有的落后于时代需要而遭到彻底淘汰,有的随时代的动荡而几经沉浮、艰难维持,还有的则与时俱进,老树发新枝,焕发出青春活力。

山东老字号和全国其他各地的老字号一样,在地域和行业的分布上呈现出极不平衡的特点。从地域上看,在运河沿岸城市、胶东沿海地区、铁路公路沿线等交通发达的地区和政治中心城市,老字号企业数量多,规模大,知名度高,经营管理特点突出;而其他地区的老字号企业相对数量少,规模小,知名度较低,经营管理水平也不整齐,但在当地仍有相当影响。这种状况体现了山东老字号的兴衰与交通条件、经济状况、人口聚集等因素密切相关。从行业上看,商业、饮食服务业、医药业等这类传统的事关民众日用生计的商号企业发展程度较高,历史悠久,地区分布广,数量较多,在经营管理上体现出更多的传统风格和民族色彩,至今仍散发着无穷的魅力。而工业、金融业和现代交通业基本创建于19世纪60年代以后,尤其是在清末新政时期和五四运动时期,山东的纺织、面粉、卷烟、火柴、陶瓷、缫丝、电灯、玻璃、造纸、酿酒等行业获得了全面发展。这类具有现代化特征的轻工行业引进了资本主义的生产方式,机械化程度高,技术含量大,相对集中在胶东沿海地区及中心城市,在经营管理上体现出更多的时代色彩,为中国后来的现代化事业奠定了一定的基础。这种地域和行业分布上的不平衡,是由旧中国社会经济发展不平衡的特点所决定的,反映了中国封建社会长期不稳定、近代以来资本主义经济发展极不充分的历史原貌。

总体而言,山东老字号主要分布在大大小小的城市。对一个城市而言,著名品牌或字号的拥有,不只是其财富的象征,甚至是其城市的标志、文化景观。固然,众多老字号多为中小企业,但其市场影响力却不可低估。有着广泛的群众基础,就是最大的市场资源,正可调动出更大的发展潜力。我们切莫忽视了那些守在身边、俯拾即是的宝藏!老匾额往往只独悬于喧嚣都市的角落里,饱经沧桑,注视着过往的人流,思忖着往昔的风流。这便是一些饱含文化底蕴的"老字号"在现代都市文明中的真实写照:如暮日垂山,"风雨飘摇"在现代市场经济的大潮中。"生存还是毁灭?"众多老字号在让我们陷入历史沉思的同时,似乎还在期待我们做出现实的回答。

二、山东老字号的孕育沃土

山东地理位置极具特色,兼具海陆之胜而堪称华北、华东之重地。就临海而言,山东半岛突出于黄海、渤海之间,南接黄海而可通达日本,北与辽东半岛对峙而拱扼渤海。山东沿海良港众多,龙口湾、芝罘湾、威海卫、荣成湾、胶州湾皆可经营而成为海上门户,有利于山东海外贸易。就陆地而言,山东南部与江苏为邻,北部与河北接壤,西部与河南交界。可以说,山东扼黄海、渤海之咽喉,守京津地区之门户,居水陆之要冲,为南北之枢纽,气候优良,人口繁庶,土地肥沃,交通便利。不仅如此,山东物产之丰富也为人们所津津乐道,据抗战以前出版的《中国实业志·山东省》记载：论农业则五谷繁殖，百树咸宜，粮食、棉花、水果出产丰盛；论矿产则金、银、铜、铁、铅、金刚石、重晶石、釉石等悉备，各种煤矿之蕴量亦丰；论手工业则蚕茧、土布、毛毡、绢织品、粗瓷器、油、酒等之制造，散见于各县；至于胶东半岛则三面临海，渔盐充斥，久负盛名。故自古以来，山东均推为富庶之区。

山东自古就有高度发展的经济文化，不仅农业生产和手工业堪称发达，而且齐鲁文化中也不乏通商惠工、尊贤尚功等思想文化，这些为商品经济的产生与发展创造了良好的社会环境。早在春秋战国时期，齐鲁两国就以手工业发达和商品经济繁荣而著称于世，有关的史书记载屡见不鲜。春秋时期，齐桓公用管仲为相，奖励耕种，民富国强，首霸诸侯。在《管子》中，已有关于齐国设置铁官，征收铁税以及使用斤、钺等铁制器具的记载，说明这时已出现了发达的冶铁业。随着铁制农具的使用和铁犁的推广，农业中也使用了牛耕，山东成为各国中农业最发达的地区。东部沿海地区则以煮盐业引人注目。这时期，山东丝织业的发达堪称全国之最，齐纨鲁缟成为当时中华丝绸精品的象征。如果说，《史记》所记载的"齐鲁千亩桑麻……与万户侯"等说明了春秋战国时期山东蚕桑业规模之大，那么"强弩之末势不能穿鲁缟"侧面反映出山东丝绸的制作之精美绝伦，而齐鲁"冠带衣履天下"则更说明了山东丝绸的经销网络已经遍布全国。齐都临淄已出现了经常性的商业市场。"天下熙熙，皆为利来，天下攘攘，皆为利往"，便是对临淄商业繁茂盛况的生动描述。与此同时，当时社会的价值观念和人生追求已经出现了多元的取向，出现了独立的手工业者和著名的商人。孔子的贤弟子之一子贡就是以善于经商而闻名；越国大夫范蠡功成身退，携西施泛舟于江湖，后定居陶地（现山东定陶西北）经商，19年内曾三致千金，号称陶朱公，被后世尊为商人的始祖。他的“人弃我取，人取我予”的经营技巧被后代商人始终奉为圭臬。

此后山东的手工业和商品经济愈益发达，经秦汉，历隋唐，直到宋元，一直居于全国前列。明清时期，山东经济的发展从整体上来说是一个商品经济发展与市场经济体系形成的过程，是一个传统经济结构发生重大变化的过程。《明清时期山东商品经济的发展》一书从以下三个方面概括了这种发展状况：(1)种植业商品化程度的提高，在华北诸省中居较高水平。据估计，19世纪中叶山东粮食作物的商品率可达20%—25%，棉花、蚕桑、果树、烟草、花生等经济作物种植面积达3%—5%，在专业化种植区，经济作物的种植比例已达耕地面积的10%左右，高者可达30%以上。(2)农副产品加工业的发展。清代山东大约有2/3的州县有棉纺织生产，有的已经形成较大的输出能力；有40余州县从事蚕丝业或柞丝业的生产；编织、陶瓷以及粮食、果品、烟草等加工业也有了一定程度的发展，家庭手工业已成为农户家庭经济和地区整体经济的重要组成部分。(3)商品流通成为经济运转中的重要环节。鸦片战争以前，山东有十余个较大的商业城镇，粮食、棉花、布匹、干鲜果品、食盐、牲畜等年交易额总计价值达五六千万两，使山东各州县、各经济小区之间，以及山东与全国各主要省区之间的相互联系、相互依赖也日益密切。更为重要的是，明清时期山东已经出现了资本主义萌芽，这使得山东的商品经济和手工业不仅在数量上保持增长的态势，而且预示着山东的生产关系和经济结构孕育着新的内容。

在这种新的经济背景下，山东商品流通和市场结构形成了三个主体部分，即产地市场、运河两岸城镇市场和沿海城镇市场。

产地市场主要以村镇市、厢关市、庙会组成。村镇市大多设在乡间较大的村镇上，为定期集市。据《山东区域现代化研究(1840—1949)》一书统计，清代中叶山东集市数量已经达到2300多个，平均每州县有集市20多个。集市在东西部的分布存在着一定的差别，集市密度以平原区的曹州、济南、东昌3府最高，鲁中山区和东部沿海地区较低。就全省而言，集市的平均交易半径一般为9里，小农赶集贸易一般半日就可以返回。相邻集市距离一般在15里以内，相互错开，几乎每天都有一个集市供附近的居民交易。厢关市多设在城厢四关或城市各街，有大集、小集之别，大集全天开市，小集一般多为早市，买卖蔬菜、禽蛋、粮食、果品等生活用品。另外，各州县往往都有规模较大的专业市，如惠民的牲畜、棉花、柴草等专业市，武城的棉线、棉花、鸡鸭等专业市，都有较大影响。庙会又称“山会”“货会”，为集中交易，一般在春秋两季举行，会期短者一天，长者数十天。庙会也有村镇会和城厢会之分。村镇会多设在交通方便的乡镇，城厢会则多设在城关或者城里。城厢会的规模一般比村镇会的规模大，但村镇会的数量则远远多于城厢会，所以村镇会是庙会的主体。总的说来，产地市场处在商品交换的最低层次。

与产地市场相比，运河沿岸和东部沿海的城镇市场处于商品交换的较高层次。在远洋海运、铁路运输和公路运输兴起以前，水路运输在传统的商品流通中一直处于主导地位，这一特点直接决定了山东商业城镇的分布格局：京杭大运河贯穿山东西境的鲁西平原,以运河为依托形成了临清、聊城、德州、济宁等运河商业城镇。临清早在明朝万历年间就已经发展成为华北地区首屈一指的商业城市。万历年间临清钞关所征商税每年达到 8300 余两,超过京师所在的崇文门钞关,居于全国八大钞关之首。关于临清钞关,反映明代市井生活的小说《金瓶梅》有过生动的描写。清代以后临清的繁华程度虽不如明代,但直到咸丰年间黄河改道之前,临清仍是华北地区最大的商城之一。聊城在明代已经成为著名的农副产品集散地,济宁则是鲁南同江南进行传统贸易的中心。东部的胶东半岛有绵延 3000 多公里的海岸线,以此为主体的山东海岸线居全国之首。这种天然的优势使得山东海上运输十分方便,以传统的民船运输为依托,沿海地区逐渐形成了登州、胶州、金口、塔埠头、女姑口等沿海城镇贸易集散地。

作为一个传统农业大省,山东经济并不是完全封闭自足的,山东社会状况也不像古书所描绘的那样:“邻里相望,鸡犬之声相闻,民至老死不相往来。”有时情况恰恰相反:农业经济的发展提供了充足的剩余产品,农村手工业的发达推动了产品制造的专业化,这一切都促进了山东商贸经济的发展,并在一定程度上改变了人们的价值观念。事实上,山东自古就有商业文化的传统,春秋时期的孔子曾经有过“沽之哉!沽之哉!我待贾者也”的论述。在孔子的七十二个贤弟子当中,子贡学成之后,并未恪守“学而优则仕”的师训,而是发挥自己的特长,奔走于商途,以其精明和诚信的经营方式而富甲一方,通过另外一种途径实现了自己的人生价值。他肇始“君子爱财,取之有道”的“端木遗风”,成为中国商业文化的美谈。直到 20 世纪上半叶,济南市民在院西大街(现泉城路)闹市区的店铺门面上仍然可以看到“越国大夫曾贸易,孔门弟子亦生涯”这类对联,于此可见儒家商业文化的普及程度。

明清时期,山东商品经济的发展和市场体系的形成引起了社会风气的深刻变化。首先,人们的日常生活更加依赖于市场,在商品经济发达的地区,居民的日用所需都要等到开市之日前去购用,市场经济的杠杆作用使得金钱货币日益成为人们不可缺少的东西。过去,经商嗜利往往为封建时代所不齿,衣冠楚楚的书生士子不窥市门,不入酒肆,以言商谈利为耻。现在,封建士大夫从事经商逐利活动已被视为很普遍的现象,至于下层民众经商逐利更是蔚为风气。明代初年,曾经划定士农工商四民等级秩序,商居四民之末,地位最低;明代中叶以后,随着商品经济的发展,经商逐利风气日盛,商人经济实力增强,商人的社会地位也大为提高,不仅普通民众“不贱商贾”,即便达官显贵对商人也优礼相待。其次,在衣食住行等日常生活方面,自明中期以后,人们的社会习尚也发生明显的变化。明初,着令:“凡官民服色、冠带、房舍、鞍马、贵贱各有等第。上可以兼下,下不可以僭上。”违者,以僭越罪治之。但自明中期以后,人们在日常物质生活方面的越礼逾制,追求奢华现象比比皆是。在服饰方面,贩夫走卒一旦获有重金,则服锦戴貂,扬扬夸耀市井间,完全打破了服饰等级不可僭越的规定;在房舍及饮食器具方面,封建士大夫与一般庶族地主更加追求豪华舒适,僭侈过多,超过了朝廷命官。另外,随着人们思想观念的变化,传统的封建礼仪道德与文化学术也日渐衰微,向来被封建伦理道德视为君臣父子的师生关系出现了裂纹;日常生活中的越礼逾制、离经叛道行为也改变了人们的精神文化生活,使得传统的文化艺术和治学理念遭到人们的普遍摒弃,六经训诂之学被视为陈言迂论，言心言性而茫然不知其解的宋明理学受到有志之士的猛烈抨击。经世致用之学和市井俚俗文艺异军突起，受到下层人民的接受与欢迎。总之，自明中期以后，社会经济的发展，尤其是商品经济的兴起与发展，已形成一种巨大的力量，正日益冲击着封建传统的藩篱，改变着人们的物质生活与精神观念，社会风气发生了深刻的变化。

二、明清商品经济与山东老字号

随着社会经济的繁荣发展和社会风气的巨大转变，明代中期以后山东地区商品经济发展到了一个前所未有的高度。其中以东昌、兖州两府内的运河沿岸地区、胶东半岛北部的渤海、黄海两海域内的沿海地区以及济南、青州两府间的鲁中地区最为发达，分别成为各具特色的商品经济相对比较活跃的区域，形成了地方经济中心。这些城镇集中了许多经营不同商品的店铺、商店等，成为各地老字号企业产生并得以彰显的经济基础。

运河的修浚使鲁西平原有了一条贯通南北的水路通道，北达京津，南抵苏杭，运河实际上成为南北物资交流的大动脉，沿岸城镇得地利之便而逐渐发展成为商业重镇，商业经济异常活跃，逐渐构成一个以这些城镇为中心的商品流通网络。在这个流通网络中，集中了大量的经营各种不同商品的店铺，并由此逐渐形成了许多专营某种商品的专业化街道。鲁西运河商道把来自全国各地的商品、货物纳入了当地的流通渠道，从而使山东经济与全国统一市场紧密地联系在一起。运河沿岸的临清、济宁、德州等成为商贩聚集的主要城镇和流通枢纽。尤其是临清曾经借运河交通之便利而发展成为山东最大的商业城市乃至全国性的交通枢纽。

临清原为东昌府下辖的县，后来随着运河的浚通，经济迅速发展起来，城镇居住人口大幅度增长，城市规模也逐渐扩大。到明万历年间，临清已成为华北首屈一指的商业城市。清朝中叶，临清城内已经出现了近百条专业化商业街市，不同的街巷相对集中了不同行业的商号，形成了商业分区集中的趋势。这些商业区为城市居民和商品生产者进行商业活动提供了重要的聚集场所，与此并存发展的是大量坐落在各街市中的商业店铺。当时的临清兼有批发、零售和农产品集散地的功能，城内布匹、绸缎、瓷器、纸张和茶叶等店铺高度集中，经济十分繁华。尤其粮食贸易发达，是清代山东乃至华北最大的粮食市场，每年的粮食交易量高达 500 万—1000 万石。据乾隆《临清州志》记载，全城仅经营粮食的店铺就不下百余家，另外还有众多绸缎店、茶叶店、典当铺、瓷器店、药材店、首饰店以及饭店酒肆等店铺。临清四通八达的交通条件，繁荣兴盛的城市商业经济，吸引了来自全国各地的商贾来此从事各种商业经济活动，各地商人活跃在临清的市场上。城市商业经济的发达也促进了临清手工业的发展，当时生产出的帕幔、首帕、汗巾等，质地虽然与苏杭所产有一定的差距，但在当时北方的丝织品中已属于佳品，足以与南京、苏杭罗缎铺、山西潞绸铺等相媲美，其中尤以帕幔最为绮丽，堪称一流佳品；羊皮和绒毡制品也是临清主要的手工业品，因为水质的关系临清的皮制品具有“特柔而不膻”的特点，在雍正年间被列为贡品，受到清廷的赏识，足见其质量上乘。

济宁最初只是兖州府辖下的一个散州，自京杭运河穿城开通之后，便成了江北著名的水陆码头，千帆竞至，商贾云集，早就留下了“江北小苏州”的美称。该城市背依梁山水泊，前俯微山四湖；地连河南、安徽、江苏，水牵京津、苏杭。随着济宁由散州升为“直隶”州，这里便成了鲁西南政治、经济、文化的中心和南输北运的重要码头，吸引着大批小商品生产者到此进行各种商业活动。与临清不同的是，济宁的手工业大都是一些制作日用品的家庭业户和作坊，如烟草、皮革、铜器、布匹、煤炭、药材、酱菜、蚕丝等都是当时济宁比较著名的工商行业，主要集中在济宁的南关和东关。济宁南关外的义井巷是商业最繁荣的地方，“义井巷创修石路记”称：“济上当南北要冲，而义井巷又当济上要冲；其居民鳞集而托处者，不下数万家，其商贾之踵接而辐辏者，亦不下数万家”。其言虽不免夸大，但也反映了这时济宁商业的繁荣。明清时期，济宁城市规模和人口都有较大的发展，商业发达，手工业规模扩大，在酱园、烟草加工、皮毛加工等行业出现了一些较著名的老字号。比如济宁的玉堂酱园，相传是乾隆四十五年苏州商人戴阿大创办。他发现“济宁州、赛银窝，生意兴隆买卖多；南门口枕着运粮河，交通方便行商多”，便在南门口买下了一方宝地，开起酱菜铺，为图吉利，按天干地支推算中的未时为玉堂，便取名“玉堂”，又因他原籍苏州，故名“姑苏戴玉堂”。起初经营惨淡，后由济宁大官僚孙家与商人冷氏合资买下，店名改为“玉堂酱园”。新店主吸取戴家的经验及教训，留江南风味之长，取地方风味之优，研制出的产品如“什锦”“八宝”“香干”“冬菜”“黑黄酱”等小菜及“金波”“状元红”“葡萄绿”等露酒，成为江南、江北都喜欢的消费品。“姑苏玉堂”名声大振，规模不断扩大，逐渐发展成为济宁独一无二的大规模的手工工场,产品除了行销山东本省之外,还远销到京师、直隶、河南、江浙、安徽等省,其“味压江南”“京省驰名”的美誉,使它成为当时闻名全国的知名企业。总之,发达的工商业和便利的交通条件,使济宁成为山东西南部的中心城市,带动了周边农村商品经济的发展,反过来也进一步为城市的繁荣提供了条件。

历史上的德州,伴随着大运河的通行,至明永乐年间,已成为全国著名的工商城市之一。城内“车舟所会,名士所经,食货集散”,是当时水路的交通要塞、京杭大运河漕运要港和驿道的中继枢纽,城内集市活跃,官船贾舶、舆乘坐骑川流不息,素有“九达天衢”“神京门户”之誉称。正是这种为适应南来北往各类人员的需要,德州逐渐由军事驻地转化成为商业城市。德州这种经济发展的特点决定了饮食服务业是其商业的重要组成部分,各种饭店客馆、零售摊贩极其发达,有些大饭店还能做高级酒席——燕翅席,锅饼、麻酱烧饼、烧羊肉等到处都有摆摊零售。乾隆年间德州城内有手工业作坊200余处,商号400多家,并涌现出许多名字号和名产品。手工业主要有烟草加工、药材加工、草编业等,如创办于清初的德州瑞兴烟店,主要收购附近德平、故城两县烟草,加工配制的旱烟、水烟、炒烟等几类产品畅销天津、济南;最早的药店颐寿堂,是明后期由河南沁县徐家在德州创办,药店前店后厂,自制膏丹丸散等,其人参再造丸、六味地黄丸和舒肝丸等行销北京、天津;农家编织的德州草编凉帽手工精致,闻名遐迩,远销四川、西藏、云贵等地。

山东西部与东部之间的商品流通有水路和陆路两条。水路有大清河、小清河作为运输信道,陆路则以省城济南至东三府的驿道为主干。在这条横贯鲁中山地北麓的东西陆路信道和后来开通的南北支线上，逐渐形成了一些重要的工商业城市，如济南、周村、潍县、博山、泰安等，从而构成了山东城市除运河沿岸和东部沿海之外的又一串灿烂明珠。

济南有4000多年的文明史，古书记载“舜耕于历山”，说明当时的济南已经进入了农耕时代。《春秋》记载，公元前694年鲁桓公与齐襄公曾经“会于泺”，此处之“泺”即为现在的趵突泉，这说明当时的济南已经引人注目。秦始皇统一中国后，曾经在历山（今千佛山）脚下建城，谓之“历城”。当地遂有“先有历城，后有济南”之说。汉代初年，在东平陵城设立了济南郡，至此正式有了“济南”之名，取其古济水之南的含义。晋代永嘉年间，济南郡治由东平陵城移至历城，即现在济南市的老城区一带。明初，设立山东行省，济南始为山东首府，从此成为山东地区的政治中心。济南不仅历史悠久、地理位置重要，而且以秀美的湖光山色而著称于世，为历代文人墨客所称道。“四面荷花三面柳，一城山色半城湖”，这副关于济南的大写意对联堪称绝唱，而“家家泉水，户户垂柳”则是对济南特色工笔细描的点睛之笔。元代于钦曾有《历山》一诗：“济南山水天下无，晴云晓日开画图。群山尾岱走东河，鹊华落星青照湖”，清晰准确地描绘了济南的山势走向。济南城内有错落如珠的珍珠泉、舜泉、散水泉、濯缨泉、孝感泉、芙蓉泉等七十二名泉，所谓“济南潇洒似江南”，其神韵所系盖在于此。由众泉汇流而成的大明湖，春色扬烟，夏挹荷浪，为“江北之胜地”。明清时期，随着水陆交通的通畅，济南的商业和手工业有了较大的发展。由于济南独特的行政地位，是全省政治和文化教育的中心，商业以饮食服务业和文化业为主。靠近官署的院前、院东、院西等大街以及后宰门、贡院一带，主要集中了一些较高级的旅馆、饭店、钱庄和金银珠宝店铺；布政司街一带，由于临近贡院，主要是经营书籍、文具的店铺；西边的芙蓉街则是眼镜、乐器等店铺的聚集地。城外南关和东关等基本属于普通居民区，集中着各种店铺和手工作坊，并且还有定期的集市贸易。趵突泉前门药王庙市场规模宏大，除了经营土布、丝绸、木器、铁器和剪刀针线等生活日用品之外，更重要的在于这里是各种中草药的集中交易场所，济南因此很早就兴起了一批老字号的药铺和药栈，比如位于大布政司街的创办于明代万历年间的颐寿堂药店，以及创办于清朝的南门外大街的千芝堂药店和全盛药店。其中千芝堂药店以专制妇科良药“保坤丹”而最为著名。据说千芝堂药店的创始人李润莹早年以乞讨为生，后来偶然得到一个药方，疗效很好，广受欢迎。1666 年，他在济南南门外大街开了一个药铺，采取前店后厂的经营方式，专门制造、出售成品药，远销北方各省。位于济南市西南 100 多公里处的东阿镇，自古盛产阿胶，是阿胶正宗产地，并拥有得天独厚的自然条件，因此阿胶生产世代相传，久盛不衰，素有“阿胶”之乡的美称，至明朝中期已达到“妇幼皆诵煎胶”的鼎盛时期。清代，南北多家中医慕名而来，诊病兼营阿胶，随之出现了多家规模较大的制胶作坊，如邓氏树德堂、涂氏怀德堂、于氏天德堂、王氏景春堂、庄氏东岳衡老药店等 10 余家宝号，各领千秋。除此之外，济南还有其他一些历史比较久远的店铺如隆祥布店、醴泉居酱园等。醴泉居由明末清初长青县赵家庄陈姓人创办，因济南七十二名泉之一醴泉而得名。醴泉居采用得天独厚的醴泉水来酿造酒类，并且选料精良，制作考究，生产出具有独特风味的白酒和黄酒，在济南独领风骚，并一度成为贡品，享有“醇方胜四海，高酒卖背巷”之美誉。

周村在明初仅仅是一个有着“居民逾百家”的普通村落，据《周村商埠》记载，自明朝末年开始设立集市，以农历四、九日为大集，沿袭不变。每逢大集，四方商贩麇集于此，熙熙攘攘，闾巷为塞，生意格外兴隆。到清代周村商铺林立，贸易往来频繁，发展成为山东著名的工商业城镇，乾隆以后周村的商业经济达到鼎盛时期，被时人看作可以与汉口、佛山等全国著名的工商业大城市相提并论的“旱码头”，是山东中部的生丝、茧绸、丝绸集散市场，设有丝织店、丝局、绸货店等，与烟台、潍县、胶州并称为山东的四大贸易中心。嘉庆年间“周村镇百货丛积，商旅四达”，附近各县的蚕丝、鲜茧、棉花、土布、琉璃、陶瓷、粮食等都运往周村销售。同时，外地巨资商人在周村设店者日多，清代中叶章丘旧军孟氏家族先后在这里开设了谦祥益、万福祥、泉祥、阜祥、瑞林祥、元祥、春和祥、鸿祥等八大祥号，经营茶叶、杂货、布匹、绸缎等，矜恕堂孟氏开办的鸿记布店在当地首屈一指，后来创办全国连锁商号的瑞蚨祥东家就是从周村贩卖土布起家的。山西巨资商人在周村开设票庄10余家，当地商人兴办钱庄、银号80余家，方便了本镇和外地商号货款的汇兑，活跃了市面。

潍县自古就有胶东走廊之称，是沿海与内陆联系的纽带，交通发达、商业繁荣，一年一度的山会成为各地商人出售或者批购货物的贸易中心，曾任潍县知县的郑板桥曾有诗句“两行官树一条堤，东自登莱达济西。若论五都兼百货，自然潍县甲青齐”，用来盛赞潍县这种繁盛的商业经济。到明代中后期潍县就已经成为莱州府最繁荣的县份，著名的工商行业有粮食、盐、钱庄、典当、烟草、布匹、染料、瓷器等，其中实力最为雄厚的是盐业和典当。商业繁盛带动了多种多样的手工业发展，其中以棉纺织业和丝绸业最为普遍，而以铜器业、嵌银手工业和刺绣业最为著名。潍县商业街市繁多远远超过莱州府属各县，商人的势力相当雄厚，其足迹所至南达江淮，北至京师、盛京、吉林等地。同时由于城市商业的发展，潍县城内聚集了大批的士绅富商，反过来又进一步促进了城市商业和消费行业的兴盛，潍县有"小苏州"的美誉就是对这种城市经济繁盛程度的真实写照。

博山和泰安的工商业发展与其他城镇有所不同。博山是由于工矿业的发展而兴起的工商业城市，矿冶、陶瓷及其琉璃制造业被称为博山三大产业。陶瓷业兴起较早，在明代就已经相当发达，成为山东陶瓷业的中心，可与著名瓷都江西景德镇相比。琉璃制造业始于明代中后期，产品种类繁多，其中的青帘堪称精品，而其他产品如佩玉、华灯、屏风等也是为宫廷所用的佳品，其行销的范围甚至超过陶瓷。博山所产的玻璃制品也非常精美，是全国贸易的重要货品。煤炭业到明清时期已经出现雇工数十人的中等煤窑，能够开采深至百米的煤层，形成一套复杂的生产组织和生产关系。泰安的商业发展更为特殊，它是岱岳祠庙所在地，众多香客、祈福者从各地赶来，络绎不绝，带动了当地经济的发展。万历年间泰安商业已经相当繁荣，为适应前来进香祈神的流动人口的需要而发展起来的商业、饮食服务业极其发达，酒肆、饭铺及摊贩众多，成为当地经济的一大特色。

东部沿海的商业城镇，因为与辽东半岛和天津遥遥相对，海路顺畅，所以贸易往来极其频繁，特别是海禁开放后，发展更是迅速。随着半岛地区经济的崛起，一批比较重要的商业码头如胶州、黄县等也呈现出经济繁荣的景象。"石桥东望海连天,徐福空来不得仙。直遣麻姑与搔背,可能留命待桑田。”唐代大诗人李商隐这首《海上》七言绝句,写的就是古胶州。胶州在北宋时期就是主要的对外贸易港口之一,也是北方唯一的外贸口岸。清代海禁开放之后,随着沿海贸易规模和范围的迅速扩大,胶州也成为山东各州县中商业发展较快的港口。伴随着商业繁荣,南来北往的货物从胶州运送到各地,胶州城市规模急剧扩大,成为半岛腹地重要的交通枢纽、贸易港口和货物集散地,也是山东半岛南岸最重要的商业城镇。胶州商人以行商、银钱、典当三者为最,城南关之外有一条钱市街,金融业字号大多集中于此。黄县是半岛北岸最为著名的商业城镇,号称“东海富庶之区”,因为地理原因,黄县地狭而人口稠密,因此当地居民多以经商贸易为生,经商人口超过务农人口,其商业和贸易都比较繁荣,城内各类店铺星罗棋布,居民以从事银钱、典当业者为多,也有外出经商者,足迹遍至北方各省市。

总体而言,明清时期山东商品经济发展的程度和水平,无论从行业和地域来看,都呈现出极其不平衡的特点。就行业来说,主要集中在传统手工业、商业、酿造业、饮食服务业和中医药业等领域,与广大人民群众的日常生活关系密切,并从中出现了一些经营较有特色、声名渐渐隆起的知名字号。就地域而言,这一时期山东水路运输的优势及京杭大运河的辐射作用,使得鲁西运河沿岸地区的商品经济和手工业较山东其他地区更为发达;中部地区和东部地区随着交通条件的改善,以及山东经济重心逐渐东移,一批新兴的工商业城镇逐渐崛起。上述情况使得山东各地商业城市中一些知名字号的出现与这些城镇的商品经济发展状况伴随始终。作为商品经济发展明显标志的商号、店铺、品牌字号,也正是因为有了这样丰富的沃土才得以崭露头角,数百年经久不衰,成为我们如今追溯山东老字号早期源流时不可绕过的重要篇章。但是从总体上看,明清时期山东老字号不是自然经济的对立面,更不是地主制经济的掘墓人。它犹如汪洋大海中的一叶孤舟,或者说是“沧海一粟”,在整个社会经济中起不了决定性的作用,更不可能改变社会经济的发展方向。从根本上说,只有山东社会经济结构与全国一样发生了现代化的转型,山东老字号才有可能迎来更大的发展机遇。

四、近代经济转型与山东老字号

山东社会经济结构的转型是伴随着中国早期现代化的启动而开始的。有的学者指出,现代化是“人类历史上最剧烈、最深远并且显然是无可避免的一场社会变革”。现代化的启动,大体上分为两种类型:一种是内源型的,主动的;另一种是外源型的,被动的。众所周知,山东经济早期现代化的启动属于外源型的,被动的。鸦片战争以前山东和全国一样,一直保持着2000多年以来就形成的封建经济,自给自足的自然经济占据着主导地位,生产与交换的低水平重复,这些特点决定了山东经济难以依靠自身的力量产生内源型的变革,难以主动启动现代化。就像某人沉睡于漫漫长夜之中而需要外力的推动或刺激才能惊醒一样,山东经济由传统向现代化的转型也需要某种外力的推动或刺激。第二次鸦片战争之后,不仅外国侵略者的枪炮声炸响于卧榻之侧,而且外国商品和资本挟着坚船利炮的余威,直接堂而皇之地由贸易口岸向内陆腹地渗透,使山东传统的经济结构开始分解而出现了一些迥然有异的新变化。

鸦片战争以来侵入山东的外国经济势力是一柄双刃的利剑。一方面,它客观上为近代山东提供了先进的运输条件,改变了山东旧有的交通格局,引进了先进科技和设备,冲击了山东传统的经济结构,使之开始打破自给自足的封闭状态,而与全国经济乃至世界经济发生密切联系,并开始改变人们的思想观念。但另一方面,外国经济势力又是伴着血和火的历史进入山东的,它以外国坚船利炮为后盾,以不平等条件为护符,以雄厚的资金和广泛的特权为挹注,榨取山东人民的血汗,操纵了山东经济命脉,使山东经济现代化的发展空间限制于有限的范围之内。应该注意的是,虽然外国经济势力对山东经济现代化有某些刺激作用,但我们不应陷入"冲击—反应"的简单模式中,即不应认为外国经济势力的侵入是山东经济现代化起步的唯一杠杆,或以为山东经济现代化的进程只是单纯的被动反应,而应看到原有的山东经济也不乏走向现代化的有利因素,尤其是在民族危亡的刺激下,山东人民焕发出的忧患意识和图强精神,以不同的方式主动迎接挑战,致力于工商农贸各业的发展与创新,这些才是山东经济现代化的根本动力。

鸦片战争以后开始的山东经济现代化给山东的经济结构、社会生活、流通体系、价值观念等带来了一系列深刻的影响,这主要表现在:首先,山东工业化已经开始起步。在一个封闭的农业社会里机器工业从无到有,它所产生的社会影响是不言而喻的,不仅给山东提供了前所未有的工业产品,改变了山东商品市场的走向,更为重要的是,作为"资本主义最典型的特点之一"(列宁语),工业发展在当时的情况下意味着引进了一种迥异于封建经济的生产力和生产关系,意味着产生了一种改变传统社会的根本性物质基础。

其次,对外贸易改变了山东原有的经济结构和商品流通体系。鸦片战争以后的山东对外贸易,不仅输入了以前不曾有的新式商品,重新整合了贸易结构,更为重要的是,通过对外贸易而输入机器产品,实质上是变相地引进了新的生产力和先进的技术。就一般情况而言,生产决定了消费,但从辩证的角度看,消费引导生产。鸦片战争以来山东兴起的对外贸易,在某种意义上改变了原有的经济格局,推动了产业结构的变迁,还使得山东商品流通体系出现了新的内容和特点。例如,一些农产品和手工业产品逐渐脱离了旧的流通体系,由内销为主转为外销为主;随着中外贸易增长,洋货成为山东市场的主要流通商品,土货则因对外贸易的刺激而出口日增,品种增加;一些省内工业产品开始进入流通领域,渗入农村生产领域,同时一些农产品作为机器工业的原料而流入市场;商品流通除以口岸市场为起点之外,山东各地的商品流通向中心城市和工商业城市集中的倾向日益突出,越来越多的商品流向了中心市场和集散市场。上述情况说明,山东商品流通体系发生了显著的变化。

再次,各界倡导工商业及相关实业机构团体的设置,为山东经济现代化的起步提供了良好的环境条件。作为孔孟的故乡、儒家文化的发祥地,自古以来,“官不言商”“官不言利”“商为四民之末”,因而要“重农抑商”“重农抑末”“贵五谷而贱金玉”,这些千年的古训在人们的脑海里早已根深蒂固,使得商人在“士农工商”的传统社会阶层构成中居于四民之末,地位受到抑制。而鸦片战争以后,山东官办企业、官督商办企业、官商合办企业的兴办,均以追求利润和讲求效益为指归,商民则通过经营企业获取利润而可进入主流社会,其社会地位获得了相关法律的保障,这些有利于人们从价值观念上认同“振兴工商”的重要意义。更为重要的是,山东各地商会等团体的出现,表明工商阶层已经开始有了自我关怀意识,而官府设立各种工商管理机构,则表明山东当局已经自觉地将倡导和保护工商视作重要的行政内容。这些均为山东经济现代化提供了制度性的保障,为工商业的发展营造了良好的社会环境。

最后,各种实业的兴办不仅具有抵御外侮、与洋人抗争的意义,而且还昭示了山东社会的未来发展方向。且不说作为山东经济现代化肇端的山东机器局的军火产品可以直接用于反侵略战争,其生产的兴衰取决于疆场形势的变化,即使是山东各地兴办的民用工商企业,同样也有“稍分洋人之利”,防止外人觊觎山东物产原料,堵塞经济利益外流的作用。从军事上和经济上防止外国侵略,由“求强”而到“求富”以实现抵御外侮,这是山东各地企业兴办的重要出发点。本此目标,鸦片战争以后山东各地在农业、手工业、工业、交通、外贸、商业、金融等领域均不同程度地出现了一些现代化的新气象,虽然它们规模狭小,力量单薄,远远不足以对山东传统经济形成整体颠覆性的冲击力,但考虑到这是在短短几十年里对千百年来所形成的经济体制进行的一次全方位的初步改造,其意义仍不能低估。尤为重要的是,它们作为新生事物,已跳出了传统经济长期低水平重复的怪圈,自身蕴含着可持续发展及引导社会迈上新台阶的因素,并且昭示了山东经济现代化的未来方向。

经济结构、社会生活、流通体系、价值观念等方面的转型,必然会引发山东各地工商业、老字号的变化和发展。大体说来,这些变化和发展主要表现在鲁西地区运河沿岸城市的工商业逐渐衰退,风光不再;胶东地区沿海城市迅速崛起,后来居上；中部地区因清末济南、周村、潍县三地同时开埠而重焕生机，老树发新枝。这种格局的形成与鸦片战争以后山东商路格局的改变也有着密切的关系。烟台港和青岛港的修建，胶济铁路和津浦铁路的通车，济南、周村、潍县三地同时自开商埠，改变了山东原有的交通格局和商贸体系，大大地提高了山东货物运输和商贸往来的能力。从某种意义上说，运河沿岸城市工商业经济的衰落，烟台、青岛、济南、周村开放与发展而带来的经济新气象，构成了晚清时期与民国初年山东工商业经济的基本图景，折射出同时期山东老字号的演变脉络。

贯通南北的京杭大运河对于山东产生过巨大的影响，它使得明代初期兴起于运河沿岸的鲁西城市工商业经济曾经辉煌一时。鸦片战争以后，由于战争的破坏、河道的淤塞和自身优越的地理条件的丧失，运河失去了原有的经济功能，数百年来沟通中国南北经济的大动脉从此中断，运河沿岸那些有过无数辉煌的商业城市迅速衰落了。与此相对应的是，山东新式交通迅速崛起，商贸通道为之大变。烟台港自 19 世纪 60 年代由法国人修建之后，因所处位置四通八达，占水陆运输衢冲之便，与北方诸港相比，具有气候温暖、冬季不结冰等特点，很快成为胶东与东三省、朝鲜东邻、西伯利亚之重要港口，从此山东货物有了远销外洋的第一条通道，可以免除借道其他口岸而造成的靡费与劳顿。青岛港于 20 世纪初由德国人修建，不几年便骎骎乎而凌驾于烟台港之上，成为山东第一大港，1913 年即居于国内第六大港的地位。胶济铁路于 1904 年由德国人修建通车之后，海关报告称：山东“过去负担不了的大车长途运输的费用的内地土产品，现在也有经由火车运到沿海港口找到销售市场，并且它们的产量也逐年都有增长。铁路沿线和深入内地的地方到处可以看到市场繁荣的景象。”稍后，由中、英、德三国合办的津浦铁路通车，它贯通南北，与横跨东西的胶济铁路相配合，从而为山东在新的层次上连接全国、走向世界提供了不可或缺的联络信道。

烟台作为山东第一个对外开放的口岸，在山东早期现代化和工商业经济转型过程中起过领头羊的作用。根据第二次鸦片战争中签订的《天津条约》，烟台于1862年开关征税，成为山东第一个被迫开埠通商的城市。由于自身的地理优势，自从开埠以来，烟台很快发展成为东部沿海地区重要的中心市场，吸引着国内外各路巨商纷纷云集烟台。外国商人在烟台开办各种洋行，以烟台港口为中转站从事土货、洋货的进出口活动；华商开办很多的商行，从事绸缎、水产、粉丝、花生、布匹、水果、杂货等业。一时间烟台城市商铺熙攘，贸易繁盛。到光绪末年，烟台出现各类商号大约有1000多家，主要从事棉布、棉纱、煤油、火柴、丝绸等商品的进出口贸易，较大的商号有大成栈、双顺泰、万顺恒、怡美、晋升、顺泰等等。中外商人在烟台除了进行商业贸易活动之外，兴办工厂企业也是他们主要的经济活动，如外商开办的李契曼船舶修造洋行、宝兴洋行、烟台纩丝局、烟台美商蛋粉厂，华商开办的协成机器厂、张裕酿酒公司、北洋烟草分厂等，促进了烟台船舶修造、打铁、榨油、缫丝和酿酒等工业的发展。这些工业既有山东传统的手工业，又有具有现代色彩的近代机器工业，特别是新兴近代工业的开办，进一步加强了烟台的经济地位，使之成为山东重要的手工业半制品制造中心。伴随着商贸活动的发展、制造业的兴盛以及人口的不断增加，烟台由一个小渔村而变为一个繁华的商贸重镇，并且对周边腹地产生了辐射影响，使之迅速走上了经济转型的道路。例如，烟台草辫出口业务的增长，刺激了周边地区龙口、潍县、登州、莱州等府县草辫编织业的兴旺发达；众多华商洋行在烟台开办购运丝绸业务，刺激了周村、昌邑、临朐等地生产和经销生丝、茧绸，机坊林立，商号众多。

在烟台近代以来的工商业兴衰史上，享誉百余年的著名老字号“张裕酿酒公司”是值得大书特书的典型。根据考古的研究推测，葡萄酒的历史已经有6000年。尽管我国葡萄种植、酿酒的历史可以上溯到汉朝，《史记》和《汉书》记载：“大宛左右以葡萄为酒，富人藏酒至万余石，久者数十岁不败。”然而新式酿酒业开始于华侨商人张弼士1892年创办的“张裕酿酒公司”。张裕公司聘请奥地利人拔保担任酒师，引进国外的酿酒工艺和设备以及120多个品种，最终酿造出具有自己风格的白兰地、红葡萄酒、白葡萄酒等产品，使我国的葡萄酒生产走上工业化大生产的道路。十几年以后，“张裕”成为中国“第一酿酒厂”，其“成熟香醇，色泽深浓”的产品在“巴拿马万国博览会”上一举夺魁，从此“张裕金奖白兰地”驰名天下，其盛誉至今经久不衰，在我国民族工业史上留下一个超越世纪的见证。

如果说，在19世纪末烟台作为山东对外开放口岸的唯一领头羊，曾经独领风骚近30年，那么青岛作为山东第二个对外开放的口岸，在20世纪初则充当了后来居上者的重要角色，并且产生了持久的重要影响力。如果说，烟台开埠体现的是外国资本主义通过商品输出和商品倾销的形式对山东经济进行渗透，那么青岛开埠则不仅意味着这种渗透的进一步扩大，而且表明资本主义开始通过开采矿产、修建铁路等形式加强了对山东的资本输出，其影响要更加深刻。开埠后的青岛凭借其良好的交通便利条件和商业经济的基础，再加上德国人的苦心经营,很快取代烟台而占据山东省第一大港口的地位。青岛的兴旺与海陆交通的发展相辅相成。德国占领青岛后,倾力建港口和修铁路。1904年胶济铁路通车,使青岛港口与山东一些重要城市和经济区紧密联系起来。1921年胶济铁路与津浦铁路在济南顺利接轨,把青岛与内地市场的联系扩大到山东之外的河北、河南、江苏等地,由此不仅直接带动了青岛城市的发展,也活跃了整个山东的商品经济和贸易。青岛由过去一个荒凉的渔村,发展成为一个现代化的美丽城市,各种工商经济建设掀起高潮,改变了山东经济发展的重心。在此背景之下,一批青岛老字号企业或商铺应运而生,如出现了绸布业中的谦祥益、瑞蚨祥,餐饮业中的"三大楼"——聚福楼、春和楼、三盛楼,钟表眼镜业中的亨得利,青岛第一家影院——支西大戏院(后来改名为福禄寿大戏院、红星电影院)。20世纪30年代的青岛,中山路的中山路商业区已经形成,并以此为轴线辐射到周边的河南路、海泊路、四方路、北京路,形成密集的商业群街区,福禄寿大戏院(红星影剧院)、山东大戏院(中国影剧院)、春和楼、劈柴院、宏仁堂、盛锡福、亨得利、国货公司、天真照相馆等老字号占据着中山路的黄金地角。中山路因为商品丰富,价格实惠,成为青岛人的"购物天堂",去中山路购物成为岛城百姓生活中的"开心一刻"。当时的岛城人叫中山路为街里,有一首童谣是这样唱的:"小小子,逛街里,买书包,买铅笔,到了学校考第一。"中山路在岛城百姓心目中的普及程度于此可见一斑。当然,讲到青岛老字号绕不开"悠悠满百年,清香飘四域"的青岛啤酒。该厂于1903年8月由英国、德国人创办,取名"日耳曼啤酒股份公司青岛公司"(这就是后来闻名世界的"青岛啤酒"的生产厂家),最初虽然带有明显的殖民化色彩,其实质仍然是一家民族企业,最早采用的是德国工艺,但同时也融入了民族文化的血脉,延续至今成为青岛乃至中国的骄傲,它的命运与祖国近代百年的荣辱兴衰紧紧地联系在一起。

20世纪初年,山东内陆城市还发生了一件对齐鲁大地社会、经济、文化的现代化进程产生重大影响的大事,即1904年济南、周村、潍县三地同时自开商埠。相比较而言,这一事件对济南带来了更为深刻的影响:(1)开埠后的济南形成了老城区和商埠区两个中心城区,犹如"双子星座",使济南呈现出东西发展的带状形态而成为开放的城市,拉开城市跳跃式发展的序幕。(2)开埠后的济南在原有行政、消费和文化城市的基础上,又增添了商贸、金融、交通以及生产等新的功能和特色,成为一个综合性的省会城市。(3)开埠后的济南机器工业迅速发展,二三十年中建立起的机器工业生产能力已经取代手工工业而占据济南工业的中心地位,其中面粉加工业跻身于全国"六大中心"之一。(4)济南开埠以后,洋商、洋行络绎而至,到1932年洋行、洋庄、洋店约有300家;济南民族资本的新式行栈行商也应运而生。占市场首要地位的已经不再是传统的国药、杂货、绸布、鞋帽、银钱"五大行",而是集中于商埠区的土货输出和洋货批发,这种商品的双向流通改变了济南传统的商业结构。(5)开埠后的济南商贸辐射范围南接宁沪,北达京津,东连胶澳,西及晋豫,远远超过了周村、潍县、临清、济宁,由美国学者所形容的"只能算做一个三流商业城市"而到民国初年发展成为华北商贸重镇和山东土洋货物的集散中心。(6)开埠后的济南由于有着优惠的招商引资条件,引得外地商民接踵而来,人口迅速增长,1927年,仅外国侨民就有3439人;至于济南市民人数,1936年达442250人,为清朝乾隆年间的10倍。更重要的是,从事工商业的流入性人口增长迅速,1939年有10万之众,占当时济南总人口的1/5左右,这使得济南人口发生了结构性的变化。(7)在旧式水陆交通体系中,济南的交通地位既比不上运河沿线的临清、济宁,也不如陆运中心"旱码头"周村。开埠后的济南,随着山东新式水陆交通体系的出现,成为横跨东西的胶济铁路与贯通南北的津浦铁路的交汇点,并发展为山东公路运输的中心,交通枢纽地位日益显现,改变了山东全省的交通格局。(8)济南自开商埠这一举措,表明山东当局已经清楚地认识到了发展工商业的重要性,而新开放的城区命之为"商埠"也说明工商业在这里获得了法律地位上的认可。更为重要的是,商埠区和老城区均设有商会,遥相呼应,并且商埠区的商会负有市政管理职能,这表明济南新兴的工商阶层已经开始有了自我关怀意识,这有助于人们改变价值观念。

开埠后的济南吸引了国内外无数商人在此投资兴办各种工商业。1904年,德国人创办济南第一家电影院——小广寒电影院,第一家西餐馆——石泰岩饭店;同年,济南第一处商埠公园(后改称中山公园)开始建设;1905年,庄钰、刘福航创办济南第一家民族资本工业——济南电灯公司;同年,由英国传教士怀恩光创建的济南一家自然博物馆——广智院对外开放,商埠区第一家戏院——兴华茶园(后改建为北洋大戏院)建成,军阀张怀芝在西关外创办济南第一家商场式市场——新市场;1906年,济南高都司巷出现的第一所外国洋行——礼和洋行分行,第一家外国银行——德华银行……开埠之前就已经是济南繁华商业街的芙蓉街在这时更是焕发新姿,达到其商业发展的新一轮繁荣期,街上商家、富贾云集,各种商号多达140多家,裁缝铺、书店、照相馆、乐器行、眼镜店等一应俱全,许多商号堪称当时济南之最,芙蓉街成为名副其实的“金街”。此外,济南开埠后,对外开放和重商观念的形成促进了商业经营理念的变化,规模化、专业化、大流通代替了过去分散经营、个体经营的格局。随着济南城市经济辐射能力增强的局面,一批靠着艰苦创业、小本起家的资本家、商人趁势而起,逐渐发展成为在全国有着广泛影响的民族工商业代表,他们经营的企业、商号、店铺饮誉一时,各领风骚,比如瑞蚨祥、振业火柴厂、玉谦旗袍店、三山眼镜店、燕喜堂、北厚记、宏济堂、汇泉楼等一大批工商业老字号,在山东乃至中国工商业文化史上产生过深远的影响。

总体而言,从清朝末年开始到抗日战争爆发为止,山东经济大体上保持着和全国经济同步发展的水平。清末新政的推行,使山东近代工商业揭开了最初发展的序幕;辛亥革命前后的抵制洋货、提倡国货运动,为山东民族工商业的发展提供了广阔的空间;民国初年,伴随着政体革新,民族资产阶级因政治地位和社会地位而激发了投资于工商业的热情;第一次世界大战期间,西方列强忙于欧洲战场,无暇东顾,中国工商经济获得了难得的发展良机;中原大战以后,山东和全国一样结束了军阀混战的局面,迎来了经济发展所必需的一个相对稳定的社会环境。与此同时,作为国民经济发展前提和基础的交通运输业,在抗战以前山东获得了长足的发展,特别是公路网络的建设,航空运输的初露端倪,弥补了原有铁路干线在穷乡僻壤地区及空中伸张能力方面力有不逮的缺陷,使得山东的交通运输形成了水陆空网络的初步框架,为商旅往来、货物流通提供了便捷条件。这一切,使得山东经济发展进入了“黄金时代”,完成了经济现代化的奠基和腾飞前的准备。

五、抗战以前山东老字号概述

根据统计资料可知,抗战以前山东的工业经济发展水平达到了旧中国的最高峰。30 年代初的山东工业按其性质而言,大体上可以分为工厂工业与作坊工业 2 种,例如棉纺织业、机器造纸业、面粉业等,均为规模较大的工厂工业;榨油业、酱园业、酿造业、地毯业等,则多为作坊工业。按工业种类划分,则可分为纺织工业、饮食工业、化学工业、五金机器工业、日用品工业及其他工业,共计 6 类。除规模过小的家庭工业及家庭副业不计外,当时山东共计有各类工厂(场)10624 家,其中饮食品工业最多,计 3846 家,占总数的 36. 2%,但规模不大,多为作坊工业;其次是纺织工业,共有 3282 家,占总数的 30. 89%,其中又以丝织业家数为最多;再次为其他工业 1201 家,其中日用品工业 1094 家,化学工业 908 家,五金机器工业 293 家。在工人构成方面,当时山东工人总数 94902 人,平均每家不过 9 人;至于各业每厂平均工人数,则以棉纱业为最高,平均每厂不少于 1216 人,由此可见棉纱业为山东规模最大的工业;此外,制蛋、机制砖瓦及火柴业,平均每厂工人在 100 人以上;再次为面粉、丝织、机器、造纸、制烟等行业,平均每厂工人在 50 人以上。在资本构成方面,山东全省工业资本共计 4315 万元,平均每家资本 4061. 8 元;在产品价值方面,共计 1. 1125 亿元,其中以饮食品工业产值为最多,计 6036 万元,占总产值的 54. 26%;其次为纺织工业,产值 3245 万元,占总产值的 29. 17%,平均每家产值9890元。上述两项合计,占总产值的83.43%,可见山东工业偏重于衣食两项。就各业别而论,山东各种工业产值以面粉业为最高,计2337万元;其次为榨油业、棉纱业、制蛋业、生丝业、丝织业、粉丝业、酿酒业、电气业、铁工业、发网业、花边业、棉织业、酱园业、颜料业、柳编业等等。在工业产值的区域分配方面,依次为济南、青岛(含胶县)、烟台、昌邑、济宁、潍县、周村、临朐、威海卫、益都等。

与此同时,山东的商业和贸易也有了空前的发展。随着城乡商品流通的扩大、交通运输的发展和人口的增加,以及政府颁布实施了一些保护商业的政策、法令,山东资本主义商业经济进一步的繁荣。尤其是1931年九一八事变以后,在全国"提倡国货"浪潮的推动下,山东出现了一些促进商业发展的组织。1932年10月,山东省劝业商场在济南设立,它以"提倡国货,振兴商业"为宗旨。1934年,劝业商场改为国货商场,一律出售国货。同时,山东还筹设国货批发所、国货陈列馆、国货公司及国货推销委员会。据1933年调查,除济南、青岛、烟台、威海卫、周村等都会商埠及主要市镇另有统计而在此不计之外,全省商业市镇共计有856处,所有商店计22000多家(潍县未详),市镇分布以潍县最多,计有23处,一般县份均在10处以上。值得一提的是,抗战以前山东形成了以济南、青岛、烟台、龙口、威海卫、周村、潍县等为代表的重要商业中心。

济南为山东省会,是山东、山西、河南3省出口土货最初集中市场,也是从青岛入口的洋货进入我国中部市场的重要集散商埠。据30年代初调查,济南商业共有47个行业,1228家商店,资本共520万元左右,营业总额达9135万元左右。青岛不仅是山东物产的集散中心,也是华北地区的贸易中心,全市各业商店公司行号共35种行业,5514家,资本总额约1.9亿元,全年营业总额达40.4亿元(内含银行、钱庄、典当、保险等业)。烟台有一般商业9种,商号417家,全年营业额约3328万元;特种商业及保险代理业24家,每年保险额约4000万元;报关行28家,每年营业额14.5万元;经纪业50家,每年营业额约470万元;典当业5家,资本额约6万元。龙口当时有杂货业100余家,煤业15家,行栈业4家,船票业2家,帆船业2家,其他木业、旅店业等各四五家。威海卫于1930年从英国手中收回,经过整顿金融、取缔商店滥发纸币、裁减地方税率等措施,商业略见起色,到1933年8月,计有钱业、出口业、海产业等行业13种左右,商号358家,每年营业额约250万元。周村全镇商店完全以买卖为业者计有727家,固定资本169万余元,营业额达1647万余元。潍县货物运入到站者为11万吨,货物发送出境者为9万余吨。

这时期,集镇经济发展出现了一个极为突出的新现象,即在其经济功能普遍有所加强的基础上,一些集镇的职能开始趋向专业化,且其商贸活动与区域内外市场密切相连。这里有四种情况。其一,凭借有利的经济环境,发展成为商工并茂的都市型大镇。如长山县的周村镇。其二,凭借接近产地和良好的销售渠道及较大的销售市场等有利条件,发展成为以大批量集散农产品为特色并具备地域性市场功能之商业贸易型集镇,如棉花集散中心临清县城、桓台县的张店镇、滨县的北镇等,油料作物(主要是花生)集散中心泰安县的大汶口镇、胶县的王台镇、即墨县的金家口镇等,烟草集散中心潍县县城及二十里堡、益都县城及谭家坊镇和杨家庄镇、临淄的辛店镇等,商品粮(主要是小麦)集散中心章丘县、泰安县、平度县、峄县的韩庄镇等。其三，凭借优势的地理位置和便利的交通条件，发展成为以中转贸易为主要特色的水陆交通运输枢纽型集镇，如寿光县的羊角沟、济南的泺口镇、黄县的龙口镇等。其四，凭借较丰富的原料来源和良好的产品销售市场，发展成为以成批生产和大宗集散手工业产品为特色的手工业型集镇，如以生产、集散土布为主的集镇潍县织布区等；以丝织业著称的集镇长山县的周村镇、昌邑县的柳疃镇等；以草帽辫业著称的集镇掖县的沙河镇、新泰县的浮丘镇、潍县、昌邑县、宁阳县等；以榨油业和酿造业著称的集镇泰安县的大汶口镇、桓台县的索镇、安丘县的景芝镇等；以陶瓷业和玻璃制造业著称的集镇博山县的柳杭镇等。

山东的对外贸易有了较大的变化。抗战以前，山东共有 7 处商埠，设有海关者则仅有青岛、烟台、威海卫及龙口 4 处。据海关统计，山东各海关历年对外贸易，无论进口或出口均有逐年增长的趋势。在土货出口方面，以 1933 年与 1868 年（是年山东始有海关统计）相比较，增加了 200 余倍；若以 1931 年与第一次世界大战以前相比较，则增长幅度当在 3 倍以上。在洋货的入口方面，以 1933 年与 1868 年相比较，增加了 30 余倍，与 1913 年相比较，亦增加了 2 倍以上。就山东各海关对外贸易的具体情况而言，青岛跃居山东对外贸易的龙头地位，1936 年，青岛直接对外贸易额为 10628 万元。

与晚清时期相比，抗战以前山东商业经济的发展在以下几个方面更加显示出现代化的气象：一是口岸城市、中心城市如济南、青岛、烟台等，在商品流通过程中居于更加突出的地位。二是商品流通规模较之于晚清开埠之初有了大幅度的增长。三是在商品流通结构上，以沿海城市为起讫点，土洋货物商品的双向流通已居主导地位。生产刺激着消费，消费引导着生产。这些不仅改变了山东原有的商业流通格局，推动了各类专业市场和中心市场的相继兴起，而且还催生了新需求、新市场，在消费领域、生产领域引发了一系列的连锁反应，从而刺激了工商业经济的发展。

伴随着社会的转型和工商业的发展，山东老字号蓄势待发，迎来了全面繁荣的大好时机。除了上面简略提及的之外，各地出现的老字号犹如雨后春笋，群星璀璨，难以计数，迎来了空前的繁荣时期，其涉及地域之广，涵盖行业之多，是山东历史上从来没有过的。关于抗战以前山东老字号的繁荣盛况，根据上面的行业划分，举其荦荦大者，略作如下概述。

纺织工业

抗战以前的山东工业，大规模的新式工厂殊不多见，一般都是规模较小的作坊工业。在各种工业中，以纺织业最为发达。当时的纺织业包括棉纺业、棉织业、缫丝业、丝织业、针织业、发网业、地毯业、丝边业、花边业等，其中以棉纺业规模为最大。到20世纪30年代初，山东共有规模较大的华商机器纱厂4家，分别是：(1)华新纱厂，1919年1月创办于青岛市沧口区，占地16.6万平方米，采取股份有限公司方式经营，资本270万元，成立时纱锭1.5万枚；(2)鲁丰纱厂，1919年10月创办于济南城北林家桥，占地170亩，系股份公司，大股东为靳云鹏、王子春、田镜予等，资本186万元，纱锭2.816万枚；(3)成通纺织股份有限公司，1932年创办于济南北商埠新引河畔，创办人为苗杏村、苗量垣、王冠东等，占地107亩，资本额定150万元，实收85万元，有纱锭1.5万枚；(4)仁丰纺织公司，成立于 1933 年,资本 150 万元,纱锭 1.2 万枚。到 1933 年,上述 4 家华商纱厂合计资本 756 万元,除仁丰因尚未开工不计外,3 家纱厂有工人 4866 名,职员 199 人,合计有纱锭 87348 枚,另外华新纱厂有线锭 8960 枚。上述 3 家华商纱厂的常年产量,1932 年度为 85470 担,1933 年度为 156293 担。

与纺纱业从家庭手工业中分离出来的同时,织布业也开始从家庭手工业中分离出来,成为一个独立的工业(其中含作坊工业)。到 1933 年,根据实业部国际贸易局调查,山东全省共有棉织厂 257 家,一般规模狭小,分布在济南、青岛、章丘、邹平、长山、桓台、诸城、日照等 99 市县。青岛五福染布厂资本 5 万元,号称山东省最大棉织厂,其他各工厂资本大抵在数百元至 1000 元之间。各厂生产的产品为布匹、腿带、面粉袋、提花帏布、被单褥面、台布等,年产值总计约 266 万元。

山东缫丝工业分为蒸汽机缫丝、人力机缫丝两种情况,其中人力机缫丝大都属于农村手工业范围,此不述及。山东以蒸汽为动力的桑蚕缫丝工厂出现于 1911 年,主要集中在周村。至抗战前,山东规模较大的机器丝厂有 4 家:1911 年周村成立的裕厚堂缫丝厂,拥有意大利缫机 100 台,国产卧式三节锅炉 2 座,年产厂丝 30 余箱(每箱 100 斤);1912 年成立的恒兴德缫丝厂,有意大利座缫机 160 台,兰开厦式三节锅炉 2 座,年产丝厂 160 箱;1919 年成立的同丰丝厂,有意大利座缫机 200 台,锅炉 2 座,年产丝 180 箱;1924 年成立的元丰丝厂,有仿日式缫丝机 50 台,仿日式改丝机 18 台,锅炉 1 座,年产丝 50 箱。到 20 年代末,据日本人调查,周村有较为先进的机器缫丝厂 5 家,青州有 2 家,共有丝车 760 釜,资金 100 万元左右。此外,尚有一些规模较小的机器丝厂,如周村的义泰昌、元亨、太公记、义丰德、新记等丝厂，博山有福恒等丝厂，益都有德昌福等丝厂。

山东针织业发轫较迟，起初仅为家庭手工业之一，济南、青岛、济宁、即墨、福山、滋阳等地，多有从事者。到1928年以后，才开始有济南的义和针织厂和青岛的明记针织厂两家工厂的成立，但规模较为狭小。进入30年代，除济南、青岛两市增加四五家之外，齐东、莒县、招远、牟平、高密、齐河、高唐、单县等地所成立的针织工厂，为数已超过10家，针织业开始兴旺。据1933年调查，当时有私营针织工厂14家，资本总额4.6万元。其中青岛新大纶针织厂资本3万元，有工人70名；招远的恒盛针织厂和牟平的天德针织厂各有资本过1000元，此外资本皆在800元以下，资本最少者只有200元。

另外，山东的地毯业、丝边业、毛巾业和发网、花边、刺绣业于民国初年均有一定的发展，但都属于手工作坊，尚无著名的老字号企业。据1933年调查，济南共有地毯工厂7家，广饶1家，惠民5家；济南、青岛两地共有丝边厂8家；30县的平民工厂织造毛巾，另外济南、烟台两地共有5家私人资本的毛巾厂。至于发网、花边、刺绣业，一般都属于家庭生产。

饮食品工业

抗战以前的山东饮食工业包括榨油业、酿酒业、酱园业、饮料业、制蛋业、面粉业、精盐业、制烟业、粉丝业、阿胶业、茶食业，以及其他饮食品工业等等，绝大部分属于工场手工业。老字号则主要集中在如下行业，分别叙之。

山东的饮料业属于新兴的行业，当时分为葡萄酒及白兰地酒业、啤酒业、汽水业3个行业。葡萄酒及白兰地酒由烟台张裕酿酒公司出品，前已述及。在啤酒业方面，除了德国人创办的青岛啤酒公司之外，华商丰泉啤酒公司有较大的发展，1930年改组为股份有限公司，添加资本20万元。公司有蒸汽引擎1部，马力48匹，系美国产品，价值1.2万元，柴油引擎2部，马力合计125匹，皆为国内制品，合计价值1.4万元，另有马达4架，共计90马力，共值3300元，冷汽机3部，为美国出品，计值9.1万元。据1933年统计，该公司有职员16名，工人87人。在汽水业方面，抗战以前青岛、烟台、威海卫均设有汽水制造工厂。青岛在1928、1929、1930年3年之中共开办汽水工厂3家，烟台于1930年开办1家汽水工厂，威海卫于1933年开办1家汽水工厂。此外，尚有崂山汽水公司1家，系外资创办，烟台丰泉啤酒亦出产汽水。总计各厂所出汽水，每年3.43万打，总值226万元。

山东制蛋业发轫于青岛，进入30年代后，主要分布在青岛、济宁、德县3地。青岛蛋厂以上海花昌公司青岛分公司规模为最大，有职员24人，工人413人，厂内备有来自国内外的先进机器设备，全年产值250万元。次为英商培林公司青岛分公司，职员20人，工人363人。复次为美丰洋行蛋厂，再次为华北蛋厂。另外，尚有德商经营的保和蛋厂。济宁蛋厂共有两家，天成蛋厂开办于1919年，经过数次改组，1933年有资本1万元，职员4人，工人100人，厂内有德国出产的冷汽机，国内出产的柴油机，全部产品系代青岛鲁麟洋行制造。另一家济宁同兴祥蛋厂有固定资本15万元，流动资本5万元，职员15人，工人300名。德县蛋厂只有益兴存1家，成立于1916年，经过改组，1933年有资本5万元，职员50名，工人70名，年产值14万元上下。

抗战以前，山东的面粉业分为三类：机器面粉工厂、机器磨坊、旧式磨坊。其中华商新式机器面粉厂分处于济南、青岛、烟台、泰安、济宁、长山6地，共有面粉厂13家。济南华商新式机器面粉厂成立最早者为1913年创办于商埠纬三路的兴顺福面粉厂，资本5万元；此后济南新式机器面粉厂蓬勃一时，因价高畅销而获利丰厚，鼎盛时有丰年、茂新、惠丰、民安（后盘给成记）、恒兴（后改组为宝丰）、成丰、华庆、正利厚等9家机器面粉厂。济南"五三惨案"以后，面粉业的营业大受影响，1933年尚存7家，资本额高者75万元，低者20万元。青岛第一家华商新式机器面粉厂为1924年成立的恒兴面粉厂，另一家为1928年成立的双蚨面粉厂，该两厂在1933年共有资本60万元，工人91人，年产87万包，产值250万元。烟台的瑞丰面粉厂成立于1922年，系股份有限公司，资本30万元；泰安的仁德面粉厂开办于1929年，系合资组织，资本5万元；济宁的济丰面粉厂1916年，后于1931年改组为无限责任公司，资本20万元；周村的民丰面粉厂成立于1932年，系合资组织，资本2万元。机器磨坊，即土法磨坊之改良，备有小型马达或柴油机并有二三钢磨或兼备石磨者，计有高密的三义胜、泰昶均，潍县的华东，益都的天丰，沂水的振华，共计5家，均成立于1930年前后，资本总额2.2万元，属于小本经营。

精盐制造属于新兴工业。山东的精盐制造以烟台通益精盐公司规模最大，1932年有资本100万元，职员31人，工人200名，合计马力84匹，制造以粒盐为主，精盐甚少，共计年产30万担。此外，青岛的华商永裕公司也颇具规模，到30年代初有资本320万元，已收80万元，公司组织实行董事制，职员24人，工人117名，每年需用粗盐约10万担。

在卷烟业方面，到1933年除英商大英烟厂1家外，共有4

家华商烟厂,分处于青岛、济南、即墨。从规模和资金的情况来看,大英烟厂居首位,年产近15万箱;山东烟厂次之,年产4000余箱,资金20万元;其余依次为北洋东裕隆烟厂(1930年创办于济南)、泰东烟厂(1933年创办于即墨)、青岛烟厂(1932年创办于崂山)。综合比较山东的4家华商烟厂,只有山东烟草公司1家稍具规模。

抗战以前山东饮食品工业除上述内容外,还涉及罐头食品业和制糖业。1933年前后,山东共有罐头厂5家,分别是济南的泰康罐头食品公司、烟台的东亚罐头厂、德丰罐头厂、福兴公罐头厂、振东罐头厂。烟台各厂资本最多者不过2万元,少者只有1500元,一般雇用职员八九人,工人自20余人至60余人不等。制糖业仅有青岛德茂糖厂1家,创办于1931年,资本1万元,职工3人,工人12人,年营业额24万元左右。

化学五金工业

抗战以前山东的化学五金工业包括陶瓷业、玻璃业、造纸业、烛皂业、漂染业、制茶业、火柴业、颜料业、面碱业、铁工业、铜锡业、造钟业、提灯业、锅底业等等。化学工业当中,属于近代工业产物的内容较多,而五金业则基本上属于传统的手工业。

在陶瓷业和玻璃业方面,1931年,山东省政府实业厅在博山创立模范窑厂,以资提倡,令当地窑户就近观摩。经营以来,出品中未尽美,但在制造方法上日求精进。据1933年调查,博山有窑厂5家,淄川10家,泗水1家,商河5家,邹县5家;资本最大者有7.2万元,资本最小者仅250元;其中使用机器生产者,只有省立模范窑厂1家,其余均用手工制造。山东玻璃业早在清末已出现了机械化的生产，民国以后曾有较快发展，但进入 30 年代后，山东玻璃业日渐衰颓，相继倒闭，能维持现状而不致倒闭者，全省只有 6 家，其中博山 4 家，青岛及济南各 1 家。上述 6 家玻璃厂共有资本 2.6 万元，其中资本多者不过 8000 元，少者不过 2600 元；在设备方面，除青岛亚东玻璃厂和济南中华魁略具规模外，其余皆为家庭工业。

在造纸业方面，抗战以前山东只有一家机器造纸厂，系清朝光绪末年创办于济南的泺源纸厂，后因营业失利而盘出，改名为成业纸厂。1919 年成业纸厂又让渡给华兴造纸股份有限公司，时值抵制日货运动兴起，该厂营业颇佳。不久，由于该厂漏电失火，厂房机器付之一炬。1924 年该厂续招股本，增至 35.6 万元，恢复营业。据 1933 年调查，该厂面积约 20 亩，厂房 300 余间，职员 16 人，工人 69 名，厂内设备有蒸汽引擎 2 部，马力约 300 匹，另有其他一些配套的设备。至于手工造纸业，据 1933 年调查，全省有 574 家，皆附设于农民家庭之中。

在烛皂业方面，鸦片战争以前山东所燃之烛皆系柏油与蜡制成，所用之皂则用皂荚或者皂果代之。中外通商以后，山东之有烛皂工厂，以济南之兴华造胰公司为嚆矢。该厂创办于 1914 年。到 1921 年，烟台的源成泰皂厂续起，于制造洗衣皂之外，兼制香皂。此后，长山、临清、惠民、日照等地，陆续设厂。30 年代初山东有肥皂厂 15 家，其中济南 6 家，日照 5 家，烟台、临清、长山、惠民各 1 家，资本总额 13.2 万元，每厂资本最大者为 8 万元，最少者仅 80 元，各厂工人最多者 22 人，最少者 2 人。山东烛皂厂的出品，以洗衣皂为主，济南的兴华、大兴两厂及烟台的源成泰皂厂，则兼制香皂。另外济南的泰华厂兼造洋烛，至于烟台的公盛、福利、宏源永 3 厂，则专制洋烛。总计山东18家烛皂厂,每年出品价值共计42万元。

在漂染业方面,山东向来不重视,清初山东染纺业皆为山西商人经营。直到清代中叶,章丘商人渐知染业本轻利重,开始设立染坊,影响到山东各地。清朝光绪年间,济南城内外有鸿生东、德和永、益丰泰、蚨祥永等手工染坊30多家。民国初年周村、宁阳、青岛、烟台有手工染坊数十家,潍县因土布业发达,洪兴号、全盛号、义兴号、复兴号等30多家手工染坊迅速崛起。1933年,全省共有手工染坊211家。机器漂染业于清末民初进入山东,在30年代初期,山东共有8家,其中济南2家,周村4家,潍县2家,共计有资本15.7万元,工人306名。厂内设备,各有引擎一二座,除潍县的大华厂有100匹马力的蒸汽引擎外,其余皆使用柴油机作动力,总计8家漂染工厂主要设备约87座。济南、潍县两地的机器漂染厂,漂染布匹为大宗,每年所染货品约17万匹,染费约13万元,周村各染厂及济南隆纶厂,以染丝麻织品为主,每年所染货品约12.8万匹,染费约5.2万元,总计8厂每年漂染数量约29.8万匹,染费18.1万元。资本总额5.4万元。在线染方面,30年代有2家线染厂设在济南。

在机器轧布方面,山东直到20世纪20年代末才有之。济南最先开办者为久兴机器轧布厂(1930年),到30年代初,山东共有轧布厂12家,分布在济南、周村、潍县3地,其中济南有久兴、瑞生号、正大3家,周村有东和益、丽新2家,潍县有隆丰、德信亨等7家,其数量之多,说明了潍县土布业发达。

在新式制革业方面,据1933年调查,山东以济南最为发达,青岛、临清、潍县、烟台、泰安、临沂、即墨等地均有制革厂,招远、曲阜、宁阳3地有制革作坊20余家。当时济南有新旧制革厂20余家，如胶东、科学、仁和成、长顺等，资本均在1万元以上，配有马达、压光机、转鼓等机器设备。

在火柴业方面，国人使用欧洲输入的火柴始于清朝光绪以前，每年费银数百万两。中国民族火柴工业开始于光绪年间，在民国初年两次抵制日货运动中，获得了发展的好机会。山东大量使用火柴，在民国以前都是舶来品，最早始于德国人占领青岛后的倾销。1914年成立的济南振业火柴公司，此为山东民族资本火柴工业之嚆矢，资本50万元，规模宏大，机器、技师均聘自日本，雇用工人达千名，出品"蜘蛛牌"硫化磷火柴，行销山东全省。随后，胶东的增益火柴公司、鸿泰火柴公司，青州的东益火柴公司相继成立。截至1933年，山东共有火柴工厂31家，其中华资工厂27家，日资工厂4家；华厂资本合计130万元，日厂资本合计100万元；华厂职员共347人，日厂28人；华厂工人5121人，日厂工人855人；华厂全年出产合计25.4万箱，日厂出产8.4万箱；日商4厂全在青岛，华商27厂则分布在青岛、济南、即墨、潍县、济宁、烟台、临清、益都、胶县、龙口及威海卫等处。华商火柴业与日商的竞争，成为当时挽回利权的一个典型。

山东颜料染色，自古使用土靛，自外洋化学颜料输入后，土靛销路一蹶不振。进入民国以后，山东始有设厂仿制化学颜料者。截至1933年，山东共有5家化学颜料厂，它们最早设立于1920年，最晚设立于1931年，分布在济南、青岛、潍县3地，共有资本43万元，职工241人，厂内使用机器制造者，只有济南的裕兴颜料股份有限公司和青岛的中国颜料公司2家而已，其余均用手工。上述各厂产品均以硫化锗为大宗，除行销本省之外，尚能运销豫苏冀晋陕甘6省。

山东食品以面食为主，大量需要面碱。山东面碱工业全部集中在烟台，据1933年调查，共有福顺成、蚨顺成、瑞祥等8家面碱工厂，总计资本1.4万元，最大者资本3000元，最小者仅500元，职工总数46人，每厂多者6人，少者2人。面碱的原料为纯碱与水，纯碱为天津永利制碱公司及英商卜内门洋行出品，烟台8厂年需纯碱5500担。总计烟台8厂每厂平均生产量约为1.4万担，总价值4.8万元。

山东铁工业可分为机器制造业、机器修理业、铁锅制造业、铁器制造业、农具制造业、布机制造业、袜机制造业、铁钉制造业、缝针制造业、轧花车制造业、自行车制造业等等。机器制造与机器修理，为山东新兴工业，以济南、青岛、烟台为盛，威海卫、博山、高密、临清、夏津等地，虽有几家，但规模狭小，出品不多。20世纪30年代初，济南有11家，青岛有42家，烟台有7家，其他县有10家，共69家，其中以制造机器为主而兼事修理者共14家专事修理而无整件机器出品者共55家。铁锅农具制造，需要资本较大，工厂地点大都集中于济南、青岛、烟台、威海卫、博山、潍县、临清、滕县、日照、周村等繁盛之地，据1933年调查共有29家。织布机制造以潍县为最盛，到30年代初，布机制造工厂已有10多家，同时期济南有布机制造工厂2家。制造铁器工厂，山东共有18家。制造袜机工厂，济南有2家。制造轧花车工厂，临清有2家，济南、夏津各1家。铁钉制造厂，青岛有2家。截至1933年，山东铁工厂稍具规模者共有155家，资本总额254.6万元，职工5824人，其分布地点以青岛为最多，济南次之，烟台、潍县又次之；以行业而论，机器修理业最多，铁锅制造业次之，铁器制造业又次之，机器制造业及布机制造业更次之，其他每行业不过数家而已。上述工厂字号名称繁杂,此处从略。

山东五金业涉及领域广泛,概而论之,除铁工业前已述及外,尚有铜锡业、提灯业、造钟业、锅底业4类。山东铜锡制造,由来已久,兴衰不定,主要集中在周村、济南、临清、济宁等地。据1933年调查,共有132家,资本总额6.6万元,工人794人,设备简陋,均系手工作坊性质。山东提灯制造厂,只有济南六合提灯公司1家,创办于1931年,资本2万元,职工56人。山东造钟业全部集中在烟台,抗战以前共有宝时(后改名为德顺兴)、永康、慈业3家造钟厂,资本8万元,职员34人,工人802人,每年出产1万余只,价值61.7万余元,销路极广,不仅运销全国各大城市,还远销南洋群岛。因当时我国时钟制造厂极少,烟台造钟业乃执全国之牛耳。山东锅底业在抗战以前只有2家,均设于济南,合计有职工52人。

矿业及其他工业

民国时期山东矿业主要集中在采煤业和采金业两个部门。山东煤矿分布甚广,全省计有10多个煤区,原煤藏量估计在16.7亿吨,矿区面积约1.32万公顷,其中采矿面积为1.08万公顷。民国以后,随着胶济铁路和津浦铁路带来的交通运输方面的便利,山东采煤业有了较大的发展。据1933年调查,全省共有煤矿公司35家,资本总额1538万元(其中有两家未统计)。以每家煤矿资本而论,峄县中兴煤矿公司资本最多,为750万元;其次为淄川鲁大矿业公司,资本250万元;另外,博山博东矿业公司及悦升公司资本也分别达160万元和150万元,但其中的鲁大公司和博东公司系中日合办。除上述几家煤矿资本较多外,其余各煤矿皆资本有限,甚至有少至数千元资本者,例如章丘的惠元公司只有资本2340元。山东煤矿工人,除5家规模较小的公司未加统计外,共有18938人。山东煤矿产量每日约为8350吨,以大小煤矿每年开工280日计算,全年总产量约达230万吨以上。

山东黄金生产在全国占有重要地位,1935年山东设立了采金局,负责金矿的开发和签发采金营业执照,并开采招远、沂水等地的金矿。翌年,将该局撤销,另外组织了山东省营金矿管理委员会,下设采矿工程处,一面直接管理金矿生产,一面开展金矿调查。

除上述工业外,抗战以前山东还有一些其他工业。如,印刷业,山东各县设有印刷所者约24县,共92家,每家资本大小不一,有的逾1万元,有的则仅有100元左右,合计资本总额21.7万元,工人693人,铅印机95座,石印机154座。电气事业日渐发达,到1933年山东有电气工厂19家,其中开工者16家,分布于鲁东8家,鲁南4家,鲁中3家,鲁西1家。按其营业性质,可分两种:一种是供给电力、电灯、电热,另一种只供电灯照明;在组织形式上,均为股份有限公司,除胶澳公司为中日合办外,其余皆由华商经营;在资金规模上,胶澳公司投资200万元,规模最大,其余一般在几十万元,投资规模最小者仅3000元,合计全省投资规模为438.8万元。自来水业,仅有青岛自来水厂。该厂大部分采用电力转动升水机,每小时送水能力为1732吨,1930年总送水量70多万吨,为历年最高。轧花业,1933年统计,滨县有轧花厂3家,临清有6家,两地资本总额20.8万元,职工总数144人。此外,济南于1932年设立了中国棉花打包公司,资本30万元,成为山东一项崭新的产业,大大方便了棉花的运输。砖瓦业,山东砖瓦历来用土窑烧制,

1913 年青岛祥利窑厂开设，集资 2.6 万元，成为山东机器砖瓦厂之嚆矢。此后，机器制造砖瓦业渐次发达，1933 年，济南有机制砖瓦厂 9 家，青岛有 3 家，共计资本 19.5 万元，职员 86 人，工人 1238 人，每年产值 52.4 万元。上述工厂数量繁多，字号名称繁杂，此不一一列举。

1937 年日本发动全面侵华战争之后，山东作为日军侵略华北的主要目标，饱受战火之苦。1938 年徐州会战结束时，山东大多数城市、交通干线、战略要地等都落入日本人手中，作为山东工商业最为发达的重要城市济南、青岛、烟台等首当其冲，损失惨重。整个抗日战争时期，山东全省经济直接遭受战火的破坏以及伴随始终的疯狂掠夺和统制，沦为日本经济的附庸。曾经发展到一定程度的山东工商业经济严重地衰退，大多老字号失去了自由生存和发展的空间，先后被日本实行了军事管理，亏损、歇业、停业者不计其数。抗战结束后随之而来的是国民党反动派挑起的内战，使得山东工商业经济在筋疲力尽的极限下仍然无法休养生息，多年的社会动荡使得山东老字号在奄奄一息中走完了自己的近代化历程。1949 年中华人民共和国成立后，经历了炮火摧残的众多的山东老字号，在崭新的社会制度下，面临着各不相同的历史命运。一些老字号重新经营，与时俱进，再塑辉煌，在新时代焕发了生机，金字招牌愈益闪光；有些老字号则大伤元气，从此一蹶不振，销声匿迹，辉煌不再；还有些老字号虽然重新开业，但时过境迁，今非昔比，在夹缝中惨淡经营，难显往日风采。老字号在当代社会中的三种不同走向，令人感慨而深思。

六、山东老字号的经营特色

山东老字号与全国老字号一样,从其形成时间和行业内容来看有两大源头:一类是鸦片战争以前所形成的完全依靠手工生产和传统经验而经营的作坊和店铺,一类是鸦片战争以后所形成的依靠机器生产和现代理念而经营的机器工厂和商号企业。山东早期的企业主要集中在手工业、商业、饮食服务业和中医药业等领域,与广大人民群众的日常生活关系密切,虽然规模狭小,但在地域上分布广泛,在行业上涉及众多,它们凭借精湛的工艺、精美的产品和精益求精、细致周到的服务态度,收获了良好的信誉、较高的知名度和众多的消费者,在数百年间保持长盛不衰。山东近代工商业出现较晚,但它们所具有的现代化特色为山东老字号增添了新的亮彩。19 世纪 60 年代以后,在遭受外国资本主义的侵略、国家利权严重丧失的历史条件下,一些有识之士在工、商、金融和交通运输等行业中创办了一批新式企业。这些企业从组织形式、经营方式、业务内容等方面采用西方资本主义的模式,与传统的老企业有了很大的不同,成为山东老字号企业的另一重要组成部分。这些企业已经具有资本主义性质,不仅从事生活资料的生产与交换,而且从事生产资料的生产与交换,涉及社会生活的更多层面,规模也随之扩大,在国民经济中占有更重要的地位。虽然由于种种原因,这些企业未能使山东最终形成现代化的工商业体系,也未能形成足以改变旧制度的经济力量和社会力量,但它们带来了新的生产力,推动了社会经济的发展,挽回了部分利权,具有不可低估的价值和意义。无论是传统的还是近代的山东老字号，尽管它们各有千秋，经历过不同的风雨沧桑，但都拥有一些行之有效、可供借鉴的经营特色和管理经验，值得我们认真加以总结。

山东老字号企业的创办人或者经营者出身各不相同。很多传统企业的创办者来自农村，这些创办者有的阅历丰富，有的略通文字，还有的拥有一技之长；而较晚兴起的新式企业的创办者的身份则更为复杂，既有旧式商人、手工业作坊主，也有官僚、地主，还有出身于洋行的买办；既有科举出身的秀才、举人和进士，又有新式学堂培养的学生，还有学有所成的留学生，以及在海外经商成功后回国投资的华侨。由于这些人的身份、学养、阅历以及知识结构、价值观念上的差异，造成了他们在企业经营理念和管理方法上的不同。同时，不同出身的创办人，不同性质的企业，不同的经营管理方式同时并存，相互竞争，相互影响，构成了山东老字号企业的特点。

山东的老字号企业大部分是私人资本企业，其中手工业、商业、饮食服务业、医药业、旧式金融业以及部分文化娱乐业领域的企业几乎全部是由私人投资创办，更多地体现出传统老字号父业子承的家族式经营特征。这种模式以封建社会特有的血缘关系为核心，具有最地道的中国传统特色。家族性的企业有一定的优势：企业的创办人有魄力、有威信，决策迅速，应变能力强；家族企业中人际关系比较单纯，比较容易形成和谐的人际环境，家庭成员认同和忠诚于企业，表现出巨大的向心力和凝聚力。但这类家族企业也有自身难以克服的天然缺陷：一是家厂不分、家店不分的现象严重，家族矛盾干扰着企业的正常运营；二是任人唯亲，不能吸纳优秀人才进入企业的核心决策层和管理层,家族内自我循环不利于企业的开拓创新。一般情况下,家族企业的创办者能力较强,具有开拓精神,而守业者则保守、平庸,导致企业退化现象比较普遍。所谓的“富不过三代”就是对这种情况的概括。近代化的新式企业则克服了传统的家族式企业的上述弊端,任人唯贤的用人制度有利于跳出后继无人的怪圈,而使企业“流水不腐”,长期充满生机活力;股份制的实施使得企业克服了人治的随意性,责权利的结合调动了各方的积极性,根据投入的情况而按比例获得回报事实上体现着某种平等的原则;追求经济利益最大化使得股东、管理者各尽所能,各司其职,有利于企业开拓创新。

重视人才,讲究人和,是山东老字号企业管理最显著的共同特色之一。“万业以人为本”,“天时不如地利,地利不如人和”,“得人才者得天下”,诸如此类的千年古训,在近代山东老字号企业中得到成功的运用。传统的老字号企业深谙此道,注意营造良好的人际关系、和谐的经营环境,温情化、亲情化的人才管理方式笼络了一批精英。新式企业的经营者更是重视发现和培养掌握着现代科学知识和专业技术的人才,视之为决定企业命运的关键人物,注意从工作、生活各方面为其提供便利条件。人才的选拔与重用成为老字号发展史上的核心内容。例如,瑞蚨祥开业不久,孟洛川就拉来了长于商业管理的沙文峰担任瑞蚨祥经理,并亲自培训徒弟为进一步发展准备人才。玉堂酱园振兴的一大元勋梁圣铭原是店主的伙计,因有真才实学被店主不拘一格而提拔为总经理,制作出“味压江南”的玉堂风味小菜;酿造专家、经销行家陈守和被玉堂酱园慧眼识英才,担任总经理之后,拓展了产品销路,使玉堂酱菜挤入皇宫,成为玉堂品牌“名驰京省”的主要功臣。张裕葡萄酿酒公司在早期的发展史上曾遇到过技术人才方面的困境，几经选择，三易酒师，最终选中了奥匈帝国驻烟台领事拔保，为张裕产品享有“品重醴泉”的美誉而奠定了工艺技术基础。青岛华新纱厂重用技术人员，并聘用留学回国的纺织专业毕业生为总工程师，保证了产品质量。

建章立制、科学管理，是山东老字号企业能够稳步发展、规避风险的可靠保证。企业犹如一个小社会，“不以规矩，不能成方圆”，如果混乱无序则无法保证企业的正常运转，更谈不上创新发展。企业经营犹如逆水行舟，不进则退，需要科学的管理才能保证企业与时俱进。山东老字号注意建立和完善各种规章制度，制定无数的铺规店约，以保证企业的制度化经营和科学化管理。例如，瑞蚨祥对铺规极为重视，强调店内人员必须严格遵守。该铺规用宣纸打上朱红格，再用毛笔正楷书写并镶进镜框挂在饭厅的正面墙上。其规定共27条，包括：因私出门，必须向掌柜请假，说明理由及去址；同仁往家打行李，须经指定人员检查后，始得包裹；同仁之间，不能吵嘴打架，如有违反，双方同时出号；营业时间，不得擅离职守，不得交头接耳，妨碍营业，影响观瞻；对待顾客态度要谦和、忍耐，不得与顾客争吵打架；同仁必须注意仪表，无论冬夏，一律穿长服，不得吃葱蒜，不得在顾客面前打扇；柜上同仁不得在瑞蚨祥所在地区开设同类企业；在同仁中，挑拨是非致伙友不和者立即出号；结伙营私，要挟柜方者立即出号。济南亨得利规定：以经营业绩决定个人升迁；货物需有专人保管，随时清点；招聘职员需有两人担保；在财务方面，营业员和出纳员核对交账，因业务需要而动用支票者，需经理亲自签发。

重视技艺，强调利器，是山东老字号企业的一个显著特色。

每一家老字号企业都以拥有自己独特的名优特产品或者操作者高超的技艺而著称，这些产品的优异质量和特色主要依靠独特的生产工艺、操作者的祖传秘法以及一丝不苟的工作态度来保证。例如，济南汇泉饭店的风味小吃“清油盘丝饼”，济南人俗称“一窝丝”，以其独特精致的制作工艺令食者难以忘怀。散文家梁实秋曾经着文赞叹说：“清油饼实际上不是饼，是细面条盘起来成为一堆，轻轻压按始成饼形，然后下锅连煎带烙，成为焦黄的一坨。外面的脆硬，里面的还是软的。山东馆子最善此道。我认为最理想的吃法，是每人一个清油饼，然后一碗烩虾仁或烩鸡丝，分浇在饼上。”山东饮食文化向来发达，在原料、器具、制作工艺以及文化内涵等方面特别讲究，食用、审美兼备，色、香、形、味俱佳，脍炙人口的鲁菜系列成为全国八大菜系之一。一般说来，那些独特的技艺不易掌握，需要操作者花费很多的时间和精力，因而轻易不外传，甚至在家族中也是保密的，世代单传且传子不传女，所谓“一招鲜，吃遍天”。众多的中医药老字号企业在药物的配方、选料、制造上尤为讲究。例如，济南宏济堂药店，从北京同仁堂请来了技师和工人，全部遵循同仁堂老例，本着“炮制虽繁必不敢省人工，品味虽贵必不敢省物力”的传统，一丝不苟地按配方规定制作，从原料进厂的挑选、分类、保管到蒸、炒、炙、煅，从配方投料到粉碎、研配都有严格的工艺标准和要求。瑞蚨祥的绸缎呢绒都在苏州定织，并在每匹绸缎的机头处织上“瑞蚨祥”的字样。瑞蚨祥的花色布匹，最受广大劳动群众的欢迎，因为它们都是用上好的棉纱交给作坊定织定染的，这种布缩水小，不褪色。“工欲善其事，必先利其器”。有的山东老字号企业注重关键技术的同时，还选用一些具有特殊质量用途的工具。上述特点使得一些山东老字号的美誉传颂至今。

严抓质量,注重信誉,这是山东老字号得以薪火相传的生命源泉。可以说,质量是老字号得以产生的沃土,信誉是老字号得以存续的温床。任何一家老字号之所以能够决胜于商场,甚至以小胜大,除了需要具备资金、规模、设备等方面的强有力的支撑,更重要的是它们的产品质量得到了广大用户的认可,赢得了千金不换的信誉。正因为如此,许多老字号不惜代价提高产品的质量以维护自己的信誉。张裕葡萄酿酒公司始终坚持“品质至上”的宗旨,在重品质轻功利方面的例子举不胜举。如,葡萄结果多,会影响酒的品质,为此公司在给葡萄剪枝时只留下可结五斤果实的枝条;再如,试酒之初,经内行人品尝,品质欠佳,公司毅然放弃前期已酿之酒,继续试制新酒;又如,当第一批白兰地、葡萄酒造好后,公司并没有急功近利地立即进行销售,而是将酒放在地窖的橡木桶中做长久贮存,历时 18 年之久,直到经上海大医院英人柯医生化验确认为滋养妙品,并认定张裕酒已经达到“成熟香醇,色泽深浓”的境界时,才申请商标注册并投放市场。济南宏济堂药店为了保证产品质量,在原料采购中,不怕价高,但求货好,真正做到采用上等地道药材——人参必须是东北吉林的野山人参,当归用的是甘肃岷县的,陈皮用的是广东新会的,即使是制药用的蜂蜜也是专用山东、河北产的枣花蜜,杜绝以假乱真、以次充好。

热情待客,服务周到,这是山东老字号长期以来所形成的优良传统。俗话说,“顾客就是上帝”,“买卖不成仁义在”。商品流通的终端在于广大消费者,他们的认可是老字号企业生存与发展的关键,因此热情周到的服务必不可少,这一点在商业、饮食服务业中尤为重要。山东的这类老字号一方面刻意营造温馨和谐舒适的经营环境,从门脸招牌到店堂布置,均着眼于吸引顾客,方便顾客,使顾客进商店有一种宾至如归、如沐春风的感觉;另一方面则为顾客提供详尽周到的产品性能介绍,当好顾客的购物参谋;同时讲究文明经商、礼貌待客,在接待用语、行为方式等方面都有严格的规定。商店员工不仅坚持"顾客为衣食父母"的理念,而且善于察言观色,根据顾客的不同需要提供恰到好处的服务。很多企业还长期坚持各种便民服务,如电话订货,送货上门,包退包换,缺货代购等,深受顾客欢迎。瑞蚨祥在门市销售时,由一个售货员专门招待一位顾客,自始至终一包到底,而且服务态度好,对顾客一视同仁;另外,还为外埠顾客办理函购业务。济南汇泉饭店除了预订酒菜、包办宴席之外,还一直坚持送外卖的服务,大大地方便了顾客,树立了良好的形象。

强势宣传,借重名人,这是山东老字号塑造自身形象的一项重要举措。做买卖,靠吆喝,山东老字号也不例外,除了通过命名字号以树立企业形象之外,还通过商标命名、广告宣传、名人效应等多种形式扩大自身的影响。山东九鹤阿胶店就是抓住商标不放,大做文章,拼命吆喝,吆喝出名堂来这方面的典型。山东阿胶业早已驰名中外,畅销五大洲。平阴东阿镇的树德堂阿胶店、济南宏济堂药店熬制的阿胶都很有名,在此背景下,赵鹤(字九皋,四川重庆人)新创办的九鹤阿胶庄要想在济南站稳脚跟,实属不易。但是赵鹤不惜重金,抓住"九鹤"这个商标大做文章。九鹤阿胶的商标是以九只展翅高飞的仙鹤为图案,中间标着"九鹤"二字。这个图案寓意十分吉祥,而阿胶又主治妇科疾病,更给人锦上添花之感。赵鹤利用这个商标,再配上必要的文字,在省内外报纸上大做广告。从此,赵鹤的九鹤阿胶名扬天下。为了强化宣传效果，赵鹤聘请济南皇宫照相馆的摄影师去东阿、阿井镇，实地拍摄了当地的山川地貌，黑驴吃草饮水和群驴放牧的镜头尽入画中，精美的照片配上文字，订制成小册子，装在九鹤阿胶的盒内以证明九鹤阿胶是山东的正宗产品。为了广泛宣传九鹤这个商标，赵鹤还印制了大量宣传品，在上海、北京、杭州、重庆、长沙等地散发，并雇用小乐队沿街宣传，效果奇佳，吸引了全国各地的大批客商，生意越来越红火。在产品的宣传方面烟台张裕做得也比较好。张裕早就有现代意识，不为“酒香不怕巷子深”的传统观念所左右，变换花样“广而告之”。公司在国内外分发精制册子、传单、名人题词等，展示张裕名牌酒的大幅广告在码头、车站频繁亮相，镌刻有“张裕”字样的特制餐具、酒杯分赠餐馆、酒楼。每到节日，大型卡车载巨型酒樽招摇过市，并将一两装白兰地样品酒沿途赠送过路人。借助这种营销方式，张裕这块牌子逐渐在国内外叫响。青岛颐中更是具有很好的广告文化，其所属集团英美烟公司上海总公司有专门的广告设计部门，聘请专业设计人员为各地分公司制作产品广告。颐中的广告以其丰富多彩的形式，精美绝伦的图画，幽默风趣和独具特色的内容给消费者留下深刻的印象，在社会上有广泛的影响。现在仍然受广大吸烟爱好者喜欢的“大前门”，在 20 世纪二三十年代就已家喻户晓，颐中的那条“大人物吸‘大前门’落落大方”的广告语，简洁明快，为其深入千家万户起到了推波助澜的作用。除了各种实物广告之外，一些山东老字号企业还巧妙利用“名人效应”来宣传自己。济宁玉堂酱园就用“一两白银一字”的高价，聘请清末著名书法家项文彦为“玉堂”写下了融经营与艺术的结晶和广告宣传的杰作，并把它装饰在临古运河的迎门墙上，水字相映,光彩照人,引得南来北行的游人止步,成了济宁州的一景,既丰富了济宁的文化生活,又扩大了玉堂酱园的知名度。只有几年时间,玉堂酱菜的名声就传进了京津,“挤”进了皇宫。精益眼镜店也是利用伟大的革命先行者孙中山先生题写并加盖了印章署名的“精益求精”的横匾,借此提高精益眼镜店的声誉。

七、山东老字号的文化底蕴

纵观老字号的发展历史,我们可以认为,它们的成功不仅因为拥有过硬的质量、良好的信誉,以及多谋善变的经营策略,还因为它们自身拥有丰厚的文化底蕴。这些综合因素使得老字号企业能够在激烈的市场竞争中立于不败之地。美国 L. 里格斯曾经说过:“企业声望是它们不同的管理哲学的表现,它们的成功是由于它们的哲学变成了现实。”他所说的企业“管理哲学”,我们可以理解成为老字号的文化底蕴。许多著名企业家从自己多年的创业过程中体会到竞争逐步深入的三个阶段:第一阶段是资源、技术和资本的竞争;第二阶段是市场、管理和人才的竞争;第三阶段是文化的竞争。我们甚至可以认为,文化底蕴在老字号中的价值贯穿于它们上述三个阶段的始终。立足于齐鲁大地的山东老字号,自古以来就承载着孔孟文化的传统积淀,近代以来又经历了新式思想的熏陶洗礼。旧学新知铸就了山东老字号的文化底蕴。

在谈到传统文化与工商经济关系时,人们习惯于将两者对立起来,殊不知,两者还有相通之处。不可否认,传统文化中含有大量的不利于工商经济发展的内容,如:大一统的政治、经济、文化观,不利于企业成为独立的经济法人;“不患寡而患不均”的平均主义压抑了人们的进取精神;过分强调群体意识不利于企业家的开拓进取。尤其是作为传统文化主流的孔孟文化充斥排斥和鄙弃商业和商人的话语,如“重农抑商”“重本抑末”“重义轻利”“重五谷而贱金玉”,等等。白居易诗称“商人重利轻别离”,以及俗语所言“无奸不商”,反映了人们对商人的不满和批评。在传统的士农工商社会阶层结构中,商人被视为四民之末。这些,都压抑了工商经济的发展。然而,我们更应该注意的是,传统文化中也含有大量的推动工商经济发展的价值资源,并由此形成了沟通儒学与商务,倡导义利合一的儒商文化、经营策略和经济伦理,其内容涉及:君子爱财、取之有道的金钱观;善抓机遇、勇谋智断的经营观;变易求通、推陈出新的发展观:求贤若渴、知人善用的人才观;以人为本、合义生利的管理观;顾客第一、服务至上的营销观;货真价实、童叟无欺的信誉观;等等。这些大大地丰富了老字号的文化底蕴。

如果我们细细地品味那些老字号企业的“字号”文化,就会发现它们当中绝大多数都折射出中国人自古以来追求吉祥、平安、持久、发财的心理状态以及求稳、和谐、凝重而又追求发达、变通的价值取向。有人曾经把老字号的命名归纳为 56 个常用字:国泰民安福永昌,兴隆正利同齐祥,协益正裕全美瑞,合和元亨金顺良,惠丰成聚斋发久,谦德达生洪源行,恒义万宝通大楼,春康茂盛庆居堂。这样的归纳往往多数是不分行业的,但实际上有些字的行业性比较强,如酒楼饭店多用“楼”“居”,笔墨字画店多用“斋”,药店多用“堂”,粮店、车马店多用“行”等。有些老字号还在店铺两旁书写出精心构思的联语，或者是一些通用的对联，同店名招牌浑然一体，相得益彰，相辅相成。一个好的店名，可以影响人们的消费心理。另外，许多老字号店名的书写，都是出自名家手笔，以恢宏的匾额悬挂于门楣，这就更增加了其文化色彩和感召力，与书法艺术相结合，构成了一道风景线。大多数“老字号”融汇了各地、各民族的特色，显示出独特的经营之道，成为一种知名“品牌”。鸦片战争以后，由于时代的风云激荡，各种新思想、新观念层出不穷，伴随着社会发展而纷纷涌现的新式工商企业在确定命名字号时，或多或少地受其影响，于是乎，富国强兵、商战立国、变法维新、救亡图存、振兴中华、实业救国、民主科学、抵制洋货、发展民生等词语和概念，进入了新式老字号的文化选择范围，从而使老字号文化增添了新的时代特色。

山东老字号与中国众多的老字号企业一样，大都拥有一个蕴含着企业独特价值追求或者体现企业个性的“字号”。这大概跟中国传统文化讲究的名正言顺有一定的关系，即所谓的“名不正则言不顺，言不顺则事不成”。孔令仁教授主编的《中国老字号》指出：与西方企业一般以人名命名企业名字有所不同，中国老字号企业的命名十分考究、更加丰富多彩和具有文化内涵。山东的老字号也具有这样的一个特点。山东是儒家文化的发源地，以儒家的社会伦理道德和处世哲学为内容的字号，不仅是商家主要的价值取向，同时也是当时社会大多数人的认同基础。所以山东大多数“老字号”都将自己的文化内涵定位于此，例如儒家经典中“以仁为本”“以庆为德”“以和为贵”“刚健有为”“义利兼顾”等等的记述，以及儒家素来倡导的“仁、义、礼、智、信”五常，都成为传统商家标榜的招牌词语和生产经营中信奉的理念；很多商家还以儒家核心思想作为字号名称，以便获得广泛社会认同。纵览山东老字号的命名，大体上有这样几种形式：

一、根据企业或者产品的性质和特点命名。如烟台以“宝时”命名钟厂，既表示其产品用于计时，又暗喻其产品的准确可靠；济南文化用品店取名“石竹斋”，既点出其经销的商品属于传统文化范围，又表明这些商品与石刻、书写有关；济南阿胶、中药店命名为“九鹤”，除了将店主的名字暗嵌其中之外，更是向消费者宣示其产品能够使人至贵多福，延年益寿；济南“宏济堂”中药店的命名，含有通过药物而广济众生之意。还有的企业以“光明”来命名眼镜店，以“留真”来命名照相馆。

二、避忌求吉、祈求祥瑞，借企业字号的命名来寄托创办者的某种心愿。山东绝大部分老字号，都是按照这种原则命名的，如亨得利、恒丰、永安、永盛东帽庄、烟台公利副食商场、聚福楼等。烟台百年药店生生堂，门侧竖匾“生者大乾坤并寿，生则明日月常昭”，寄托着生生堂济世救生的良好愿望；泰安桃园春餐馆借用泰山三义柏形意和三国时期刘、关、张桃园三结义的典故，比喻宋、李、吴三人义气团结，志同道合，为大业而相聚携手，“春”则意味着饭店春机盎然，兴旺发达。山东老字号命名中用得最多的字便是“庆”“丰”“泰”“祥”“兴”“发”“安”“利”“顺”“裕”“荣”“昌”“源”“盛”“福”等，都是代表吉祥如意的字词。

三、以传统经典语义命名。如山东烟台醴泉啤酒厂，其字号命名采自《礼记》中“天降甘露，地出醴泉”之意；青岛首家清真糕点厂取“有志者事竟成”中“志成”为厂名字号；济南著名大观园商场借用著名古典小说《红楼梦》中的大观园之名；山东首家机制面粉厂的字号命名根据“瑞雪兆丰年”的古谚而取名“瑞丰”,暗喻其产品与农业收成有关;精益眼镜店取自《论语》“精益求精”之句,说明其产品能够使视力更加清晰准确。

四、以经典语义与吉祥心愿相结合来命名字号。如刘鹗在《老残游记》中曾记载济南府一家字号:“老残到了次日,想起一千两银子放在寓中,总不放心,即到院前大街找了一家汇票庄,叫个‘日升昌’字号,汇入了八百两寄回江南徐州(江苏省丹徒县——笔者)老家里去。”这里的字号“日升昌”,出自《诗经·小雅·天保》“如月之恒,如日之升”。以此来比喻事物方兴未艾,蒸蒸日上。店名中的三个字都含有“日”(“升”的繁体字上面有“日”),象征着本店日新月异,钱财天天向上摞。且“日升昌”书写起来比较简便,读起来也较响亮。

五、以诗句或对联命名。如山东德州包子铺根据宋代陆游诗句“山重水复疑无路,柳暗花明又一村”,字号取名为“又一村”。

六、体现民族精神和时代特色的命名。这类字号文化主要是在进入近代以后才开始出现的,与当时中国特殊的社会环境相联系。随着列强侵略日深,民族危机不断加重,振兴中华、实业救国成为一些企业创办者的直接动力,一些企业的字号命名就充分体现了这一点。如华新、裕华、建华等,均含有振兴中华之意。济南“振业”火柴厂则是振兴中华、实业救国含义的概括与提炼。德州华振茶庄取“中华振兴”之意。五四运动前后,伴随着新思想的传播,“民主”“科学”“共和”“民生”观念深入人心,这些时髦话语被新式企业创办者干脆直接用来命名字号。

老字号企业的几种命名方式有时候还会被综合使用,如张裕,就是创始人张弼士先生依照自办企业取名的惯例,取“昌裕兴隆”的“裕”字，再冠以张姓；烟台著名锁厂取合伙人原先自己开办的程大钱庄的“程”字和精明表店的“明”字，合而得厂名“程明锁厂”；中国首家制针厂“冀鲁制针厂”因股东都是河北人，创始人尹致中为山东人而得名；济南南北货店以创办人徐咏泰、庄宝康各自老号的名字命名为“泰康”；“瑞蚨祥”借用了青蚨聚钱的典故，来表达既给人以祥瑞，又会多聚钱财的美好心愿。

总体来说，山东老字号企业的命名比较讲究典雅含蓄，寓意深刻，而且琅琅上口，包孕着丰富的传统文化内涵，体现出中华民族精神。而近代以后，很多老字号的命名趋向于通俗浅近，更多地体现了时代特色。与西方老字号企业的命名更多地以人名命名相比，山东老字号体现出更多的企业文化底蕴和价值追求。

山东老字号和全国各地老字号一样，代表着一方文化和一曲史诗，有的形成了代表当地甚至中国的一种诱人的魅力。山东作为历史悠久的“礼仪之邦”，东部原属商业文化比较发达的齐文化，西部鲁国又是中国两千多年前的儒家文化发源地，这就使得山东老字号的店名厂名、经营理念以及企业文化，无不深深地打上了“齐鲁”特有的烙印，展现出独特的风貌。有的时候，这种“齐鲁风貌”既是山东本土的，也是属于全国的。那些著名的山东“老字号”可以说是某一行业的历史见证人，代表着某一行业的一个意味深长的传奇故事，足以勾起人们对悠悠往事的沧桑回忆。它们的品牌效应，历时久远，不仅在当时人们心目中享有盛誉，令人耳熟能详，而且还会影响下一代甚至几代人。那些独具魅力的山东老字号所拥有的文化精神，不仅使自身获利无穷，传诵久远，而且在全国也是某种企业文化的象征。如，济南瑞蚨祥的“货真价实，童叟无欺”经营传统，成为中国工商经济中诚信文化的象征；烟台“张裕公司”的非凡业绩，成为中国葡萄酿酒业扬名海外的民族骄傲；济南“振业火柴厂”抵制日货的经历，在中国火柴工业历史上留下的一段佳话。还有一些山东老字号文化则蕴含着人生哲理、社会阅历、价值观念，已经借助于文学形式和其他传播手段，深深地印刻在广大消费者的脑海里。

山东老字号门类齐全，在饮食服务、零售百货、中医药业、文化艺术和工矿企业等领域，都发挥着特殊的作用。山东老字号所包蕴着的文化是一种特殊的文化资源，是山东古老文明和近代文化的标志之一，其兴衰沉浮反映出时代的变化，折射出商品经济发展的规律性，凝结着地理属性、民族精神、历史文化，具有巨大的、胜似万两黄金的无形资产价值。面对这笔珍贵的历史文化遗产，我们有必要在当今市场经济的背景下，予以认真地继承、总结和开发。一般而言，商品的市场价值可以分解为使用价值和文化价值（有的专家称之为观念价值）。前者体现为客观的具有一定使用功能的商品特性，后者是主观的可以体会和感受的无形附加物。有的专家指出，随着经济的发展，物质生活的丰富，人们购买商品时已经不再单纯追求其使用功能，而是日益注重商品与服务背后的文化价值。从一定的意义上说，山东老字号文化蕴含着许多无形附加物的价值，值得我们去努力发掘。

八、山东老字号的当代命运

山东老字号有着几十年、上百年甚至数百年的艰苦创业、苦心经营、历经风霜的光辉历程，在漫长的商品经济的大潮中塑造了一个个久负盛名、经久不衰、驰名中外的非凡形象。然而，历史的进程不是凝固的，星移斗转，沧海桑田，时代的变迁必然会给山东老字号打上深深的烙印，使之经历大浪淘沙般的洗礼。1949 年以后，尤其是改革开放以后中国逐步进入社会主义市场经济时代，山东老字号迅速分化，呈现出三种迥然不同的走向：有的衰退败落，销声匿迹；有的老态龙钟，步履蹒跚；有的生机盎然，雄风不减。反差如此之大，令人深思。

从发展的角度看，一个老字号品牌是以一种文化的兴衰和社会经济的需求为生存基础的，如果它所赖以生存的基础已经消失了，那么老字号淡出历史舞台也在所难免。出于感情，面对那些历经沧桑、曾经为山东经济立下汗马功劳的老字号企业，在市场经济发达的今天呈现岌岌可危之状，有的甚至破产倒闭，我们自然会为之扼腕痛惜。但认真分析起来，那些走向衰败的老字号企业难以再展雄风的原因却是多方面的。如仅有一百多年历史的火柴制造业，曾经是山东民族工业中的佼佼者。1913 年在济南建立的济南振业火柴公司，结束了山东依赖“洋火”的时代，振兴了山东民族火柴工业，在当时曾长期雄居全国同行业前列，并在青岛、济宁设立分公司，其产品行销全省各地甚至全国，有效地抵制了外国火柴业在山东的倾销，其行业规模也较为可观。而如今，伴随着各个火柴厂纷纷破产，火柴全行业濒临被“消灭”的边缘,济南振业火柴厂在劫难逃,于1994年被山东渤海集团股份有限公司合并重组。这类情况的出现,我们不必伤感地去唱挽歌,而应该清醒地认识到:这是人类文明进步的结果,是历史的必然。因为科学技术的发展导致人类取火方式的改变,一度时髦的火柴不再是人类生活的必需品,况且火柴生产需要大量的木材,而木材又是人类需求颇多而供应不足的宝贵资源。因此从人与环境、人与自然关系的角度来看,火柴行业的衰落也许是必然的,代之以新的取火方式则是值得庆幸的事情。

另外一种情况则是随着人类生活节奏的加快,生活方式和消费方式的改变,加上生产中机械化、自动化程度的提高,使一些山东老字号企业在生产规模、技术手段、经营管理、市场占有等方面遇到了一些新问题。“老字号”的发展历史一般都比较长,积累了许多广为传诵的营销理念,养成了一些已成惯性的企业行为,这些共同构成了企业的文化传统和经营特色,不可否认,这些为企业的生存和发展曾经作出了重要的贡献,可以看作是企业长期积累的宝贵财富。但是,凡事有利也有弊,过分厚重的传统理念和企业奉为不二法门的经营惯例也往往会因为不再适应新时代社会发展的需要而成为企业发展的沉重包袱和绊脚石。毋庸讳言,一些企业文化传统是在手工作坊式的生产实践中形成的,并且只适用于该种生产方式,在现代生产方式中它们很难起到推动企业发展的作用,还可能恰恰成为企业裹足不前、错过发展机遇的消极因素。有的墨守成规,不思进取,满足于以往的名气和声望,徒然坚信“酒香不怕巷子深”,“皇帝女儿不愁嫁”;有的观念陈腐,管理方法落后,凭经验,靠人治,无法调动各方积极性,企业缺乏生机活力;还有的设备简陋，手工作业，技术含量低，满足于祖传秘方，跟不上科技发展日新月异的步伐。这一切，使得许多山东老字号所拥有的往昔辉煌难以在市场经济的大潮完成现代转换，金字招牌难免褪色，留下一个个渐行渐远的背影，甚至彻底从人们的视野中消失，把辉煌和繁华尘封在了人们的记忆之中。

当然，有些山东老字号并不受上述不利因素的影响，在风风雨雨的社会变迁中特立独行。这类老字号之所以能够永续经营，长盛不衰，是因为那些生产性的老字号企业拥有无法替代的特色产品。这些产品的生产技术，或者说核心配方是独一无二的，而且保密措施相当成功，无法被人仿冒、窃密。它们依靠独门绝技、家法秘籍作为安身立业的命根子。这类老字号或许可以作为特例，勾起人们对前人悠悠往事的无限遐想，让人去猜想其中的奥秘，但在当今社会它们仍然面临如何保持特色、发扬光大的时代课题。

沧海横流，方显英雄本色。可喜的是，一大批山东老字承载着往昔的辉煌，无愧于时代的进步，在弘扬优良传统的基础上，引进先进的技术和设备，采用新式的管理方法，生产出适销对路的产品，塑造出崭新的企业形象，使企业实现了空前的发展，在同行业中仍然独树一帜，饮誉中外。如，张弼士 19 世纪 90 年代创办的烟台张裕葡萄酿酒公司，精品意识代代相传，奉献出了一批又一批饮誉中外的名牌产品，为我国争得了“国际葡萄酒城”的美誉，成为山东老字号企业中最为璀璨且最具生命力的明珠。张裕公司不仅是民族工业史上的一面旗帜，留下一个超越世纪的历史见证，而且现在已发展成为亚洲最大的多元化并举的集团化企业，成为山东老字号企业扬名世界的标志和典范。诞生于 1903 年的青岛啤酒，历经百年风雨，在新的形势下，与时俱进，锐意创新，以其国际知名啤酒品牌形象成为青岛的名片和中国老字号长盛不衰的象征。青岛老字号亨得利，这个以经营钟表、眼镜而名扬各地的老字号始终“不倒架”，根本原因是它将老字号这一无形资产赋予了新内涵，始终以高档精品的定位来赢取消费者，并通过股份合作制改革激发员工积极性和主动性，利润增长在全国同行业中处于领先地位。济宁的“玉堂酱菜”曾以其精湛的加工技艺享誉国内，鲜、嫩、甜、脆的品质在消费者中有口皆碑，但多年来产品结构陈旧，包装粗糙，质量下降。企业改制后，确立了“再造精品，重塑形象”的方针，积极开拓市场，使老字号焕发了新的活力。类似的事例，不胜枚举。这些，不仅丰富了山东老字号的历史内容，更重要的是，为我们在新世纪全球化背景下，思考山东老字号的现实命运，探讨其未来走向，提供了有意义的借鉴。

在导致山东老字号企业逐渐衰退甚至消亡的众多原因中，忽视了品牌资产的培育和品牌管理是其致命之处。纵观全球，凡称得上世界级品牌的企业皆有一套长期、规范的品牌操作系统来积聚品牌资产，特别是国外的老字号大都是从一开始就是在发达的市场经济中产生的实实在在的现代企业，拥有大规模标准化的生产、统一的配方、统一的包装，同时还有专利制度等作为保护和支持，而我国老字号则大都起步于传统的私营家庭作坊，生存基础是自给自足的自然经济和发展并不健全、不完善的商品经济，奉行的是祖传秘方、前店后厂等形式，并没有经受过现代市场经济的洗礼，因而缺乏有效的品牌管理措施，在进入市场经济的过程中使得已有的无形资产大量流失，这不得不说是传统商业经营模式的一大弊端和悲剧。长期以来，众多的山东老字号凭借口头传播来建立声誉并囿于这种传统的沟通方式，限制了品牌传播的速度和广度，使老字号在当今快速的信息流和广阔的商业圈面前手足无措，不知所从。如今全球化已成为经济发展的一大特点，而品牌的国际化扩张则是经济全球化的一个重要标志。换句话说，在经济全球化趋势下，任何想要塑造强势品牌的企业都要实现品牌经营的国际化。这就需要老字号企业积极吸收国内外先进的东西，形成新的特色，使老字号焕发青春。

在长期的传统社会环境中产生、成长和发展起来的山东老字号，在当今市场经济的浪潮中首先要解决的一个重要问题就是体制问题，尤其是在经历了中华人民共和国成立初期的手工业、商业公私合营、社会主义改造、劳资关系变动等风风雨雨之后，企业大都习惯于靠计划经济吃饭。改革开放以后，这些企业面对风起云涌的市场经济一时难以适应，旧有的体制成为企业发展的主要障碍，尤其是对一些大型国有企业来说，形势更是十分严峻。对它们来说，实行资本的国退民进是发展的趋势，实现产权制度改革是企业走出困境、重振昔日风采的惟一选择。因此，那些老字号企业必须抓住机遇，进行脱胎换骨式的变革，从过去手工作坊式的经营向现代化、规模化、产业化的经营进军。

山东老字号企业在长期的历史发展中，形成了自己独特而稳健的经营模式，从生产工艺、服务标准到职工信念、企业理念，无不渗透着“老字号”所特有的历史遗风。当今时代正面临着社会主义市场经济大潮的机遇和挑战，在现代生产方式、服务方式、消费方式的冲击下，山东老字号路在何方？这是一个值得令人深思的问题。概括而言，老字号企业必须把传统经营方式与现代生产技术、管理方法结合起来，找到其历史传统与现代经营的契合点,让企业的生产服务和经营方式能够既体现民族风格又符合国际标准,焕发出现代风采。质而言之,当代山东老字号应该走继承优良传统与不断锐意创新有机结合之路。

山东老字号的优良传统尽管各有千秋,不同行业各有特色,但使之得以代代相传下来却有着它们的共同奥秘,有的学者将其归结为"三大法宝":一是工精艺高;二是制作精细,工艺独特;三是以德讲信,诚实待客。如果把自己长期形成的优良传统丢掉了,那也就不再是老字号了。但是,如果山东老字号只停留在继承优良传统上,而不思锐意创新,就会在社会主义市场经济的大潮下,在日益激烈的市场竞争中,经受不住冲击,使自己的金字招牌逐渐黯然无光,更谈不上金光闪闪了。因此,必须把继承传统与锐意创新结合起来,二者不可偏废。

山东老字号的锐意创新要在以下几个方面有所前进,有所突破:其一,技术创新。如果老字号的生产技术仍停留在原始的手工操作水平上,显然会越来越不适应当今新的科技发展的趋势。只有不断在传统的生产工艺方面加大新的科技含量,才会青春常在。其二,经营创新。一些老字号应该从过去手工作坊式的经营向现代化、规模化、产业化的经营进军,从而适应现代社会的要求。比如,"青岛啤酒""张裕公司"在证券交易所发行A股,成立股份有限公司,扩大融资渠道,一方面在国内建立了营销网络,另一方面走向世界,开拓国际市场。其三,服务创新。包括服务质量、服务态度、服务项目等主要方面的创新,这也是老字号在新形势下生死攸关的问题。有一些老字号在激烈的市场竞争中,孤芳自赏,不思进取,结果砸了自己的牌子,留下惨重的教训。其四,观念创新。这要求老字号首先要扔掉“老”的包袱，放下“老”的架子，摆脱“老”的束缚。如果倚老卖老、坐吃老本，那些曾经风光一时的老字号在当代市场经济的海洋中就有被淹没的危险。因此，老字号在观念上一定要牢牢树立竞争意识、风险意识、创新意识，才能适应新形势，抓住新机遇，做到推陈出新，基业长青。

我们深信：山东老字号在社会主义市场经济的发展道路上，只要坚定不移地把继承优良传统和不断锐意创新结合起来，它们的金字招牌就一定能够更加金光闪闪，永不褪色，再现往日的亮彩，增添未来的辉煌。

（选自《山东老字号》，山东文艺出版社 2004 年版）

儒商精神的时代精髓

儒商在不同时代有不同内涵。当下,把握新时代儒商精神应该抓住其核心要素。

一是讲求仁爱。仁的本质是爱,利他是儒家的最高境界。孔子曰"仁者爱人"。儒商始祖子贡、商圣范蠡经商受人赞誉是因为他们有仁爱之心。

二是家国情怀。清末状元张謇践行实业救国,习近平总书记曾指出:"张謇的事迹很有教育意义,要把这里作为爱国主义教育基地。"

三是义利融通。儒家经典《大学》指出:"仁者以财发身。"张謇是以财发身的典型仁者。日本近代实业界之父涩泽荣一认为,"义利合一"原则正是儒家道德在工商领域的行动指南。

四是诚信经营。俗话说,"精明不如厚道",说明诚信是传统儒商的一种范式。对于新儒商而言,应该体现为"精明并且厚道"。老字号品牌第一特点就是诚信,如同仁堂、瑞蚨祥等。

五是与时俱进。文化需要传承,更需要创新。从某种意义上说,创新是最好的传承。只有开拓创新,与时俱进,才能适应新时代,奔向新赛道。

六是进退有据。既要积极进取把事业做到极致,又要见好就收留下未来空间。

从特定意义上说，新儒商面临着代际更迭的三大课题。

第一，如何赚钱？历代儒商留下了成功范例。

第二，如何管钱？战国时期冯谖为孟尝君市义而助其翻盘再起，留下了难得的启示。

第三，如何花钱？正反事例很多，大浪淘沙留下的是子贡、范蠡、张謇、陈嘉庚等人的千秋美名，以及历代慈善家的感人事迹，他们成功之后回馈社会，令世人敬仰。

应该说，儒商精神的要素还有许多，如和气生财、知人善任、勇于创新、讲求质量、八方联络、团队合作、品牌意识、吃苦耐劳、勤俭节约、合规守法，等等，但是上述六个方面构成了新时代儒商精神的核心要素，其他要素可以在此基础上生发。

总之，新时代的儒商，其理想状态就其个人而言，秉承“仁义礼智信，温良恭俭让”的道德情操，站在时代潮流前列，实现自身财务自由，家庭幸福和睦，子孙茁壮成长，同时厚植家国情怀，勇担社会责任，达到“修身、齐家、富国、利天下”的境界，传承创新中华优秀传统文化。

（选自《十二人笔谈新儒商》，载《企业管理杂志》2023 年第 6 期）

山东近代的对外交往

1840 年的鸦片战争，是中国由封建社会逐渐变为半殖民地半封建社会的一个历史转折点。从此，中国的社会性质开始发生了根本的变革。鸦片战争以后地处沿海、拱卫京师的山东省成为帝国主义觊觎的目标，先后长期遭受法国、日本、德国、英国等的直接武装侵略或殖民统治，这在近代中国较诸其他各省是罕见的。

早在鸦片战争以前，自然地理条件优越的烟台港湾就引起了西方侵略者的注意。1835 年（道光十五年）英国的舰船曾游弋在烟台洋面一带，因登州府派船堵截而未获登岸。此后，西方国家的走私船只在胶东洋面往来不绝。1840 年 7 月，第一次鸦片战争期间，英国攻陷浙江定海后，在纠合其舰队北犯天津的途中，曾经屯泊于烟台，以补充给养。1856 年，英法联军挑起了第二次鸦片战争。1858 年，英法强迫清政府签订了《天津条约》，规定山东登州（今蓬莱）开辟为通商口岸。1859 年，英法联军以换约为名，强闯大沽口，重新挑起战火。考虑到这次军事行动可能会旷日持久，法军决定占领烟台以作为在上海、天津之间运送食品和军火的中转站。1860 年 6 月 18 日，法国军舰驶至烟台山下，三四千名法国士兵登陆上岸，占领了烟台港一带，肆放枪炮、强占民房，构筑工事，作为进攻北京的军事基地。这是山东有史以来第一次遭受西方列强大规模的武装侵略。根据《天津条约》和《北京条约》,登州府城口的蓬莱港应辟为商埠,但英法两国代表根据实地考察,认为登州府港口不适于开埠通商,要求以烟台港取代蓬莱港。1861 年 8 月 22 日,烟台港正式开关,称为东海关。这是山东设立的第一个海关。从此,西方列强侵略势力开始常驻山东。

进入 19 世纪 70 年代,西方侵略势力已不满足于他们的在华权益局限于中国沿海一带,要求向内地扩张。1875 年,英国借口"马嘉理事件",向清政府提出了新的无理要求。英国和清政府先后在北京、上海多次交涉而未果,乃于 1876 年 8 月在烟台再续谈判。在英国的武力恫吓之后,清政府被迫签订了《烟台条约》,进一步扩大了英国在华的侵略特权。

19 世纪末,世界主要资本主义国家进入了帝国主义阶段,后起的东方帝国主义强国——日本,不仅把侵略势力伸入朝鲜,还把战火烧到中国,挑起了甲午中日战争。中国战败后,日本强迫清政府签订了使中国半殖民地半封建程度大大加深的《马关条约》。

以《马关条约》的签订为契机,19 世纪末,帝国主义列强开始在中国强占租借地,划分势力范围,掀起瓜分中国的狂潮。在这股瓜分中国的狂潮中,山东首当其冲,而德国则充当了急先锋。德国是欧洲后起的帝国主义强国,随着其政治、经济、军事实力的增强,他的侵略本性也日益暴露。在德皇威廉二世"要求获得阳光下的地盘"的方针下,德国的殖民扩张势力伸到了山东。1897 年 11 月,德国借口在山东曹州府发生"巨野教案"这个"千载难逢"的机会,毫不理会清政府为了结教案已经采取了"保教""惩凶"等措施,悍然派军舰在青岛登陆,强占了胶州湾,不仅多次逼令一再退让的清朝守军后撤,而且还将登州总兵章高元扣押在德舰上达半月之久。随后,德国政府军事恫吓与外交威逼双管齐下,在议结教案时又横生枝节,提出了租借胶州湾的无理要求。1898 年 3 月 6 日,德国强迫清政府签订了《胶澳租界条约》。该条约使山东省沦为德国在华的势力范围,并成为 19 世纪末帝国主义列强瓜分中国狂潮的第一个信号。

在 19 世纪末帝国主义瓜分中国的狂潮中,老牌殖民主义国家英国自然不甘落后,它不仅借此机会拓展了香港界址,扩大了在整个长江流域的特权,还直接染指了山东威海卫。1898 年 3 月,沙俄强迫清政府签订了《旅大租地条约》,租用旅顺为军港,大连为商港,租期 25 年。英国以"东方均势之局完全打破",防止沙俄势力南下等为借口,向清政府提出要求,"非租界山东之威海卫停泊兵轮不足以资抵制",同时,派遣兵舰十余艘集中于烟台洋面进行示威,大有非租不可之势。经过双方多次磋商,1898 年 7 月 1 日,英国强迫清政府签订了《订租威海卫专条》,规定英国租借威海卫 25 年,"租期应按照俄国驻守旅顺之期相同"。从此,威海卫又成为英国的殖民地。按照条约规定,25 年租期届满之后,威海卫的主权应交还中国。然而,英国政府多次借故延宕,使威海卫沦为殖民地达 32 年之久,直到 1930 年 10 月才回到祖国怀抱。即使如此,此后英国海军还享有每年夏天到刘公岛避暑的权利,直到 1940 年 11 月正式宣布撤退。

1911 年的辛亥革命,导致清廷倾覆,政体焕新。然而,新成立的中华民国政府并未能改变中国半殖民地半封建的社会性质,山东仍然饱尝着帝国主义侵略势力的铁蹄蹂躏。1914

年爆发了第一次世界大战，日本帝国主义趁着西方列强忙于欧洲疆场的厮杀而无暇东顾，迅速扩张它在中国的侵略势力，以取代德国在山东的权益。8月23日，日本不顾北洋政府宣布的“局外中立”，正式对德宣战，以5万多兵力投入山东。9月，日军先在龙口登陆，尔后长驱西进，占领了整个胶州铁路及其沿线地区。从此，德国在青岛的殖民统治和在山东的一切权益，又为日本替代和抢占了。直到1923年，在中国人民的强烈反对和坚决抵制下，日本武装侵略势力才暂时撤离山东。1927年，南京国民政府成立。次年，国民党军队开始了“第二次北伐”。然而，这一行动遭到了日本政府的阻挠，并制造了骇人听闻的“济南惨案”。

1937年全面抗战开始后，日军在山东犯下的滔天罪行更是罄竹难书。七七事变发生两个月以后，日本侵略军的铁蹄便踏入山东，到1938年5月下旬徐州会战结束时，日军几乎完全侵占了山东。日军占领山东期间，为推行其法西斯统治，采取了种种的残暴野蛮手段，主要有：(1)对抗日根据地的军事进攻；(2)推行“治安强化运动”；(3)开展奴化教育国民运动；(4)残害抗日志士；(5)进行疯狂的经济掠夺。日本侵略者在山东的军事屠戮，法西斯暴政，导致了山东人口的巨大损失。8年中，山东人口死亡89.5万余人，伤残161万余人，被抓126万余人。三项总计376万余人，占山东当时总人口的12%以上。

在鸦片战争结束以后的百余年历史当中，帝国主义对山东地区除了进行武装侵略、殖民统治之外，还把经济侵略和文化侵略的触角从通都大邑伸向穷乡僻壤。它们在山东各地铺建铁路、开辟港口、开采矿山、建立工厂、广殖移民、侵占民田、遍设教堂、发展教徒、挑起教案。凡此种种,造成了近代山东的贫穷落后和动荡不安。帝国主义与人民大众的矛盾,构成了山东近代社会矛盾的主要方面。

“帝国主义和中国封建主义相结合,把中国变成半殖民地和殖民地的过程,也就是中国人民反抗帝国主义及其走狗的过程。”“中国人民,百年以来,不屈不挠,再接再厉的英勇斗争,使得帝国主义至今不能灭亡中国,也永远不能灭亡中国。”①面对帝国主义的侵略,近百年来山东人民前仆后继进行了英勇无畏的反抗斗争,写下了一页页可歌可泣的篇章。

晚清时期,发生在山东地区的一系列反洋教斗争,其持续时间之长、地域之广、规模之大,为全国所仅见。晚清教案之迭起,是西方列强对中国进行文化侵略和宗教侵略的产物。在鸦片战争以后帝国主义列强强迫清政府所签订的不平等条约中,《虎门条约》规定了外国人在五口通商口岸享有租地建屋和永久居住的权利,并享有治外法权,外国传教士据此大批涌入中国。1858 年签订的《天津条约》更进一步规定外国传教士可以进入中国内地自由传教。据此,西方天主教和新教的传教士纷纷进入了山东地区。到 19 世纪末,天主教已在山东建立了北、南、东三个教区,分别在济南、兖州、烟台设立了三个总堂,全省各地共有住堂、会所、公堂等 1202 处,发展教徒 8 万余人,约占全国天主教教徒总数的 1/10。到 1900 年,各国新教教会的势力也深入到山东全省 107 个州县中的 72 个州县。各国派驻山东的传教士总数共有 150 多人。有些传教士为发展其教务,不惜以金钱招揽一些无赖之徒入教,倚为心腹,充作爪牙。他们

① 《毛泽东选集》(合订本),人民出版社 1967 年版,第 595 页。

为所欲为，武断乡曲，包揽词讼，借各种教案挟制官府，干预地方行政，欺压百姓，鱼肉乡民，轻则勒索赔款，重则要求割地。他们的一系列恶行，引起了山东人民的极大愤慨，反洋教斗争随着外国传教士进入山东时就不断发生。甲午战争以前山东地区的反洋教斗争一般是个别的、零散的，尚未酿成波及全省乃至全国的大规模运动。甲午战争以后，在民族危机日益加剧的情况下，各地人民反帝爱国斗争风起云涌。山东人民在反洋教斗争发展成为由民间结社领导的大规模的武装反抗，并汇成了一场影响全国的义和团反帝爱国运动，在中国近代史上留下了深刻的影响。

除了反洋教斗争之外，山东人民其他形式的反对帝国主义侵略的爱国运动也绵延不绝，贯穿山东近代百年历史的始终。

1895 年 1 月中日甲午战争时期，面对日本海陆军的联合进攻，两面夹击，困守在刘公岛的北洋水师广大爱国官兵在敌我力量绝对悬殊的情况下，进行了英勇顽强的抵抗。水师提督丁汝昌断然拒绝了日军下达的投降书。2 月 11 日，丁汝昌在援军无望，势难持久的形势下，召集会议，命令残存各舰拼死突围，以求万一生机，结果遭到一些贪生怕死官员的极力反对而未果。之后，丁汝昌又下令炸毁“镇远”等舰，以免资敌，但仍无人动手。事势至此，丁汝昌于当天晚上服药自杀，以身殉国。在此前后，右翼总兵刘步蟾、护军统领张文宣、“镇远”管带杨用霖等也相继自杀殉国。他们的行动，虽然未能挽救甲午战争的败局，但表现出了广大爱国将领宁死不屈的精神。

在 19 世纪末帝国主义列强掀起瓜分中国的狂潮中，面对德国、英国强租胶澳、威海卫，进行殖民统治的行径，山东人民进行了自发的抵制和反抗。1898 年冬，威海西乡以秀才崔寿山为首的当地士绅成立了抗英殖民统治的“疃联会”。次年4月,崔寿山等人在西南组织2000余人举行抗英集会,英军将崔寿山逮捕入狱。崔寿山在囚室里以民族英雄文天《正气歌》勉励自己和鼓舞难友。两个多月后崔寿山被保释出狱,他出狱后说的第一句话就是:“宁死不当鬼子使!”表现了中国人民的铮铮铁骨。随后,威海西南乡、东南乡的村民在于冠敬、刘荆山的领导下举行了抗英埋界石的斗争。在1899—1900年胶济铁路修筑时,高密人们进行了反对德人筑路的斗争。李金榜、孙文等人率领当地群众200余人阻工毁界,迫使德人在高密的筑路工程拖延半年之久。尽管李金榜、孙文等人的斗争很快被镇压,但高密人民的反抗斗争坚持不懈,后来汇入了义和团反帝爱国运动。

1919年,发生了一场作为中国新民主主义革命开端的“五四运动”。而这场运动的发生,与山东问题有着直接的联系。自第一次世界大战期间日本趁机强占青岛,提出“二十一条”以来,山东人民要求收回青岛主权的反日爱国运动就从来没有停止过。1918年第一次世界大战刚结束时,济南就组织了“山东学生外交后援会”,开展了收回青岛的爱国运动。1919年2—3月巴黎和会召开期间,山东省议会、教育会等团体联电北京政府、巴黎和会和中国代表团,要求废除“二十一条”,收回山东主权,并派出代表参加巴黎和会,成为全国唯一向巴黎和会直接派出请愿代表的省份。随后,山东学、工、商、农各界群众在济南召开10万余人的请愿大会,首次提出“外争国权,内惩国贼”“收回青岛”“废除非法卖国条约”的鲜明口号,其斗争矛头直指日本帝国主义及其走狗,成为五四运动的前奏和先声。山东各界人民的反帝爱国斗争在全国产生了广泛的影响,点燃了五四运动爆发的导火线，成为这场伟大革命运动的先驱。五四运动爆发以后，山东人民又率先响应，以代表请愿、致信通电、罢课罢市、抵制日货、游行集会等各种形式支持北京学生的爱国斗争，成为五四运动的重要组成部分。由于全国人民和山东人民的共同努力，1923 年终于取得了收回胶济铁路和青岛主权的斗争胜利。

收回胶济铁路和青岛主权之后，日本仍利用其特权，控制了青岛的棉纺、火柴、面粉、榨油等行业和全部的商业，操纵青岛的经济命脉。山东人民继续进行着反日爱国运动。中国共产党成立以后，积极在山东各地开展工人运动。1925 年 4 月开始，青岛 1 万多工人连续发动了大规模的反对日本帝国主义的罢工运动。5 月 29 日，日本帝国主义和中国反动军阀共同制造了青岛“五二九惨案”。第二天上海又发生了“五卅惨案”。中国工人阶级在中国共产党的领导下，掀起了声势浩大的省港大罢工，一场更大规模的反帝爱国运动在全国范围内展开。

1937 年七七事变爆发后，山东人民在中国共产党倡导的抗日民族统一战线的旗帜下，积极投身于抗日救亡的滚滚洪流。1938 年春天，日本侵略军长驱直入，大举进犯鲁南地区以便为徐州会战清除外围障碍，实现其速战速决、短期内灭亡中国的野心。3—4 月间，中国军队浴血奋战，取得了举世闻名的台儿庄大捷，共歼灭日军第五、十两个师团的主力 1 万余人，打破了日军“不可战胜”的神话，极大地鼓舞了中国人民对抗日战争的信心和决心。在这场战役中，山东人民做出了应有贡献。与此同时，中国共产党领导的抗日武装在山东大地与日本侵略军进行了英勇卓绝的斗争，成为山东抗日斗争的中流砥柱。在山东腹地,1938 年初,中国山东省委在徂徕山成立了“八路军山东抗日游击第四纵队”,举行武装起义,建立抗日根据地。在胶东半岛,成立了“八路军山东纵队第一支队”。在黄河北岸,成立了“华北民众抗日救国军”。在黄河以南,成立了“山东人民抗日救国军第五军”。在鲁南地区,各县民众成立了“抗日义勇队”。到 1938 年底,北起冀鲁边,南到苏鲁边。东从黄海之滨,西至鲁西平原,山东各地人民抗日武装起义风起云涌、如火如荼,汇成了汹涌澎湃的抗日洪流。这些队伍与 1939 年陆续进入山东的八路军一一五师一起,为开辟、发展山东抗日根据地,为抗日战争的胜利做出了巨大的贡献。

抗日战争刚刚胜利,美国便想将其势力伸入山东解放区。1945 年 10 月 1 日清晨,美国太平洋舰队的 5 艘军舰,在支队司令赛特尔少将的率领下,突然驶进烟台海区,停泊在崆峒岛附近,企图侵占已为八路军解放的烟台,新成立的烟台外事办公厅在中共胶东区党委的领导下,根据中共中央的精神,与美国舰队进行了“有理、有利、有节”的斗争。起初,对于美舰再三表示的来烟台只是作友好访问的态度,中共胶东区党委和八路军胶东军区对来访的美舰给予友好接待。几天以后,美军突然在烟台海面增派军舰,提出了要在烟台登陆、八路军撤离烟台而由美军接管等多项无理要求。胶东区党委和军区与美军展开了针锋相对的斗争。烟台人民举行了 10 万多人的抗议集会。中共中央和八路军总部也立即发表严正声明。在我党政军民的坚决斗争面前,美军在烟台登陆的企图遭到彻底破产。这场斗争的胜利,在国际国内引起了较大的反响。这是获得解放的胶东人民在共产党的领导下第一次取得外交斗争的胜利。这一胜利,也为中国共产党领导下的胶东人民新生政权从事外交斗争积累了丰富的经验。

鸦片战争以来,山东人民以其前仆后继、英勇无畏的精神,在百余年的历史过程中,先后与法、德、英、日、美进行了顽强的斗争,捍卫了自己的主权与领土完整。最后,在中国共产党的领导下,迎来了新中国的成立。

近代百年山东的外交史,是一部帝国主义侵略山东的历史,也是一部山东人民反对帝国主义侵略的历史。同时,从一定意义上说,还是一部山东走向世界、对外开放、外事工作近代化的历史,对于这一点,应该采取辩证唯物主义与历史唯物主义的态度,予以实事求是的认识。

山东海岸线之长居全国之首,对外交往具有很大的天然优势。但山东在鸦片战争以前从未设立专门办理外事的机构,即便是管理对外经贸的专门机构亦付诸阙如。鸦片战争以后,这种状况有所改变。1861 年 8 月 22 日,东海关在烟台正式成立。起初,东海关管辖范围仅限于烟台港区,管理活动也仅仅是港口税收。1862 年 3 月,由于东海关涉外事务渐趋繁忙,而烟台当时又不是地方政府所在地,于是清政府将登莱青道由莱州移到烟台,该道台同时兼任东海关监督。这样,东海关成为一个带有涉外行政管理性质的机构。而严格意义上的管理山东全省涉外事务的行政机构则出现在 19 世纪末。1898 年 2 月 12 日,清政府批准在济南设立山东省洋务局,以执掌山东各地的外交、对外贸易、外人游历、外侨寄居及一切涉外事务。这是山东省历史上第一个统管全省外事的专职机构。民国时期设立的山东外交司、特派山东交涉员公署、山东外交公署等机构,其性质均与前者相同。

1900 年义和团运动以后,清政府在内外压力的促使下,开始采取一系列发展资本主义工商业的措施，史称“清末新政”。在这一场运动中，山东积极响应，并在对外开放方面采取了主动措施。1904年，由直隶总督袁世凯和山东巡抚周馥奏请，经清政府批准，济南、周村、潍县三个地区同时由中国自行辟为商埠，实行对外开放。由地方督抚奏请，中国自主开放铁路枢纽地区和内陆经济中心城市，在一省中同时开放包括省城在内的三个城市为商埠，这是中国近代商埠沿革史上的创举，是山东地方当局为防止因修筑胶济铁路后出现德国势力向内陆扩张、中国主权再失而采取的重大举措，在近代中国对外开放的历史进程中具有重要意义。后来，龙口、济宁也主动对外开放，自辟为商埠。这些举措，对于山东地方经济的发展，扩大对外交流，起到了相当的推动作用。

鸦片战争以后，随着烟台、青岛等港口的建立，胶济铁路、津浦铁路的通车，山东对外的经贸与文化交往逐渐增多。以外贸而言，既有山东当局派遣的工商各界代表团，分赴海外各国考察经济，也有工商各界自行组织的团体参加世界各种商品赛会，并屡获大奖。山东各地的土特产品如丝绸、花边、草编、发网、花生、粉丝等远销东南亚、欧美等20多个国家和地区。青岛、烟台成为中国北方对外贸易的重要港口。就对外文化交往而言，不仅有山东当局选派的学生分赴英、法、美、德、日等发达的资本主义国家学习先进的科学技术，也有一大批学生自费出国留学。他们学成回国后，对于山东政治、经济、文化的发展起了推动作用，在各自的领域崭露头角。与此同时，在与山东进行交往的外国人员当中，也不乏一批对中国人民怀着深厚感情的友好人士和知名人士，他们在山东的活动，推动了山东人民和各国人民的相互了解和友谊，有人为了山东的抗战事业甚至献出了自己的生命。此外，一批外国人员在山东设立了各种工商企业和文教事业，尽管他们各自的主观动机不一，但也成为山东社会经济与文化的近代化进程中的重要组成部分。

更为重要的是，中国共产党领导下的山东外事工作在新中国成立以前，已经得到了锻炼，并积累了一些成功的经验。早在抗日战争时期，中国共产党及其军队在烟台成立了较早的涉外统一战线组织——“在华日人反战同盟”。1945 年 8 月 24 日烟台第一次解放后，当时的胶东行政公署在烟台成立了外事办公厅。这是胶东行政区在中国共产党领导下成立最早的外事机构。外事办公厅在党中央和胶东区党委的领导下，成功地处理了“阻止美军企图在烟台登陆事件”（1945 年 10 月）和“杨禄奎事件”（1947 年 5 月），谱写了自鸦片战争以来中国外交史上维护国家主权和民族尊严、维护人民利益的新篇章。在这一时期，胶东外事办公厅还做了其他方面的大量工作：创办了英文周报《芝罘新闻》，向国内外宣传解放区人民民主政府的各项方针政策，为反对内战、争取和平广造舆论；接待了“联合国善后救济总署”驻烟办事处人员并接受了该署提供的救援物资；参与了外侨在烟台资产的处理工作，等等。这一切，都为中华人民共和国成立后的山东外事工作的开展做了必要而又充分的准备，奠定了全面而又坚实的基础。

（原载《中外天地》1997 年第 2 期）

五四运动前后关于山东问题的国际交涉

五四爱国运动的直接导火线是山东问题。山东问题历时20余年,先由德国侵占胶州湾而引发,中经日本趁火打劫,后来演变为一项重大的国际交涉。弄清山东问题的来龙去脉,有助于了解帝国主义列强是如何侵略中国的,了解中国人民为了捍卫祖国的主权和领土完整进行了哪些前仆后继、英勇不屈的斗争,从而在更深的层面上理解五四运动的伟大意义,弘扬爱国主义精神。

19世纪末,帝国主义掀起了瓜分中国的狂潮,作为这股狂潮的第一个信号便是德国侵占胶州湾。1897年,德国在觊觎已久、做好了侵略山东的充分准备以后,借口“巨野教案”,悍然出兵侵占了胶州湾。次年,德国强迫清政府签订了《胶澳租借条约》,规定:(1)中国将胶州湾租与德国,租期以99年为限,租借地内的主权归德国。(2)中国允许德国在山东建造两条铁路,其一由胶州湾经潍坊、博山等处至济南及山东边境,其二由胶州湾往沂州经莱芜至济南。铁路两旁各30华里以内,允许德国人开挖矿产。(3)以后山东省无论开办何项事务,德国商人有优先承办权。这样,山东全省便沦为了德国在华的势力范围。

德国的捷足先登，引起了东亚强权国家日本的不满。甲午战争以后，日本占领了台湾岛和澎湖列岛，并将其势力范围进一步伸入中国，先后划定福建为其势力范围，占据了旅顺、大连租借地，控制了长春至大连的铁路，划定东北三省南部和内蒙古东部为其特殊利益范围。同时，日本还图谋取代德国在山东的特殊地位。

1914 年 7 月，爆发了第一次世界大战。日本政府认为这是取代德国在山东地位的天赐良机。8 月，日本对德国宣战，但军队不是投入欧洲战场，而是进兵山东，其用心昭然若揭。9 月 7 日，2 万多日军在龙口登陆，尔后长驱直入，10 日到平度，12 日达胶州，25 日占潍坊，10 月 6 日，进入济南。与此同时，日军第二批派遣部队 2.9 万人进攻青岛，11 月 10 日，驻胶澳德军正式投降，由日军司令官宣布实行军管。从此，德国在青岛的殖民统治和在山东的一切权益，又为日本所替代和强占了。

日本参加第一次世界大战的真正动机，是企图趁机取代德国在山东的权益，进一步扩张其在华的侵略势力。对此，日本大阪的《每日新闻》曾直言不讳地宣称：日军出兵山东以后，“以胶州湾为门户，龙口为辅，掌握胶济、龙潍两铁路为孔道，即可自由通达中国之堂奥。”1915 年 1 月 18 日，日本进一步提出了灭亡中国的“二十一条”。

“二十一条”共分五个问题：第一是关于山东问题，第二是关于满蒙问题，第三是关于汉冶萍公司，第四是关于中国沿海港湾及岛屿，第五则包含一系列其他特权。其中关于山东问题的内容共有 4 款：(1)中国承认日本取代德国享有在山东的一切权益；(2)山东各地及沿海岛屿，不得租让他国；(3)由日本建造烟台或龙口连接胶济线路之铁路；(4)山东各主要城市，应速开作商埠。为了引诱袁世凯上钩,日本表示将对袁世凯的复辟帝制活动予以帮助。由于中国人民的坚决反对,袁世凯的帝制丑剧很快收场,山东问题成为悬案。

1914—1918年的第一次世界大战以协约国的胜利、同盟国的战败而告结束。1919年1月18日,战胜的协约国集团共27个国家在法国巴黎凡尔赛宫召开了解决战后事宜的“国际和平会议”。尽管日本百般阻挠,中国还是以战胜国的资格参加了巴黎和会。会上,中国代表顾维钧提出了收回胶澳租借地和德国在山东一切权利的要求,列举的理由有:山东是中国领土不可分割的一部分;山东的3600万人民在种族、语言和宗教上都是中国人;德国在山东的租借地和特权是在强迫下夺取的;山东人口拥挤,不宜殖民;英日联军攻占胶澳时中国曾提供人力和物力;根据和会所承认的民族领土完整的原则,胶澳租借地、胶济铁路和德国在山东的其他权益应当直接交还中国。然而,由于日本的强硬态度,以及美、英、法等国操纵巴黎和会使之成为一次帝国主义的分赃会议,致使会议通过的《凡尔赛和约》规定日本继承德国在山东的一切权益。这样,在巴黎和会上中国关于山东问题的交涉完全失败。

自巴黎和会开幕以来,中国人民一直关注着大会的进展,纷纷致电中国代表团,或组织各种代表团亲赴巴黎,或举行各种示威请愿活动,坚决反对外交妥协退让,要求收回主权。当巴黎和会上中国外交失败的消息传到国内后,中国人民的愤怒情绪像火山一样爆发出来。5月4日,北京爆发了轰轰烈烈的爱国民主运动。几千名爱国学生纷纷走上街头,举行了声势浩大的示威游行活动,他们高喊着“外争主权,内除国贼”“誓死力争,还我青岛”“取消二十一条”“抵制日货”“拒绝在和约上签字”等口号,奏响了高亢的爱国主义进行曲。五四运动迅速波及全国,传遍世界。在全国人民爱国热情的感召下,中国代表团鉴于一再让步而没有取得任何成效的情况,决定抛开北洋政府的训令,不在《凡尔赛和约》上签字,同时发表声明:“媾和会议,对于解决山东问题,已不予中国以公道,中国非有牺牲其正义公道爱国之义务,不能签字”。五四运动维护了国家的主权和尊严。

尽管《凡尔赛和约》规定德国将其在山东的权益让给日本,但由于中国人民的反对,中国政府拒绝在和约上签字,以及美国从自身的利益出发而拒绝批准该和约,所以日本妄图巩固它在大战中所取得在山东权益阴谋并未完全成功。同时,战后在远东势力已大大增长起来的美国和战后在远东卷土重来的英国,不能容忍日本在中国独霸局面的继续存在。1921 年 11 月,美国在英国的支持下,以维持和平缩减军备为名,召开了华盛顿会议,讨论远东问题、太平洋问题及限制军备问题。中日之间的山东问题再一次成为会议所要解决的内容之一。

这时期,世界各地的殖民地半殖民地国家的民族解放运动正风起云涌,中国人民的反帝爱国运动一浪高过一浪。在此情况下,中国代表团通过各种途径,与日方进行了艰难的谈判。中日双方会议达 36 次之多,其间数次出现僵局。美国和英国出于遏制日本在山东和太平洋地区势力的考虑,也希望中日双方解决山东悬案。1922 年 2 月 4 日,中日双方代表在《解决山东悬案条约》上签字。12 月 10 日,中国正式收回青岛。1923 年 1 月 1 日,中国开始接收胶济铁路。5 月 2 日,完成了胶济铁路路警的接管。至此,山东问题遂告基本解决,但日本方面仍然保留了相当的权益,实际上仍把握着胶济铁路的命脉。对此,日本国内一部分人仍不满意,叫嚷这只是日本单方面的让步,是“屈辱”外交,为日本重新侵占山东大造舆论。因此,山东问题虽得到暂时解决,但仍潜伏着危机。

综观有关山东问题的国际交涉,我们可以清楚地看到,造成这一问题的根源在于清政府的腐败软弱而导致帝国主义侵略势力的节节进逼;而山东问题之所以迁延岁月,迟迟不能解决,除了北洋政府软弱无能之外,还在于帝国主义列强总是以强凌弱、玩弄权谋、损人利己。山东问题解决的根本原因在于中国人民在爱国主义的精神鼓舞下,进行了不屈不挠、英勇无畏的斗争,并赢得了世界上爱好和平、主持正义的人民所给予的同情与支持。祖国的富强是人民幸福的可靠保证。在当今时代,我们高举爱国主义旗帜,促进祖国繁荣,追随和平与发展的世界潮流,这便是对五四先辈最好的纪念。

(原载《中外天地》1999 年第 2 期)

大力弘扬五四爱国主义精神

80年前爆发的五四运动，是一场伟大的反帝反封建的爱国主义运动，在中国近代史上写下了光辉的篇章。值此世纪之交，纪念五四运动的历史功绩，大力弘扬爱国主义精神，对于贯彻党的十五大精神，把建设有中国特色的社会主义事业继续推向前进，具有重要的意义。

一

鸦片战争以前，中国是一个拥有独立主权和领土完整的封建国家。从1840年开始，帝国主义列强凭借着坚船利炮，打开了中国大门，先后强迫清政府签订了《南京条约》《北京条约》《马关条约》《辛丑条约》等一系列不平等条约，中国社会逐步沦入半殖民地半封建社会。在这种情况下，帝国主义和中华民族的矛盾、封建主义和人民大众的矛盾，成为近代中国社会的主要矛盾，中国人民面临着对外推翻帝国主义压迫、对内推翻封建主义统治的双重历史使命。

毛泽东同志指出："帝国主义和中国封建主义相结合，把中国变为半殖民地半封建社会的过程，也就是中国人民反抗帝国主义及其走狗的过程。”近代以来，中国人民为了进行反帝反封建的斗争，探寻救国救民的真理，前仆后继，不屈不挠。在第一次鸦片战争时期，林则徐虎门销烟，龚自珍揭露批判封建制度，魏源主张“师夷长技以制夷”，成为近代中国先进知识分子探索国家富强之路的先声。太平天国时期，洪秀全否定封建土地所有制，洪仁玕主张学习西方以发展中国资本主义工商业，以及太平军打击清王朝统治和抗击外国侵略者，为近代中国反帝反封建的民主革命的全面展开作了必要的酝酿和准备。早期改良派郑观应等人主张与洋人进行商战，抵制帝国主义经济侵略，改革清朝腐朽的政治制度。在此基础上，康有为、梁启超、严复、谭嗣同等开启了维新变法运动，希冀以此挽救日益严重的民族危机。辛亥革命时期，革命先行者孙中山提出了民族主义、民权主义、民生主义三大政治纲领，发动了一系列武装起义，推翻了封建君主专制的清王朝，打击了帝国主义在中国的统治。然而，由于中国旧民主主义革命缺乏先进的领导阶级和科学的指导思想，最终未能完成反帝反封建的历史重任。几代先进的中国人救国救民的理想，实现国家富强的宏愿，都因帝国主义和国内反动势力的联合绞杀而归于失败。

正是在中国人民苦闷、彷徨之际，发生了五四新文化运动。这场运动所倡导的民主与科学精神，在当时思想界起到了振聋发聩的作用。它启迪了国人的心灵，开阔了民众的视野。面对纷至沓来的各种新思潮，先进的知识分子经过反复比较，终于找到了救国救民的真理——马克思列宁主义。对于中国人民来说，它不仅是彻底反对封建主义的思想武器，而且也是彻底反对帝国主义进行民族解放运动的思想武器。从此，中国民主革命进入新的阶段。上述事实表明，五四运动的爆发不是偶然的，是几代先进中国人为完成反帝反封建任务而不懈努力的必然产物。

二

五四运动是一场伟大的思想解放运动，同时也是一场伟大的爱国主义运动，两者密不可分，互为因果，互相促进，成为一个有机整体。作为一场反抗外来侵略、捍卫国家主权的爱国主义运动，它的爆发以山东问题作为直接导火线。

近代山东和全国一样，屡遭帝国主义列强侵略。第一次鸦片战争期间，山东沿海就曾遭受外国侵略者的骚扰。第二次鸦片战争期间，山东开始直接遭受帝国主义的武装侵略。甲午战争时期，日本军队围攻威海卫刘公岛，致使清政府北洋舰队全军覆没，被迫与日本签订《马关条约》。19 世纪末，德国出兵占领胶州湾，把山东划为它的势力范围。随后，英国强租威海卫。1900 年，八国联军侵略中国，镇压了以山东为策源地的义和团运动，强迫清政府签订了《辛丑条约》。该条约的签订，扩大和加深了帝国主义对中国的统治。

在上述帝国主义列强侵略中国的过程中，以胶州湾事件为焦点，愈演愈烈，最后酿成了复杂的国际交涉。1914 年第一次世界大战爆发以后，一直垂涎德国在山东权益的日本，以为找到了天赐良机，借口对德宣战，派兵攻占青岛，取代了德国在山东的地位。1915 年 5 月，日本为了扩大在华特权，向北洋政府提出了旨在灭亡中国的“二十一条”。该“二十一条”共分五号，其中第一号就是关于山东问题，核心内容是要中国政府正式承认日本继承德国在山东的一切权益。面对日本的无理要求,腐朽的北洋政府竟然签订了包含“二十一条”的绝大部分条款的《中日民四条约》。然而,由于中国人民的强烈反对,坚决要求收回山东主权,致使日本的图谋未能完全实现,山东问题成为国际交涉中的一个悬案。

1919 年 1 月,第一次世界大战结束以后,战胜的协约国共 27 个国家,在法国巴黎凡尔赛宫召开了解决战后事宜的国际和平会议。尽管日本阻挠,中国还是以战胜国的资格参加了巴黎和会。会上,中国代表团要求废除外国在华势力范围,归还租界和租界地,以及取消“二十一条”。由于巴黎和会操纵在美、英、法、意、日五个大国手中,实质上已成为一次帝国主义列强的分赃会议,结果,中国的合理要求遭到了拒绝,巴黎和会通过的《凡尔赛和约》明确规定由日本继承德国在山东的一切权益。这样,中国以战胜国的资格参加巴黎和会,却得到了战败国的待遇。

巴黎和会上中国外交失败的消息传回国内,以 5 月 4 日北京几千名学生涌上街头举行反帝爱国游行示威为起点,爆发了轰轰烈烈的五四爱国运动。

由于山东问题是五四爱国运动的直接导火索,因此山东人民对于这次运动极为关注,反响强烈。早在五四之前,山东就开展了各种形式的收回主权活动。五四爱国运动在北京爆发后,山东人民积极响应,持续时间长,影响广泛。

三

五四运动所表现出来的爱国主义热情,在中国历史上是罕见的。当时地无分东西南北,人无分男女老少,全国人民以极大的热情投入到救亡洪流之中。

这次运动斗争目标明确,爱国主义主题鲜明,因为这一场爱国运动是以日本提出“二十一条”和北洋政府丧权辱国而引发的,因此,参加运动的人们提出的明确口号是:“誓死力争,还我青岛”“宁为玉碎,不为瓦全”“取消二十一条”“拒绝在和约上签字”“外争主权,内除国贼”等等。这些口号既表达了中国人民誓死捍卫国家主权的决心,也表达了对于卖国政府和卖国贼的切齿痛恨。

这次运动以青年学生为先导,各界群众踊跃参加。五四时期的青年学生经受了新思想,尤其是马克思主义的影响,对民族危亡的感受极为敏锐。他们冲破北洋政府的阻挠,毅然走上街头,率先喊出了中国人民爱国救亡的心声。“天下兴亡,匹夫有责”的爱国主义精神,把各界人民紧紧地连接在一起。

这次运动以几个大城市为中心,涉及全国乃至海外。五四爱国运动以山东问题为导火索,以北京为爆发地,很快影响到上海、天津、武汉、长沙等几个中心大城市,并且迅速波及全国22个省、150多个中小城市。远在异国他乡的海外同胞,如在日本、法国、北美洲、南美洲的华侨等,也都以各种方式响应和支持祖国的五四爱国运动。中华向心力和民族凝聚力在祖国危急关头得到充分体现。

这次运动使爱国主义运动步步深入。五四爱国运动经历了两个阶段,第一个阶段的中心在北京,主力是学生,主要斗争方式是罢课,以5月4日3000名学生游行示威作为起点。第二阶段以6月5日上海大罢工、学生罢课、商人罢市为起点,中心由北京转到上海,主力由学生变为工人,主要斗争方式是"三罢"斗争。随着爱国运动步步深入,所取得成果也越来越显著。面对人民群众的强大压力,北洋政府6月7日被迫释放被捕学生,10日又被迫下令免去曹汝霖、陆宗舆、章宗祥等三个卖国贼的职务。在日益高涨的爱国主义运动的影响下,出席巴黎和会的中国代表团不顾北洋政府的训令,拒绝在《凡尔赛和约》上签字。

四

五四运动在中国革命史上具有划时代的伟大历史意义。它以辛亥革命不曾有的姿态,开展了彻底的不妥协的反帝反封建斗争。它弘扬了中华民族的爱国主义精神,倡导了民主与科学,为马克思主义在中国的传播创造了条件。在这场运动中成长壮大起来的中国工人阶级第一次以独立的姿态登上了中国政治舞台,一批先进的知识分子接受了马克思主义。五四运动促进了马克思主义与中国工人运动相结合,在思想上和干部上为中国共产党的成立准备了条件。五四运动勃发出来的爱国主义精神,不仅是近代中国人民完成反帝反封建任务的精神动力,也是已经站起来了的中国人民实现国家富强的精神动力。在改革开放的新时期,它仍然有着重要的意义和价值。

江泽民同志在党的十五大报告中指出:“鸦片战争后,中国成为半殖民地半封建国家,中华民族面对着两大历史任务:一个是求得民族独立和人民解放;一个是实现国家繁荣富强和人民的共同富裕。前一任务为后一任务扫清障碍,创造必要的前提”。可以说,在五四运动中成长起来的第一代中国共产党人捍卫主权、高歌民主、呼唤科学,已经完成了鸦片战争以来中华民族第一项历史重任。时代的发展要求我们继承和发扬五四运动的光荣传统,努力完成中华民族的第二项历史重任。

继承五四运动的光荣传统,首先要大力弘扬爱国主义精神。爱国主义是千百年来所形成的对祖国的一种深厚的感情。随着历史的发展、时代的变迁,爱国主义有着不同的内容和表现形式。在当代中国,发扬五四爱国主义精神,要求我们坚决维护国家统一、民族团结和社会稳定,坚持“一个中心、两个基本点”的基本路线,大力发展社会主义社会的生产力,增强社会主义国家的综合国力,提高人民的生活水平,把我国建设成为富强、民主、文明的社会主义现代化国家,使之屹立在世界强国之林。

继承五四运动的光荣传统,还要弘扬民主、科学精神。社会主义民主的本质是人民当家作主。发展社会主义民主是我们党始终不渝的奋斗目标。在当前,发展民主必须同健全法制紧密结合,实行依法治国,这需要在党的领导下有步骤、有秩序地推进。

从马克思主义在中国的传播到毛泽东思想的确立,再到邓小平理论的形成,这是五四运动以来几代中国人在中国革命和建设的实践中积累起来的宝贵财富,也是“五四”科学精神在现代中国的体现。在当代中国,弘扬“五四”科学精神,最根本的是以邓小平理论为指导,发扬科学求实精神和创造精神,推动我国科学技术的蓬勃发展。

弘扬五四爱国主义精神与提倡民主科学精神是密不可分、完全一致的,其目的都是为了实现国家的繁荣富强。在纪念五四运动 80 周年之际,我们要大力弘扬五四爱国、进步、民主、科学精神,高举邓小平理论伟大旗帜,紧密团结在以江泽民同志为核心的党中央周围,把建设有中国特色的社会主义伟大事业全面推向 21 世纪。

(原载《大众日报》1999 年 4 月 29 日)

五四运动的时代精神与当代价值

五四运动的时代精神是什么？这好像是个老生常谈的话题，但我又觉得它是一个常议常新的话题。这就好比现在的人们谈论《红楼梦》，见仁见智，莫衷一是。五四运动已经过去了八十年，作为历史事实本身，它是凝固的，后来无法改变。但作为一个历史事件所留下的一种文本，似乎不同的人们在不同的时代有不同的解读方式。

造成不同解读的原因在于：一方面，五四运动本身就是由两个部分内容组成的，即新文化运动和爱国运动，人们对这两部分的研究侧重点不同，必然造成解读方式的不同；另一方面，即使这两部分的内容本身也不是单一的，极其复杂。作为思想启蒙运动的新文化运动，它在当时不仅宣传民主与科学，这是一种外来观念，而且也曾宣传无政府主义，宣传基尔特社会主义（基尔特也是一个外来词，甚至无政府主义也是一个外来词）。此外，它还提倡白话文，提倡世界语，反对文言文，反对传统文化和封建礼教，甚至“打倒孔家店”等等，这说明当时的思想是混乱的，人们要学习引进西方的先进思想，以冲破封建思想的禁锢，“破”字当头——这是大家的共识，至于“破”完之后如何“立”，则人们尚无统一的认识。可见，当时人们的思想启蒙、价值取向本来就是多元的。因此，后人对五四运动思想启蒙的解读也就莫衷一是。作为爱国主义的五四运动，它的主要目标是收回山东主权，这一点无论在当时还是后来，人们都达成了共识。但是，五四爱国运动的内容其实并不仅限于此。不同阶层人们的爱国主义要求，其内容和表现形式是不一样的，除了社会普遍要求收回山东主权以外，作为外交界的人物，如顾维钧还提出了收回租界和租借地，这说明五四爱国运动（包括巴黎和会）实际上也和香港、澳门的回归是密切相连的；至于学生的爱国，则还包含着惩治卖国贼等——这在其他阶层是不可想象的。此外，商人的爱国也有自己的特点，如抵制日货、救治国家、发展资本主义经济等等。这说明，即使从爱国主义角度来研究五四运动，也仍然可以有不同的解读方法。

除了五四运动本身的内容复杂，可以产生不同的解读方法之外，我还发现，由于历史的变迁，背景的不同，不同时代也会产生不同的解读方式。如 1939 年抗战时期，毛泽东写了关于五四运动和青年运动的方向等文章，结论是，为了抗日救亡，青年知识分子应该走与工农相结合的道路。1969 年"文革"期间，对五四运动时代主题（或者时代精神）的解读是"造反有理，革命无罪"。1974 年，五四运动的时代主题被解读为"反潮流""打倒孔家店"，甚至还有"妇女解放"。1979 年，五四运动时代主题被解读为"思想解放"。1989 年前后，五四运动时代主题被一部分学者解读为"反传统""非理性""批判精神"。今年（1999）纪念五四运动，五四精神被概括为"爱国、进步、民主、科学"。

应该说，上述不同时代对五四精神的不同解读，都有其一定的合理性，因为它反映了某个特定时代的要求。我甚至还可以举出学术界忽略的另外一项五四时代精神，即它应该包括的内容——团结。这是各民族、各阶层的团结。各民族的团结，也就是中华民族的团结，边疆地区声援北京、山东、上海，海外华侨声援国内，等等。至于各阶层的团结，我们甚至可以说它是一种妥协：南北政府之间暂时搁置敌对状态——巴黎和会中有中国五个代表，一个代表来自南方，三人代表北洋政府，一人属于无党派人士（顾维钧）。同时，北洋军阀内部也暂停了大动干戈、兵戎相见。然而，巴黎和会之后，南北对立又起，军阀战火又开，这不说明在此之前的五四运动精神还包含着另外一项内容——团结吗？

所以说，五四的时代精神可以有多种解说，但经历80年之后，回头再反观这段历史，我们发现，在所有解说之中，只有两种有关学习五四时代精神的解说依然保留，或者说只有两种说法在五四运动过了80周年之后，依然经受了时间的检验：一是爱国主义精神，二是民主与科学精神。

这两种精神代表着五四的时代精神，并经得起并经受了时间的检验，是因为它们反映了20世纪前半期中国社会的时代主题：救亡与启蒙。李泽厚先生曾说“救亡压倒了启蒙”，而我则认为，近代以来救亡启蒙是无法分开的，两者浑然一体，不存在着谁压倒谁的问题。救亡在五四时代就是爱国，启蒙在五四时代就是民主与科学，救亡推动了启蒙，启蒙升华了救亡。

前不久，我写了《大力弘扬五四爱国主义精神》的文章，属于命题作文，但在实际内容上，还是写成了《弘扬五四的爱国主义精神和民主科学精神》，主观上曾想只写它的一个方面——爱国，但事实上无法回避另外一个问题——民主科学。结果，标题、正文并不完全是一回事。所以说，五四时代主题是两项——“爱国主义精神与民主科学精神”。

那么,五四精神的当代价值是什么？我认为仍然是爱国主义和民主科学。不过,它们在当代应该完成创造性的转换。

爱国主义是一个历史的概念:古代是忠君报国,讲“夷夏之大防”;近代讲捍卫主权,“睁眼看世界”,“师夷长技以制夷”,“商战”,甚至是“驱除鞑虏,恢复中华”等等;当代讲认清世界大势,讲和平发展、维护国家统一、三个有利于……总之,实现国家富强。当然要防止以爱国之名,行奸诈之实。如古代,在“爱国”的名义下要求人们“愚忠”;在五四时期,奸商以提倡国货之名,改头换面贩卖日货,甚至奸商借爱国之名做广告推销“威古龙热血丸”。说什么:敬告热血男女,血不热则自不守,血不足则热不能久,能爱国者欲求热血之充分,欲求热血充分则需求补血之妙药。“威古龙热血丸”乃补血之灵丹妙药,爱国之士必成热血青年。要成为热血青年,应当服用“威古龙热血丸”。在当代,有的商人借抗洪救灾之机,打着为国家分忧解难的旗号,推销假冒伪劣产品。这正如 18 世纪法国大革命时吉伦特派的罗兰夫人临上断头台前疾呼:“自由啊!自由！多少罪恶假汝之名而行!”在当代,也要防止某些人假“爱国”之名行其奸诈。

关于“民主”,这也是一种发展的概念。在古代,“民主”指的是民之主,即是君主,同时又强调“民本”“仁政”,“为民做主”。五四时期的民主,主要是反对封建专制。而当下的民主,就是人民当家作主,同时依法治国、以德治国。平心而论,目前尚不充分完备,但它的前景应该是令人乐观的。

关于“科学”,五四时代的主题是反对迷信,这在当代仍然有价值。但我们现在提倡科学,应该超越五四时代,区分它的不同层次:首先是科学的理性精神,不盲从教条;其次是科学的决策制度和管理制度,这一点和民主精神互为表里;最后是科学的技术手段也即用科技发展生产力。

今天,我们正在世纪之交,可以回头看一看20世纪初的中国历史主题:前半期是救亡与启蒙,后半期是繁荣与富强。五四先辈们以"爱国主义和民主科学"完成了第一个主题,在五四运动八十周年之后,我们总结这份珍贵的历史遗产,在新的形势下完成它们价值的当代转换,去努力实现国家的富强,去迎接新世纪的挑战,这就是对五四运动的最好纪念。

(原载《思想者》1999年第1期)

城市现代化中的历史文化保护问题

——以济南为例

工业革命以来，尤其是第二次世界大战以来，伴随着城市化浪潮以加速度方式席卷全球的同时，城市现代化问题也日益引人注目。进入21世纪，学者们对于现代化城市基本目标或特征的认识比较趋于一致，如认为现代化城市必须有四通八达的交通网，城市管理与服务必须高度信息化；除了基础设施高能化和产业结构高度化外，还应该重视经济活动高效化和人口构成高质化；现代化城市是以服务功能齐全为特征，融高密集度、高频率的物流、人流、资金流、信息流为一体的大都市，等等。然而，在达成上述共识的同时，我们应该看到，城市现代化的进程在某种意义上是以牺牲历史文化为代价的。这种残酷的事实提醒我们：一方面要顺应城市现代化不可阻挡的步伐，另一方面要高度重视并切实保护历史文化这种不可再生的资源。

一、历史文化传统与城市建设

作为人类活动中心舞台的城市是社会经济发展的产物，也是历史文化演变的结晶。在城市发展的历史长河中,前人为我们留下了丰富的历史文化遗产,如古城堡、古建筑、古街道、古雕塑、古墓群、古树木等。这些都是古代历史文化的体现。它们就像一面镜子,折射出历史文化的某一个侧面;它们也像一群浮雕,点缀现代城市的人文景观;它们还像一个路标,指引着城市发展的未来方向。

人们的观念受制于当时社会的综合发展水平。反过来看,人们的观念一旦形成,就会有巨大的历史惯性,引导着后人的生产和生活。城市的产生与发展,既是社会综合发展的产物,也是人们观念认可的体现。几千年来,不同时期城市的规模和布局,不同时期建筑的风格和色彩,都受当时的思想观念、价值取向的支配,或者说或多或少地折射出历史文化的底蕴。例如,《周礼·考工记》曾经是经典权威的城市规划和城市建设的文本。该书有关记载云“匠人营国,方九里,旁三门,国中九经九纬,经涂九轨”,对当时国都城市的规模、道路系统,采用三与九的对数,作了具体规定。在《周易》中,三代表着吉祥富足,“三生万物”。九则为《周易》八卦中的“阳爻”,代表至上、至多之意。“天地之至数,始于一,终于九。”《周易》是我国古代奴隶社会时期理解掌握天人关系的哲学思想精华,从这里可以看出。按周礼制度,天子王城边长九里,城中道路横竖各九条,表示天子王城至尊至上之意;城墙每面开三个门,则表示吉祥发达之意。周礼将原始的宗法思想与世俗习惯结合形成了一整套宗法等级制、分封制和世袭制,它影响上至国家典章,下至民间礼仪,当然也包括城市规划建制、布局、建设标准这些事关统治者地位、等级、兴衰的大事。尤其“天人合一”的哲学思想,对天地、祖宗崇敬的理念,在城市规划建设中得到广泛的运用。最典型的一个例子是明清两代对北京城的改造,使皇宫位于城市中央,使主要宫殿太和殿位于故宫几何中心,以体现"礼制尊、统于一"的思想。明清北京城规模宏大,中轴线突出,布局对称,南立天坛,北置地坛——天地呼应;日坛、月坛分列东西——日月对称。各地历史名城,宫殿、庙宇、王府、宅院,布局工整对称,色彩协调,既反映了森严的等级制度,也对哲学境界的某种追求。①

中国古代哲学在强调定于一尊、和谐统一的同时,也含有追求变异创新、因地制宜的理念。伴随着价值观念的多元取向,追求个性、张扬自由的城建思想也已经产生,如管子、孙子、墨子等诸子力倡改革祖宗成法,要求突破传统礼制的束缚。这些政治家、思想家的变易思想和改革实践,自然也会对古代城市建设以深刻影响。管子认为,城市建设要"因天材,就地利。故城郭不必中规矩,道路不必中准绳"。他还提出要城内分区,发展城中的商业、手工业,旨在打破森严的等级制和刻板僵化的规划格局与建设标准。当时各路诸侯为争夺天下,问鼎中原,纷纷在自己的势力范围内进行政治、经济、文化等多方面的改革,筑城立国,"非先王之制",把城市建设作为发展经济、加强军事、利于进攻、便于防守的重要国策。"礼崩乐坏"的宗周变局,不仅意味着"礼乐征伐自天子出"转为"礼乐征伐自诸侯出",周天子的权威受到挑战,而且也意味着定于一尊、等级森严的城市规划格局与建设标准受到冲击。管子的城市建设思想和各路诸侯的标新立异对当时和后来的城市发展产生了很大的影响。比如,春秋战国时的齐临淄、吴国的苏州城等国都,

① 张耀儒:《现代城市建设经济学》,中国城市出版社 1998 年版。

并未依据《周礼·考工记》规范的等级模式,而是因地形,就水系,体现因地制宜、适用为主的原则。①

在漫长的历史演进过程中,众多城市随时代的变迁而有了巨大的变化,但作为历史见证和不同时期的文化象征,如由城市区位、布局、道路、建筑、色彩所体现的哲学思想和文化传统,却留下了珍贵的遗产,值得我们珍视。同时,历史文化传统对现代城市发展也有借鉴和指导作用,表现在:

1. 古代城市选址理论为现代城市发展奠定基础。《管子·乘马篇》云:"凡立国都,非于大山之下,必于广川之上;高毋近旱而水用足,下毋近水而沟防省"。历史上城市选址的这一理念,延续至今,这是目前城市建设与发展的基础。

2. 古代历史文化为现代城市发展提供了丰富的规划建设经验。《周礼·考工记》有初步的城市规划理论。《管子》提出了着眼于经济发展和行政管理相结合的城市规划分区理论。古代的都城一般有内(城)外(郭)两层,内城是王府宅院和重要官署,外郭则主要是平民区、商业区、手工作坊区等,这些理论对我们今天的城市建设和发展仍有参考意义。

3. 古代城市保留至今的名胜、古迹、文物,形成了该城市的传统风貌与特色,既提供了城建经验,又是传统文化教育的最好实物教材,还是丰富的旅游资源,如曲阜的三孔、邹城的孟府。

现在我们正处于21世纪的门槛起点,面临全球化、工业化、现代化的大背景,面对人口爆炸的巨大压力,需要进一步拓展现代城市空间。因此,如何处理好现代经济发展、现代城市

---

① 张耀儒:《现代城市建设经济学》,中国城市出版社1988年版。

建设与继承历史文化传统、保持民族特色的关系，显得十分迫切。因为城市的发展不能割断历史，无论是新城建设还是旧城改造，都应继承城市历史文化中有价值的精华。

为了在现代城市建设中更好地继承传统，借鉴历史，保持有价值的建筑和古迹，正确处理好建设现代城市与保护历史文化传统的关系，国际社会早在 20 世纪 20 年代就制定了《雅典宪章》，80 年代国际古迹遗址理事会于华盛顿开会，通过了《保护历史城镇与街区宪章》，其间还有若干国际机构组织，多次通过决议。认为“历史地区及其环境是不可替代的世界遗产的组成部分”，要求各国尽自己的义务，并强调这不仅是为了本民族的利益，也是为国际社会尽义务。① 因此，要正确处理现代城市建设与历史文化保护的关系，应该遵循以下原则：

1. 思想上高度重视，把保护历史文化遗产看成维护民族长远利益而应尽的一份责任，也是在履行国际义务，要把这项工作纳入整个城市规划的通盘考虑范围。

2. 保护古迹、保护传统、保护环境，要形成一个完整的有机体。对于保护对象，可划出绝对保护区和相对保护区。

3. 要把保护、恢复和利用相结合。坚持在保护的前提下发展利用，在利用中发展保护。做好这项事业，真可谓功在当代，利在千秋，惠及子孙后代。

4. 开辟新区、保护旧城。在城市现代化发展中，要避免有历史价值的旧城遭破坏，也要避免新城繁荣的同时而使有历史文化价值的老城区衰落。尤其是开辟新区，保护旧城要慎之又慎。要对当地居民进行引导，取得他们的认可和支持，达到多

---

① 张耀儒:《现代城市建设经济学》，中国城市出版社 1988 年版。

赢的局面。

保护古城与建设新城,这一直是困扰人们的一大矛盾。其实,换种思路则可迎刃而解,如意大利,历届政府都将保护古城与发展经济融为一体,其效果有目共睹。我国的苏州、杭州,实行保护古城、开发新区并进的原则,取得成效。我们要吸取一些国家或地区在发展初期,只重视现代经济,不重视民族传统;只重视物质建设,不重视精神文明;只重视眼前利益,不重视长远利益和未来可持续发展的经验教训。须知:一切历史文物古迹是不可再生的,不要让发展之后再进行仿古建设这种尴尬局面出现。

二、济南城市的历史文化及其保护

济南至少有4000多年的文明史,史书记载舜帝就在济南留下了生产和生活的足迹,在千佛山、舜井街留下了许多关于舜的佳话。古书记载“舜耕于历山”,说明当时的济南已经进入了农耕时代。如果再往上推,考古学家在济南发现了8000多年前的陶器,说明济南有着更为悠久的历史。《春秋》一书记载,公元前694年鲁桓公与齐襄公曾经“会于泺”,此之“泺”即为现在的趵突泉,这说明当时的济南已经引人注目。秦始皇统一中国后,曾经在历山(今千佛山)脚下建城,谓之历城。当地遂有“先有历城,后有济南”之说。汉代初年,在东平陵设立了济南郡,至此正式有了“济南”之名,取其乃古济水之南的含义。晋代永嘉年间,济南郡治由东平陵移至历城,即现在济南市的老城区一带。明初,设立山东行省,济南始为山东首府,从此成为山东地区的政治中心。解放战争时期,济南战役成为人民解放军战略反攻阶段的第一场城市攻坚战役,有着特殊的军事意义,这也反衬出济南在华东、华北有着重要的战略地位。

济南不仅地理位置重要,而且有着秀美的湖光山色,为历代文人墨客所称道。“四面荷花三面柳,一城山色半城湖”,这副关于济南的大写意对联堪称绝唱,而“家家泉水,户户垂柳”则是对济南特色工笔细描的点睛之笔。春秋战国以来,济南名人辈出,所谓“济南名士多”的名句,点出了济南自古以来所拥有的人文底蕴。

在济南城市的发展史上,晚清时期济南自开商埠(1904 年 5 月)是一个重大事件。总体而言,济南开埠在以下几个方面带来了深刻和深远的影响:

1. 城市空间结构形成了“双中心”的格局,开埠后的济南形成了两个中心城区,即老城区和商埠区,犹如“双子星座”,使济南古城成为开放的城市,呈现出东西发展的带状形态,突破了老城区的封闭状态,拉开了济南城市跳跃式发展的序幕。随着经济的发展,商埠区不断向外拓展,在占地面积、市政建设、行政管理等方面与老城区并驾齐驱,从而改变了济南城市的空间格局。

2. 城市的功能和特色发生了变化。开埠前的济南,主要承载着全省行政中心的功能,体现着消费城市和文化城市的特色;开埠后的济南在原有功能和特色的基础上又增添了商贸中心、金融中心、交通中心以及生产城市等新的功能和特色,成为一个综合性的省会城市。

3. 城市的生产能力大为提高。开埠前的济南除了山东机器局这唯一的军火工厂外,只有一些生产能力极为低下的手工作坊；开埠后的济南机器工业迅速发展起来，二三十年中建立起机器工厂20家，机器工业的生产能力已经取代手工工业而占据济南工业的中心地位，其中尤以面粉加工业最为发达，济南因此而跻身于全国"面粉加工业六大中心"之一。

4. 城市的商业结构发生了变化。开埠前的济南商业局限于传统行业范围；济南开埠以后，洋商行络绎而至，民国初年商埠区的洋行已达25家，到1932年洋行、洋庄、洋店约有300家①，济南民族资本的新式行栈、行商也应运而生。新式商业资本的涌入，改变了济南传统的商业结构，占市场首要地位的已经不再是传统的国药、杂货、绸布、鞋帽、银钱"五大行"，而是集中于商埠区的土货输出和洋货批发，这种商品的双向流通冲击了山东原有的经济结构。

5. 城市的商贸辐射能力大大拓展。开埠前的济南商贸范围有限，其经济地位远不及周村、潍县、烟台、临清、济宁，美国学者鲍德威曾经形容济南"只能算做一个三流商业城市"；开埠后的济南商贸辐射范围南接宁沪，北达京津，东连胶澳，西及晋豫，远远超过了周村、潍县、临清、济宁，到民国初年已经成为华北商贸重镇和山东土洋货物的集散中心。

6. 城市的人口结构发生了重要的变化。开埠前的济南人口增长缓慢，清朝乾隆年间记载：历城县城及四关地区（今济南市）范围人口数量为46134人；开埠后的济南由于有着优惠的招商引资条件，引得外地商民纷至沓来，人口迅速增长，仅外

① 《济南市志》，中华书局1997年版，第47页。

国侨民1927年就有3439人①,占当时济南总人口的1%。至于济南市人数,1911年为275300人,1936年达442250人。②济南人口增长是流入性的,而非自然增长所致。更重要的是,从事工商业的人口增长迅速,1939年约有十万之众,占当时济南总人口的1/5左右,这使得济南人口发生了结构性的变化。

7. 改变了山东全省的交通格局。济南开埠前的山东全省只有旧式的水路交通体系。在运河方面,分别有黄河、大运河、小清河、胶莱河及潍河等;在海运方面,或者由渤海经烟台南下,或者由黄海经胶州北上;在陆运方面,沿运河交通线者为水驿,以运河与陆运连接者为水马驿,纯用陆运者为马驿。③在这种旧式水陆交通体系中,济南的交通地位既比不上运河沿线的临清、济宁,也不如陆运中心"旱码头"周村。清末新政时期,随着山东新式水陆交通体系的出现,开埠后的济南成为横跨东西的胶济铁路与贯通南北的津浦铁路的交汇点,并成为民国时期山东公路运输的中心。济南的交通枢纽地位日益显现。

8 引发了人们价值观念的变化。山东作为孔孟之乡、儒家文化发祥地,"官不言商""重农抑商"的观念根深蒂固,使得商人在"士农工商"的传统社会阶层构成中居于四民之末,人格被扭曲。清末新政时期,济南自开商埠这一举措,表明山东当局在价值观念上已经清楚地认识到了发展工商业的重要性,而

---

① 孙宝生:《历城县乡土调查录》,历城县实业局1928年印,第47页。

② 《山东史志资料》第一辑,山东人民出版社1982年版,第179—183页。

③ 吕伟俊、李平生等:《山东区域现代化研究(1840—1949)》,齐鲁书社2002年版,第75页。

新开放的城区命之为“商埠”也说明了商业在这里获得了法律地位上的认可。更为重要的是，商埠区和老城区均设有商会，遥相呼应，并且商埠区的商会负有市政管理职能，这表明济南新兴的工商阶层已经开始有了自我关怀意识，山东当局已经自觉地将倡导和保护工商视作重要的行政内容，为振兴工商提供了制度性的保障。这一切，均有助于人们改变价值观念①。

开埠后的济南城市发展，贯穿了“开放—发展”这样一条主线。在这种前提下，开埠后的济南面临着或者说较好地处理了下列三者关系：(1)吸引外商投资与保护主权利益的关系；(2)建设新城与保持古城的关系；(3)借鉴西方文明和继承优秀传统文化的关系。清末民初时期，济南既不像上海那样具有“海派”特色，也不像北京那样保留“京派”传统；既不同于德国殖民统治下的青岛模式，又不像鲁西城市及内陆城市那样对外来事物反应迟钝。

济南开埠至今已经整整一百年了。当今社会的发展日新月异，全球化、工业化、信息化的浪潮席卷而来。伴随着人口流动频率的加快，大量外来人口的涌入，人口爆炸带来的压力，以及汽车的加速度增长，这一切使得古老的济南变得那么拥挤，古老的街区显得那么逼仄。在现代化的大背景之下，济南旧城区改造势在必行。现代化的济南城市必须要有宽敞便捷、四通八达的交通体系，必须要有综合性多功能的商务区、居民区、生活区、文化娱乐场所，必须要有便捷的信息服务网络、城市管理监控系统。对于这些现代化的城市功能，人们容易达成共识。然而，在现代化的城市建设中，如何保护历史文化则是仁者见

① 李平生：《论晚清山东经济现代化》，《文史哲》2002年第6期。

仁,智者见智。笔者不揣简陋,略陈管见如下:

(一)在旧城区改造过程中发掘、总结、提炼出济南精神,展现济南人的价值观念和文化品位。古老的济南留下了诚信为本、吃苦耐劳的美德,开埠后的济南体现了爱国自强、开放创新的风采。一些延续多年的传统行业,一些风格特异的古老街区,一批见证历史的重要遗迹,这些从不同侧面体现济南历史文化的载体都应该得到有效的保护。

(二)保护有历史文化价值的建筑和人文景观。饱经沧桑的建筑是用石头、木料堆积起来的一种历史文化的象征。济南既有体现本土文化的古老建筑,也有充满异域风情的洋楼,还有中西合璧的居所,这些如果在旧城区改造过程中毁于一旦,则是令人扼腕悲叹的事情。现在用钢筋水泥也可以塑造一种新的建筑文化,但现代化的建筑绝不是火柴盒似的高楼大厦。另外,一个城市除了必须有山水等自然景观之外,还必须有体现人文特色或时尚的景观,只有人文景观与自然山水融为一体,才能显示城市的底蕴和风采。

(三)特别要保护济南的山水风貌。“仁者乐山,智者乐水”。山是济南的魂,水是济南的韵。“一城山色半城湖”,二者缺一不可。可惜的是,由于高楼大厦的遮挡,千佛山快要成了济南的盆景;由于污染严重,大明湖难有清澈水质。而水是济南灵气的体现,历史上“小桥流水人家”“户户泉水”代表一种神韵。水是生命之源,也是许多城市历史文化特色之所在,这些城市如果没有水则是不可想象的,如杭州、苏州、无锡、桂林乃至聊城。未来的济南城建工程应有超前意识,提前考虑将来“南水北调”“引黄入济”实现以后所带来的后续资源,为充满水的灵气的济南留下发展空间。

历史上的济南留下了丰富的文化遗产，开埠后的济南见证了百年沧桑。重温历史，是为了开创未来。我们期待明天的济南会更加美好！

（作者李平生、赵秀芳，原载《东岳论丛》2004年第5期）

澳门问题的由来及其解决

随着澳门回归历史步伐的日益逼近，中华民族又将迎来一大盛事。值此世纪之交，回顾澳门四百余年来所经历的风雨沧桑，总结澳门问题在旧中国一直悬而未决的历史教训，不仅有利于我们深刻理解新中国顺利解决这一历史遗留问题的伟大意义，坚定不移地贯彻“一国两制”方针，加快祖国统一步伐，而且有利于我们高举邓小平理论伟大旗帜，紧密团结在以江泽民同志为核心的党中央周围，把建设有中国特色的社会主义伟大事业全面推向21世纪。

一

澳门，在中国史籍中有多种称谓，如“蚝镜”、“豪江”、“马交”、“镜湖”①、“妈港”，等等。在葡萄牙语和西方语言中，称之为“Macao”。现在的澳门地区，包括澳门半岛、氹仔岛和路环岛，面积约24平方公里，人口43万。在中国的版图上，澳门

① 陈乔之主编：《港澳大百科全书》，花城出版社1993年版，第631—632页。

不过是弹丸之地，但它像一朵盛开的莲花坐落在富饶的珠江三角洲南端，是海上交通运输的优良港口，地理位置十分重要。自古以来，澳门就是中国神圣的领土，我们的祖先早在新石器时代就在这里生息繁衍。近年来在澳门出土的文物当中，有5000多年以前的彩陶、石斧等，经专家鉴定与广东珠海出土的文物同属一个文化体系。① 秦始皇统一中国以后，澳门归属于南海郡番禺县。宋代，广东人已在澳门定居。明代，澳门被我国辟为进行中外贸易的“互市”地点，成为东西方海运贸易的主要集散地之一。② 正当澳门日渐开发并显示它重要位置的时候，葡萄牙殖民主义者来到了中国东南沿海，开始了对澳门的逐步侵占。

葡萄牙是欧洲最早向世界各地进行殖民扩张的国家之一，也是最早侵占我国的西方国家。早在1474年，葡萄牙国王就曾向意大利地理学家查询有关中国的情况。1498年，葡萄牙航海家达·伽马绕过非洲好望角抵达印度，开辟了欧洲至亚洲的海上航线。1511年以后，葡萄牙海盗商人通过马六甲海峡来到中国东南沿海，从事非法勾当，并企图在澳门登陆，遭到中国沿海驻军的查禁和拦截。1535年，葡萄牙人通过贿赂明朝官员，取得了商船在澳门停靠的便利；1553年，借口商船触礁，波涛入仓，贡品浸湿，请求在澳门借地晾晒，并贿赂广东海道副使汪柏，获准在澳门登陆。③ 1557年，葡萄牙人在澳门开始大兴土木，建筑房屋，长期定居，正式占据澳门。这一年，被定为

---

① 鞠庆友、杜希福：《可爱的澳门》，红旗出版社1999年版，第6页。

② 王启人：《九九终归一　共迎新世纪——为澳门回归祖国倒计时一周年而作》，《人民日报》1998年12月21日。

③ 《“澳门问题”的由来》，《港澳经济》1985年第1期。

澳门正式开埠之始。此后,葡萄牙人在澳门筑炮台、设据点、建高楼、修城池,俨然以主人自居。

明朝政府虽然允许葡萄牙人在澳门居住,但一直对澳门行使主权和治权,严格掌握澳门的土地所有权(居澳葡人每年交纳地租500两,由香山县代征),设立专门管理机构,驻军把守,禁止随意越界。这时期,居澳葡人获得了三种权利:一是居留权,二是贸易权,三是自治权。[①] 清朝建立之后,基本上沿袭了明朝对澳门的管理方式。总之,鸦片战争以前,澳门是在中国政府拥有主权并进行某种管理和监督的前提下,一个由葡萄牙人经营的港口。

鸦片战争以后,葡萄牙人借《南京条约》使清政府大失权威之机,企图破坏中国对澳门的主权,使自己由原来的居留者变为对澳门的统治者。1843年,葡萄牙人照会两广总督,企图改变澳门的地位,使之成为葡方的殖民地,遭到清政府的拒绝。1845年,葡萄牙政府悍然宣布澳门为"自由港",任命海军上校亚马勒(Amaral)为澳门总督,训令他"要维护这个'殖民地'的绝对主权"。1849年,澳门总督亚马勒挑起事端,率兵袭击澳门海关,砍倒飘着中国旗帜、象征中国主权的旗杆,驱逐中国海关官兵。清政府官员在此事件中处置失当,当地愤怒的爱国青年沈志亮等人打死了澳门总督亚马勒。葡方借口这一事件,拒绝交纳地租,并且越界扩张,1851年占领氹仔岛,1864年占领路环岛,从而形成了现在澳门界址。

然而葡方此时仍未从公认的国际法角度获得在澳门的

---

① 参见黄鸿钊:《澳门问题的历史回顾》,《南京大学学报》1987年第1期。

“永居权”和管理权。形势的逆转发生在1887年。当时清政府经历中法战争之后，国库空虚，但筹办海军和洋务需要大量资金，不惜饮鸩止渴，派员与港英当局协商征收鸦片税厘、查禁港澳鸦片走私等事宜。港英当局提出鸦片在关并征税厘需与澳门同时办理。在谈判过程中，清政府聘英国人、中国海关总税务赫德(Robert Hart)为中方代表、顾问。赫德派其亲信英国人、中国海关驻伦敦代表金登干(James Duncan Campbell)赴葡萄牙首都里斯本秘密谈判，竟以承认葡人永远占据澳门来换取葡方在征税方面的暂时合作。① 在赫德“连哄带骗”的撮合下②，清政府征收鸦片税厘心切，听任摆布，于1887年3月27日由金登干代表清政府，在里斯本签订了《会议草约》，准许葡萄牙人永驻、管理澳门及属澳之地，与葡国治理他处无异。③同年12月1日，中葡双方在草约的基础上正式签订了《和好通商条约》，正式承认了葡萄牙占领澳门的事实。

二

毛泽东同志指出：“帝国主义和封建主义相结合，把中国变成半殖民地和殖民地的过程，也就是中国人民反抗帝国主义

---

① 许剑英:《澳门沦丧略述》,《沈阳师范学院学报》(社会科学版)1985年第2期。

② 中共中央台湾工作办公室、国务院台湾事务办公室《中国海关与中葡里斯本草约》,中华书局1983年版,第84、95页。

③ 伍杰:《中外旧约辞典》,青岛出版社1993年版,第69页。

及其走狗的过程。"①在澳门这块神奇的土地上,中国人民不仅直接进行了反对葡萄牙殖民主义者的斗争,还利用它的特殊条件开展了各种反帝反封建的斗争。

1839 年,林则徐挟虎门销烟之余威,以钦差大臣的身份,在两广总督邓廷桢的陪同下,亲自巡视澳门,代表中国政府,郑重地行使了对澳门的主权。② 19 世纪 70—80 年代,早期改良思想家郑观应多次返往澳门,在这里经过欧风美雨的冲击,形成了对外国"兵战不如商战"的思想,完成了名作《盛世危言》。孙中山也与澳门有着不解之缘,从某种意义上说,澳门是孙中山迈向世界的门户和踏进社会的舞台,而他在澳门的反帝反封建活动,又为澳门书写了光辉的篇章。③ 抗战时期,澳门各界支援祖国抗战,大批热血青年还奔赴内地抗战前线,与日寇浴血奋战。解放战争时期,一批爱国人士告别蒋介石政权,借道澳门,北上解放区,投入新中国的怀抱。1925 年,爱国诗人闻一多曾写下了不朽的组诗《七子之歌》,其中《澳门》篇章表达了澳门同胞渴望已久的心愿:"你可知'妈港'不是我的真名姓,/我离开你的襁褓太久了,母亲!/但是他们掳去的是我的肉体,/你依然保管着我内心的灵魂。/三百年来梦寐不忘的生母啊!/请叫儿的乳名:叫我一声:澳门!/母亲,我要回来,母亲!"

澳门回归祖国,这是历经明朝、清朝、民国三个朝代近四百年来炎黄子孙的梦想。然而,这个梦想在旧中国是实现不了

① 《毛泽东选集》(合订本),人民出版社 1967 年版,第 595 页。

② 参见方志钦:《林则徐与澳门》,《历史研究》1990 年第 6 期。

③ 参见盛永华、赵文房、张磊:《一个巨人的外向门户和活动舞台》,《广东社会科学》1990 年第 2 期。

的。清朝末年,中葡双方曾经围绕着划定澳门属地及界址、修建广澳铁路、“二辰丸事件”、路环血案、疏浚海道交涉案等问题,进行过多次交涉。有的迄无定论,有的谈判破裂,有的达成和解,但澳门的地位始终未能改变。民国时期,中葡双方关于澳门问题曾有过多次交涉。在1919年巴黎和会及1921年华盛顿会议上,中国关于澳门问题的正义要求没有被接纳,中国政府从此谢绝第三国调停澳门界址问题。① 1924年,孙中山发表宣言,要废除一切不平等条约。1928年12月中葡双方重订《中葡友好通商条约》。虽然从国际惯例和国际法的角度葡萄牙已经丧失了继续占据澳门的依据,但是葡人占据澳门的现实却没有什么改变。抗日战争胜利后,全国各界掀起了要求收回澳门运动的新高潮,并发生了1945年11—12月张发奎部队武装封锁澳门事件,但民国政府阻止了事态的发展。1947年4月,中葡双方就废除领事裁判权问题进行换文,但回避了澳门问题。这样,中国人民收回澳门的强烈愿望始终未能实现。②

新中国成立之后,澳门问题的解决掀开了新的一页。

1949年10月1日,中华人民共和国宣布,将审查历届政府与外国签订的一切条约,并根据条约的内容分别予以承认、废除、修改或重新谈判。③ 不言而喻,新中国对于清朝、民国与葡萄牙签订的不平等条约将不予承认。1955年1月,葡人为炫耀殖民历史,积极筹备所谓“澳门开埠四百年纪念”活动,并进

① 陈乔之主编:《港澳大百科全书》,花城出版社1993年版,第846页。

② 黄鸿钊:《百年来中葡关于澳门问题的交涉》,《南京大学学报》1988年第4期。

③ 徐彬:《97香港回归风云》,吉林摄影出版社1996年版,第45页。

行一系列挑衅活动。对此,《人民日报》10月26日以《警告澳门葡萄牙当局》为题发表评论员文章指出:“澳门是中国领土,中国人民从来没有忘记澳门,也从来没有忘记他们有权利要求从葡萄牙手中收回自己的这块领土。”①1972年3月8日,中国常驻联合国代表黄华致函联合国非殖民化特别委员会主席,郑重声明:“香港和澳门是被英国和葡萄牙当局占领的中国领土的一部分,解决香港、澳门问题完全是属于中国主权范围内的问题,根本不属于通常的所谓‘殖民化’范畴。”②同年11月8日,根据中国政府要求,第27届联合国大会通过决议,将香港和澳门从殖民地名单中删去。中国政府这一举动的意义在于,堵住了某些国家企图以“殖民化问题”策划港澳独立或把港澳问题国际化的险恶图谋。

从20世纪80年代中后期开始,收回澳门的时机逐渐成熟了。尤其是中英关于香港问题的谈判,更为中葡双方和平解决澳门问题提供了成功的范本。邓小平于1984年10月3日和6日两次接见港澳同胞国庆观礼团时,指出澳门问题的解决也是按照“一国两制,澳人治澳”的原则。1985年5月中葡双方发表联合公报,表示将于近期内通过外交途径就澳门问题举行谈判。1986年3月中国外交部副部长周南在里斯本与葡国外长再次就举行谈判问题进行磋商。至此,澳门问题的解决已经是箭在弦上了。

1986年6月30日,中葡双方开始就澳门问题正式举行外

---

① 《警告澳门葡萄牙当局》,《人民日报》1955年10月26日。

② 黄鸿钊:《百年来中葡关于澳门问题的交涉》,《南京大学学报》1988年第4期。

交谈判。其间,中方表示希望1997年收回澳门,甚至认为还可以提前一些。因为澳门问题比香港问题简单,理应比较容易解决。然而,葡方表示澳门政权的移交最适当的时间是在2017年。[①] 对此,邓小平明确表示:澳门问题的解决不能拖到21世纪。1986年12月31日,中国外交部发言人宣布:"在2000年前收回澳门是中国政府和包括澳门同胞在内的十亿中国人民的不可动摇的坚定立场和强烈愿望,任何超越2000年后交回澳门的主张,都是不能接受的。"[②]中国政府作出强硬的表示之后,葡萄牙政府只得从其立场后退。1987年3月27日,在中葡里斯本草约签订100周年之际,中葡双方在北京举行关于澳门问题联合声明草签仪式。4月13日,两国总理正式签字,发表联合声明:"澳门地区是中国领土,中华人民共和国政府将于一九九九年十二月二十日对澳门恢复行使主权。"[③]1988年1月15日,中葡两国政府关于澳门问题的联合声明正式生效。至此,澳门问题基本圆满解决,澳门同胞在经历了与祖国漫长的分离痛苦之后,踏上了回归倒计时之路。

---

① 黄鸿钊:《百年来中葡关于澳门问题的交涉》,《南京大学学报》1988年第4期。

② 黄鸿钊:《百年来中葡关于澳门问题的交涉》,《南京大学学报》1988年第4期。

③ 黄鸿钊:《百年来中葡关于澳门问题的交涉》,《南京大学学报》1988年第4期。

三

澳门问题历经明朝、清朝、民国持续400多年，一直悬而未决。新中国建立50周年之际，澳门将回归祖国。综观澳门问题圆满顺利解决的原因，主要有以下几个方面。

（一）新中国的强大，日益在国际舞台上发挥重要作用，这是澳门问题圆满顺利解决的根本原因。自古以来，“弱国无外交”。中国近代史也一再昭示国人：“落后就要挨打。”在当今世界，充满着无数的以强凌弱、大国操纵和欺辱小国的事例。有鉴于此，邓小平同志再三告诫我们：“发展是硬道理”。假如中国仍然是一个“东亚病夫”的形象，那么在当今国际舞台上就不可能拥有自己的一席之地，澳门问题就不可能如此圆满顺利地得以解决，葡方就有可能将这个问题借故拖延，或使之国际化，同时某些国家也可能乘机插手干涉，使之复杂化，从中渔利，留下无穷后患。如今，东方的睡狮已经猛醒，强大的社会主义新中国已经屹立于世界民族之林。这是澳门问题圆满顺利解决，完成祖国和平统一大业，把一个高度文明、民主、繁荣、富强的现代化国家全面推向21世纪的根本保证。

（二）新中国的三代领导人在解决澳门问题方面采取了积极务实、切实可行的方针政策。第一代领导人毛泽东、周恩来多次重申了中国政府对澳门的主权，指出解决这类历史遗留问题应该通过和平谈判的方式，在正式解决的时机不成熟的情况下暂时维持现状。第二代领导人邓小平制定了“一国两制，澳人治澳，高度自治，50年不变”的方针，这既考虑了澳门的历史，也为完成澳门政权的平稳过渡，保持繁荣与稳定，提供了法律保障。以江泽民同志为核心的党的第三代领导人继续贯彻执行“一国两制”的方针，成功地纾解了亚洲金融危机给香港造成的不利影响，这将为澳门的正式回归和进一步繁荣发展创造有利的条件。

（三）在解决澳门问题过程中，葡萄牙政府采取了务实与明智的态度。1974 年 4 月 25 日，葡萄牙发生政变，新政府宣布了“非殖民化政策”，放弃海外殖民地，公开承认澳门不是葡国政府管理，这是一个历史上遗留下来的问题，在适当的时期，中葡两国将通过友好协商来解决。不过这一协议，中葡双方在建交时均没公布。[①] 随后，双方开始频繁的高层次领导互访。中葡《关于澳门问题的联合声明》发表时，双方“满意地回顾了两国建交以来两国政府和两国人民之间友好关系的发展”[②]。应该说，葡方的姿态，不是澳门问题圆满顺利解决的根本原因，但在一定程度上也避免了某些麻烦。

澳门问题圆满顺利地解决，具有重大的历史意义：

（一）解决了持续四百余年的复杂历史遗留问题，彻底结束了外国在中国的殖民统治。历史上，葡萄牙、荷兰、英国、法国、俄国、德国、日本、美国等国家曾对中国进行过殖民统治或武装侵略，造成了中国社会的贫穷落后，动荡不已。面对外敌入侵，中国人民进行了不屈不挠的斗争，捍卫了国家主权和民

---

① 黄鸿钊：《百年来中葡关于澳门问题的交涉》，《南京大学学报》1988 年第 4 期。

② 《中华人民共和国政府和葡萄牙共和国政府关于澳门问题的联合声明》，1987 年 4 月 13 日。

族尊严，最终在中国共产党的领导下，彻底地推翻了帝国主义在中国的统治。澳门问题的解决，雪洗了中国历史上遭受外敌侵略、民族耻辱的最后一个象征，显示了中华民族不可战胜的伟大力量。

（二）推动了祖国和平统一的步伐。由于历史的原因，全国大陆基本解放以后，尚有香港、澳门仍在殖民统治之下，台湾则与祖国大陆分离。1997 年 7 月 1 日，香港回归祖国，完成了和平统一大业的第一步。1999 年 12 月 20 日，澳门将回归祖国，这是和平统一大业的第二步。这样，祖国和平统一的大业只剩下台湾问题。“目前，台湾局势正处于重大的变化当中，尤其是‘台独’思潮有蔓延之势，需要严重注意和警惕。形势的发展，把结束两岸分裂局面、实现祖国统一的任务更加突出地摆在全体中国人民面前”①。香港、澳门问题的顺利解决，将有利于推动台湾问题的顺利解决，最终完成祖国和平统一大业。

（三）为解决国际争端提供了一个成功的范例。当今世界，和平与发展是时代主流，人心所向，然而依然存在霸权主义、强权政治，国与国之间的摩擦时有发生，小规模的地区冲突从未间断，武力威胁、兵戎相见的现象层出不穷。这些做法违反了人类的根本共同利益。中国人民历来主张用和平的方式解决国际争端，反对诉诸武力。当年，葡萄牙殖民主义者以海盗的方式，采取武力恫吓、贿赂、欺诈、挑衅，以及勾结其他大国等不光彩的手段，占据了澳门；如今，中国政府以

---

① 江泽民：《在中国共产党成立七十周年大会上的讲话》（1991 年 7 月 1 日），人民出版社 1991 年版，第 39 页。

和平谈判的方式,“不战而屈人之兵”,防止第三国插手干涉,圆满顺利地解决了澳门问题,这是对人类和平发展事业的重大贡献。

（四）体现了“一国两制”政策的巨大作用。“一国两制”政策最初是在20世纪70年代末80年代初针对解决台湾问题而提出来的[①],后经发展与完善,成为解决台湾、香港、澳门问题的指导方针。可以说,澳门的回归,是香港回归之后“一国两制”的再实践,谱写着祖国和平统一大业的新篇章。“一国两制”是马克思主义国家学说同我国和平统一大业实际相结合的产物,这项方针政策在澳门的实施,既是历史的选择,人民的愿望,也是现实的需要,时代的要求,并将在实践中经受检验,从而极大地丰富和发展马克思主义的国家学说,具有实践和理论的双重意义。[②]

（五）将有利于推动祖国的四化建设。澳门在历史上曾有过辉煌的一页,明清之际它是华南地区重要的商港,也是中国最早对外开放的四个口岸之一。在鼎盛时期,澳门作为广州的外港,是唯一的来华贸易洋商的留居地,远东贸易的中继站。但是,自从香港开埠,澳门经济逐渐萧条。第二次世界大战以后,澳门踏着四百余年的苍茫烟雨,再一次焕发青春活力,迅速崛起,发展了加工业、旅游博彩业、房地产建筑业、金融业,以崭

---

① 中共中央台湾工作办公室、国务院台湾事务办公室:《中国台湾问题》,九洲图书出版社1998年版,第66—68页。

② 王启人:《九九终归一　共迎新世纪——为澳门回归祖国倒计时一周年而作》,《人民日报》1998年12月21日。

新的面貌跻身于世界都市之林，成为亚洲正在腾飞的一条“小龙”①。可以肯定，澳门回归后将进一步加强与祖国内地的密切联系，彼此促进，相得益彰，为祖国的四化宏图增光添彩。

目前，澳门回归正在进行。1993 年 3 月，第八届全国人民代表大会第一次会议通过了《澳门基本法》。1998 年 5 月，澳门特别行政区筹备委员会成立。1999 年 5 月，澳门同胞按照自己的意愿推举产生了四百多年来第一任华人行政长官。其他一些与澳门平稳过渡和政权顺利交换的有关工作也都在有条不紊地进行。尽管在此过程中，中葡双方在“公务员本地化”“法律本地化”“中文成为官方语言”、公务员退休薪金、社会治安、“土生葡人”的社会地位、澳门驻军等一些具体问题上尚有意见分歧②，然而这些小小的风浪根本无法阻挡澳门回归的历史巨澜正以排山倒海之势向我们涌来。“九九归一”，澳门在与祖国分离了四百多年之后，终于要回到祖国的怀抱了。

（原载《理论学刊》1999 年第 5 期）

① 陈乔之主编：《港澳大百科全书》，花城出版社 1993 年版，第 648 页。

② 林昶：《澳门回归道路遇到困难》，《广角镜》1998 年 12 月 16 日。

港澳问题比较及其启示

在20世纪的中国历史上，1997年的香港回归和1999年的澳门回归无疑占有极其重要的篇章。这是几个世纪以来中国人民反抗西方殖民侵略史的收篇之作，表明了中国人民捍卫国家主权、维护民族尊严的信心和能力；这是贡献给当代人类和平发展事业的成功范例，表明中国人民对人类根本利益认真负责的态度；这是实现祖国和平统一的两大步骤，表明了中国政府在错综复杂的国际风云中具有敏锐的洞察力和高超的驾驭能力，已经站起来的中国人民有能力解决长期遗留下来的复杂历史问题。翻检港澳问题形成过程中的风雨画卷，纵览港澳问题解决过程中的艰难历程，分析顺利解决港澳问题所产生的巨大影响，比较上述问题的相同之处和不同之点，有利于我们深刻认识“一国两制”方针政策的巨大作用，思考港澳问题的解决给台湾问题的早日解决所带来的启示，从而彻底完成祖国的和平统一大业。

一

自古以来，港澳地区就是中国的神圣领土。考古学资料显示,早在6000多年前的新石器时代,港澳地区就有人类活动和繁衍,其文化遗迹与广东省环珠江口地区属于同一源流。[①] 秦始皇统一中国以后,港澳地区正式纳入中国版图,隶属于南海郡番禺县。确凿有据的大量事实表明,在西方殖民者到来以前,中国政府早已对港澳地区进行了有效的管理,拥有无可置疑的主权。由于历史的原因,澳门首先遭到葡萄牙的侵占。1553年,葡萄牙人在澳门登陆,1557年,正式占据澳门。1845年,葡萄牙悍然宣布澳门为"自由港",视之为"殖民地",1851年占据氹仔岛,1864年占据路环岛,形成了澳门的界址。1887年,通过中葡《和好通商条约》,葡萄牙人获准"永居、管理澳门"[②]。至此,持续了330多年的澳门问题正式形成。香港问题的产生较诸澳门问题晚了280多年。鸦片战争期间,英军以子虚乌有的《川鼻条约》为借口[③],强行占领了香港岛。1860年,英国通过第二次鸦片战争,强迫清政府签订《北京条约》,割占九龙司。1898年,英国强迫清政府签订《展拓香港界址专条》,强租"新界",租期99年。至此,香港问题正式形成,前后历时40多年。

澳门问题和香港问题相比,两者的形成方式有着很大的差异。葡萄牙殖民者最初闯入我国东南沿海时,曾企图以武力强占某个据点。明朝军队不仅在屯门之战和西草湾之战当中挫败了葡人武力抢滩的企图,还在闽浙沿海严厉打击了葡人与倭

---

① 参见邓聪:《澳门历史的新结构》,《历史研究》1999年第6期;刘蜀永:《香港的历史》,新华出版社1996年版,第2页。

② 邓开颂:《九九归一》,中央文献出版社1999年版,第298页。

③ 参见胡思庸、郑永福:《〈穿鼻草约〉考略》,《光明日报》1983年2月2日。

寇的联手骚扰。葡萄牙殖民者意识到中国毕竟不同于非洲和东南亚国家,仅恃武力在中国建立据点是无法奏效的,为此改变了策略,通过欺骗和贿赂的手段才获准在澳门登陆、定居。在此后的300多年里,居澳葡人一直以中国皇帝“顺民”的身份而在澳门居留、经商。① 鸦片战争以后,葡萄牙乘清政府内外交困之机,一再挑起事端,企图改变澳门的地位。1887年,葡萄牙借助其他大国的支持,在英国人赫德对清朝“连哄带骗”的撮合下②,签订《和好通商条约》,正式获得了对澳门的管治权,实现了几个世纪以来梦寐以求的愿望。总体说来,葡萄牙对澳门的侵占方式经历了由最初企图武力强占,到欺骗与贿赂双管齐下,再到借助其他大国以遂其愿的漫长过程。相比较而言,英国侵占香港的方式更显露出赤裸裸的武力强占和强租特征。1841年1月,英国在还没有任何条约依据的情况下便已经对香港岛实行军事占领,一年半以后(1842年8月)在英国军舰“康沃利斯号”(Cornwallis)上签订的中英《南京条约》,不过是对既成事实的认可而已。1860年10月中英《北京条约》签订时,英军在北京安定门上布置了一个野战炮兵连,随时准备行动,英国全权特使在500名骑兵、步兵的簇拥下傲慢地进入签字现场。可以说,军舰和大炮是英国割占香港岛和九龙司的象征和见证。至于1898年6月英国强租“新界”,则是武力恫吓的结果。两厢比较,如果说澳门问题的形成尚带有“外交谈判”的色彩,清政府是在尚有一定主动权的情况下而

① 参见陈多:《今日澳门》,中央文献出版社1999年版,第6页。

② 参见中国近代经济史资料丛刊编委会:《中国海关与中葡里斯本草约》,中华书局1983年版,第95页。

受制于葡萄牙,那么香港问题的形成则直接体现了英国"炮舰政策"的实质,清政府是在"人为刀俎,我为鱼肉"的境地中而任由英国宰割。

在法理地位上,澳门不同于香港。在 1887 年以前长达 330 多年的时间里,中葡两国关于澳门问题并没有体现国家行为的正式条约。鸦片战争以前,中国政府一直对澳门行使主权和治权,严格掌握对澳门的土地所有权和司法管辖权,并在澳门设立专门管理机构,驻军把守,禁止随意越界。葡人在澳门只有居留、通商、自治三项权利。① 鸦片战争以后,尽管形势发生逆转,葡萄牙人根据 1887 年的《和好通商条约》,获准"永居、管理澳门",但条约同时规定:"未经大清国首肯",则葡萄牙"永不得将澳门让与他国"。这说明,澳门绝非像香港岛、九龙司那样,澳门仍然是中国的领土,澳门的地位仅仅是一种特殊的租借地,中国对澳门享有法定的最终处分权,中国在法理上仍然享有对澳门的主权。② 香港问题与此有所不同。根据《南京条约》,清政府"准将香港一岛给予大英国君主暨嗣后世袭主权者,常远据守主掌,任便立法治理"③。根据《北京条约》,清政府将九龙司"付与大英大君主并历后嗣,并归英属香港界内,以期该港埠面管辖所及庶保无事"④。在上述三个不

---

① 李平生:《澳门问题的由来及其解决》,《理论学刊》1999 年第 5 期。

② 刘存宽、郦永庆:《关于澳门问题的历史考察》,《人民日报》1999 年 9 月 9 日。

③ 李后:《百年屈辱史的终结——香港问题始末》,中央文献出版社 1997 年版,第 275 页。

④ 李后:《百年屈辱史的终结——香港问题始末》,中央文献出版社 1997 年版,第 281 页。

平等条约所涉及的内容中,“新界”不同于香港岛和九龙司,1997 年 7 月 1 日必须归还中国。关于香港岛和九龙司,后来的英国政府经常喋喋不休地援引《南京条约》和《北京条约》,为统治香港寻找所谓“继续有效的”“国际法依据”。需要指出的是,中国人民一贯认为中英上述三个不平等条约是非法的、无效的,新中国政府的一贯立场是不受这些不平等条约的约束,在时机成熟的时候收回整个香港地区。可以说,后来中葡关于澳门问题的谈判没有主权争议,中英关于香港问题的谈判存在主权争议,这是两者之间的重大区别。

在涉及内容和造成影响方面,澳门问题与香港问题有所不同。1887 年中葡签订的《和好通商条约》,除有关葡人“永居、管理澳门”的规定损害了中国的主权和尊严外,其余涉及保护侨民、通商征税、传教等项事宜的条款①,尚无碍大局。历史上,尽管葡萄牙曾经是屈指可数的海上强国,但在国力不弱的明朝政府面前并不能随意兴风作浪。19 世纪晚期,早已衰落的葡萄牙以小欺大的阴谋之所以得逞,除了清朝政府的愚昧软弱外,一个重要的原因在于葡萄牙借助于其他大国的支持,进行了外交讹诈。香港问题的形成则不然,当英国完成工业革命,跻身头号世界强国,以坚船利炮打开中国大门时,沉迷于“天朝上国”美梦的清政府由于长期的闭关自守,早已远远地落在世界进步潮流之后。英国通过鸦片战争打败清政府而签订的《南京条约》,不仅有清政府割让香港岛的条款,而且还有赔款、五口通商、协定关税等项规定,严重地损害了中国的主权、领土完整和国家尊严,这是中国历史上第一个不平等条约。

① 伍杰:《中外旧约辞典》,青岛出版社 1993 年版,第 72 页。

英国割占香港岛开创了一个恶劣的先例，刺激了其他国家侵略中国的野心，是后来帝国主义列强掀起瓜分中国狂潮、划分势力范围、建立租借地和租界的某种参照。第二次鸦片战争期间，英国强迫清政府签订的《北京条约》，其性质与《南京条约》如出一辙，不仅割占了九龙司，而且还获得了在北京派驻公使、军费赔偿、增开 11 个通商口岸、修改关税税则、在内地游历通商、自由传教、商船往来长江各口岸等项权利，进一步侵害了中国的主权、领土完整和国家尊严。根据 1898 年《展拓香港界址专条》，英国强租“新界”，面积占整个香港的 92%。香港问题正式形成之际，英国侵华利益达到鼎盛时期，不仅统治香港的土地面积超出澳门 40 多倍，而且还强租威海卫，划定长江流域为其势力范围，从而在整个晚清时期一直牢牢地居于侵略中国的霸主地位。

澳门问题和香港问题尽管存在许多差异，但历史上两者之间又往往密切相连、相互盘绕。19 世纪初，英国海盗商人来到中国东南沿海进行鸦片贸易时，澳门成为他们从事罪恶勾当的麇集地和中转站。第一次鸦片战争期间，英国远征军聚集澳门洋面，以澳门作为侵略中国的据点和跳板，并照会清政府，要求“给予外洋寄居一处，俾得英人竖旗自治，如西洋人（葡萄牙人）在澳门竖旗自治无异”①。面对“洋兄弟”的到来，历来对明清政府“恭顺守法”的居澳葡人一反常态，认为改变澳门地位的时机已经到来，公开向英军提供各类生活用品，接纳英军

① 邓聪：《澳门历史的新结构》，《历史研究》1999 年第 6 期；刘蜀永：《香港的历史》，新华出版社 1996 年版，第 21 页。

伤员。[1] 从此，澳门问题和香港问题不仅因地域邻近而密切相连，更因为葡萄牙和英国的利益一致而相互盘绕。可以说，当初英国因艳羡葡萄牙在澳门的特殊权益而再三前来中国叩关，最后在武力解决的基础上层层加码；而此时，葡萄牙则以英国为榜样，谋求进一步扩大在澳门的权益。鸦片战争以后，英葡两国结成了侵略中国的“神圣同盟”。每当澳葡当局向中国发难时，总有港英政府为其撑腰；每当港英当局与中国发生纠纷时，澳葡当局总是在英方后面随声附和。英葡两国沆瀣一气，狼狈为奸，不仅最终导致了港澳问题的正式形成，还使港澳地区成为藏污纳垢之地，罪恶滋生的温床，鸦片走私的黑窝，人口贩运的据点，黑社会恶势力的大本营，通缉犯的逋逃薮，……英葡两国分别对港澳实行的殖民统治，在历史上留下了永远挥抹不去的污点。更为重要的是，港澳问题不管有多大的差异，两者之间有一个最根本的相同点，即两者都是外国侵略势力强加给中国人民不平等条约的结果，都是对中国主权、领土完整和国家尊严的严重侵害，都是中华民族遭受外敌欺凌的屈辱象征。从港澳问题产生之日起，解决港澳问题便成为亿万中国人民的共同心愿。

二

清政府灭亡以后，中国历届政府为收回港澳的权益都作出

---

① 陈乔之主编：《港澳大百科全书》，花城出版社 1993 年版，第 836 页。

过不同程度的努力。1919年巴黎和会期间，作为战胜国的中国代表向和会提出了废除势力范围、归还租借地等七项条件，这当中包含了解决港澳问题的正义要求。然而，和会无理拒绝了中国的要求。[①] 1921年底，在华盛顿举行的九国会议上，中国代表关于解决港澳问题的要求再次遭到拒绝。1924年国共两党正式合作后，孙中山在《中国国民党第一次全国代表大会宣言》中明确宣布："一切不平等条约，如外人租借地、领事裁判权、外人管理关税权以及外人在中国境内行使一切政治权力侵害中国主权者，皆当取消，重订双方平等互尊主权之条约。"[②]抗日战争胜利以后，由于香港在太平洋战争期间沦入日军之手，澳葡当局在抗战期间实行事实上偏袒日本的"中立"，中国人民纷纷请愿呼吁，要求收回香港、澳门。然而由于英葡两国相互勾结，共同制造国际压力，其他国家损人利己，更由于国民党政府外交上软弱无力，把主要精力用于准备和共产党打内战，结果解决港澳问题的历史机遇与国民党政府擦肩而过。

由于港澳问题在具体内容方面存在差异，民国政府根据不同时机采取过相应的不同措施。香港的"新界"只是租借而不能长期占有，英国对此一直大伤脑筋，1929年英国有人建议以交还威海卫来换取永久占有"新界"。另外，"新界"当中的九龙城寨管辖权属于中国，英方曾多次想改变这种状况。英方的上述企图，遭到中国历届政府的反对。1942年11月，中英举行缔结新约谈判，双方就交还九龙租借地问题发生分歧。1943

---

① 参见彭明：《五四运动史》，人民出版社1984年版，第253页。

② 李后：《百年屈辱史的终结——香港问题始末》，中央文献出版社1997年版，第20页。

年11月开罗会议期间,蒋介石与英国首相丘吉尔为香港问题发生了直接交锋。1945年9月,中英围绕着对香港日军受降权问题展开了激烈的交涉。[①] 然而上述谈判与交涉,国民党政府均无功而返。澳门界址是个悬而未决的问题,由于葡方漫天要价,提出一份"属澳之地"比澳门本土大十几倍的方案,被清政府谈判代表讽刺为"馒头比蒸笼还大",结果双方意见相去甚远,澳门界址迄无定议。1928年7月,民国政府外交部通知葡方:《和好通商条约》规定每届十年可以修改,现在第四届期满,原约废止,另订中葡友好通商条约。葡方辩称:"查该约文字方面或精神方面,均无含其在1928年4月28日期满之意",中国不能"片面地宣告废约"[②]。双方各执一词,多次交涉后于同年12月签订《中葡友好通商条约》五款,对关税和领事裁判权作了一些规定,而回避了澳门地位这个核心问题。此外,晚清和民国时期,中英、中葡分别有过关于具体问题的难以数计的交涉,但均未能改变英葡对港澳的殖民统治。

中华人民共和国成立之后,港澳问题的解决掀开了新的一页。针对港澳问题是不平等条约造成的这个核心内容,中华人民共和国中央人民政府成立当天就宣布,将审查历届政府与外国签订的一切条约,并根据条约的内容分别予以承认、废除、修改或重新谈判。[③] 由于港澳问题在本质上是一致的,并且无论在历史上还是在现实中两者都密切相连,相互盘绕,因而新中

---

① 参见陈晋文:《论中英香港问题的交涉》,《民国档案》1997年第2期。

② 邓开颂:《九九归一》,中央文献出版社1999年版,第208页。

③ 参见徐彬:《97香港回归风云》,吉林摄影出版社1996年版,第45页。

国政府采取了两者一致的原则立场。1963年3月8日《人民日报》社论指出:“香港、澳门这类问题,属于历史遗留下来的帝国主义强加于中国的一系列不平等条约的问题。”“我们一贯主张,在条件成熟的时候,经过谈判和平解决,在未解决以前维持现状。”1972年,中国政府郑重声明:“香港和澳门是被英国和葡萄牙当局占领的中国领土的一部分,解决香港、澳门问题完全是属于中国主权范围内的问题,根本不属于通常的所谓‘殖民化’范畴。”①从而堵住了某些国家企图以“殖民化问题”策划港澳独立或把港澳问题国际化的险恶图谋。进入20世纪80年代,由于时机已经成熟,中国分别与英国、葡萄牙举行和平谈判,先后达成了中英联合声明、中葡联合声明。1997年7月1日,香港回归祖国;1999年12月20日,澳门回归祖国。至此,澳门问题在经历440多年之后,香港问题在经历将近150年之后,全部圆满顺利地解决了。仔细分析比较新中国解决香港问题和澳门问题,可以发现两者之间存在着许多不同之处。

(一)邦交背景不同。英国是西方资本主义强国之一,虽然敌视社会主义新中国,但为了继续维持对香港的殖民统治,在香港采取一系列防范措施、继续维持同国民党台湾当局关系的同时,又于1950年1月6日在西方国家中率先宣布承认新中国,1954年中英双方建立了代办级的外交关系。② 葡萄牙作为历史上的海上殖民强国早已衰落,“二战”以后在国际事务中已无足轻重。由于种种原因葡萄牙直到1979年2月才与新

---

① 黄鸿钊:《百年来中葡关于澳门问题的交涉》,《南京大学学报》1988年。

② 李后:《百年屈辱史的终结——香港问题始末》,中央文献出版社1997年版,第31页。

中国正式建立外交关系。

（二）主权问题有区别。新中国政府从来就不承认关于香港问题的三个不平等条约，一直表示对香港拥有主权，只是因为历史的原因而未能行使，在时机成熟的时候将对香港恢复行使主权。而英国顽固地坚持"三个条约有效论"，应该"继续遵守"，将来"以主权换治权"。因此，关于香港的主权问题是双方最敏感的问题，在中英联合声明中，英方回避了这个问题。关于澳门的主权问题，中葡双方没有分歧，两国建交时曾达成协议：澳门是中国的领土，目前由葡萄牙管理，这个历史遗留问题将在适当时候协商解决。[①] 中葡联合声明对于澳门主权属于中国这一原则，双方再一次予以确认。

（三）谈判过程难易不一。中英谈判历时 2 年，分两个阶段。在第一个阶段就原则性问题谈判时，一开始就充满火药味。1982 年 9 月 24 日邓小平与英国首相撒切尔夫人会谈时，撒切尔夫人坚持"三个条约有效论"，邓小平明确表示："主权问题不是一个可以讨论的问题"；撒切尔夫人认为中国宣布收回香港将会产生"灾难性影响"，邓小平明确表示："那我们要勇敢地面对这个灾难，作出决策"[②]。在随后中英官员前五次磋商时，英方强调以香港的繁荣稳定为共同目标，中方强调以恢复行使主权为前提，双方互不咬弦，形成了"顶牛"状态。[③] 在第二阶段谈判中，双方就具体实质性问题举行了 22 轮会谈。

---

① 陈乔之主编：《港澳大百科全书》，花城出版社 1993 年版，第 853 页。

② 邓小平：《邓小平文选》第三卷，人民出版社 1993 年版，第 14 页。

③ 李后：《百年屈辱史的终结——香港问题始末》，中央文献出版社 1997 年版，第 98 页。

中英谈判之艰难，历时之久，远非中葡谈判可比。关于澳门问题，1984 年 5 月 24 日邓小平会见葡萄牙总统埃亚内斯时明确表示："中葡之间没有矛盾，更没有必要吵架"，"澳门问题原则上在 1979 年已经解决"[①]。从 1986 年 6 月 3 日开始，中葡举行了历时 8 个月 14 天的四轮会谈，双方除澳门回归时间、部分居澳葡人国籍问题有较大分歧外，相对中英谈判而言，中葡谈判总体上比较顺利。

（四）过渡期的合作有差异。中英联合声明签署后，在香港回归的过渡期内中英双方始终存在合作和分歧，分歧的焦点涉及立法局直接选举风波、大亚湾核电站风波、香港的"英国属土公民"在英国居留权问题、香港新机场建设问题、末代港督彭定康的"政权方案"等问题。在涉及原则问题上，中方寸步不让，迫使英方最终回到彼此合作的轨道。在澳门回归的过渡期安排方面，中葡双方一直"保持友好合作"，十几年过渡期内的中葡关系被舆论视为一向"不存在问题"，中葡之间"和气一团"与中英之间"炮火猛烈"形成鲜明对比。不过，在距澳门回归倒计时[illegible]年的时间里，葡方却与中方发生意见分歧，一度严重干扰了澳门过渡期事务的顺利进展。对此，港澳舆论指出：在回归道路上，"香港是先难后易，澳门是先易后难"[②]。

对于香港问题和澳门问题所存在的差异，中国政府给予了高度重视，本着正视历史、尊重现实、着眼未来的精神，分别制定了香港基本法和澳门基本法。笔者仔细对比分析两部基本法，发觉两者之间的差异至少有 50 多处，其中主要的差异有如

① 陈多：《今日澳门》，中央文献出版社 1999 年版，第 311 页。

② 林昶：《澳门回归道路遇到困难》，《广角镜》1998 年总第 315 期。

下各项:(1)关于香港问题的形成,香港基本法序言说明了英国使用战争手段占领香港的历史事实,澳门基本法序言说明了葡萄牙由非法定居到最终占领澳门的历史事实。(2)关于私有土地,对于澳门回归以前存在少量私有土地的现状,澳门基本法第七条予以承认和保护,香港基本法则无类似的规定。(3)关于区旗、区徽的底色,香港基本法第十条规定为红色,澳门基本法第十条规定为绿色,以体现两者的主体色彩有区别。(4)关于驻军,中英联合声明附件一和香港基本法对于回归以后的香港防务和驻港部队,均有明文规定;中葡联合声明和澳门基本法对于回归以后的澳门防务有明文规定,关于驻澳门部队则无明文规定。(5)关于永久性居民,澳门基本法专门规定了葡萄牙公民成为澳门永久性居民的资格条件,体现了中国政府对在澳门的葡萄牙人及其后裔居民的照顾;香港基本法没有类似的规定,而把英国公民或英籍人士与其他外籍人士同等对待。① (6)关于行政长官,香港基本法规定行政长官由在外国无居留权的永久性居民中的中国公民担任,是把不得具有外国居留权作为行政长官的参选条件;澳门基本法规定的是"在任职期内",即把不得具有外国居留权作为行政长官的任职条件。② (7)关于宣誓效忠,香港基本法第一百零四条规定行政长官、主要官员、议员、法官等就职时必须依法宣誓效忠;澳门基本法以单独的第七节来专门规定"宣誓效忠",内容上也更进了一个层次。有必要指出的是,这并不表明中央政府对澳门

① 杨静辉:《澳门基本法释义》,人民出版社1999年版,第53页。
② 杨静辉:《澳门基本法释义》,人民出版社1999年版,第92页。

的政策收紧了。① (8)关于旅游娱乐业,澳门基本法规定“根据本地整体利益自行制定旅游娱乐业的政策”,这里的“旅游娱乐业”指狭义上的娱乐博彩业,这项规定体现了澳门原有生活方式不变的原则;香港基本法没有类似的规定。(9)关于文物保护,香港基本法没有专门规定,澳门基本法明确规定:“依法保护名胜、古迹和其他历史文物,并保护文物所有者的合法权益。”(10)关于区域范围,香港基本法序言因涉及“新界”地区的性质争论而没有列举香港区域范围,后来通过由国务院公布香港特别行政区区域图的方法来解决这一问题;澳门基本法序言开宗明义:“澳门,包括澳门半岛、氹仔岛和路环岛”,点明了由于历史的原因,澳门区域范围不包括附近海域。此外,两部基本法还有其他许多不同的规定。

造成两部基本法有所不同的原因在于,一方面香港基本法正如邓小平所称赞的“是一个创造性的杰作”,“是一部具有历史意义和国际意义的法律”②,在这样一个成功范例基础上完成的澳门基本法,就理当精益求精,更加完备,并在体例和语言方面更加科学规范,从而形成了两者的不同特色;另一方面,澳门问题毕竟不同于香港问题,在制定基本法的时候,应当充分考虑两者的差异,保护港澳同胞历史上形成的和现实生活存在的不同利益,体现“港人治港”“澳人治澳”的方针政策。可以说,两部基本法分别从各自不同的侧面实践并丰富了“一国两制”的伟大构想。

需要指出的是,两部基本法的不同之点只是具体的、局部

① 杨静辉:《澳门基本法释义》,人民出版社 1999 年版,第 169 页。

② 邓小平:《邓小平文选》第三卷,人民出版社 1993 年版,第 352 页。

的,而它们的相同之处却是本质的、整体的,体现了高度的一致性:(1)两部基本法都是以“一国两制”为指导思想,确定了港澳地区是中华人民共和国不可分割的一部分、“港人治港”、“澳人治澳”、高度自治、50年不变的基本原则。(2)两部基本法都是以中华人民共和国宪法为立法依据。《宪法》第三十一条规定:“国家在必要时得设立特别行政区。在特别行政区内实行的制度按照具体情况由全国人民代表大会以法律规定。”(3)两部基本法的整体框架、涵盖内容是基本相同的,大部分条款的行文格式、文字表达是完全一致的。两部基本法的制定及贯彻实施,为回归以后的香港、澳门继续保持繁荣与稳定,提供了可靠的保障。

三

香港问题和澳门问题之所以能够圆满顺利地解决,是因为两者都存在着完全一致的根本前提,即中国日益强大并在国际舞台上发挥着重要作用。自古以来,“弱国无外交”,鸦片战争以来的中国近代史一再昭示国人:“落后就要挨打。”在当今世界,充满着无数的以强凌弱、大国欺侮和操纵小国的事例。有鉴于此,邓小平同志再三告诫我们:“发展是硬道理。”假如当今的中国仍然国力衰落,还是百年以前那样的“东亚病夫”形象,那么在当今国际舞台上就不可能拥有自己的一席之地,港澳问题就不可能如此圆满顺利地解决。事实上,在谈判过程中,英方、葡方都曾千方百计地图谋延长在香港、澳门的殖民统治。然而,时代不同了,如今的东方雄狮已经觉醒,强大的中国已经屹立于世界民族之林。由于中国政府在原则问题上毫不让步,在时机成熟之际果断地决定恢复对香港、澳门行使主权,并坚决反对其他国家可能乘机插手干预、从中渔利的图谋,从而使香港、澳门毫无后患地回到祖国的怀抱。从港澳问题的解决过程中我们可以清楚地认识到:大力发展生产力,提高综合国力,这是完成祖国和平统一大业,把一个高度文明、民主、富强的现代化中国全面推向21世纪的可靠保证。

香港问题和澳门问题圆满顺利地解决,两者还都应该归功于新中国的三代领导人采取了积极务实、切实可行的方针政策。新中国成立之初,由于以美国为首的帝国主义国家对社会主义中国实行铁幕封锁,中国的周边环境险象环生,以毛泽东、周恩来为代表的第一代新中国领导人审时度势,高瞻远瞩,多次重申对港澳拥有主权,主张和平谈判解决历史遗留问题,未正式解决以前暂时维持现状。在确定这种原则立场的同时,中国政府制定了对港澳工作“长期打算,充分利用”的八字方针,即在短期内暂不收回港澳,而是充分利用港澳作为了解国际风云变幻的气象站和观察所,充分利用港澳的特殊环境和各方面的有利条件,打破外国敌对势力对中国的铁幕封锁,为中国的现代化建设服务,为促进国家的统一事业服务。[①] 历史证明,上述方针是完全正确且必要的。20世纪70年代末以来,随着两极化的世界格局发生变化,中英关系缓和,中葡正式建交,以及中国周边环境的改善,在新的形势下,新中国第二代领导人邓小平制定了“和平统一、一国两制”“港人治港”“澳人治澳”

---

① 李后:《百年屈辱史的终结——香港问题始末》,中央文献出版社1997年版,第42页。

“高度自治”“50 年不变”方针政策，这既考虑了港澳的历史，也考虑了港澳的现实，还考虑了港澳的未来，通过与英国、葡萄牙进行和平谈判，正式解决了港澳问题。以江泽民同志为核心的党的第三代领导人继续贯彻执行“一国两制”方针政策，顺利实现了港澳政权的平稳过渡，并以两部基本法作为港澳回归以后继续保持繁荣与稳定的法律保障。可以肯定，港澳的明天将更加美好。

香港问题的解决和澳门问题的解决，两者所产生的重大历史意义是基本一致的，不过两者之间毕竟有所区别，不能完全等同。全面概括两者的一致性，具体分析两者的差异性，有助于我们更加深刻地把握港澳回归的历史意义：

（一）解决了长期遗留的复杂历史问题。历史上，葡萄牙、西班牙、荷兰、英国、法国、俄国、德国、日本、美国、意大利、奥地利等十几个国家都曾先后不同程度地对中国进行过殖民统治或武装侵略，造成了近代中国社会的贫穷落后，动荡不已。面对外敌入侵，中国人民前仆后继，进行了不屈不挠的英勇斗争，捍卫了国家主权和民族尊严，最终在中国共产党的领导下，彻底推翻了帝国主义在中国的统治。香港的回归，是新中国政府第一次解决复杂历史遗留问题的成功杰作，为澳门的回归铺平了道路。澳门问题的解决，洗雪了中国历史上遭受外敌侵略的民族耻辱，象征着中国国际地位与国际影响力的提升。

（二）体现了“和平统一、一国两制”方针政策的巨大作用。由于历史的原因，全国大陆基本解放以后，尚有香港、澳门仍在异族的殖民统治之下，台湾则与祖国大陆相分离。完成祖国的和平统一大业，这是亿万中华儿女不可动摇的共同心愿和义不容辞的共同责任。1997 年的香港回归及香港基本法的实施，是新中国完成和平统一大业的第一步,同时也是“一国两制”伟大构想的第一次成功运用,无论是在中国历史上还是在世界历史上,均具有首创的意义。1999 年的澳门回归及澳门基本法的实施,是新中国完成和平统一大业的第二步,同时也是“一国两制”伟大构想的再实践,并在新的条件下得以丰富和发展。“一国两制”的构想及其实践,既要归功于毛泽东思想当中的实事求是精神,也要归功于邓小平理论,这是马克思主义国家学说同中国和平统一大业相结合的产物。“一国两制”方针政策首先在香港实践,然后在澳门实践,既是历史的选择,人民的愿望,也是现实的需要,时代的要求,并将在实践中经受进一步的检验,从而极大地丰富和发展马克思主义的国家学说,具有实践和理论的双重意义。①

(三)为和平解决国际争端提供了成功的范例。在当今世界范围,和平与发展是时代的主流,人心所向,大势所趋。然而,霸权主义、强权政治依然存在,国与国之间的摩擦时有发生,战争的阴影挥之不去,小规模的地区冲突从未间断,兵戎相见、武力威胁的现象层出不穷,上述事实的存在违反了人类的根本共同利益。人类的共同家园需要有一个和平稳定的环境,人类的平等正义理念拒绝霸权主义与强权政治的野蛮行径。中国人民历来主张用和平方式解决国际争端,反对诉诸武力或武力威胁。当年,葡萄牙殖民者以海盗的方式,采取武力试探、欺诈、贿赂、挑衅,以及勾结其他大国等不光彩的手段,占据了澳门;英国侵略者则更是以赤裸裸的野蛮战争手段,以强迫签

① 王启人:《九九终归一 共迎新世纪——为澳门回归祖国倒计时一周年而作》,《人民日报》1998 年 12 月 21 日。

订的不平等条约为依据，强行割占香港岛和九龙司，强租“新界”，给中国人民带来了巨大的灾难。如今，中国政府以和平谈判的方式，“不战而屈人之兵”，防止第三国插手干预，圆满顺利地解决了香港问题和澳门问题，这是对人类和平事业的巨大贡献，获得了国际社会的一致好评。

（四）将有利于推动祖国的经济建设。由于条件不同，港澳的发展形成了不同特色。香港从20世纪60年代开始，凭着日趋完善的交通、电讯系统及与世界各地千丝万缕的联系，充分利用国际产业结构调整的有利时机，招商引资①，促成了自由开放、多元化结构和国际市场型经济三大因素的有机结合，使香港经济作为一个整体能够突破自身体积和地理范围的局限，释放出巨大的能量，到90年代跻身于“亚洲四小龙”之一，“用三十年时间走完了西方二百年的路程”②。澳门在历史上曾有过辉煌的一页，明清之际它是惟一的来华洋商居留地、远东贸易中继站。但是，自从香港开埠，澳门经济逐渐萧条，第二次世界大战以后，澳门踏着400多年的苍茫烟雨，再一次焕发青春活力，发展了以加工业、旅游博彩业、房地产建筑业、金融业为代表的四大支柱产业，以崭新的面貌跻身于世界都市之林，成为亚洲正在腾飞的一条“小龙”③。尽管港澳有着各自不同的特色，但两地都面向世界，背靠内地，与祖国大陆有着无法割舍的天然联系，可以肯定，回归以后的港澳地区将进一步加

---

① 陈乔之主编：《港澳大百科全书》，花城出版社1993年版，第4页。

② 苏格：《美国对华政策与台湾问题》，世界知识出版社1998年版，第481页。

③ 陈乔之主编：《港澳大百科全书》，花城出版社1993年版，第648页。

强与祖国内地的密切联系,优势互补,相得益彰,为中国的四化宏图增光添彩。

四

香港、澳门相继回归祖国,是中华民族完成统一大业的两个重要里程碑。"遥知兄弟登高处,遍插茱萸少一人"。港澳回归以后,解决台湾问题,实现祖国完全统一的神圣使命,更加突出地摆在了全体中国人民面前。站在新世纪、新千年的门槛上,回溯历史上港澳问题与台湾问题之间的错综复杂的关系,将有利于了解台湾问题的由来及其实质,为早日解决台湾问题提供有益的启示。

台湾和港澳一样,自古以来就是中国的神圣领土,历史上也曾屡遭外敌侵略。明朝末年,荷兰步葡萄牙、西班牙的后尘向亚洲扩张,多次进攻澳门,兵败之后盘踞澎湖和台湾南部,不断骚扰台湾海峡和大陆沿岸,企图胁迫明政府同意其仿效澳门方式与华通商[①]。西班牙兼并葡萄牙及葡属殖民地以后,曾在台湾北部建立殖民据点。1642 年,西班牙与荷兰在台湾决战,结果西班牙被赶走,台湾沦为荷兰的殖民地[②]。1662 年,郑成功收复台湾,台湾第一次回归祖国。1683 年,康熙发兵渡海作战,台湾正式纳入大清王朝的统治之下,隶属于福建省。1885

---

① 苏格:《美国对华政策与台湾问题》,世界知识出版社 1998 年版,第 9 页。

② 中共中央台湾工作办公室、国务院台湾事务办公室:《中国台湾问题》,九洲图书出版社 1998 年版,第 5 页。

年，清政府将台湾升格为省，设巡抚衙门，统辖台湾全岛和澎湖地区。1895 年，日本强迫清政府签订不平等的《马关条约》，开始对台湾实行长达 50 年的殖民统治。1945 年 10 月 25 日，台湾和澎湖列岛重新回到祖国怀抱。1949 年 10 月 1 日，中华人民共和国中央人民政府宣告成立，取代中华民国政府成为全中国的惟一合法政府和国际上的惟一合法代表，中华民国从此结束了它的历史地位。退踞在中国台湾省的国民党集团，在外国势力的支持下，与中央政府对峙，由此产生了台湾问题。[①] 台湾问题与港澳问题相同之处在于，它们都与近代中国被侵略、被宰割、被凌辱的历史密切相关，都载入了中国人民为争取民族独立，维护国家主权、领土完整和民主尊严而英勇奋斗的史册。然而，台湾问题又不同于港澳问题，它是中国内战遗留下来的问题，是在对台湾已经重新恢复主权的前提下实现国家统一的问题。

实现中国完全统一，是中华民族的根本利益。50 多年来，中国政府为此进行了不懈的努力。由于港、澳、台各自的情况有所不同，中国政府采取了不同的解决方式；同时，由于港、澳、台问题共同阻碍了中国统一大业，中国政府又往往将它们通盘考虑，统一规划。新中国成立之初，针对退踞台湾国民党集团"反攻大陆"的叫嚣和美国插手台湾事务的现状，提出了"解放台湾"的口号。1955 年 5 月，中国政府明确宣布："解放台湾有两种可能的方式，即战争的方式和和平的方式。中国人民愿意

① 中华人民共和国国务院台湾事务办公室、国务院新闻办公室：《一个中国的原则与台湾问题》，《人民日报》2000 年 2 月 22 日。

在可能的条件下,争取用和平的方式解放台湾。"[①]这是中国政府第一次公开提出和平解放台湾的主张。此后,由于台湾海峡风云变幻,中国和美国都力图避免发生直接军事冲突,而台湾国民党当局则力图将美国拖下水,中国政府继"万炮齐轰金门"后,在台湾问题上采取了"谈谈打打""打打停停"的策略,挫败了美国企图通过"划峡而治"来永远分裂中国的阴谋。[②]台湾问题陷入了胶着状态。1979 年以后,随着整个国际形势的变化,为了实现祖国的和平统一,中国政府以极大的诚意,尽最大的努力,争取以"一国两制"的方式解决台湾问题和港澳问题。需要指出的是,"一国两制"方针首先是针对解决台湾问题而提出来的,这一伟大构想首先在香港得以成功实践,接着又在澳门得以成功实践并丰富发展。毫无疑问,这一构想对于早日解决台湾问题将同样适用。不仅如此,与港澳相比较,在台湾实行"一国两制"将有更大的松动和弹性:祖国统一后,台湾还可以有自己的军队,大陆不派军队和行政人员驻台,中央政府还要给台湾留出名额。[③] 这样宽容、灵活的安排,在世界上任何单一型或复合型政治体制中都是难以找到第二例的[④]。1995 年 1 月 30 日,针对台湾局势、两岸关系和国际形势发展变化的实际情况,中共中央总书记、国家主席江泽民发表

---

① 中共中央台湾工作办公室、国务院台湾事务办公室:《中国台湾问题》,九洲图书出版社 1998 年版,第 63 页。

② 苏格:《美国对华政策与台湾问题》,世界知识出版社 1998 年版,第 306 页。

③ 邓小平:《邓小平文选》第三卷,人民出版社 1993 年版,第 30 页。

④ 苏格:《美国对华政策与台湾问题》,世界知识出版社 1998 年版,第 713 页。

了发展两岸关系、推进祖国和平统一进程的八项主张，成为新形势下中国共产党和中国政府对台政策的纲领性文件。综观中国共产党和中国政府解决台湾问题和港澳问题的方法政策，始终贯穿着一条一脉相承的主线，这就是坚持一个中国原则，一定要实现国家的完全统一，它体现了中国共产党人维护民族尊严、捍卫国家主权和领土完整的坚定信念。①

与港澳问题相比较，台湾问题面临更为复杂的国际背景，即美国和日本的插手干预。新中国成立之后，美国基于它的所谓全球战略及维护本国利益的考虑，对新中国采取孤立、遏制政策，并在朝鲜战争爆发后武装干涉纯属中国内政的海峡两岸关系，派第七舰队侵入台湾海峡，第十三航空队进驻台湾，造成了台湾海峡长期的紧张对峙局势，台湾问题自此成为中美两国的重大争端。② 1979年中美建交后，美国一方面发展与中国的关系，另一方面又借台湾问题遏制中国。美国推行“以台制华”战略和“双轨政策”，维持两岸分裂现状，阻挠中国统一，这是台湾问题直到今天还未得到解决的根本原因。与此同时，日本也干涉台湾问题。台湾回归祖国以后，不少日本人对殖民统治台湾50年的历史难以割舍，日本右翼亲台势力的“台湾情结”尤为强烈，重新染指台湾野心始终存在。近年来，日本右翼势力通过“新日美防卫合作指针”对所谓“周边事态”的模糊解释，企图扩展在台湾问题上的影响，并日益重视利用台湾问

---

① 中共中央台湾工作办公室、国务院台湾事务办公室:《中国台湾问题》，九洲图书出版社1998年版，第70页。

② 中共中央台湾工作办公室、国务院台湾事务办公室:《中国台湾问题》，九洲图书出版社1998年版，第250页。

题牵制中国。[①] 美国和日本的插手干预,是台湾问题长期未能解决、影响中美关系和中日关系的重要因素。

在错综复杂的国际背景下,台湾问题不过是美国全球战略棋盘上的一颗卒子[②],是日本牵制中国的一种手段。为了维护自身的整体利益,美国和日本的对华对台政策充满着两面性,既要干涉台湾问题,又不会为“麻烦制造者”而赴汤蹈火。[③] 然而,台湾当局领导人错误地估计了形势,挟洋自重,一意孤行,既不顾1987年以来两岸经济、文化交流和人员往来有了长足发展的现实,也不顾港澳回归以后台湾问题不可能无限期拖下去的趋势,90年代以来逐步背弃了一个中国原则,极力推行以制造“两个中国”为核心的分裂政策,一直发展到公然主张两岸关系是“国家与国家,至少是特殊的国与国的关系”,严重损害了两岸和平统一的基础,危害了包括台湾同胞在内的整个中华民族的根本利益。面对台湾分裂势力、国外敌对势力造成的台湾海峡严重危机,中国政府仍然坚持“和平统一、一国两制”方针不变,仍然坚持江泽民主席提出的八项主张不变,仍然尽一切可能争取和平统一。“但是,如果出现台湾以任何名义从中国分割出去的重大事变,如果出现外国侵占台湾,如果台湾当局无限期地拒绝通过谈判和平解决两岸统一问题,中国政府只能被迫采取一切可能的断然措施、包括使用武力,来维护中

① 彭维学:《台湾问题的由来》,《世界知识》1999年第16期。

② 余阳:《台湾不过是美国棋盘上一卒子》,《广角镜》1999年总第325期。

③ 王保庆:《台湾问题的历史轨迹与未来走势》,《领导文萃》1999年第12期。

国的主权和领土完整，完成中国的统一大业”[①]。“台独”即意味着战争，分裂就没有和平，这个道理不言而喻。坚持一个中国原则，在主权和领土完整、国家尊严方面毫不含糊、绝不让步，这是中国政府解决台湾问题坚定不移的一贯原则立场，这一原则立场已经为港澳问题的解决所一再证明。

比较港澳问题，思考台湾问题，我们可以得到如下最基本的启示：崇尚统一、维护统一，是中华民族历经五千年历史和文化浸染而形成的民族意识和价值观念，也是中华民族根本利益之所在；爱国主义不仅是中国人民历经五千年的风雨沧桑而积淀起来的对祖国的深挚感情，而且也是捍卫民族大义而不可或缺的理性选择。在漫长的历史过程中，中国虽然经历过改朝换代，政权更迭，出现过地方割据，遭遇过外敌入侵，特别是近代史上曾饱受外国列强的侵略和瓜分，但统一始终是历史发展的主流[②]，爱国主义一直是中国人民的共同规范。新中国成立以后，为了解决港、澳、台问题，实现国家的完全统一，捍卫民族的根本利益，中国政府做出了不懈的努力，积累了成功的经验。随着香港、澳门相继回归，台湾问题不能再无限期拖下去。我们相信，依据“一国两制”在香港、澳门实践所得出的经验和启示，结合台湾的实际情况，早日解决台湾问题，实现国家的完全统一，中华民族将迎来更加辉煌灿烂的21世纪。

（原载《文史哲》2000年第3期）

---

① 中华人民共和国国务院台湾事务办公室、国务院新闻办公室：《一个中国的原则与台湾问题》，《人民日报》2000年2月22日。

② 中华人民共和国国务院台湾事务办公室、国务院新闻办公室：《一个中国的原则与台湾问题》，《人民日报》2000年2月22日。

晚清时期几个重要外来概念的引入

任何一部重要的文本乃至词语一旦产生,便处于被后人不断地解读和诠释的过程之中。如《春秋》产生之后,便有了《左传》《穀梁传》和《公羊传》三种经典的诠释。事实上,诠释者在阐述原著或者旧有词语的时候,往往会有意或者无意地穿插自己的思想见解,不可避免地打上时代的烙印。因此,同一个文本,乃至同一个词语,在不同的时代有着不同的内涵。这种情况,到了晚清时期变得更为复杂:一方面,一些中国旧有的词语在中外文化交流的过程中被赋予了新的内容,成为从外来文化中引入的、以中国旧有词语面目出现的新概念;另一方面,由于一些涉及西方文化的概念在中国旧有的词语系统中找不到完全合适的对应词语,翻译者便按照自己的理解而借用汉字组合,新造了一些词语,形成了新引入的概念。另外,还有一些外来概念在中国旧有的词语无论如何也找不到对应词语,翻译者只好完全音译。晚清时期几个重要外来概念的引入,为我们的认识提供了佐证。

鸦片战争以后,国门洞开,中国面临千年未有之变局。一批睁眼看世界的有识之士在领教了外洋的"坚船利炮"之后,又发现西方的政治制度与中国迥然有异。首先叩开中国大门的英国,曾经是中国人重点关注的对象。英国的议会制度,曾经是较早地被引入中国的一个重要概念。然而,Parliament(议会)这个概念,曾经让第一批和英国人打交道的清朝官员和知识分子大伤脑筋。因为,在中国旧有的词语系统中,无法找到Parliament的对应词。不得已,英国的Parliament在晚清洋务派和早期维新志士的著述中,最初便以“巴厘满衙门”的面目出现了。这是一个中西文化混杂的概念,“巴厘满”者,Parliament之音译也;“衙门”者,在中国旧有词语系统中,官府之谓也。其实,作为政治概念,“巴厘满”与“衙门”是不兼容的。因为“巴厘满”是指英语Parliament,一般解释为:The national legislature of various countries, especially that of the United Kingdom, made up of the House of Lords and the House of Commons. 即一些国家的立法机关,尤指英国由上议院和下议院构成议会。其要义是其中的官员和立法者经由选举而产生。相比之下,中国的衙门与西方国家的立法机关在职责范围、产生途径等方面大不相同,而且衙门的官员并不是经由选举而产生。可以说,这种衙门思维的背后,说明晚清洋务派和早期维新志士起初并没有意识到中西政治文化的差异。直到戊戌变法前后,严复等人才明确地将Parliament翻译为议院,并且区分了上议院和下议院。从表面上看,这是翻译更为准确;从本质上看,这是理解更为深刻,概念更加明确。

国门初开之际,西洋人已经有喧宾夺主之势,但是清政府和顽固派官员依然怀着“天朝上国”的梦想,以“万邦来朝”的心态处理涉外事务。在中国旧有的词语系统中,许多字或者词是有特定含义的。比如,西部少数民族被称为戎,北方少数民族被称为狄,东部少数民族被称为夷,南方少数民族被称为蛮,因而戎狄用来泛指西北少数民族,而蛮夷则用来泛指东南少数民族。鲁迅先生的《灯下漫笔》写道:“西洋人初入中国时,被称为蛮夷,自不免个个蹙额。”西洋人之所以被称为蛮夷,是因为他们从东南沿海而来。直到道光、咸丰年间,一切涉外事务均被称为夷务,以至我们今日翻阅那时的外交史料,依然看到的是道光、咸丰朝《筹办夷务始末》。谁曾料想,仅仅一个“夷”字,便成为清政府与英国外交谈判的一项重要内容。第二次鸦片战争期间,遭受重创的清政府被迫与英国签订了《天津条约》和《北京条约》,其中专门有一项条款规定:“嗣后各式公文,无论京外,内叙大英国官民,自不得提书夷字。”从此,“夷务”变成了“洋务”,与《筹办夷务始末》性质相同的官方文件到光绪朝便成了《洋务档》。“洋”字本来指大海或者海洋,属于中性词,不含褒贬之意,但因它与西方国家联系起来,到晚清时期“洋”字便有了 modern 之解、时髦之意。洋务运动的发轫以清政府设立中国历史上第一个专门外交机构——总理各国事务衙门——为标志。这个机构简称“总理衙门”,有时也简称“译署”。然而,上述三个名称均不具有近代外交的准确内涵。直到 1901 年《辛丑条约》签订时,才明确规定改“总理各国事务衙门”为“外务部”,班列六部之首。中华民国建立后,外务部改为外交部,该词沿用至今。从“夷务”到“洋务”再到“外交”,说明中国人“华夷之大防”观念日益消弭,不再恪守孟子所谓“用夏变夷者,未闻变于夷者也”,开始用理性的态度处理与各国的关系。

“自由”在清朝末年曾经是服膺西方安那其主义(Anarchism)的中国早期无政府主义者高举的一面大旗。刘师培在《无政府主义之平等观》一文中宣称:“吾人确信人类有三大权”,自由权为其中之一[①]。同时,自由也是革命党人和维新派阐述自己政治主张的重要口号。然而,自由一词并不是一个外来词,甚至在当时也不是一个新词,只是因为它与西方政治文化相联系,而被赋予了新的时代内容,成为一个新的外来政治理念。据《辞源》所载[②],“自由”一词在中国典籍中很早就出现。《礼记·少仪》曰“请见不请退”,汉代郑玄注:“去止不敢自由”。《三国志·吴书·朱桓传》有“节度不得自由”之语。但是这些用法与西方 Liberty 的含义或者刘师培等人鼓吹的“自由”相去甚远。据熊月之考证,1887 年,《申报》有一篇文章介绍了西方的自由思想与原则:“西国之所谓自由者,谓君与民近,其势不相悬殊,上与下通,其情不相隔阂,国中有大事,必集官绅而讨论,而庶民亦得参清议焉。君曰可而民尽曰否,不得行也。民尽曰可,而君独曰否,亦不得行也。盖所谓国事者,君与庶民共之者也。虽有暴君在上,毋得私虐一民。民有罪,君不得曲法以宥之。盖法者,天之所定,人心之公义,非君一人所能予夺其间,故亦毋得私庇一民。维彼庶民,苟能奉公守法,兢兢自爱,怀刑而畏罚,虽至老死,不涉讼庭,不见官长,以优游于牖下,晚饭以当肉,安步以当车,无罪以当富贵,清静贞正以自娱,即贫且贱,何害焉。此之谓自由。”这是现在所见到的晚清对西方自由概念的最早具体介绍[③]。值得注意的是,当清朝末年自由口号漫天飞扬的时候,严复却有意地将约翰·穆勒

① 王忍之等编:《辛亥革命前十年间时论选集》第二卷下册,生活·读书·新知三联书店 1963 年版,第 918 页。

② 《辞源》第三卷,商务印书馆 1987 年修订本,第 2583 页。

③ 熊月之:《晚清几个政治词汇的翻译与使用》,《史林》1999 年第 1 期。

(John S. Mill)的著作名称 *On Liberty* 翻译成为《群己权界论》。以严复精湛的英语造诣,绝不至于不知道 *On Liberty* 的字面译文应该是《论自由》或《自由论》,然而严复把它定名为《群己权界论》,这显然融入了他自己关于在社会和个体之间如何使自由约束在特定权界之内的思考。稍后,刘师培等人在阐述平等、独立、自由这些"天赋三权"时,也对自由权作了某些限制:"独立自由二权,以个人为本位,而平等之权必合人类全体而后见,故为人类全体谋幸福,当以平等之权为尤重。独立权者,所以维持平等权者也。惟过用其自由之权,则与他人之自由生冲突,与人类平等之旨,或相背驰,故欲维持人类平等权,宁限制个人自由权"①。可见,自由一词,古已有之,含有任己所为之意,但是作为一个外来政治概念,它在强调刘师培所说"不受制于人不受役于人之谓也"的同时,又要考虑自身与群体、社会之间的权界,协调好自由本身与平等、独立之间的关系。

效法西方的民主政治,这是辛亥革命时期革命党人孜孜以求的奋斗目标。不过,在孙中山三民主义革命纲领中,它更多是以民权这样的词语出现。称之为民权,而很少称之为民主,这恐怕是因为革命党人担心"民主"这个古已有之的词语容易产生歧义。事实上,在中国旧有的词语系统中,民主最初的含义是"民之主宰者",原指帝王或者官吏。《尚书·多方》曰:"天惟时求民主,乃大降显休命于成汤。"《三国志·吴书·钟离牧传》有云:"仆为民主,当以法率下"②。在后来的词语演变

---

① 王忍之等编:《辛亥革命前十年间时论选集》第二卷下册,生活·读书·新知三联书店 1963 年版,第 918 页。

② 《辞源》第三卷,商务印书馆 1987 年修订本,第 1703 页。

过程中,民主逐渐有了为民作主的含义,但仍然隐含着帝王或者官吏高高在上而为民作主这样一个大前提,有俗语说:“当官不为民作主,不如回家卖红薯。”这里的民主,与西方的Democracy有着本质的区别。按,西方词语中的Democracy,来源于希腊语,指的是一种政体,含有人民+统治、管理之意。不过,晚清时期,民主一词的使用频率日渐增多,其含义日渐游离了中国古代词语系统中的民主(即民之主宰者),而慢慢地向西方词语Democracy靠拢。如,1864年,《万国公报》多次使用“民主”一词:“美合邦之大法,保各邦永归民主”“若民主之国则公举首领官长,均由自主,一循国法”“在民主之国,或系首领执掌,或系国会执掌,或系首领、国会合行执掌”。其后,中国出使人员在谈到西方民主政体时,普遍使用这一词语。19世纪70年代,郭嵩焘在日记中多次使用这一词汇:“西洋立国,有君主、民主之分,而其事权一操之议院,是以民气为强”。黄遵宪在《日本国志》中称,世界各国“有一人专制称为君主者,有庶人议政称为民主者,有上下分任事权称为君民共主者”。这里的民主,已主要是“民为主”了①,并且用于讨论政体问题,具备了近代民主政治的含义。然而,中国旧有词语系统中的民主一词毕竟容易产生歧义,为了避免这种缺陷,到了五四新文化运动时期,陈独秀等人在向国人宣传西方近代民主政治时,只好借用洋名音译,请来了“德先生”“德谟克拉西”(Democracy)。几经周折之后,中国的民主终于与外来的“德先生”牵手重叠,脱胎换骨,成为一个全新的外来政治概念。

① 熊月之:《晚清几个政治词汇的翻译与使用》,《史林》1999年第1期。

“国家”一词在晚清严复翻译英国学者甄克思所著《社会通诠》(*A History of Politics*)时,出现频率很高。据王宪明统计,“国”字在严译《社会通诠》中先后共出现769次,“国家”一词先后出现165次。而原作中,与“国”“国家”等词大体相当的state、nation、country等仅分别出现291次、25次和79次,三者之和为395次,远远少于严译《社会通诠》中“国”“国家”的出现频率①。可见,“国家”是贯穿严译《社会通诠》全书最重要的关键词之一,但其含义与中国传统的国家观念有着巨大的差异。我们知道,在中国早期汉语文化形成过程中,有实义的单字远远多于字与字合成的词,现在看似合成的词,在当时其实是各有含义的单字,因而国家本来并非自成一体,而是各有其含义。国者,公侯之封地采邑也。《战国策·齐四》:“孟尝君就国于薛。”按,此处之国为孟尝君在薛的封地采邑。《左传·隐公元年》所谓:“先王之制,大都不过参国之一。”此处之国为公侯封地的城邑。常常与“国”搭配的字是“家”。家者,卿大夫之封地采邑也。《周礼·夏官·序言》:“家司马各使其臣”。注曰:“家,卿大夫采地。”孔子曾说:“有国有家者,不患寡而患不均。”此处有国有家者,指的是诸侯卿大夫。秦始皇统一中国以前,国家两字即使合用,也并非指当时的天下、九州、海内、社稷这类概念。《韩非子·爱臣》:“社稷将危,国家偏威”②。此处的国家,是与社稷相对而言,指的是诸侯卿大夫及其封地

① 王宪明:《“执西用中”,融汇创新——从〈社会通诠〉若干段落翻译看严复的文化取向》,黄瑞霖《中国近代启蒙思想家——严复诞辰150周年纪念论文集》,方志出版社2003年版,第222页。

② 《辞源》,商务印书馆1987年修订本,第一卷,第573—575页;第二卷,第836页。

采邑。因此，近代意义上国家的对应词，在先秦时期应该是天下，而非国家。秦始皇统一中国以后，废封建，置郡县，“天下”与“国家”从形式上合而为一，形成“天下国家”。——所以说，“国家”在中国古代最初来源是一个封建概念，而在西方近代语言中，state、nation、country 这些“国家”概念则有其特定的含义。因为古代罗马帝国灭亡以后，西方陷入长达千余年的战乱和纷争之中，近代国家观念形成时，所考虑的往往是针对外部竞争对手而确定自己的权限范围，又因为这种混乱不仅是外部的，同时也是内部的，因此在确定其国内权限时，也重在考虑政府与社会、与个人的界限。到 19 世纪，西方的国家“三要素”说（即领土、主权、人民）已经基本定型，成为不可忽略的基本范畴。当西方的 state、nation、country 概念传入中国时，严复便在译著《社会通诠》中将它们翻译为“国家”，既传达了原著有关主权、领土、人民（不分种族、家族、宗教信仰，法律面前人人平等、负有兵役义务的人民）的观念，又将中国政治思想传统中的“天下”观念中的部分内容融入其中，使国家具有某种道义性的色彩。

晚清时期的国门洞开、西学东渐，使东西文化发生了大面积的碰撞与交融，中国许多旧有的词语在适用于外来概念时不知不觉地游离了它们原有的含义，使得旧词语变成新概念的现象屡见不鲜；同时，大量外来词语的引入和新造词语的使用，加速了国人思想观念的转变。例如，革命一词，古已有之。《易・革》曰：“汤武革命，顺乎天而应乎人。”此处革命，其本义为实施变革以应天命①，实指改朝换代。然而，到了清朝末年

① 《辞源》第四卷，商务印书馆，1987 年修订本，第 3364 页。

孙中山革命党人以此自名时,其实质内容除了推翻清政府之外,更具有社会政治、经济等方面大变革的内容,可以等同于西方的 Revolution。随后,它泛指一切有利于社会进步的内容。例如,经济一词,其概念也发生了类似的变化。《晋书·殷浩传》有云:“足下沈识淹长,思综通练,起而明之,足以经济。”此处经济,实为经国济民之简称,用于形容政治才干,而非指商业经营。《红楼梦》当中贾政殷切期望其爱子贾宝玉成为经济之材,绝非指望他去经商逐利,而是要求他去做一番经国济民的伟业。如果按照当下关于经济的字面理解,将会发生天大的笑话。晚清时期,实业救国成为许多人的共识,严复将亚当·斯密的 *An Inquiry into the Nature and Causes of the Wealth of Nations* 译成《原富》而传入中国。值得注意的是,他将 Economics 这个术语译为计学,因不足以全面准确地反映 Economics 的内容,最终被学界所弃用。倒是不久从日语借用过来的翻译术语“经济学”较之于“计学”更加能够体现出 Economics 的真义,结果大行其道。从此,最初用于形容政治才干的经济一词,便隐没了自己的本来面目。又如,西方的 President 一词,现在通译为总统,然而在晚清时期,曾经被国人译为头目、首领,不免让人联想到其中可能含有啸聚山林的匪气。也有人将之译为民主,则混淆了它关于政体的解释,容易让人产生歧义。而严复将之译为伯理玺,有人将之译为伯理玺天德,虽然照顾了它的音译效果,也考虑了其中含有的中文古义(伯理玺——具有伯爵身份者掌管国家大印;天德——奉天承运的德行),但毕竟让人猛然间摸不着头脑。不过,有关 President 的介绍,均涉及民选和任期的内容,有利于开阔国人视野。此外,在传播西方思想文化的过程中,还涌现了一些完全属于新造的词语,如物竞天择、天演进化、优胜劣汰,等等,这些新概念振聋发聩,极大地推动了晚清的救亡图存运动。

总而言之,晚清社会是一个思想文化急剧变化的时代,也是一个外来概念大批涌入的时代。由于当时在介绍、引进外国新思想、新概念时面临着文字工具上的巨大困难,译者总是避免使用当代的语言,自觉不自觉地使用旧时的词汇和语法,迫不得已时才采用音义或者创造新词语,这就使我们今天在阅读他们的作品时,既要找出其中传统文化的发展脉络,又要结合特定时代的思想内涵,避免望文生义,才能准确地进行诠释与解读,全面把握其精神实质。当然,晚清时期新概念引入者留下了不可磨灭的历史贡献,正是他们"以巨大的力量构建对异域文化的再现,同时也构建着本土[文化]的主体"①,从而成功地实现了中西文化不同价值体系之间的转换。

(按:2008年8月,山东大学文史哲研究院、山东大学中国诠释学研究中心在山东省济南市召开"文献、语言与诠释"第五届诠释学与中国经典诠释学术研讨会,此文收录于该学术研讨会论文集)

① 崔波:《晚清翻译与"翻译的政治"》,《广州大学学报》(社会科学版)2007年第4期。

身体史研究——特约评论人语

文艺复兴以来的西方历史表明,受笛卡尔文化哲学"身心二元论对立论"的影响,在启蒙理性的主流话语中,"心灵""灵魂"或者"精神"的研究占据了主导地位,与之对应的是,"肉体""躯体"或者"身体"的内容则受到贬斥。然而,随着对理性主义泛滥的质疑和对"现代性"膨胀的反思,"身体"开始受到学术思想界日益广泛的关注,如哲学家尼采、柏格森、弗洛伊德等人曾经给予"身体"以一席之地,而法国思想家、历史学家、结构主义的主要代表人物米歇尔·福柯在分析了18世纪以来人们对"身体"的不同关怀之后,则进一步明确指出:"我们应该研究如今的社会需要什么样的身体……"①事实上,我们不仅要重新关注"身体",还应该关注"身体"在不同历史时期所留下的印记。

"身体"真正成为西方社会科学与人文科学界新的研究关注点,是在20世纪七八十年代之后。资本主义消费文化的日益发达和女性主义论述的逐渐增多,使欧美各国诸多学科领域的学者竞相涉足这一崭新的研究领域。他们围绕身体的形态、

① 李银河:《福柯与性》,山东人民出版社2001年版,第121—122页。

意向、属性，身体与社会、身体与情感、身体与思想，以及男性身体、女性身体等问题，展开了一系列卓有成效的探索。例如，在哲学的探讨中，立足于哲学乃是对“人”的认识这一理念，学者们将“身体”这个长期被“放逐”在抽象玄思领域之外的“孩子”，重新拉回到与“心灵”合而为一的研究中。在文学领域，“身体”在文学表达中的重要性凸显，从“身体”感觉这种人的本能感觉出发，文学评论家对文学作品进行了重新的认识。在艺术领域，“身体”不仅成为艺术创作与审美的对象，以及“行为艺术”的重要表现形式；而且将“身体”相关的感觉、情绪作为艺术审美的重要理念，已经成为当代艺术的重要特征，并使“身体”在某种程度上打破了艺术和生活之间的界限。而在社会学领域，论及“身体”与社会的关系、消费文化中的“身体”等问题的著作，已为数不少。可以说，“身体”已经悄然成为人文社会科学领域的新生热点和蕴藏丰富的“新大陆”。

与国际主流学术接轨的时代要求，促使我国学术界面对方兴未艾的“身体”研究不能漠然视之。整体而言，我国的哲学、美学、文学、社会学、人类学等较早敏锐地把握了这一学术脉搏，已经形成一定的研究规模，而历史学有关的“身体”研究则相对滞后，个别零星的、边缘性的探讨亟待整合而形成系统的、规模性的研究。有鉴于此，《文史哲》本期刊载两篇这类论文，期能以此为介入点，搭建一个讨论平台，推动“身体史”及相关学术问题的研究。

侯杰、姜海龙的论文《身体史研究刍议》就从历史学的角度研究“身体”，无疑具有拓荒之作的意味。该文清晰地梳理了“身体”研究的历史脉络，更有价值的是，该文从身体器官史的研究、器官功能史的研究、生命关怀史的研究、身体视角史的研究、综合身体史的研究这五个层面对我国史学界开拓和深化"身体史"研究进行了富有创意的设计和前瞻,循此深究则有望引发连锁思考。赵之昂的论文《肤觉比喻与审美意识》从"身体"的一种感觉——肤觉出发,认为在文学审美意识中,人的"肤觉""肤觉经验"以及在此基础之上形成的肤觉比喻具有空间的、情感的、无意识的诗性特征;肤觉在某些方面已成为当今社会意识发展的主流之一,而关注这一古老而又年轻的感觉,无论是从人类学的角度还是从现实社会发展的角度都有一定的意义。该文立意较为新颖,为文学批评开辟了一个新的"身体"视角。

有的学者指出:人的自我是被"发明"出来的,而不是被"发现"出来的。发现是去找到一个已经存在的东西,而发明却完全是无中生有。且不说此论当否,但毫无疑问,"身体史研究"无论是发现还是发明,都需要我们进行深入的探讨、不断的反思、不懈的追问。如果说,我国学术界以往关于身体史的研究尚处于零星的、不自觉的状态,那么现在我们有必要系统地、有意识地加大该课题后续研究的力度,迅速切入前沿领域,探寻历史学及相关学科新的增长点和可持续发展的途径。

(原载《文史哲》2005 年第 2 期)

论中国早期无政府主义家庭观

家庭是以婚姻和血缘、亲缘关系为纽带而形成的初级社会群体，是社会的细胞。家庭的组织结构、权力系统以及伦理观念反映了社会生产关系各个方面的特定要求。每当社会处于重大历史转折时期，每当社会组织结构与权力系统以及思想文化出现重组、分化和嬗变的时候，作为社会结构中最基本的单元——家庭，便不可避免地会随之发生重大的变化和转型，尤其是与之相关的法律制度和思想观念便不可避免地遭到集中的反思与批判，有时甚至达到惊人的高度，成为社会关注的焦点问题。20 世纪初，无政府主义家庭观在中国思想文化界喧嚣一时，便体现了社会历史重大转型通过家庭这个社会细胞而折射出时代的风云变幻。

一

无政府主义在中国显然是一个舶来品。自从 19 世纪中期无政府主义在欧美国家产生以来，它就逐渐被一批又一批急于从西方寻找救国富民真理的中国先进知识分子所关注，通过欧洲和日本这两条殊途同归的渠道，连同其他一些西方文化而未加咀嚼消化地移植到了中国。根据蒋俊、李兴芝的研究，早在19世纪晚期，国内已有关于各国无政府主义及其活动的零星报道，一些清政府外交官和留学生在其著述中也有提及。但作为一股政治思潮，无政府主义于20世纪初才正式传入中国，并与当时中国的政治运动联系起来，逐渐形成了三代分化与重组的代表性人物。[①] 本文所论中国早期无政府主义，以他们当中第一代人物的思想为主。

早期无政府主义在中国是一个庞杂乃至矛盾的思想体系。它揭起“三无两各”大旗（无政府、无宗教、无家庭，各尽所能、各取所需），反对一切专制，否定任何权威，破除宗教迷信，鼓吹绝对自由，倡导平等博爱，等等，在一系列理性与非理性纠缠难解的政治诉求中，针对在中国延续了几千年的传统家庭制度及其思想观念，进行了大面积颠覆性的批判与反思。其主要思想集中发表在两大舆论阵地，其中《天义报》由何震、刘师培在1907年创办于日本东京，《新世纪》则由张继、李石曾、吴稚晖等人同年创办于法国巴黎。他们遥相呼应，借异域之地，唱本土之音，以舶来学说，破传统观念，重要论著有《无政府主义之平等观》《人类均力说》《毁家论》《毁家谭》《废婚姻主义》《废家族主义》《女子解放问题》《三纲革命》《祖宗革命》，以及散见于国内外其他刊物和著作中的文章或者相关论述。

探讨家庭问题，其起源和本质不可回避。然而，中国早期无政府主义者对此着墨并不浓厚，只是粗略涉及而未深加考究。一般说来，婚姻是家庭的起点，家庭是婚姻的结果。关于

---

① 参见蒋俊、李兴芝：《中国近代的无政府主义思潮》绪论及第一章，山东人民出版社1991年版。

古代婚姻问题，他们认为："上古之初，行共夫共妻之制。"①野蛮时代，女子因"生理上弱于男子"，"处于被征服与被保护地位，一举一动，皆仰男子之鼻息"。"女子既属于男子，一男多女，多男一女，各欲得美女子而不免于争，既争而得，恐为他人所夺，于是欲解决此问题，遂不得不以婚姻之制而定男女之配合。""婚姻者，即断定某女子属于某男子。"②关于家庭问题，鞠普的文章《毁家谭》认为："原人之始，本无所谓家也，有群而已。"自有家而后，于是有夫权、父权和君权。"故家者，实万恶之源也。"③此前《天义报》为了否定家庭，发表《毁家论》一文，从文字学的角度抨击了家庭的起源："考《说文》：'家，居也，从宀，豭省音。'段注：家字'本义，乃豕之居也，引申之而罪人拘系之所为牢。家字庸有异乎？盖豢豕之生子最多，故人居聚之所，借用其字。'""考今之俗语，谓结婚曰'成家'。""然则家字之义，尚含有以女子喻畜之微义矣。"④毫无疑问，中国早期无政府主义者注意到了历史上夫权、父权和君权三者与家庭之间的某种关联，但他们对于家庭起源的解释纯属望文生义、断章取义，或者牵强附会于其政治主张而已。事实上，历代哲人、思想家、社会学家孜孜不倦探讨的家庭起源这个千古之谜，在中国早期无政府主义中既未占据正本清源的理论依据地位，也没有找到击中要害的破解之方。

---

① 王忍之等编：《辛亥革命前十年间时论选集》第二卷下册，生活·读书·新知三联书店1963年版，第922页。

② 《无政府主义在中国》，湖南人民出版社1984年版，第181页。

③ 《无政府主义在中国》，湖南人民出版社1984年版，第212—213页。

④ 《无政府主义在中国》，湖南人民出版社1984年版，第186页。

消解传统的家庭功能尤其是其中的权力体系，这是中国早期无政府主义政治诉求中一个不可绕过的核心义项。在传统社会，家庭在历史演进中形成了几大功能：婚姻保障，生理需要，人种繁衍，物质资料生产，抚育和赡养，消费与消遣，教育，情感寄托，以及连接着个体与社会的权力分配等等。然而，在无政府主义者看来，"盖家也者，为万恶之首"[1]。他们依据西方的"自由""平等""博爱"理念，抨击了传统的家庭功能，提出了激进的"毁家"主张，设计了未来社会的理想方案。例如，他们认为家庭的罪恶有：(1)限制了人们独来独往、无畏无惧的自由；(2)造成了人们富贵贫贱的差别、阶级分化的不平等；(3)阻碍了人人自立、人人博爱的世界进化。既然如此，则必须"毁家"。因为婚姻是家庭的起点，因而"不婚"就成了"毁家"的不二法门："使世之为父母者，不强迫其子女结婚，而世之为男女者，复知结婚之自累，不数十年，婚姻一事，已可绝迹于天壤矣。"[2]对于那些已婚者，无政府主义者提倡"须以二人之同意解除夫妻名义"[3]。那么，如何解决人们日常生活中对家庭功能不可或缺的需求呢？《毁家谭》作者开出了一剂药方：一是多设会场旅馆，为男女相聚之所，相爱则合，相恶则离，俾各遂其情；二是大倡男女同校、男女同业之义，俾女子均能自立而不受压迫；三是为了解决生养疾病老死等问题，广设协助

① 王忍之等编：《辛亥革命前十年间时论选集》第二卷下册，生活·读书·新知三联书店1963年版，第916页。

② 王忍之等编：《辛亥革命前十年间时论选集》第三卷，生活·读书·新知三联书店1963年版，第197页。

③ 葛懋春、蒋俊、李兴芝编：《无政府主义思想资料选》上，北京大学出版社1984年版，第236页。

公会，多兴慈善事业。[1] 表面看来，无政府主义“毁家”“废家”理论显得浅陋琐屑，但它的核心目标实际上是主张绝对自由，反对任何强权，是在为颠覆传统家庭功能中的权力体系——夫权、父权，以及由此而延伸的君权——而张目。因为传统中国是宗法社会，一个家庭或者家族就是一个小的权力机构，是一个维系和传递政治权力的宗法系统，其主要特征是父系、父权、父治。[2] 对此，无政府主义进行了猛烈抨击：“自有家而后各私其妻，于是有夫权。自有家而后各私其子，于是有父权。私而不已则必争，争而不已则必乱，欲平争停乱，于是有君权。夫夫权、父权、君权，皆强权也，皆不容于大同之世也，然溯其始，则起于有家，故家者，实万恶之原(源)也。”正是从伐木拔本的逻辑角度，他们提出了一个核心命题：“去强权必自毁家始。”[3]因此，毁家是他们的一种手段，而废除存在于家庭之中的并且延伸到社会领域里的强权专制则是他们的终极目标。

从婚姻、家庭诞生之时起，女子地位问题便与之相伴而生，如影随形。无论在家庭里还是在社会上，女子地位低下已成中国几千年之痼疾。近代以降，一些有识之士或多或少地提出过妇女解放的主张，但是从来没有像 20 世纪初期无政府主义那样形成一次痛快淋漓的“女界革命”思想的集中宣泄，“其情形

① 参见王忍之等编：《辛亥革命前十年间时论选集》第三卷，生活·读书·新知三联书店 1963 年版，第 197 页。

② 参见邓伟志：《近代中国家庭的变革》，上海人民出版社 1994 年版，第 3 页。

③ 王忍之等编：《辛亥革命前十年间时论选集》第三卷，生活·读书·新知三联书店 1963 年版，第 193 页。

犹如一次猛烈爆发的井喷”[①]。在“女界革命”鼓吹者队伍中，既接受了新式教育又有国学根基的青年女性何震无疑最引人注目。何震与丈夫刘师培创办《天义报》时，在“宗旨及命名”中首先强调的是：“以破坏固有之社会，实现人类之平等为宗旨，于提倡女界革命外，兼提倡种族政治经济诸革命。”[②]他们把女界革命置于种族、政治、经济诸项革命之前，视为社会变革的重中之重，这不仅有别于当时引领革命思潮主流的同盟会，也与其他无政府主义者有所不同。基于“人类有三大权：一曰平等权，二曰独立权，三曰自由权”[③]的理念和“人类均力”的追求，他们把“实行男女绝对之平等”的思想发挥到极致。为了实现这个理想，他们成立了“女子复权会”，历数中国数千年制度之罪恶：“以女子为奴隶者也，强女子以服从者也”；“男子私女子为己有，防其旁淫，故所立政教，首重男女之防”；“幽闭女子”。[④] 他们抨击不平等的婚姻制度、蓄妾蓄婢宿娼制度、一夫多妻制度，反对女子的被动解放，提倡“必由女子之自求”“当由女子抗争，不当出于男子之付与”[⑤]的主动解放。何震等人提倡的“男女革命”，还涉及男女养育同等、教育同等、职务同等、工作同等、处女嫁配处男等内容，以及女子出嫁后不从夫

① 夏晓虹：《何震的无政府主义“女界革命”论》，《中华文史论丛》总第八十三辑，上海古籍出版社 2006 年版，第 311 页。

② 《无政府主义在中国》，湖南人民出版社 1984 年版，第 18 页。

③ 葛懋春、蒋俊、李兴芝编：《无政府主义思想资料选》上，北京大学出版社 1984 年版，第 72 页。

④ 葛懋春、蒋俊、李兴芝编：《无政府主义思想资料选》上，北京大学出版社 1984 年版，第 99 页。

⑤ 葛懋春、蒋俊、李兴芝编：《无政府主义思想资料选》上，北京大学出版社 1984 年版，第 103 页。

姓、男女采取父母双姓,或者干脆取消各自姓氏,如何震署名何殷震(殷为其母姓),刘师培只署本人之字"申叔"而不署其姓,其他许多无政府主义者著文均不署姓氏而只署名字,这些都含有男女平等、父母平等或者种姓革命之义。

维系家庭,除了法律的强制性保障之外,还需有人们的信念、习惯、传统和教育等软性力量来帮助,亦即伦理道德的支撑。反之,如果要"毁家""废家"或者"家庭革命",则必须从思想上毁弃支撑着家庭的伦理道德体系。无政府主义者深解其中三味,不遗余力地鼓吹"道德革命"。祖先崇拜是中国的文化传统,是家庭尤其是家族维系的纽带,而无政府主义者依据生物进化理论,从反对迷信和强权的角度,历数"祖宗迷信之四大罪恶":一是反背真理,颠倒是非;二是肆行迷信之专制,侵犯子孙自有之人权;三是耗民力民财于无用之地;四是攘夺生民养民之源。因此,"家庭中最愚谬者,更莫甚于崇拜祖宗"。他们主张实行"祖宗革命",甚至要采取极端手段——"平坟墓,火神牌"。他们既批判中国的祖宗崇拜,也批判西方的上帝崇拜,还注意到了敬奉祖宗与敬奉父母的区别:"父母乃生物,祖宗乃死物,不可并论。"①从本质上说,祖宗革命是宗法观念的革命,是要从根本上冲破封建家族制度的思想束缚。作为祖宗革命的副产品,他们还主张"种姓革命",因为"人类远祖同出猿猴,五洲万国凡百族类莫非昆弟,又何一族一姓之可言哉?族姓者,自私之物也……有族姓则有界限"②。对于

---

① 《无政府主义在中国》,湖南人民出版社1984年版,第99页。

② 葛懋春、蒋俊、李兴芝编:《无政府主义思想资料选》上,北京大学出版社1984年版,第237页。

"三纲五常"伦理观念,无政府主义者的批判则更加直截了当。从自然科学的角度,他们否定"父为子纲",指出:"父之生子,惟一生理之问题,一先生,一后生而已,故有长幼之遗传,而无尊卑之义理。就社会言之,人各自由,非他人之属物。"①因此,他们主张父子平等。关于"夫为妻纲",他们视之为伪道德,不仅法律不公,而且理论亦不通。他们对"家庭革命"中男女平等问题,论述尤为透彻。关于妇女的"贞淫之说",他们认为:"就科学言之,男女之相合,不外乎生理之一问题。就社会言之,女非他人之属物,可从其所欲而择交。"基于平等的原则,他们甚至不乏负气之论:"若夫得嫖,则妻亦得嫖。"②其本义虽然不是鼓励夫妻各自去嫖宿,但以此来论证夫妻平等,未免滑稽。何震认为:"佚则思淫,为男女自然之天性。""女子之犯奸淫,由于幽闭,而非由于解放。"因此,"一夫一妻之制度,不过为宗教所缚束,复为法律及伪道德所牵制耳"。③ 总之,在他们看来,"家庭灭,纲纪无"④,相关的伦理道德便随着家庭这个基础的消亡而消亡。

二

20世纪初,无政府主义思潮在中国思想文化界乃至政治

① 《无政府主义在中国》,湖南人民出版社1984年版,第128页。

② 《无政府主义在中国》,湖南人民出版社1984年版,第131页。

③ 葛懋春、蒋俊、李兴芝编:《无政府主义思想资料选》上,北京大学出版社1984年版,第101页。

④ 《无政府主义在中国》,湖南人民出版社1984年版,第131页。

领域、社会生活诸方面产生过重大影响。

跨入20世纪门槛的中国，正面临一个风云激荡的局面。鸦片战争以后随着通商口岸开放而兴起的资本主义工商业为建立一种新的社会体制积累了必要的经济基础，戊戌变法后新兴资产阶级代表一股初显朝气的政治力量而渴望按照自己的阶级意志改造中国，尤其是同盟会成立之后各地革命起义风起云涌，等等，这些足以说明，辛亥革命前夜的中国已经处于一个重大历史转折关头。不仅如此，人们的思想观念也发生了重大变化。在政治理念方面，虽然当时有民主共和与君主立宪这类激烈的政体之争，但这是具体手段的差别，而他们的根本目标却殊途同归，分别从两翼包抄封建专制主义。另外，伴随着半个多世纪欧风美雨的浸润，外国传教士和洋商带来的异域风俗习惯，以及中国外交官和留学生对西方社会耳濡目染而带回的新观念，使人们对中国延续了几千年的僵化生活有了反思的参照。更重要的是，西方的自由民主、平等博爱、天赋人权、人类进化等理念，为中国传统的公羊三世变异思想提供了新的嫁接依据和参照体系，使中国固有的价值观念面临着系统的重新估判。上述历史转型，使家庭观念随之发生颠覆性的变革，而中国早期无政府主义则成了这种家庭观念变革的激进承担者。

一位西方学者认为："中国传统的扩大家庭几乎延续了2000年而未发生实质性的变化。在这久远的年代里……政权的稳固、法典的制订都是以家庭关系作为基础。一套刻板的结构性等级制度规定了处在不同社会地位的人们的适当的态度和行为。这种等级的支配性和不可冒犯性也体现在家庭内部，这是半封建经济体制的一种反映。"[①]这位学者所概括的"中国传统的扩大家庭"的特点是比较准确的，然而他归之为"这是半封建经济体制的一种反映"，则大谬不然。因为"半封建经济体制"恰恰发生在鸦片战争以后，而这时期家庭结构和家庭观念正呈现出日益变化的趋势。太平天国时期，洪秀全等人先是在起义纲领中宣传涉及家庭问题的平等博爱思想："凡分田，照人口，不论男妇。""有田同耕，有饭同食，有衣同穿，无处不均匀，无人不饱暖。"[②]继而在行军打仗中实行男女分营、男女分馆，甚至以馆代家，废除家庭。此外，太平天国还改革婚姻制度，禁娼、禁淫、禁奴，实行过一些解放妇女的措施。尽管太平天国定都天京后不久，情况出现了反复与倒退，但它毕竟对中国传统家庭制度进行过一次猛烈的冲击，引发了后人关于家庭观念变革的思考。戊戌变法时期，康有为从天赋人权、平等独立等原则出发，主张妇女自主婚姻，并且基于天下为公的考虑，构建了未来社会的大同世界，设计了废除家庭之后人们从摇篮到坟墓均由政府来公养、公教、公恤的理想蓝图。梁启超从保国保种的角度，提倡男女平等、妇女接受教育和经济独立，以及禁止早婚。谭嗣同宣传了自由、平等、博爱的思想，猛烈抨击了维系封建家庭制度的三纲五常，号召人们冲决罗网。[③] 总体而言，这时期人们对于封建家庭制度的批判尚处于点滴的积

---

① ［美］马克·赫特尔：《变动中的家庭——跨文化的透视》，宋践、李茹等译，浙江人民出版社 1988 年版，第 392 页。

② 翦伯赞、郑天挺主编：《中国通史参考资料·近代部分》上册，中华书局 1980 年版，第 164 页。

③ 参见邓伟志：《近代中国家庭的变革》第 1—3 章，上海人民出版社 1994 年版。

累阶段,还没有形成一股社会洪流,更没有形成一套系统的思想理论。然而,进入20世纪以后,情况发生了明显的改观,资产阶级革命派和无政府主义者分别形成了系统的家庭革命理论,尽管他们的终极关怀有所不同,但是现实面临的反清革命这个共同事业把他们一起推到了时代前沿,在批判封建家庭制度方面结成了临时盟友,从而把家庭革命和社会革命结合起来,提到了一个前所未有的高度,成为当时社会关注的焦点问题之一。

妇女解放,或者说女界革命、女权运动、男女平等,这是20世纪初中国社会变革的重要表征之一,这也是中国早期无政府主义者和资产阶级革命派(事实上,当时两者之间并非泾渭分明,他们许多重要思想往往纠结在一起)有关家庭革命的主张经过实践积淀而留下的一项有价值的历史遗产。学术界现有的研究表明,早期无政府主义者并不是这项历史成果的播种者,但无疑是主要的培育者,他们的舆论阵地《天义报》《新世纪》为催生家庭革命理论提供了沃土。受马君武译介西方学者斯宾塞《女权篇》和约翰·弥勒"女权说"的影响,无政府主义者和一批激进知识分子都以提倡女权革命为己任,大力推进女子教育。根据1907年清政府统计,全国除甘肃、新疆外,22个省市有各类女子学校428所,学生15496人,教师1501人,职员622人。一批女性知识分子在1902—1912年间创办或参与创办了38所新式女子学校①,其盛况可谓空前。作为女权革命的领军人物,何震在《天义报》刊登经过更正的《简章》"宗

① 邓伟志:《近代中国家庭的变革》,上海人民出版社1994年版,第69页。

旨”中英文本时，特地将中文的“实行男女绝对之平等”翻译成“To realize absolute equality of man and Asia women”①，这表明他们的女权革命不仅仅局限于中国，这凸显了无政府主义的世界意识。值得注意的是，在晚清女权革命都是以西方妇女解放运动为楷模这个大背景下，何震的女权革命主张虽然完全服膺于西方“天赋人权”“平等自由”理论，但仍然从多方面对于西方妇女解放运动的实质进行了深刻的批判。她尖锐地指出：“今观欧美婚姻之制，一缚于权利，再缚于道德，三缚于法律。”对于西方女子的参政问题，何震考察了芬兰、挪威、英国、澳洲等地的情况，认为至少存在两个弊端：一是女子在获得选举权时，因为限以税额，必将导致“仅上流妇女受其益，若下级女子，则必罹害益深”；二是女子当选厕身国会之列，要么是仅获参政之空名而已，要么是“以少数参政之女子处于主治之位，使多数无权之女子受其统治，不独男女不平等，即女界之中，亦生不平等之阶级”。② 可以说，基于平等理念基础上而倡导妇女解放，并将中国的妇女解放与世界妇女运动联系起来并且有自己的理性批判，这是何震等人早期无政府主义思想的主要特色和重要贡献，其影响和深度超过了同时代的其他女权主义者。

更重要的在于，早期无政府主义家庭观在20世纪初叶的中国社会转型时期作为反对封建专制主义的一股思潮，不仅呼应了当时风起云涌的民主革命运动，而且还影响了后来的许多先进知识分子冲破传统家庭的束缚而走上革命的道路。无政

---

① 夏晓虹：《何震的无政府主义“女界革命”论》，《中华文史论丛》总第八十三辑，上海古籍出版社2006年版，第311页。

② 葛懋春、蒋俊、李兴芝编：《无政府主义思想资料选》上，北京大学出版社1984年版，第107页。

府主义家庭观泛滥之初，正是社会上鼓吹暴力、礼赞暗杀、倡言犯法、歌颂革命的极端主义思潮盛行的时代，其主旨在于振醒国人于沉梦之中，其核心价值在于追求人人平等，通过家庭革命而实现社会革命。因此，早期无政府主义家庭观体现了鲜明的时代特色：其一，把批判旧的婚姻家庭制度，同批判君主专制制度结合在一起，突出地反映了人们反对专制压迫，要求自由民主的愿望；其二，把争取个人解放特别是妇女解放同担负社会责任、反对外来侵略、挽救国家危亡紧密结合在一起；其三，把中国的家庭革命、妇女解放问题与西方的平等博爱观念结合起来，丰富了中国早期思想启蒙运动的历史内容。① 此外，这股思潮还对后来许多先进人物的人生道路产生了重要的影响，因为冲破旧家庭和旧式婚姻制度的束缚，往往是那个特定时代许多青年知识分子走向革命的第一步。例如，毛泽东早年曾受无政府主义的影响，反对“四把刀子”（君权、族权、父权、夫权），其中包含对传统婚姻家庭观的反思与批判；他反对包办婚姻，追求恋爱自由，并且身体力行；他与父亲的对立与冲突，甚至可以看作无政府主义家庭观在他身上的折射。恽代英在成为共产党人之前，信奉的却是克鲁泡特金的无政府主义，主张废国家、废法律、废私产、废金钱、废家庭，实现人人平等。周恩来、邓颖超在五四前后曾经相信过无政府主义，认为自由恋爱与结成夫妻应该截然分开。鲁迅、郭沫若反对包办婚姻，走上了民主革命的道路。而巴金早年则更是完全服膺西方无政府主义的代表人物巴枯宁、克鲁泡特金，对中国旧家庭、旧礼教

① 参见吕美颐：《二十世纪初中国资产阶级的婚姻家庭观》，《史学月刊》1987年第6期。

的束缚有着切肤之痛，从而走出小圈子，到外面“广大的天幕”下去开创属于自己的光明人生道路。

三

家庭是如何起源的？其本质是什么？它最终是否会消亡？这些千古之谜曾经引起历代哲人、思想家、社会学家孜孜不倦地探索。古希腊哲学家柏拉图在这些方面曾经漫不经心地迈出了第一步，他在构建自己哲学体系和设计《理想国》方案的过程中，用“父权制理论”来解释家庭的起源和发展。他指出，男子统治的家庭是原初的社会基层单位，其余一切更复杂更庞大的社会和国家组织的产生，都是家庭联合的结果。亚里士多德批判了柏拉图《理想国》方案，但是始终如一地发展了柏拉图关于男人统治妻子和儿女的家庭是社会原初的基层单位的思想，并把它看作社会交往的最初形式，从而完善了“父权制理论”[①]。到了欧洲漫漫长夜般的中世纪后叶，随着社会生产力的大大提高，新航路的开辟和新大陆的发现，人们的眼界大为开阔，理性知识和空想主张开始分两翼顽强地突破禁锢人们思想千年的宗教神学和金科玉律。早期空想社会主义者抨击了在中世纪占统治地位的父权制理论，并描绘了理想社会的家庭状况。《太阳城》作者康帕内拉认为，父权制家庭的存在与私有制有着不可分割的联系。他主张未来社会实行公妻制度，

---

① ［苏］谢苗诺夫：《婚姻和家庭的起源》，蔡俊生译，中国社会科学出版社1983年版，第3页。

以消灭罪恶的父权制家庭。另一位空想社会主义者、《乌托邦》作者莫尔，也在对未来家庭的设想中摈弃了中世纪父权家长制，而主张实行不限于血缘关系的家庭。在欧洲思想启蒙运动中，资产阶级思想家洛克、伏尔泰等人更是大胆承认除了父权制家庭之外，还存在其他的婚姻制度和家庭形式，抨击了父权制的亘古性。

然而，上述思想的火花并未形成关于家庭的本质与起源的系统理论，而真正耐心地敲开了家庭起源这个迷宫之门的则是19世纪美国社会学家摩尔根。他在时代条件所容许的限度内，第一次为婚姻和家庭的历史演变描绘了一个大体清晰的发展脉络：乱婚—血缘家庭—普那路亚家庭—对偶家庭—父权家庭—单偶家庭。① 摩尔根的上述贡献，被恩格斯认为是“在原始历史的研究方面开始了一个新时代”②，并将之与达尔文进化论和马克思剩余价值学说的贡献相提并论。正是在摩尔根著作《古代社会》的基础上，恩格斯写成了《家庭、私有制和国家的起源》，分析了史前各文化阶段与家庭的起源、演变和发展，归纳了早期婚姻关系和从原始状态中发展出来的几种家庭形式，指出一夫一妻制家庭的产生和最后胜利乃是文明时代开始的标志之一，并进而阐明了家庭、私有制、阶级的起源与国家产生的关系，从而科学地说明了家庭的本质及其起源和发展变化规律。需要指出的是，19世纪晚期摩尔根著作《古代社会》和恩格斯《家庭、私有制和国家的起源》有关评论在西方世界

---

①　参见高健生、刘宁：《家庭学概论》第一章，河南人民出版社1986年版。

②　《马克思恩格斯选集》第四卷，人民出版社1995年版，第15页。

风行传诵之时，正是无政府主义思想在欧美国家以及东邻日本流行泛滥之际，而稍后的中国早期无政府主义者无论是在日本还是在法国，既接触了摩尔根著作，也介绍了恩格斯有关观点，然而他们在阐述家庭的起源和本质的问题时，却未能及时吸收这些有价值的科学研究成果，也未能正本清源地梳理家庭演变的脉络，反而避开了切中要害的关键问题，只是一味情绪化地发泄："家者，实万恶之源也。"并不顾实际条件而幻想"毁家""废家""无法无天无君无父"，这是中国早期无政府主义家庭观在理论上的先天缺陷。

人类文明形成以来就从事着三种最基本的社会活动：物质再生产、人口再生产和精神财富再生产。无论历史上的具体形态如何，这三种基本活动都必然是首先存在于家庭、婚姻与性这个"人类初级生活圈"之内。同时，社会对于这三种再生产的广义管理，也必然不断地对家庭、婚姻与性提出不同的要求。① 与此相关联的是，人们的家庭观念反映了现实社会的要求和未来理想的期盼，夫妻之间的关系及各自地位的确立则体现了家庭关系的基本内涵。然而，由于20世纪初叶中国社会处于急剧转型、动荡不安时期，人们的思想很容易陷入焦躁、矛盾、迷茫之中，这就引发了许多错综复杂的现象，如：中国早期无政府主义宣传者并不全部都是无政府主义分子，而当时许多人所宣传的无政府主义并不是完整的无政府主义②，他们新旧思想杂糅，东西文化交错，今日之我与昨日之我混战，理性知识的传布

---

① 参见郑杭生：《社会学概论新修》，中国人民大学出版社1997年版，第215页。

② 参见蒋俊、李兴芝：《中国近代的无政府主义思潮》，山东人民出版社1991年版，第32页。

借助于非理性的诉求。流质易变的特点和理论上的混乱,致使中国早期无政府主义家庭观存在着许多荒谬缺陷,如:偏颇的判断——男子者,女子之大敌也;反叛的诉求——女子复仇,以暴力强制男子;过激的言论——杀尽结婚者;赌气的心理——若夫得嫖,则妻亦得嫖;荒谬的主张——如野兽般群居;天真的想法——处女嫁处男,二婚男只能娶二婚女;等等,不一而足。

妇女解放思想是中国早期无政府主义家庭观的一个亮点。然而,妇女解放的基础何在?我们知道,妇女解放是社会解放的天然尺度,反过来,社会发展才是妇女解放的坚实基础。在这方面,何震等人的思考经历了由迷茫矛盾到清晰理性的过程。她起初竭力鼓吹"社会革命必自女界革命始",后来经过思考,进行了自我修正:"如欲实行女界革命,必自经济革命始。"进而断言:"若经济革命不克奏功,而徒欲昌言男女革命,可谓不揣其本矣。"至此,妇女解放或者男女革命在何震无政府主义思想中的先决地位发生了动摇,而与种族、政治、经济诸革命并驾齐驱。[①] 另外,何震反对由男人主导的"女子解放",认为这是"被动解放",而提倡由女子主导的"主动解放",这有利于妇女摆脱依附思想。但是,这又容易走向另外一个极端——把男人放在天然敌对的位置。她曾经把男子从事女子解放事业的动机概括为三点:其一,利用女子以成一己之名;其二,为一己之自利计;其三,使己身处逸乐。[②] 且不说何震以己度人的偏颇、逻辑推论的欠缺,即使揆之于常理,已显荒谬。须

① 参见夏晓虹:《何震的无政府主义"女界革命"论》,《中华文史论丛》总第八十三辑,上海古籍出版社 2006 年版,第 320 页。

② 参见葛懋春、蒋俊、李兴芝编:《无政府主义思想资料选》上,北京大学出版社 1984 年版,第 103 页。

知，在婚姻家庭问题方面，男女双方本来就是一个无法截然对立而处于相互关联、互动和谐的有机统一体当中。可以肯定，如果没有男方的参与合作，任何由女子单方面主导、纯粹的女子"主动解放"，断乎不可能获得真正意义上的解放。综观何震的一生，她以女子解放为己任，孜孜以求，义无反顾。然而，她晚年却遁入佛门寻求解脱，其原因除了当时女子解放的客观条件不具备、她本人的理想与现实有巨大反差之外，还应该归因于她的主张过于激进。

尽管中国早期无政府主义家庭观存在许多理论缺陷，但是他们一百年前所提出的问题不仅在当时具有反对封建专制主义的思想意义，而且在工业化社会的今天，也仍然值得我们进一步思考。我们知道，在工业化社会，家庭淡化乃至丧失了它原有的教育和经济活动功能，普遍地导致父系权威的下降。同时，工业化之后，女性各方面状况和地位都发生了巨变，改变了原有的在家庭、婚姻与性之中的角色和作用，推动了整个初级生活圈运行方式的调整。因此在社会转型时期，人们很容易重新审视现实的一切，诱发"无家意识"（homeless mind），引起"道德失范"①，从而导致一系列新的家庭问题乃至社会问题，如：离婚率上升，单亲家庭增加，非婚同居，包二奶（重婚），未婚先孕，试管婴儿，无性繁殖（克隆），同性恋爱，网上家庭，等等。这些问题与一百年前中国早期无政府主义者所面临的问题相比，尽管表现形式大不相同，但是背后隐藏的实质内容和基本原理则是一致的，即在社会转型时期，家庭、婚姻与性所涉

① ［美］马克·赫特尔：《变动中的家庭——跨文化的透视》，宋践、李茹等译，浙江人民出版社1988年版，第37、390页。

及的生物、心理、社会这三种因素在相互作用的运行中，稍有不协调，就可能引发比过去时代更为严重的矛盾与冲突，甚至造成家庭这个初级生活圈的残缺或解体。单独一个因素的不良状态是否会造成整体的瓦解，实际上取决于其他因素对这一因素发挥着何种以及多大的作用。[①] 因此，“家庭小世界，世界大家庭”。家庭问题从来就不是孤立的，它从本质上来说是社会问题，是生产力与生产关系、经济基础与上层建筑、历史传统与现实变化、生理本能与社会规范等多种因素的综合反映。

（此文作者署名李平生、张秋菊，原载《东岳论丛》2008 年第 6 期）

① 参见郑杭生：《社会学概论新修》，中国人民大学出版社 1997 年版，第 216 页。

历史学论文写作

如何研究洋务运动

——访李时岳教授

李时岳教授是著名的中国近代史专家，现任汕头大学副校长。1987年11月6日，笔者就如何研究洋务运动，请他谈了自己的见解。

问：您何时开始研究洋务运动？您当初为何选择了这一研究课题？

答：我是从党的十一届三中全会以后，具体地说来是从1979年开始专题性地研究洋务运动的。当时我为什么会选择这一课题？主要是对“文化大革命”进行反思。因为，长期以来，我们对阶级斗争理论的认识存在着概念化、公式化、片面化、绝对化的倾向，这在“文化大革命”中表现得尤为突出。当时一切讲阶级分析，讲阶级斗争，评价任何人物或者集团都讲出身，甚至查三代，凡是剥削阶级一概打倒，甚至连孙中山这样伟大的历史人物也要立足于批。我在反思的过程中意识到，这不只是在“文化大革命”中才有的现象，其根源早已有之。20世纪50年代以来，就有把马列主义庸俗化的现象，表现在中国近代史的研究领域，就是：一方面因为农民是被剥削、被压迫的阶级，所以拼命拔高农民阶级、农民战争的历史地位和作用，把农民阶级等同于现代无产阶级；另一方面，因为资产阶级是剥削、压迫阶级，所以极力贬低它的历史地位和作用，对资产阶级的代表人立足于批，即便是在肯定他的历史地位和作用时，也要批几句。其实，作为中国近代史本身，应该是一部中国资本主义发生、发展，资产阶级运动发生、发展的历史。在帝国主义侵略的刺激下，中国资本主义是怎样发展起来的？中国资产阶级是怎样为了自己的前途而斗争，从而推动整个中国社会的前进？这本来应该是中国近代史的主题，可是在当时那样的思想指导下，这个问题一直没有弄清，以至于历史发展的脉络、阶段性和规律性无处可循。在这里，我感觉问题最严重的是洋务运动。因为我们以往对辛亥革命虽然立足于批，可还承认它是一场革命；对戊戌变法，虽然指责它是一场改良主义运动，可还承认它在当时历史条件下有些进步作用。然而，对洋务运动在以往理论体系的指导下，只认为它是卖国的、反动的。这一环节如不突破，我们就无法理解整个中国近代史。所以，我于 1979 年底在广州召开的“辛亥革命与孙中山”的讨论会上，发表了有关的第一篇文章，即《历史研究》1980 年第 1 期发表的《从洋务、维新到资产阶级革命》，把自己的旗帜亮了出来。这篇文章主要谈中国近代史的基本线索。我认为中国近代史是按照太平天国、洋务运动、戊戌变法、辛亥革命这样四个阶段前进的。我的观点，后来被人概括为“四个阶段论”。如何理解这四个阶段？洋务运动是关键，所以我选择了这个课题。

我们以往之所以对洋务运动评价不公正，关键在于没有将历史唯物主义贯彻到底。这就是说，我们以往没有根据经济发展变化，而是抽象地甚至是不考虑经济后果地来考察阶级斗争，把阶级斗争理论公式化、绝对化，这样就无法把握社会发展的规律性。所以我认为要重新评价洋务运动，就要在理论上把历史唯物主义贯彻到底。我们评价任何一个历史事件或历史人物,不仅要探讨其阶级根源,更应探讨其经济根源,从经济的角度来判断进步与否。党的十三大报告指出,生产力是一切社会发展的最终决定力量。任何集团、政党、组织作用的大小,在于它对社会生产力的发展起到了什么样的作用。其实这个原理毛泽东同志在《论联合政府》中早有表述,然而这个理论长期以来被人们淡忘了,而只是片面地强调阶级斗争。我选择洋务运动这一课题进行研究,一方面是想通过这个事例,在理论上,尤其在中国近代史研究领域贯彻历史唯物主义;另一方面就是要通过重新研究洋务运动,把中国近代史的研究放在科学的理论基础上,真正科学地阐述中国近代史的发展规律。

我研究洋务运动,还有一个原因,当时我国正实行对外开放,引进外国先进技术。这一现实问题促使我对历史上的对外开放、引进外国先进技术,即洋务运动,进行重新思考。既然开放之路是必须走的,过去也有人这么走了,对此我们应当如何看待?我常想,研究历史总是站在更高的层次来重新认识过去,因为人们对于历史上的很多问题,当时看不清,过一段时间也看不清,可是再过一段时间便可看清了。所以,在新的历史条件下,我觉得对洋务运动这段历史必须重新认识。不仅如此,从研究这段历史本身来说,这是一件很有乐趣的事。这是一件大的历史翻案,它不像维新运动、辛亥革命那样仅仅是评价高一点或低一点的问题。因此,无论是从理论意义还是研究兴趣而言,这个课题都很吸引人,使我从 1979 年开始几乎全力投入(在这之前,我主要研究辛亥革命)。我越研究,越觉得当初的想法是可行的,而且是可取的。

问:你认为研究洋务运动的意义何在?

答:研究洋务运动,我看就是如何把握中国近代史的基本脉络问题。如前所述,中国近代史,无非就是要说明在帝国主义侵略的刺激下,中国社会如何发生变化?发生了什么样变化?阶级发生了什么变化?产生了什么样的新阶级?新旧阶级的趋向及其斗争的状况、性质怎样?中国社会向何处去?我们研究中国近代史,就是要研究这些内容。中国近代社会总的趋向或基本趋向应该是生产的机械化、政治的民主化和思维的科学化,而这些总的趋向开始于洋务运动时期。这个“源”不搞清楚,后面的“流”就说不清。按照我的观点,中国近代史开始于鸦片战争,结束于辛亥革命,前后共70余年,而洋务运动就占了其中的一半,其重要性不言而喻。洋务运动对后来的戊戌维新、辛亥革命有直接的影响,无论是物质的准备,精神的准备,还是人才的准备,都是如此。洋务运动完成了一二代人的过渡,对这段历史不了解清楚,就无法了解后来的历史,从而无法科学地理解整个中国近代史,同样也就无法理解今天。

问:你能否扼要地谈谈近年来的研究进展?

答:在“文化大革命”当中,一般都认为洋务运动是一场反动的、卖国的运动。其实,这些结论大多是在新中国成立初期甚至是在新中国成立以前得出的。新中国成立前,有人以洋务派影射蒋介石,如说洋务派曾国藩等人是汉奸、卖国贼,“内战内行,外战外行”。近年来,经过深入讨论,总的来说,虽然还有几个人坚持以往的观点,但大部分人都不赞成完全否定洋务运动,尽管程度有差,但基本上都肯定洋务运动有进步作用。

这些年来,洋务运动领域所解决的主要问题有:(1)冲破了以往那种因洋务派镇压太平天国而对他们一笔抹杀、彻底打倒、不予半点肯定的局面，认为应该重新评价曾国藩、左宗棠、李鸿章。实际上，这也是放弃了原来的那种唯成分论、贴标签的方法。(2)大量的个体解剖、总体概括的研究结果表明，洋务运动虽有弊病，但不是毫无成效，它使当时的中国无论是国防力量还是经济实力都确有增强，这是肯定洋务运动的一个谁也无法否认的客观依据，这些事实冲破了过去那种认为洋务派创办军事工业是为了镇压人民，创办民营工业是为了剥削人民的简单定论。(3)经过深入讨论，对洋务企业的性质有了新的看法：这些企业，无论是军工企业还是民用企业，基本上都是资本主义性质的企业。我们不应把后来产生的民族资本、官僚资本的模式生硬地套用于洋务企业。(4)通过全面深入的考察，基本上解决了洋务派就是早期改良派，早期改良派就是洋务派这个理论问题。

问：您认为青年史学工作者研究洋务运动应该从何入手？应掌握哪些基本史料和基本方法？

答：我认为可以从以下两个方面着手：第一，对洋务运动研究状况要有一个总体了解，掌握目前国内外有关成果、研究动态以及重大分歧，在这方面可以看一些有代表性的专著及论文；第二，不宜好高骛远，四面出击，而应先选择一个专题，以此为基础深入下去。这个专题如何选择，要看自己的条件和兴趣。可以先研究一个企业、一个人物、一个方面，或将某类问题综合起来，作为一个专题，如官督商办，进行深入研究。为什么呢？我们提倡掌握基本完备的资料再做结论，一切从史实出发，不要人云亦云。总体了解是为了把握其基本内容，而不是先入为主。具体研究时要先从资料入手，从资料引出结论，其结论也许是印证了别人的观点，也许是推翻了别人的观点，也许是补充了别人的观点,这些都取决于从资料中得出的研究成果。此外,研究时还要注意以小见大,从任何一个专题研究中应看到它对于解决总体问题的作用。这样,多研究几个关键性的(不是所有的)具体问题,总体观念也就逐步形成了。在个体研究的基础上进行总体概括时,肯定又会遇到新的问题,这就要求我们回头再去研究个体问题。如此不断,自然日渐成效。要做到这一点,坐冷板凳之苦是在所难免的。

至于在研究过程中应看哪些资料,这取决于自己的研究专题。如果研究曾、左、李,就必须看他们的全集;如果研究洋务派的对外交涉,就必须看《筹办夷务始末》(咸丰朝、同治朝);如果研究某一企业,就应当掌握其档案和有关资料。初学者选题时应有一个限度,因为很难一开始就掌握全部资料。找到一个合适的选题,钻进去一两年,总会有所收效。我主张研究某一专题时,对有关资料应该尽可能地全部掌握,从掌握的资料中引出自己的结论。

至于研究方法,我认为应该贯彻历史唯物主义,实事求是,继承传统的研究方法,正确对待新方法,开拓新领域。现在有些青年希望早出成果,快见成效,因而比较热衷于寻找新方法,如"三论"、全方位研究、多维判断、非线性思维、社会学、心理学等。我认为,这些方法本身是可取的,掌握任何一种方法,具备任何一门学科的知识,都将构成自己的研究特色,但在具体研究中,不要空谈方法论,任何高明的方法或理论,都必须尊重史实,接触实际,否则毫无意义。青年人对于传统史学方法不应弃之于不顾,更不要怕艰难,或者自卑,或者急躁。事实上,青年人完全可以站在前人的肩膀上发现新材料、新问题、新角度。我向来不赞成纯粹的方法论,我觉得历史研究是一门艺术，与其说靠方法论，不如说靠灵感。我自己也说不出来何时来灵感，写文章有时几天也写不出几行，有时则突然豁然贯通，以致下笔而不能自休，这也许是顿悟吧！当然这要靠平时积累，与自然科学一样，否认灵感是不对的。

在对总体问题有了初步了解而开始进行自己的专题研究时，我认为可以而且应该有一个假设，以假设来指导研究。有时大胆假设也未尝不可，但不要认定自己的假设就一定正确，要用从史料中得出的结论来检验自己的假设。“大胆地假设，小心地求证”，这个方法在具体研究中不无道理。小心求证的结果不一定证明假设是对的，也许证明假设是错的。如果没有假设，这很难发现问题。有了假设，在阅读材料时就容易产生灵感，发现有价值的东西，就能敏锐地把握资料，在资料太多而难以再读第二遍的情况下，能够很快地将有用的资料在第一遍的阅读过程中提炼出来。否则，有用的资料很可能在你的眼皮底下逃之夭夭了。当然，研究时要防止主观成见，有了假设就应该有多方面的求证，这是科学态度问题，不是方法论问题。如果看到与自己假设明显相悖的材料，不要忽视，更不应当回避，而要特别注意，把它解释清楚。如果根本解释不通，那就说明自己的假设是错误的，应当放弃，从另外的角度重新思考。这样做对自己的思维能力是一个很好的锻炼。如果没有这种思维方法而去泛泛阅读材料，效果不会很大。

问：您认为洋务运动研究今后的趋向如何？

答：对这个问题，我认为可结合近年来召开的几次全国性洋务运动讨论会来回答。第一次讨论会于 1980 年在长春召开，尽管当时否定洋务运动者占多数，但大家都表示应对洋务运动进行总体研究。第二次讨论会于 1983 年在上海召开，这次会议的特点是大家放弃了过去笼而统之的说法,注重个体研究。第三次讨论会于 1985 年在兰州召开,这次会议又回到了总体概括。总体概括—个体剖析—总体概括,这是一个循环反复的过程,通过这个过程,大家对洋务运动有了进一步的了解,克服了以往的片面看法。今年(1987 年)12 月中旬将在汕头大学举行全国第四次洋务运动讨论会。

汕头会议的中心议题是拓展洋务运动研究范围。前几年我们研究洋务运动,认为它的内容是富国强兵,基本上属内政,而对洋务派的外交内容有所回避,尤其是因为李鸿章搞了投降外交而回避这一问题。这次会议我们将集中研究洋务派,这样其外交内容就不能回避了。因为洋务运动属于内政,所以可以不包括这个时期的外交。但具体到某一个洋务派代表人物,其洋务思想和外交思想往往是统一的,对此我们不应回避。在兰州会议上,有的人提出这个问题,引起了大家的注意。看来这次汕头会议在洋务派外交思想方面的研究将会有所突破。

除此之外,我们还应开拓领域,如:(1)洋务派如何处理教案,这属内政,但以往我们研究不够。(2)洋务派的军事思想,这虽然不属洋务运动,但和它有联系。(3)洋务派的思想文化,这是一个薄弱环节。(4)洋务运动时期的民风习俗。(5)洋务运动失败的原因。过去我们注重寻找其失败的主观原因,其实我们更应该着重研究其失败的客观原因,即社会原因。无论是研究其失败的主观原因还是客观原因,对于我们都有重大的现实指导意义。

目前二三年内洋务运动的研究趋向,主要是以上几个方面,再往后的趋向则有待于进一步观察,现在尚难预料。其实,整个洋务运动的研究才刚刚开始,这是一片亟待深入开拓的处女地，许多问题还缺乏充分的说明、周密的论证，大量的资料整理工作还有待于开展、完善，研究队伍还需要进一步充实、加强（绝大部分有关研究人员都是新手，我自己也是新手）。因此，青年人如果有志于此大有可为。

问：我在阅读您的文章时，感觉到不仅内容准确，而且表达生动，文章的可读性大。您能否再就历史论文的文字表述谈谈自己的看法？

答：要做到文章内容准确，就应该尽量少说废话。有的文章之所以可读性小，是因为它谈了许多众所周知的道理，穿靴戴帽太多。文章要开门见山，对众所周知的内容要高度概括，不必重复。

我的文笔之所以达到今天的程度，即思维过程、口头表达和文字表达基本上趋于统一，这大概要归功于我高中时代练过各种文体。当时，我曾和一位同学合办壁报，兴趣所致，半月一期，我期期都写十几篇文章，那位同学（现在是理科方面的教授）每期写两篇，算是对我的支持。我的文字表达从中受益匪浅。现在有的同志思维用一种语言，讲话用另外一种语言，而文字表达用的是第三种语言，结果造成了表达困难，文章的可读性较小。

再者，关于文章准确性的问题，这得力于我的毕业论文。为求准确，这篇论文我先后写了四次，这使我养成了一种准确表达的习惯。“以己昏昏，使人昭昭”是不可能做到的。因此，在写文章时，尤其是初写文章时，一定要养成准确表达的习惯。

此外，写历史论文，在无伤大雅的情况下，可以运用一些文学性的表达语言。有时用形象的语言来表达抽象的内容可以省很多篇幅,并且寓意丰富,更容易使读者把握文章的主题。文章中的一点文学语言也没有,容易使人乏味。文学语言用得太多,这使人觉得花哨,要运用自然,这属于技巧问题。

(原载《文史哲》1988 年第 1 期)

洋务运动的新探索

——评《从闭关到开放》

洋务运动史研究是党的十一届三中全会以来中国近代史研究领域中争论最为激烈的课题，成果斐然，令人瞩目。然而，党的十一届三中全会以来，在很长一段时期内学术界尚无一部全面研究洋务运动的综合性专史，由李时岳、胡滨两位教授合作的《从闭关到开放》一书，填补了这项空白。

在近年来的洋务运动史的讨论中，出现了三派不同的观点：一派基本上否定洋务运动，一派肯定前期洋务运动而否定后期洋务运动，一派基本上肯定洋务运动。李时岳、胡滨是基本上肯定洋务运动这一派的主要代表者。他们在新著《从闭关到开放》一书中，系统地阐述了有关洋务运动的性质和历史意义，认为“洋务运动是在世界资本主义潮流冲击下，地主阶级改革派为挽救民族危亡而倡导的‘富国强兵’运动；随着运动的发展，日益显示出运动的资本主义倾向，所以也可以说它是地主阶级开明派的改良主义运动或救亡运动”①。关于洋务运动的历史意义，作者归结为以下四条：第一，“洋务运动是近

---

① 李时岳、胡滨：《从闭关到开放》，人民出版社 1988 年版，第 413 页。

代中国向西方学习的必经阶段”；第二，“洋务运动是近代中国民族资本主义产生的重要途径”；第三，“洋务运动是近代中国民族觉醒的低层次体现”；第四，“洋务运动是近代中国历史从单纯农民战争向资产阶级政治运动发展的不可缺少的中间环节”。[①] 作者上述总体评价，作为一派观点的主要代表，无疑有助于推动洋务运动史的研究。

从历史主义出发，实事求是，具体问题具体分析，以客观事实作为立论的依据，这是作者在该书中采取的基本方法和态度。作者通过对各个洋务企业事业部门进行大量的个案剖析，提出洋务运动本身虽然有弊端，但总体上来说并不是毫无成效，它使当时的中国资本主义从无到有，无论是国防力量还是经济实力都有增强。这个客观事实冲破了过去那种认为洋务派创办军事工业只是为了镇压人民，创办民用工业只是为了剥削人民的简单定论。关于洋务派任用洋人，以往论著一概视之为洋务运动的买办性特征之一，作者通过对各个洋务企业和近代海军雇佣洋人的情况进行具体考察，指出洋务运动兴办伊始，为了引进外国的机器设备和科学技术，雇用了一批洋人，这在当时的历史条件下是迫不得已的，也是无可非议的。雇佣洋人，借材异域，这是技术落后的国家在学习先进国家时必须经历的一个阶段。洋务派任用洋人属于雇佣性质，遵守“权自我操”的原则，并没有让洋人操纵近代工业和近代海军的大权。另外，对于近代来华洋人的性质也不能一概而论，应在具体分析的基础上得出客观的结论。

---

① 李时岳、胡滨：《从闭关到开放》，人民出版社 1988 年版，第 416—423 页。

避免先入为主,在弄清基本史实的基础上阐明自己的观点,这也是该书体现出的一大特色。关于洋务运动的评价,众说纷纭,莫衷一是,其原因除了研究者的角度、方法等方面的不同外,对一些史实没有弄清、引用资料以讹传讹也是一个很重要的因素。作者在研究中注意对各方面的资料广泛搜罗,爬梳剔抉,勘误纠弊,谨慎取舍,体现出扎实的功力和严谨的治学态度。例如,关于轮船招商局投资者的构成,有些论者只根据徐润《自叙年谱》中的一条材料,认为徐润是该局的最大股东,从而得出了买办资本在该局占压倒性优势的结论。作者在考察了徐润《自叙年谱》中关于此事的三种不同记载,推翻了徐润是该局最大股东的说法,并进一步指出徐润将入局前当买办所积累的资金投入民族企业,也不应该看成是买办资本,它实际上已转化为民族资本。[①] 再如,通常观点认为轮船招商局享有独家经营的垄断权,因而阻碍了民族航运业的出现,作者则通过对有关材料的考订纠正了这一观点。[②]

作者在揭示洋务运动时期社会变化的总体特征时,将它归结为“从闭关到开放”。这是很有启发意义的。同样具有启发意义的是,作者的研究角度、方法和审视历史的目光也“从闭关到开放”。这表现在:第一,作者在研究过程中不是闭门造车、高筑壁垒,或人云亦云、毫无主见,而是既熟练地掌握以往的研究成果又密切注视最新研究进展,博采众家所长,消化吸收,为我所用。正因为如此,近年来,洋务运动史研究中的一些

---

① 参见李时岳、胡滨:《从闭关到开放》,人民出版社 1988 年版,第 144—145 页。

② 参见李时岳、胡滨:《从闭关到开放》,人民出版社 1988 年版,第 147—148 页。

主要观点都在该书中得到体现。同时,作者对于许多已成定论的问题提出了自己的独到见解,并在一些鲜为人重视的问题上有所创新,这样读者手持一册便可了解洋务运动史研究的大致进展和作者的新见解。第二,作者眼界开阔,不局限于就事论事,而是将洋务运动放在整个中国近代史这个发展的历史长河中加以考察。早在1981年初,作者就指出:“在中华民族灾难深重的年代里,为了阻止中国向半殖民地、殖民地沉沦,不同阶级的政治代表人物从事过不同形式的探索和斗争。太平天国、洋务运动、戊戌维新、辛亥革命是这些探索和斗争的几个主要表现。”“洋务运动代表了中国社会进步的不可逆转的趋势。”① 这种以开阔的眼光看待洋务运动的方法在作者的新著中得到了具体的体现和展开。作者还进一步指出:“没有太平天国农民战争,就没有洋务运动,而没有洋务运动,也就没有维新运动和后来的资产阶级民主革命。历史就是这样以一个否定另一个的方式彼此联系着的。”②以发展、开阔的目光审视洋务运动,从中挖掘更深层的内容,这是近年来作者有关研究所显示的又一特色。第三,尤为需要指出的是,作者并不拘囿于自己以往已经得出的某些结论,而是在最新研究的基础上不断深化自己的认识,勇于否定、修正自己原来的一些不很科学的观点,表现了作者诚实的不断探索精神。例如,作者曾经认为,洋务派创办的“军事工业基本上属封建性的官府工业”,民用工业“虽然具有明显的资本主义性质,但其中夹杂着封建性,有的

① 李时岳、胡滨:《论洋务运动》,《人民日报》1981年3月12日。

② 李时岳、胡滨:《从闭关到开放》,人民出版社1988年版,第424页。

还有垄断性”。[1] 在新著中，作者根据近年来自己的研究成果，修正了上述观点，认为“近代军事工业的创办是中国资本主义的起点，已具有资本主义性质。但是这种性质还不完全，还有很浓的封建性”[2]；而官督商办的民营企业除了封建性以外，并不具有垄断性。此外，作者对洋务派关于造船和买船的讨论、洋务运动时期是否已有早期官僚资本等问题，均较前有新的认识。

总体上说，《从闭关到开放》一书由于它是第一部反映党的十一届三中全会以来洋务运动史研究最新成果的综合性专史，加之作者将扎实的材料与恢宏的议论有机结合，并在大家所关心的问题上提出了许多独到的见解，成一家之言，因此，毫无疑问这是一部成功的著作。然而，白玉微瑕，书中也存在着一些不足之处。

作者在著作该书时，采用了按专题分章叙述的横剖面的体例，这有利于作者基于自己的思路展开论述，铺陈观点，但也造成了该书的一些缺陷：(1)对洋务运动史纵剖面的研究相对不够，不易从总体上更全面地反映洋务运动逐步发展的完整脉络。(2)带有专题研究论文集的痕迹，有的专题几乎是通篇移植作者原来的单篇论文，这就使全书各个专题之间的血肉联系有所欠缺，跳跃性较大。如张之洞的洋务活动就他本人在湖北的实践来说，是一个比较完整的体系，而在书中则显得有些零散。(3)出现了一些材料和观点重复引证的现象，表述方式也

① 李时岳、胡滨：《洋务派与近代工业》，《山东师院学报》1979 年第 3 期。

② 李时岳、胡滨：《从闭关到开放》，人民出版社 1988 年版，第 119、121 页。

不尽完全一致。(4)有些相对重要的内容交代得尚不详备。例如,对于构成洋务运动时期中国民族工业重要组成部分的40余家民营企业,作者只选取了6家典型企业进行剖析,在整体上显得过于简略。关于修筑铁路,作者较集中地探讨了洋务运动与顽固派的争论,而对于洋务派具体如何修筑铁路,只是简略提及,一笔带过。顺便指出,有关洋务运动的中央领导机构,总理衙门的内容,书中几乎阙如。

另外,关于洋务运动失败的原因,或者说为何成效不大,无论是作为通史性的著作,还是作为专题性的研究,也无论是从历史的角度考察,还是从现实的需要出发,都应该作为一个重要的内容进行全面深入的分析。在这方面,作者已经做了一些探讨,但尚未充分展开。相对于其他专题研究,显得有些薄弱和零散,有待于进一步深化。

(原载《文史哲》1990年第2期)

章开沅教授与中国近现代史写作

在人文社会科学领域,与20世纪70年代末尤其是80年代初相比,当今历史学似乎面临着话语权削弱的尴尬局面,其原因是多方面的。仅就历史学论著写作而言,选题重复,观点雷同,文字艰涩,表述方式单一,缺乏思辨色彩,尤其是缺乏人文关怀和价值诉求,这些都在不同程度上侵蚀着历史学的应有功能,也影响了历史学的认知效果。

事实上,历史学论著写作的要求是多方面、多层次的。鲁迅先生称赞司马迁的《史记》是“史家之绝唱,无韵之离骚”,古人要求文章的考据、辞章、义理三者不可缺一,这都说明历史学论著写作不能仅仅停留在史实陈述的层面上,还应该讲究文采和思辨。

那么,应该如何看待当代历史学的写作状况,又应该如何提高历史学的写作能力呢?带着对这些相关问题的思考,笔者于2002年10月初借参加上海大学举办“近代中西文化交流国际学术研讨会”的机会,与著名的中国近现代史研究专家、原华中师范大学校长章开沅教授进行了一次较长时间的交谈。下面是根据录音和有关印象而整理的文稿。

李平生(以下简称李):在20世纪70年代末,尤其是80年代初,曾经出现过一段时期的繁荣景象。具体到中国近现代史研究而言,这种繁荣景象的出现,和当初你们那一代正当盛年的学者奉献出一批高质量的学术文章是分不开的。当年在读大学本科和研究生的时候,我们曾经私下讨论,撇开学术观点不论,单就论文写作而言,中国近现代史研究方面有三个写作大师,或曰写作高手,这就是陈旭麓先生、李时岳先生、章开沅先生。如今,20年过去了,陈旭麓先生、李时岳先生都不幸作古,而您作为我们当年崇拜的三个写作大师之一,唯一的健在者,能否单从历史论著的写作角度,对当年中国近现代史研究的状况,以及当前的写作状况,发表一些评论?

章开沅(以下简称章):大师或高手之类的称呼我都不敢当。应该说,史学界不少人写过才华横溢、文采飞扬的好文章,你所提到的陈旭麓先生、李时岳先生的文章的确很精彩,可以说是流畅自如,引人入胜,我也非常爱读。前辈学者如翦伯赞先生关于内蒙访古的文章,应该属于散文精品;吴于廑先生晚年有关世界史的宏观论述,博大而又精深,至今仍为海内外学者所赞赏。我自己的文章毛病甚多,无非稍为注意语法修辞而已。其实,我在1949年以前的学生时代很爱文学,也很爱写作(包括写过一些诗),当年的文章比现在活泼,略有文采而无矫揉造作痕迹。

1949年以后,片面学习苏联,联共党史教科书也成了写作的经典,为害甚大。我们这代人不仅思想上受教条主义束缚,文风上也受那种不太高明的译文的影响,呆板平滞,逐渐丢失了自己本身的特色。“文化大革命”以后,不仅思想得到解放,文风也得到解放,我这才写出几篇还使人看得下去的史学文章。记得20世纪80年代初我陪胡绳先生访美时,他很赞赏唐德刚教授的文章,主要是由于唐文挥洒自如,活泼而有趣。其实我们大陆学者的文学功底并不比海外华人学者中的文章高手差,但起先学苏联而受洋八股影响太深,后来又由于“左”倾思潮泛滥,大批判之风盛行,政治干预学术无所不在,思想驰骋的空间愈益逼仄,文章也就越写越呆板。这是一个沉痛的教训,也是我国学术界的很大损失。

现今很多中青年学者,由于学术环境的变化,思想上的束缚较少,创新的勇气也更大,所以比较容易写出一些活泼流畅的精彩论著。但是,也有不少年轻学者,或由于缺少足够的文学修养与文字修炼,或由于学风浮躁、贪多图快而不注意文字的推敲润饰,所以写的文章缺乏文采,读之枯燥无味。当然,学术论文的内容是根本,但如果词不达意或条理不清,再好的内容也很难充分表达出来并为读者所理解。现在的学术环境比我们的中青年时代好很多,希望中青年学者珍惜大好时机,不断充实与改进自己,写出更多更好的学术精品。

李:我在《文史哲》编辑部长期从事编辑工作,接触到大量的来稿,其中既有国内的,也有国外的;既有教授、副教授的,也有博士生、硕士生的。坦率地说,这些来稿当中能够符合《文史哲》刊用标准者所占比例并不高。我仔细阅读来稿,发现他们并非用功不够,而是选题大都缺乏新意,以至于花了很大的功夫却是重复了他人的劳动。依我偏见,论文写作的成功与否,与选题有很大的关系。找到一个好的选题或者是切入点,往往会引发连锁反应,或者说会带来某一课题研究的可持续发展。下面,能否请您就论文的选题问题谈一些看法?

章:选题当然很重要,读者看文章首先就是看题目。但就学术论著而言,选题似乎有两种:一是研究课题的选择,一是文章题目的选择。你说的大概是前一种选择,这也是学术论著成败的关键。焦裕禄有句名言:“别人嚼过的馍不香。”他讲的是亲自作调查研究的必要,学术研究也是一样,最忌讳的就是“炒现饭”。现今的研究生都懂得,在正式写论文之前必须作开题报告,其用意首先就在于通过集体讨论力求避免重复劳动。这并不是说别人做过的课题你就不能做,而是你必须在前人工作的基础上有所前进,或者说有所创新。就像陈寅恪先生强调的那样:“发掘新材料,开辟新领域。”史学研究必须掌握原始资料,包括认真阅读重要史籍的文本,这样才有可能写出确有原创意义的精彩论著。辗转引用二手货,甚至人云亦云、鹦鹉学舌,那就根本谈不上什么学术研究,应该属于打假扫劣的文字垃圾。

学术创新并非轻而易举的游戏。过去顾亭林写《日知录》,有时一年之间,“早夜诵读,反复寻究,仅得十余条”。其所以如此,就在于他所追求的是自己的真知灼见,而不是任何世俗的虚名。他把严肃的治学比作亲自“采铜于山”,而把时人草率“纂辑之书”比作“买旧钱以充铸”,既破坏了古人传世之宝,新铸之钱又极粗劣,此之谓“两失”。这层道理讲得深刻而又管用,所以我经常向学生转述。现在人们都在大谈创新,这是很好的现象,但一定要对创新作深层的理解。

创新不仅是个人的追求,而且也往往产生于社会需要的驱动。不过从务实的观点来看,创新总要花费精力,讲究实效,不能玩花架子。所以,这种创新不能过多地从时间上来考虑,可以长可以短。既然强调像你刚才所提到的可持续发展,就应该从比较长的时间来追求其价值,不能急功近利。比如,当年在寻找改进中国近代史研究的突破口时,因为强调社会经济史研究,强调社会环境研究,结果就出现了商会研究。而商会研究的出现是有条件的,这就是有一大批商会档案被发现。没有这批档案的整理与利用来作为支撑,就无法开辟商会研究这个新领域和一系列新课题。

所谓的新课题不一定仅仅出现在新的研究领域,在旧的研究领域也可以发现新课题。比如商会研究现在不再是一个新的研究领域,但里面的新课题可多着呢！其中的非政府组织(NGO)的研究目前正时兴着,正在成为一个新课题。虽然它的名称是古老的,但研究的角度和内容却是新颖的。它不但在近代历史的国计民生中产生过作用,而且在现实社会中也将产生作用。从这样的角度研究商会,这就不是进行一种简单的重复。

研究新课题不一定要依赖新史料,即使根据旧史料或是一般史料,也可以写出有新意的好文章。过去李时岳在这方面是很见长的,他并没有刻意去使用新史料。当然,他也做过《龙华会章程》方面的考证,但他的特色不在于考证。过去陈旭麓也是这样,没有做过多的史料考证。倒是我在史料方面下的笨功夫更多了一点,以前写《开拓者的足迹——张謇传稿》,在北京图书馆泡了很长时间,又到张謇创业的南通实地考察,其中的艰辛且不细言。总之,研究进展取决于个人的悟性,不同的人有不同的理解能力,就像同一首歌,一首老歌,不同的人有不同的理解,有不同的唱法,有不同的风格,其产生的效果是不一样的。

选题要求不能一概而论,但创新要求则是必然的,否则就没有价值。关于你刚才提到的重复劳动问题,现在国外学者对国内的中国近现代史研究的批评,尤其是对民国史某些论著的批评,主要也是涉及这方面的问题。当然,这个问题的产生也可能是受条件的限制，以及中外学术交流的阻隔，再加上许多学者不擅长外语，因而对国外学术进展的情况不了解，以至于做了不少重复劳动。事实上，有些博士论文也存在重复劳动现象，在这方面个别新兴学科的情况更为严重，因为他们的导师本身也不太了解国外的学术进展情况，所以无法指导博士生的选题进入研究的世界前沿。而老学科的情况则不一样，对老学科的带头人的要求毕竟是很高的，因为老学科原来的起点就很高。别的学科我不讲，在中国近现代史的研究中，日本学者对我们的民国史研究的批评就比较多，因为他们对这一领域的了解相对于其他领域要多一些，而我们的研究队伍在数量上很庞大，但真正高质量、有建树的学术论著并不多。

李：谈到选题的问题，我注意到有的学者的选题变换跨度较大。事实上，选题的变换也意味着研究领域的转移，而研究领域的转移有的时候是出于学术理路的自身发展要求，有的时候则可能另有原因。美国学者周锡瑞起初研究辛亥革命在两湖，后来研究直鲁之交的义和团运动，最近又在研究陕甘宁边区，其选题跨度变换较大。我也注意到，您早年研究辛亥革命，成果斐然；后来您研究张謇，研究辛亥革命与江浙资产阶级，并推动中外经济关系与中国近代化的研究；最近，按您自己的说法，您又"半路出家"去研究教会大学与近代中国，这期间您还研究过南京大屠杀。此外，我还拜读过您最近写的《文化危机与人性复苏》一类的文章，注意到您正在思考21世纪全球化背景下的人文精神问题。出于好奇，我想知道您选题变换且跨度较大的原因是什么？

章：我尊重创新，但我绝不追逐时尚。我的研究领域转换，跨度并不很大，正如周锡瑞一样，我们仍然是在中国近现代史同一领域中变换研究课题。有些课题的更新,是出于学科发展的需要,如从现代化或商会史的角度重新解读辛亥革命乃至整个中国近现代史等。有些是出于一种责任感,如研究南京大屠杀,完全是因为自己作为一个中国公民,一个历史学者,有责任挺身而出,驳斥日本右翼分子歪曲历史真相的各种谎言。至于近些年来参与讨论人文与科学的关系,仍是出于对人类文明当前面临严重危机的担忧,对人类文明今后走向的关怀,如果不嫌夸张的话,也是受一种潜在的责任感的驱使。至于研究教会大学史,那多少有些出于偶然,因为是1985年普林斯顿大学刘子健教授的建议与策划,并非是我自己原有的计划。但这毕竟还是我自己的选择与决定,一是因为这个课题确实具有值得研究的意义(包括学术价值与社会效益),二是因为我还多少具备若干研究这个课题的条件。

当代科技迅速发展,诚然提高了人类物质生活水平,但相形之下精神生活却日趋庸俗乃至贫乏,表面的喧闹繁华掩盖不了许多人(包括某些达官富豪)内心的苍白空虚。而由于物质利益的强大驱动,人类不仅严重糟蹋环境(包括太空),而且严重糟蹋自己,乃至年复一年地利用高科技手段自相残杀。世界上一切有良知的人们对此不能熟视无睹,更不能缄默无语。对于全球性重大问题的关注乃是历史学家的天职,应该在世界论坛上听见历史学家的声音。我们无需妄自菲薄,应该勇敢地站出来。

李:除了选题的问题之外,历史论文写作还涉及史料的运用。目前的历史论文写作,还存在着种种不良的现象:其一,有些论文缺乏过硬的史料来支撑其论点,全凭自己的想象而大胆地假设;其二,有些论文几乎全靠史料的堆积来说话,对史料没有透彻的消化，缺乏自己的分析、判断和提炼。还有一些论著在史料运用时出现了学术违规的现象，如转引他人材料，有时是第二手的，甚至是第三手的材料，但不注明出处。据我所知，您的著作《开拓者的足迹——张謇传稿》中的材料被他人论著转引，但转引者并未注明出处，这显然没有尊重您曾经付出的艰辛劳动。这种学术违规现象，不仅可能造成部分材料以讹传讹，更严重的是败坏了学术风气。您能否就史料使用及涉及的相关学术规范问题发表意见？

章：如果对史学理论进行探讨，或进行史学评论，可以不需要征引太多的史料，可以将已经发表的论著作为评判的对象；但如果是一种专题研究，或是对历史本身进行研究，即对史事进行研究，则必须运用史料，进行实证分析。

我们始终认为，历史研究本身所具备的一个特点，即需要史识的阐述和史实的实证来支撑。缺乏史实的实证，历史就变成一个空架子。过去黎澍在世的时候，对于那些空架子的历史问题的讨论是非常反感的。过去史学界有许多抽象的、空洞的讨论，比如不管掌握多少史实，大家都可以谈社会性质问题、社会主要矛盾问题、阶级基础问题。这种情况过去是很多的，现在看起来，写这些文章没什么意思。

关于史料的堆砌，这是比较普遍的现象。造成史料的堆砌，最主要的问题是写作者对史料没有真正的掌握。占有史料，跟拥有史料不是一回事。拥有是说手头有多少东西，而占有是指真正地把它消化了，或者是融会贯通了，这样史料才真正属于你。占有史料其实学问是很大的，现在有的人已经习惯用电脑储存史料，或者是用电脑进行检索，又或者是利用缩微胶卷、复印等方式来处理史料。这样方便是方便，但不一定容易消化。我经常做一个比喻,史料的发掘如同开矿一样。中国地质大学曾经请我去作报告,我说历史学与地质学有很多相近的地方,我们就相当于你们勘探队。不是你知道这个地方有铁矿就行了,而是对于铁矿的位置,处于哪个地层,矿脉怎么样,前后左右都要弄清楚,这样的勘探才有用。

现在很多人写文章根本就不注意收集原始材料,往往自己先有了结论,再去找材料印证,有的甚至不是自己掌握一本书或一套完整的材料,而是从别人那里将材料转引过来。现在的检索条件为这种剪贴的工作提供了很多的方便,这种情况很多,但不可取。

我们提倡对于一些重要的史料必须读原文,读原本。文本是不可少的,尤其要考虑文本的完整性,必须知道这些材料是从哪儿来的,背景是什么,这是非常重要的。我们在跟日本一些右翼的所谓史学家进行斗争的时候,经常碰到这些问题。我们找到好多材料来说明一个问题,他们则从某个材料中找到某一句话,结论正好相反,他们就没注意到这话的前言后语怎么样,是在什么背景下讲的,在后面是不是又被否定掉了。当然,我们所说的这些不好的学风跟日本右翼分子不是一回事情,但在这一点上有相近的地方。比如说随心所欲地运用史料,没有认真地做史料工作。事实上,史料工作不是一项机械的工作,而是一项高层次的智力劳动。并不是认得字(认字也不是很容易的事,因为现在有一些古文字,也不是很容易读懂的)就能够做好史料工作,而是要理解史料,驾驭史料。

李:有些作者在写作的时候的确面临着史料的限制,比如图书馆保存的材料不是那么完备,或者有些档案材料由于档案馆的封锁,可能导致有些学者在从事某一个领域研究时,对一些非常重要的材料不可能读到原文，只能通过别人的文章才知道，然后他就注明出处转引这些材料展开自己的相关论述。这种情况不应该属于学术违规吧？

章：对，这不属于学术违规。转引材料是必须的。任何一个人都不可能掌握全部的资料，不可能完全不转引材料。转引材料，其要求就是不要失掉原意。有的人转引别人的东西，还故意贬低别人，这种现象也有。总的来讲，转引材料应该注明出处，应该尊重别人的劳动。马克思、恩格斯写的著作，很多材料也是转引别人的，如恩格斯写《家庭、私有制和国家的起源》转引了摩尔根《古代社会》的有关材料，但他们对任何一条很小的材料都注明出处，这就是尊重了别人的劳动。

李：我在编辑稿件的时候发现，有一些作者并没有真正地阅读原文材料，很多都是转引别人的材料，而又没有注明出处。对于这种不良的学术风气，您有什么批评或者是忠告？

章：这个问题现在已经讲得很多了，外界对学风浮躁问题的批评，涉及的面很广，涉及的人也很多。造成这种学风浮躁的原因是多方面的，而且责任也不完全在于现在的年轻人或者中年人，还有一种政策的导向问题。我们认为现在的学术管理、科研管理存在着严重的问题，就是量化标准的问题，它违背了学术发展的规律。特别是要求在一个很短的时间里，必须完成什么东西。而且这种量化标准现在又跟切身利益联系起来，包括待遇、工资、补贴等。这种量化标准要求人人都能做得那么好，的确是很难。所以从上级领导来讲，相关的部门还应该作自我反省，但到现在为止我还没看到这种自我批评。

对于不良的学风，对于违规者的责任，应该过问。这是一个治学的态度问题，也是一个品德的问题。章学诚特别强调史德,他把德解释成为心术,这个解释很好。如果研究者本人看不到相关的材料或者只是参考别人的材料,他可以不写,或者在文章中完全注明出来,明明白白地表示自己是转引别人的材料。

我们还是回到量化标准的问题。现在这种量化标准在时间上要求过紧,客观上也造成了急功近利。任何一个有突破性课题的完成,都需要有比较长的时间。但是有些管理者,他自己不从事学术工作,又不虚心听取学者的意见,热衷于量化标准,从而导致了许多弊端。现在每年都搞重大课题的招标,一般期限都是三年,既然这种招标的重大课题三年就能完成,那还叫什么重大课题?

现在有一些中标的年轻人很神气,因为他们手头都有一大笔课题经费。但是我心里好笑,你拿了一大笔经费,到了三年后你怎么交账?现在大家实际上也是互相糊弄,随便找几个亲朋好友在一起,验收一下,然后就写个互相吹捧的验收报告,应付一下。上面管理者一看,高兴了,认为成果出来了。但这骗不过客观的学术价值检验。这种不良的学术风气导致了"黄钟毁弃,瓦釜雷鸣"。现在瓦釜很多,即粗劣的赝品很多,而真正的黄钟即学术精品被闲置在一边,连人才都给毁了。这对人才的成长和学术的发展是极其不利的。我在谈论这些问题的时候,往往矛头向上,因为我做过学校的管理者,知道其中的一些弊病。我这些意见曾在《光明日报》上发表过。

李:一篇堪称精品的好文章,需要有文学家的文采、史学家的功底,还需要有哲学家的思辨。能不能借这个机会请您再谈一谈关于文采和思辨的关系,也就是说,一篇历史论文如何体现文采,又如何体现思辨?讲到思辨的问题,这使我想到早在

1987年我曾经采访过李时岳先生，当时他谈到历史研究，当然也包括历史论文的写作，有时候是需要灵感的。而这种灵感，根据我当时的理解，它应该体现在，或者可以表现出贯通全文的一种思想境界，或者是文章的某些细微之处闪现的一些思想火花。这种充满着灵感的文章，使读者在阅读的时候，有时候会陷入沉思，有时候则会心地一笑，有时候虽然不同意对方的观点，但也承认对方言之有理，自成一说，这是文章的灵感或者文章的思辨所能体现的魅力。同时，这种思想、这种灵感、这种魅力的体现有时候是和他的文采相联系的。能不能请您谈一谈，作为一个史学论著的写作者，除了扎实的史学功底之外，在哲学上的思辨以及在文学上的修养方面应该如何再进一步提高？

章：思辨，如果用史学的语言来表达，应该属于史识的范畴。按照史学家的区分，它应该是最高的一种层次，即进入一种智慧融通的境界。这是一个应有的追求。史识比史学更重要，此处史学系刘知几、章学诚所言"三长"之一，章学诚首重史识，而学、才次之。没有史识就等于没有思想，就是对历史本身的理解没有深度，就是一般的陈述，而不能给出一种合理的解释。史学在陈述方面也是能够见功夫的，史实陈述本身也体现着一种对史学的理解，但是应该有更进一步的、更高的理解，甚至进入一种历史哲学方面的理解，或是一种对宇宙生命终极诉求的理解，这是比较高的理解，但真正的史学家一定要有这种头脑，陈旭麓先生用新陈代谢来解释中国近代史便是这个方面的例子。他是在尝试用一种哲学的规律来解析更深层的历史运动，从一个新的角度来探讨中国近代史。但中国近代史不仅仅是新陈代谢的问题，还有很多其他的问题应该考虑。

应该说，思辨对于史学家来讲，是一种很高的甚至是一种很残酷的要求。因为它需要付出很大的代价，一种很艰苦的思索，往往是自己跟自己过不去。现在有些人在某一个专业、某一个领域有点成绩就沾沾自喜，认为自己了不起了。而我们现在提倡的是走出这个领域，比如《近代史学刊》卷首语，我写的就是应该走出中国近代史。现在不仅应该走出中国近代史，还应该走出中国史；不仅应该走出中国史，还应该走出亚洲史；不仅应该走出亚洲史，还应该进一步超越，把研究整个人类纳入视野。因为现今世界正在全球化，任何一个国家的历史也都属于一部世界史，任何一部世界史也都包含着各个国家的历史。历史研究要有这样的追求，不能讲空话，要朝这个方向扎扎实实来做。首先是要求自我充实，自我扩张，这不是一种个人野心的扩张，而是一种知识追求的扩张。

另外就是要求中外学者的合作。现在有一个小趋向值得注意，就是中日韩的合作，即东北亚的合作，因为这些地方相距很近，而且在学风上很相近，在历史研究方面都重视以实证为基础，跟欧美学者的学风不完全一样。就亚洲来讲，东北亚学者的成果是最高的，而在东北亚地区又以中日韩三国的学者为代表。其中韩国学者占很大的便宜，因为他们很多人既懂中文又懂日文，但中国学者和日本学者大多不懂韩文。对于他们的工作，我们过去不太了解。只有在交往的时候，通过翻译，才知道他们的分量。他们很多工作做得不比日本学者差。我们的研究视野要走出东北亚，走出亚洲，走向世界。

另外，现在的史学家，要想提高史识，深化对历史的理解，一定要关心当前人类一些重大的问题，关心当前人类文明的深层危机问题，不能做一个浑浑噩噩的史学家。司马迁当初对历史学的定位就定在“究天人之际,通古今之变,成一家之言”。一个没有宏观思考的、缺乏思辨能力的史学家,是做不到这一点的。司马迁在当时的情况下做到了这一点,尽管他究天人之际而得出的结论还有许多神秘的东西,但在当时已属不易。他真正是个人修史,跟司马光不一样,司马光的著作还有那么多人帮他整理史料。现在有很多问题,比如人类文明缺失的问题、环境问题、资源问题等,都需要研究者予以关注。

现在一些老一辈学者,甚至一些中年人已经在研究环境问题了。因为环境问题、生态问题,是一个很大、很重要的根本性问题。因此,学术研究不应该仅仅是上级提出一个什么口号,下级就跟着研究什么东西,而是自己应该密切地关注整个历史的走向,以及当前人类面临的一些重大的问题,甚至包括太空问题、宇宙问题,都应该考虑,这样才是一个真正的史学家。环境污染已不仅是污染地球了,而且已经污染到太空,影响到宇宙了,这是生命与自然的终极问题。现在还有全球人类共同的、新的价值体系的营造问题,这也是历史学家应该考虑的问题。在所有重大的问题上,我认为都应该听见历史学家的声音。

现在历史学家的声音太少而不是太多,我为什么要写《文化危机与人性复苏》这类文章,因为我是从历史学家的角度来考虑这个问题的,当然不止我一个人写这类文章,但可惜太少。我是从宏观的角度来看的,作为一名史学工作者,你的思想境界,你的视野,你的关注,特别是一种终极关怀达到了什么程度,这些决定了你作为史学家的价值。

当然,作为个体的史学家,有若干学术精品,有专业的深度,同样也是非常重要的。但是史学从整个学科来讲,应该在当前很多重大的问题上，在全球的重大问题上有自己的声音。所以我一贯主张参与史学。我主张的参与史学不是离开历史研究的参与，去把自己变成一个社会活动家。离开历史研究，就不是一个历史学家，而是一个单纯的社会活动家。

但是历史学家不能把自己束缚在一个狭小的被冷落的角落里，自己认为自己是一个弱势群体。我主张"参与的史学，史学的参与"，现在中国台湾的一些同行，已经把这个口号接过去了，而且讲得更明确，变成"我们研究历史，我们创造历史"。我们现在某些研究成果已经影响到政府的若干决策，比如宗教研究，而过去是不被认可的。历史学家现在一定要自强。

李：刚才谈到了史学的参与问题，这事实上涉及史学有没有主流领域的问题，更涉及史学是不是进入主流学科的问题。如果从现象或者某种角度来看，当前的史学应该说是正在被边缘化，比起20世纪80年代初的繁荣时期，目前的史学处于一种萎缩的状态，这种萎缩的原因肯定是多方面的。现在我想讨论的问题是，这种萎缩的本身是不是与目前史学论著缺乏可读性，在写作手法、谋篇布局，尤其是语言表达方面缺乏一双灵巧的手有关系？顺便插一句，有人把一篇完美的文章比作一条精美的珠串，其中思想是线，材料是珍珠，而语言表达则是一双巧手。如果说，目前的史学所处的边缘化的地位和史学文章本身缺乏可读性有关的话，那么怎样改变这种现状？或者说我们怎样去有意识地提高史学论文在写作中应有的一种文采？如何去培养史学论文写作者练出一双巧手？

章：这又回到原来的问题上去了。我觉得对于文字技巧，在一定时期予以强调是可以的，但这毕竟是第二位的。因为史学家的文章写得再好,不一定会赶得上文学家、作家,但历史学家不应该原谅自己在文采方面的缺失,在这个问题上应有改进,而且应有相当程度的大的改进。现在应该是大张旗鼓地谈论这个问题的时候了,因为文学通过电视、网络已经大举向历史领域"入侵",而且很多是粗俗恶劣的"入侵",史学家应该给予有效的回应。

李:现在的史学论著有一种趋向,即过于程式化、概念化、学理化,缺乏人文关怀,缺乏相应的文采,文字艰涩,内容枯燥,满足于在狭小的圈子里传阅甚至于自闭自恋,从而导致读者队伍的流失。

章:关键是历史学家自身缺乏足够的人文关怀和人文因素,而历史学本身就是人文学科,文史哲就是人文学科的主干。形式和内容是密不可分的,但作为一种形式的追求、形式的改进又是非常重要的。形式不是一个简单的包装,应该跟内容形成一个有机的整体,产生一种内在的美,产生一种魅力,这种魅力来自其内心。这种内心就是一种本身的人文关怀,是一种营造的文章本身的人文氛围,这是最重要的。没有这种内在美,即使文字写得再精美,那也是虚有其表的。

但是如果没有刻苦的追求、刻苦的磨炼,就不可能运用自如地用文字表达自己的思想。因此,文字表达是一件很重要而又很痛苦的事情,所以有时候我几天写不出东西。李时岳用灵感二字来表述其中的奥妙,有他的道理。在文学创作上有类似的情况,这就是作者苦苦思索,好像是有很充分的思想内容,但就是没有适当的文字来表述,然后突然有一天想通了,于是就下笔千言,才思泉涌。但这种灵感不是天上掉下来的,不是一种偶然的机遇,是靠长期积累形成的,属于厚积薄发。长期的积累达到一定的程度，然后遇到某一个契机，找到某一个突破口，便产生了灵感，这就是论著写作最顺手的时候。这种顺手跟你文字的训练有一定关系，不然到时候你还是会感到很痛苦，因为你有思想却无法用文字表达出来。所以平时要多注意阅读一些文学作品，包括古文，也包括外国的文学作品，最好是多掌握几种外语，至少要掌握一种外语。

我不仅阅读中国的作品，也阅读西方的作品。英文作品里面有很多杰作，有很多语法修辞跟中国不一样。我除了阅读一些历史著作之外，还阅读很多其他的文学作品。我一个人在国外（主要是美国）住了几年，晚上看电视也是看美国的节目。有一个类似美国纪事的节目，把美国历史上一些重大的事件做成了专题，不仅画面像诗，解说词也像诗。再就是看英文小说。我不一定都看得懂，也不愿一个字一个字地查字典，要的就是一种美的感受。我觉得我的文字表达也得益于西方文学的熏陶。

现在有些历史学家不屑于去下这方面的功夫，认为这是雕虫小技或者是一心不能旁骛，舍不得另外花这些时间。我觉得花这些时间是必要的，而且一些中外文学家的文学作品对于一些人生、社会的观察和理解很有深度，对史学家有启迪。现在文学在很多方面都走在我们史学的前面。比如解释学，在历史学刚刚起步的时候，文学界早已有之。《文心雕龙》、经传、注疏，都有解释学。现在年轻一代的历史学家开始引入西方的解释学，但他们不知道中国古代固有的这类东西。

我主张应该把中国固有的东西跟西方引进来的东西融会贯通。为什么有些史学文章使人觉得很优美，这是因为它们除了史识以外还有一种史感。史感，陈寅恪原来也讲过，但是我用现代语言来表达，就是要把自己放在历史的情境里面。在斯大林那里有些认识就成了教条，一切以时间、地点、条件为转移，而实际上他把时间、地点、条件变成抽象的生产力、生产关系等问题。史感，从史学的角度来讲，就是一种历史情境的体察。用动作的语言来讲，就是设身处地，只有如此你才能与古人对话。怎样与古人对话，也有人写过这方面的文章，发挥得很精彩。

没有达到一定的境界、一定的水平，也就不能或不配与古人对话。所以史学是很残酷的，这种残酷来自两个方面：首先是在史料的精确度方面非常残酷。法国年鉴学派的大师曾讲过一句话：历史是史学的暴君，即不能写历史上没有出现过的事情，不能编造，不能歪曲，不能掩盖。其次，这种残酷指的就是对史感与史识的追求非常艰苦，这不是喝着咖啡敲着鼠标就能出来的。这是那些高层领导、管理者所不能理解的学术甘苦。另外，很多人为眼前利益所驱动，急功近利，这样写出的好文章就少了。要知道，营造一篇好文章是很艰难的。

李：历史是一门古老的学科，中国古代的历史著作和文学著作、哲学著作是不分家的，有相通之处。就历史写作而言，作者除了应有历史学家的功底之外，还需要有文学家的文采、哲学家的思辨，使三者达到完美的统一。

章：对，是这样。且不说过去是这样，现当代的史学精品论著也应该是这样。现当代一些史学理论大师包括英国的史学大师汤因比，他的作品是非常美的，而且有一种境界。我之所以强调史感，就是因为有些史学家成就很高，史识不缺乏，但史感丢掉了，或者说他们不是没有史感，而是没有把史感充分地显示出来。适当地强调史感，对年轻学人是有点启发的。你所提到的《辛亥革命与江浙资产阶级》,我当初写这篇论文时,要求自己一定要到那个地方去感受历史的氛围,通过对当年的文件、报纸、画报、历史遗址等这些内容的观看,使自己有所感悟。我看到那里照片上商会的一块匾额,上面写着“云蒸霞蔚”,四个字就把当时的气氛给点出来了。我感受到了那种气氛,仿佛已经进入到晚清社会,否则很难能理解或感受当时的语境。感受语境就是要把自己设身处地地放在这个地方,置身于特定的历史时代,要不断地跟你写的这些当时的历史人物、相关人物,进行无声的对话、交流、沟通,然后才能写出好文章来。当然,这对于现在很多学者特别是年轻的学者来说很困难,但作为一种学术境界的追求来讲还是应该的。

(原载《史学月刊》2003 年第 7 期)

历史学论著的写作要素

在人文社会科学领域，与20世纪70年代末尤其是80年代初相比，当今历史学似乎面临着话语权削弱的尴尬局面，其原因是多方面的。仅就历史学论文写作而言，选题重复，观点雷同，史料欠缺，文字艰涩，表述方式单一，缺乏思辨色彩，尤其是缺乏人文关怀和价值诉求，这些都在不同程度上侵蚀着历史学应有的功能，也影响了历史学的认知效果。事实上，历史学论文写作的要求是多方面、多层次的，古人要求文章的考据、辞章、义理三者不可缺一，鲁迅先生称赞司马迁的《史记》是“史家之绝唱，无韵之离骚”，这都说明拥有丰富的史料，并且去伪存真，去粗存精，严谨考订，重点选材，这是从事历史研究的基础性工作，而历史学论文写作不能仅仅停留在史实陈述的层面上，还应该讲究文采和思辨。此外，如何写好历史学论文，除了这些总体上的要求之外，还有许多技术上的经验和技巧，需要细细地体会和把握。

一

我在《文史哲》编辑部长期从事编辑工作，接触到大量的来稿，其中既有国内的，也有国外的；既有教授、副教授的，也有博士生、硕士生的。坦率地说，这些来稿当中能够符合《文史哲》刊用标准者所占比例并不高。许多作者向我抱怨说，自己的文章下了那么大的功夫，却刊用率极低，问题的症结究竟何在？我仔细阅读来稿，发现它们并非用功不够，而是选题缺乏新意，以至于花了很大的功夫却是重复了他人的劳动。依我偏见，论文写作的成功与否，与选题有很大的关系。找到一个好的选题或者是切入点，往往会引发连锁反应，或者说会带来某一课题研究的可持续发展。

我在给研究生上课或者在与作者谈论历史学论文写作时，经常会讨论到学术性论文应该有"四新"，即新选题、新观点、新材料、新方法。当然，要求在一篇文章或者一部专著中能够同时达到这"四新"，恐怕不现实，甚至没有必要。但是，如果"一新"也没有，那就不能称其为学术性论著了，自然也就没有刊发的价值。

在上述"四新"当中，新选题在衡量历史学论文写作成功与否的砝码中所占的权重地位不言而喻。编辑部面对大量的来稿，很难在第一时间内对那些老生常谈的课题产生兴趣，"喜新厌旧"是编辑人员审阅稿件的工作惯例，"选题新颖"也就成为刊用稿件的一条重要标准。当然，这也符合学术研究的创新要求，诚如王学典教授所言："任何真正的学术研究都是一项以功力为基础的志业，其传世的长短与投入劳动的多少一般来说成正比。但这绝不意味着所有的学术研究都是等价的——学术研究之间的价值落差甚至从选题开始就已经注定。在某个时期内，人们总是对某些问题表现出高度的关注和特殊的兴趣。”①正是因为有一大批新选题不断进入研究者的视野，近年来学术界开辟了许多新的研究领域，如社会史、家族史、城市史、灾荒史研究，以及社会阶层、公共领域、弱势群体研究等，大大地拓展了历史研究和论文写作的空间。章开沅教授在接受笔者访谈时强调：学术研究最忌讳的就是“炒现饭”。“现今的研究生都懂得，在正式写论文之前必须作开题报告，其用意首先就在于通过集体讨论力求避免重复劳动。这并不是说别人做过的课题你就不能做，而是你必须在前人工作基础上有所前进。”②新选题“不一定仅仅出现在新的研究领域，在旧的研究领域也可以发现新课题。比如商会研究现在不再是一个新的研究领域，但里面的新课题可多着呢！其中的非政府组织（NGO）的研究目前正时兴着，正在成为一个新课题。虽然它的名称是古老的，但研究的角度和内容却是新颖的，因为非政府组织不但在近代历史的国计民生中产生过作用，而且在现实社会中也将产生作用，从这样的角度研究商会，这就不是进行一种简单的重复。研究新课题不一定要依赖新史料，即使根据旧史料或是一般史料，也可以写出有新意的好文章，过去李时岳在这方面是很见长的，他并没有刻意去使用新史料”③。

至于历史学论文写作要注意新观点、新材料、新方法，则是一个老生常谈的问题。新观点的提出是学术论文创新价值的

---

① 王学典：《人文前沿·特约评论人语》，《文史哲》2004年第4期。

② 李平生：《章开沅教授与中国近现代史写作》，《史学月刊》2003年第7期。

③ 李平生：《章开沅教授与中国近现代史写作》，《史学月刊》2003年第7期。

生命动力。历史学论文新观点的提出,可以是宏观性的、整体性的,也可以是个案性的、微观性的。前者如李时岳先生的《从洋务、维新到资产阶级革命》①一文关于中国近代史基本线索问题所提出的“四个阶梯说”,对学术界流行了30年并且被奉为教科书定本的“三次革命高潮说”提出了整体性颠覆的挑战,在新时代日益显示出其学术价值;后者如有的学者考证出戊戌政变的发生与袁世凯告密无关,康有为在戊戌政变之前确有谋围颐和园、捕杀西太后的部署,这些个案性的、微观性的、看似细节性的新观点,却将导致对戊戌变法的失败原因、戊戌变法的性质等重大性的、宏观性的学术观点产生新的认识。新材料的发掘是学术论文创新价值的增长点。有的新材料的发现,会带来学术界的革命,如甲骨文的发现;有的新材料的发现,会开辟新的研究领域,如敦煌经卷的发现;有的新材料的发现,则会大大地拓展原有的研究领域,如一大批商会档案的发现,丰富了中国近代史研究。而新方法的运用则是学术论文再生能力的体现。所谓“横看成岭侧成峰,远近高低各不同”,不同研究新方法的介入,如社会学、人类学、阐释学等,不同学科研究方法的交叉运用,大大地激活了历史学的创新价值。

二

学术性的历史学论文写作除了“四新”要求尤其是要求选

① 参见李时岳:《从洋务、维新到资产阶级革命》,《历史研究》1980年第1期。

题新颖之外，还涉及史料的运用。目前的历史论文写作，有一些不良的现象：其一，论文缺乏过硬的史料来支撑其论点，全凭自己的想象而大胆地假设；其二，论文几乎全靠史料的堆积来说话，对史料没有透彻的消化，缺乏自己的分析、判断和提炼。还有一些论著在史料运用时出现了学术违规的现象，如转引他人材料，有时是第二手的，甚至是第三手的材料，但不注明出处。这种学术违规现象，不仅可能造成部分材料以讹传讹，更严重的是败坏了学术风气。关于史料的运用，章开沅教授曾经评论说："如果对史学理论进行探讨，或进行史学评论，可以不需要征引太多的史料，可以将已经发表的论著作为评判的对象；但如果是一种专题研究，或是对历史本身进行研究，即对史事进行研究，则必须运用史料，进行实证分析。我们始终认为，历史研究本身所具备的一个特点，即需要史识的阐述和史实的实证来支撑。缺少史实的实证，历史就变成一个空架子。"①至于史料的堆砌，这是目前历史学论文写作比较普遍的现象。造成史料的堆砌，最主要的问题是写作者对史料没有真正的掌握。占有史料，跟拥有史料不是一回事。拥有是说手头有多少东西，占有是指真正地把它消化了，或者是融会贯通了。占有史料其实学问是很大的，现在有的人已经习惯用电脑储存史料，或者是用电脑对史料进行检索，又或是利用缩微胶卷、复印等方式来处理史料。这样方便是方便，但不一定容易消化。现在很多人写文章根本就不注意收集原始材料，往往自己先有了结论，再去找材料印证，有的甚至不是自己掌握一本书或一部

① 李平生：《章开沅教授与中国近现代史写作》，《史学月刊》2003年第7期。

完整的材料，而是从别人那里将材料转引过来。现在的检索条件为这种剪贴的工作提供了很多的方便。这种情况很多，但实不可取。为此，章开沅教授提出忠告："我们提倡对于一些重要的史料必须要读原文，读原本。文本是不可少的，尤其要考虑文本的完整性，必须知道这些材料是从哪儿来的，背景是什么，这是非常重要的。"①

如果说"能写成"一篇历史学论文，靠的是史料的运用，即靠扎实的功底，那么一篇历史学论文要"写得深"，则靠充满智慧的灵感，即作者应该像哲学家那样具有深邃的思辨能力。在这个意义上，王元化先生提倡"有思想的学术和有学术的思想"。历史学论文写作的这种灵感和思辨，或者可以表现出贯通全文的一种思想境界，或者是文章的某些细微之处闪现的一些思想火花，而更多地则表现为透过现象看本质，在杂乱无章的历史表象中把握其内在脉络。这种充满着灵感和思辨的文章，使读者在阅读的时候，有时候会醍醐灌顶，有时候会陷入沉思，有时候则会心一笑，有时候虽然不同意对方的观点，但也承认对方言之有理，自成一说，这是文章的灵感或者思辨所体现的魅力。历史学论文写作中的这种灵感或者思辨，属于史识的范畴。按照史学家的区分，它应该是最高的一种层次，即进入一种智慧融通的境界。从某种意义上说，史识比史学更重要，此处史学系刘知几、章学诚所言"三长"之一，章学诚首重史识，而学、才次之。没有史识就等于没有思想，就是对历史本身的理解没有深度。真正的历史学家不应该满足于有关历史事

---

① 李平生：《章开沅教授与中国近现代史写作》，《史学月刊》2003年第7期。

件的一般陈述,而应该能够给出一种合理的解释。史学在陈述方面也是能够见功夫的,史实陈述本身也体现着一种对史学的理解,但是真正的史学家应该有更进一步的、更高的理解,甚至进入一种历史哲学方面的理解,或是一种对宇宙生命终极诉求的理解。应该说,灵感和思辨对于史学家来讲,是一种很高的甚至是一种很残酷的要求。因为它要求付出很大的代价,一种很艰苦的思索。

一篇历史学论文"能写成""写得深"之后,除了极少数专业研究者阅读之外,未必会有广泛的读者。如果从阅读现象或者某种角度来看,当前的史学应该说是正在被边缘化,比起20世纪80年代初的繁荣时期,目前的史学处于一种萎缩的状态,这种萎缩的原因肯定是多方面的,这里要强调的一点是,这种萎缩的本身是与目前历史学论文缺乏可读性有关,即与写作手法、谋篇布局,尤其是语言表达方面的某种缺失有关。有人把一篇完美的文章比作一条精美的珠串,其中材料是珍珠,思想是线,而语言表达则是一双巧手。从这个意义上说,一篇历史学论文不但要"能写成""写得深",而且还要"写得美"。虽然对于历史学家来说,文字技巧方面的要求不是第一位的,历史学家的文章写得再好也不一定会赶得上文学家、作家,但是历史学家不应该就此原谅自己在文采方面的缺失。一篇堪称精品的好文章,应该既具有科学性,又不乏文学性。一些造诣精深的历史学家、思想家,不仅能够写出严谨缜密的学术论文,而且还能够写出散文随笔,或者说,他们的学术见解有时可以通过散文笔法表达出来。例如,《共产党宣言》《资本论》的某些章节具有文学气息,翦伯赞关于《内蒙访古》的文章堪称散文精品,郭沫若关于"铁器的使用是'战国封建说'铁的证明"之类说法,李时岳论述鸦片战争以后中国被迫开放用了“龙旗的中国不再神秘”这一文学语言,等等,都让人过目不忘,且不影响其思想和学术效果。

综上所述,历史是一门古老的学科,中国古代的历史著作和文学著作、哲学著作是不分家的,有相通之处。就历史学论文写作而言,作者除了应有历史学家的功底之外,还需要有文学家的文采、哲学家的思辨,并使三者达到完美的统一。

三

在历史学论文写作过程中,还有许多写作技巧、技术处理等问题,对于初学写作者来说,应该引起高度的重视。

论文的标题、摘要、导语是吸引读者的惹眼点,是读者阅读文章的切入点,是引导读者通读全文的起点站,是激活读者阅读兴趣的启动器,需要作者反复推敲,高度提炼,抓住要害。论文的标题应该醒目明确,重点突出,一目了然,可以是全文最核心的论点,甚至直接采用判断句式,如:“论生产力在历史发展中的作用”,“历史是多样性的统一”,“论西周是封建社会”;可以是专题性的论题,如:“试论中国封建社会长期延续的原因”,“论魏晋南北朝的坞壁”;可以是概括性的论题,如:“历史研究五十年”,“关于中国近现代历史分期问题”;可以是商榷性的论题,如:“只有农民战争才是封建社会发展的真正动力吗?”可以是阐释性的论题,如:“明代海防述略”,“再谈浮屠与佛”;可以是考辨性的论题,如:“书仪源流考”,“宋代官窑瓷器考辨”;可以是提问性的论题,如:“秦末农民大起义的原因何在?”可以是跨专题性的论题,如:“力行社与西安事变”,“清末灾荒与辛亥革命”,等等,不一而足。一般而言,标题字数不宜太多、当中没有逗号,切忌大而无当,无的放矢。摘要是文章精华的浓缩与提炼,应该包含丰富的学术信息量,体现作者最重要的新观点,概括自己论文中的主要内容,一些无关痛痒的话语、无关宏旨的陈述、无实质内容的过渡句,统统要删去。导语是文章的开场白,应该简洁明了,直奔主题,在短短的几百字里表达作者的写作意图,激发读者的阅读兴趣,引导读者不知不觉地顺着作者的思路而通读完全文,切忌漫无边际,不得要领。

真正动笔之前,写作者事先要确定论文的框架结构与写作思路。论文的框架结构犹如人体的骨架脉络,支撑内容的合理布局;论文的写作思路像是高楼大厦的建设蓝图,必须事先做好设计。稍有不同的是人体的骨架脉络、高楼大厦的建设蓝图是实实在在的,让人看得见摸得着,而论文的框架结构与写作思路则是抽象的,隐藏在作者的脑海里,并不直接展现给读者。关于文章的框架结构,美学家、文艺理论家朱光潜先生谈论写作的一篇范文《选择与安排》可供参考,其中所说的“安排”,就是指文章的框架结构。他指出:安排材料就是摆阵势,要善于谋篇布局,应该使文章有头、有尾、有中段,各得其所,自然生发、衔接、呼应,成为完整严密的有机体。文章应当层次井然,有条不紊,纲目清晰,轻重分明,要避免脱节断气、零乱芜杂、轻重倒置的毛病。至于文章的写作思路,这里不是指它所包含的学术思想,而是指作者动笔写作之前已经有了完整的构思和预设,事先想好了如何整体布局,如何找到切入点,如何开头,如何收尾,哪个地方该强调,哪个地方该一笔带过,哪个地方该有理论阐释,哪个地方该有史料支撑,等等。在这里,作者不应该像旅行家那样,来到风景区之后对眼前的一切充满了新奇感受,游览一番则又发现别有洞天,而是更应该像一位导游,对将要游览的风景区了若指掌,能够事先向游客作整体介绍,概括将要游览的风景区有几大特色、几条线路,带领游客走最佳途径。有了明确的写作思路之后,具体的写法则可以"我注六经",也可以"六经注我"。前者指的是用自己的研究成果去证明某一论断,或弥补他人研究成果中的某些缺憾;后者指的是用相关史料或者他人研究成果来证明自己的学说或观点,使自己的一些"大胆假设"得到"小心求证"。写作的着眼点可以"大题小做",也可以"小题大做"。"大题小做"指的是面对宏观性的重大课题,作者抛开细枝末节,不纠缠一些具体过程,而是抓住要害,深入实质,高度概括,一语破的,如鲁迅先生概括封建礼教的实质是两个字:"吃人!"他指出:封建王朝的兴衰更迭,对于广大下层民众来说,不过是两种时代的循环——"想做奴隶而不得的时代"和"暂时做稳了奴隶的时代"。"小题大做"指的是通过解决一些关键性的细节问题,或者通过对一些具体问题进行绵密细致、丝丝入扣的分析,产生连锁效应,去发现和解决背后隐藏着的更大问题,如日本学者狭间直树的论文《梁启超笔下的谭嗣同》①,分析了梁启超逃亡日本后发表《仁学》的曲折经过以及他撰写的 3 篇内容不同的《谭嗣同传》,通过对一些不正常情况的具体探讨,说明清末社会历史大变动时期梁启超思想演变的明确轨迹,以及梁启超思想的复杂性和"多变"中的诚实性。

---

① 参见[日]狭间直树:《梁启超笔下的谭嗣同》,《文史哲》2004 年第 1 期。

一般人都知道，议论文有三要素：论点、论据、论证。历史学论文的写作也是如此。作者有了丰富的史料和明确的观点之后，还必须展开充分的论证。事实上，许多历史学论文的写作不成功，并不是其观点有误，也不是所用史料欠缺，而是其内容只有简单的陈述，缺乏深层次的分析。要进行深层次的分析，则必须掌握基本的论证方法，如演绎法、归纳法、比较法。演绎法是一种由一般到个别的论证方法，它由一般原理推导出关于个别情况的结论，其侧重点在于逻辑推理，需要一定的抽象思辨能力。此种论证方法比较适合展现作者的史识。归纳法是一种由个别到一般的论证方法，这里的“个别”并非单一的“个别”，而是通过众多的个别事例归纳出它们共有的特性，从而得出一个一般性的结论，其侧重点在于概括总结，需要有丰富的具体材料作支撑。在实际论证过程中，有时可以先说结论，再举事例证明，此为例证法，属于归纳法的变种。运用归纳法论证需要作者具有扎实的史料功底。至于比较法则又分为类比法和对比法两种，前者指的是将两种以上的相同事情加以比较，找出其共性，从而得出结论，后者指的是将两种以上的不同事情加以比较，找出其差异，以证明自己的观点。运用这种论证方法需要作者具有丰富的联想力和敏锐的分辨力。在历史学论文的写作过程中，作者可以使用上述论证方法中的一种，也可以将上述几种论证方法综合运用。一般情况下，历史论文的写作使用归纳法者较多，毕竟历史学离不开史料，“有几分材料说几分话”，说完之后还得总结归纳。

大凡有过写作经历的人都深有体会：真正高质量的学术论文不仅是呕心沥血写出来的，而且是精雕细琢改出来的。一篇好论文，初稿写成之后，往往要经过几遍反复修改。就我在

《文史哲》编辑部的工作经历而言，那些已经通过三审、准备刊印的稿件，有三分之二以上要返回给作者进行修改，有的论文修改达五六遍，修改期短则三五月，长则一二年。修改以后再刊印的论文与作者的初稿相比，有的焕然一新，有的脱胎换骨，有的甚至有翻天覆地的变化。从某种意义上说，写作初稿和修改稿件是两种不同类型的工作：写作初稿时，作者应该思路开阔，天马行空，自由驰骋，无拘无束，一气呵成；而修改稿件时，作者则应该反复斟酌，前后照应，精心打磨，吹毛求疵，忍痛割爱。总之，只有经历炼狱般的折磨，才能写出好文章。

（原载《中国研究生》2010年第2期）

导师风采

孔子后裔有女杰

——记著名学者孔令仁

翻开号称“天下第一家”的孔氏族谱，首先映入人们眼帘的自然是华夏文化的先贤——孔子。随着这部卷帙浩繁的族谱往下翻阅，大体浏览这部涵盖孔子后裔七十多代繁衍相继的2000多年历史，人们可以信手列举出一连串的历史名人，如：孔子的孙子、著《中庸》的子思，孔子的九世孙、著《孔丛子》的子鱼（孔鲋），孔子三十二世孙、唐代经学大师孔颖达，孔子六十九世孙、清代大书法家孔继涑，孔子七十世孙、清代数学家孔广森，孔子七十七世孙、今在中国台湾的著名教育家孔德成，等等。他们的成就，获得了世人的敬仰，他们不愧是“万世师表”孔老夫子的子孙后代。

然而，当这些著名的孔子后裔在人们脑海记忆中挥抹不去的时候，细心的读者心底里或许会泛起一个渐渐扩大的问号：“上述人物均为男性，难道孔子后裔中没有杰出女性吗？”有！当然有！现任全国妇联副主席、民盟中央副主席、全国政协常委、山东省政协副主席的山东大学历史系教授孔令仁，就是孔子后裔中杰出女性的代表。

一

孔令仁，只要看到其中的“令”字，就可以知道她是孔子的第七十六代后裔。知道孔子的人也都知道山东曲阜有个规模罕见的私家院落——孔府，这里世世代代居住着孔子的后人。随着人丁的不断繁衍，偌大的孔府仅嫡系后代都难以全部容纳，到了六十几代的时候，由孔子嫡系长支世袭“衍圣公”，住孔府，而其他兄弟则分别搬到外边去住，自建府第，排行第几就称几府。孔子的第六十九代嫡孙孔继洞行八，他在曲阜的府第是座七进的院落，称为孔八府。追根溯源，孙令仁属于这一支，因此她后来被人称为“孔八府的小姐”。

然而，1924 年孔令仁降临人世时，她的出生地并不在曲阜“孔八府”这座深宅大院，而在泉城济南，这是因为当时她的父母正在济南创业。“我从小生活在书香之家的环境里，受到了严格、良好的教育。”谈及早年的生活，触发了孔令仁美好的回忆。她的父亲孔祥勉是孔子的第七十五代孙，毕业于国立北平工业大学，早年任济南电灯公司电话局技师、山东省立工业专门学校教员，创办了济宁、泰安、滕潍各县电灯厂，自任总工程师，后来成为知名的银行家，抗战期间任中央信托局和中央银行驻昆明的经理，抗战胜利后任青岛中国实业银行经理和青岛农工银行总经理，并被推选为青岛市银行公会理事长。孔祥勉共有三个哥哥、三个弟弟及一个小妹，兄弟七人早年均受过高等教育。孔令仁的母亲于南滨是北京女子师范学校的毕业生，富有知识而且非常善良。孔令仁的曾外祖父为清末大名鼎鼎的一代硕儒劳乃宣，是京师大学堂（北京大学的前身）第一任总监督，并任清朝的学部尚书。孔令仁的祖母劳氏，曾在北京女子师范学校讲授音韵学和勾股学（几何），并出版数学专著《勾股和开方》，是我国最早的一代女教师。家庭环境的熏陶往往能决定一个人的终生职业。尽管孔令仁后来担任了许多社会要职，频频出现在各种重要场合，成为著名的社会活动家，但她总称自己是“一名普通的教师”。

青少年时代，孔令仁随父母的迁移而辗转在曲阜、南京、上海等地就读。全面抗战爆发后，她来到战时陪都重庆，考入当时全国最好的中学——沙坪南开中学。在这所由著名教育家张伯苓先生为避日寇毒焰，未雨绸缪，而将教育后备精华预先从天津内迁而来的校园里，孔令仁一入学就聆听着“允公允能，日新月异”的南开校训，接受着严密而有序的管理，熏染着严谨而自觉的学风，聆听了中共领导人周恩来语重心长的讲演。1942 年，她考入西南联大历史系。她和许多有志青年一样，以饱满的爱国热情为神圣的抗战救亡事业而尽责尽力，如饥似渴地学习文化知识。她在矮小简陋的平房，头顶着铁皮铺就的屋脊，对着土堆泥砌的墙垣，伏案于火腿式可坐可写的简单课桌，伴随着时时袭来的风声雨声警报声，潜心苦读，为日后的学业有成打下了扎实的基础。当时的春城昆明是大后方的文化重镇，被时人称为“民主堡垒”。“我选修了闻一多讲授的‘诗经’，沈从文讲授的‘中国小说史’，朱自清讲授的‘中国文学史’，吴晗讲授的‘中国通史’，雷海宗讲授的‘秦汉史’，郑天挺讲授的‘明清史’，邵循正讲授的‘中国近代史’，冯友兰讲授的‘中国哲学史’，从这些大师身上获得的知识和修养，使我终生受用不尽。”半个世纪过后，孔令仁仍然对此感慨弗忘。更为重要的是,闻一多、朱自清、吴晗等民主战士那种“富贵不能淫,贫贱不能移,威武不能屈”的高尚节操在她的心里扎下了根。

抗战胜利后,由清华、北大、南开合组而成的西南联合大学各自回迁,孔令仁又在清华园师从于陈岱孙、姚从吾、噶邦福等著名学者。1947 年,她完成了学业,走向社会,但在举目疮痍、民不聊生的战乱年代,孔令仁这位清华毕业的高材生也难以找到一份如意的工作,只好暂时在青岛的一家银行做小职员。

新中国成立以后,风华正茂的孔令仁再次鼓起了理想的风帆。在举国学习苏联“老大哥”的热潮中,她进入了山东大学俄语专修班深造。当问及她当时的理想是否是打算做一名俄语教授时,她笑而作答:“不,我当时想成为一名新闻记者。”开朗的性格、坚韧的毅力、敏锐的思察、风趣的语言、流畅的文笔,这些的确是她成为一名新闻记者的先天优势。1985 年,孔令仁带着专题片《孔子诞辰故乡行》在美国放映,她自己进行自然流畅的配音、讲解,收到了很好的效果。事实上,在她血脉亲缘的范围内,也不乏饮誉全球的新闻记者。她的大姐孔令和,曾长期担任美国某些电台的主持人,和美国总统福特、里根、卡特、布什、克林顿,国务卿基辛格等这样一批世界风云人物保持着非同寻常的交往,她也曾来中国采访过康克清、陈慕华等国家领导人。孔令和的女儿(孔令仁的外甥女)董恺悌是著名的美国广播公司纽约电视台黄金时段新闻节目主持人,被誉为“美国电视播音员中的三朵华裔金花”之一,曾多次被评为美国最佳新闻工作者,获得“杰出精英奖”“慕洛纪念奖”“最佳现场报道奖”等,与李政道、杨振宁、王安等人一起被推选为美籍华裔风云人物,1986 年被评选为十一位美籍杰出华裔名人之一。香港的《百花》周刊曾报道说:“许多美籍华人因董恺悌的成就而高声欢呼:‘又一次证明中华民族是一个伟大的民族。炎黄子孙在美国的成就,并不比白种人低。’”大陆的《参考消息》对此曾予以转载。

然而,在命运之神的安排下,孔令仁既没有成为一名俄语教授,也没有成为一名新闻记者。

当孔令仁即将完成俄语专修班学业之际,山东大学外语系便提前请求校方让她到外语系任教,而历史系又怎能轻易放走这位当年西南联大的高材生呢?双方意见争执不下,最后还是由校长华岗一锤定音:“俄语是治学的工具,还是让她到历史系吧!”从此,孔令仁告别了自己的新闻记者梦,离开了俄语专业,踏进了严谨求实的历史学教研园地。这一干,已是四十多年。时至今日,在历史学等基础学科受到社会冷落的形势下,孔令仁对自己当初的职业选择仍然是无悔无憾,怡然自乐。

二

“孔子说:‘诲人不倦’。我时刻牢记先祖的教诲,即使再累再忙,给学生上课始终是我工作的重点。”执教以来,孔令仁一直抱着这种坚定的信念。对教学尽心尽责,这是所有听过孔令仁讲课的学生对她的共同评价。

作为一名教师,孔令仁教过几十届的学生,可谓桃李满天下。“弟子三千,贤者七十”,这是她的先祖孔子的教学成果。四十余年来,孔令仁以先祖为榜样,解惑授业,为祖国的建设事业培养了一大批有用人才,如今他们大都已在各行各业崭露头角。做一名辛勤的园丁,孔令仁精心地呵护着日后成材的幼苗,如果孔子神灵有知,也会对他的后裔献身于教师这一平凡而伟大的事业,倍感欣慰。她先后主讲过中国近代史、中国近现代经济史、中国近现代经济史专题等课程。

近年来,孔令仁主要致力于培养研究生、进修教师和指导外国交流学者、留学生。她的讲课,生动活泼,循循善诱,注重思想性、科学性、趣味性相结合,深受学生的欢迎。经济的变迁,是社会变迁的基础。要了解一个时代的风云变幻,必须要了解那个时代的经济状况。早在新中国成立之初,史学界泰斗严中平著文谈到如何深化研究中国近现代史时,曾忧心忡忡地指出,"在近百年史的研究领域,经济史的研究领域正处在相对落后的状态",这将产生不良的后果。为此,这位学者大声疾呼:要加强中国近现代经济史的研究。孔令仁对此颇有同感,从踏上讲台之日起,就把自己的才华和精力,奉献给了中国近现代经济史这片刚刚开拓的园地。和其他专门史相比,从事经济史的教研更需要拥有大量的资料和准确的数据,同时也需要较强的理论思辨能力。枯燥、深奥的中国近现代经济史,曾使不少青年学子望而却步,另投他门。

孔令仁以自己渊博的学识、风趣的语言,深入浅出的教学方式,吸引了一届又一届的学生。许多学生反映:"孔老师的连珠妙语,使我们听着本来觉得枯燥繁琐的经济史课程,竟然感觉是一种享受。"在孔令仁强烈的感染下,有的学生师从于她的门下,以从事中国近现代经济史的教学科研为乐趣。严谨的学风,执著地追求,使孔令仁在学术上取得了令人瞩目的成就。20世纪60年代初,她发表的《关于中国资本原始积累的几个问题》,论述深刻,独树一帜,为学术界所注重。80年代初所著《洋务运动浅议》等文,敢于突破以往研究的某些禁区,对一些极为敏感的问题提出了许多新观点,为众多的学者所接受,从而推动了洋务运动史研究。《十九世纪末山东的社会经济与义和团运动》一文,对义和团运动的社会背景、性质、作用等,作了深刻的论述,在1980年举办的义和团运动史国际学术研讨会上受到中外专家的重视。该文新颖的观点、独特的角度、全面的论述,历经十余年而仍见其价值。所著《〈子夜〉与一九三〇年前后的中国经济》一文,被同行专家们认为"是一篇很好的经济史论文,也是一篇很好的文学著作导论"。对此,文坛泰斗、该小说的作者茅盾先生曾亲笔致函予以肯定。在《孔夫子与孙中山》一文中,她指出在现代以前,孔子和孙中山是中国思想史上两座高峰。这一观点被海内外许多报刊竞相转载,反响强烈。另外,她还著有《中国近代史上存在着两种反帝反封建斗争》《山东机器局述论》《儒学对中国现代化建设的积极意义》等论文多篇,参加了《义和团调查资料选编》《孔府档案资料选辑》等书的编辑整理工作。

进入20世纪90年代,孔令仁在学术上取得了更为丰硕的成果。1991年6月,她主编的近百万字著作《中国近代企业的开拓者》(上、下两册)一问世,便引起了学术界的广泛关注。该书收选了众多名家学者撰写的文章110篇,涉及有代表性的近代企业开拓者达120人,对人对事既有全面准确的描述,又有科学深入的分析,既有客观公允的评价,又有拓荒辟莽的研究,为读者提供了一部有血有肉、全面翔实的信史。不仅如此,该书在阐述近代企业开拓者艰难历程,弘扬其创业精神的同时,也总结了他们在长期经营活动中留下的一套有价值的经营管理经验,从而为我国当前的经济建设提供了一定的历史借鉴。一批著名学者在研读该书后,纷纷致函孔令仁,对她以敏锐的目光、科学的态度,历经五载,擘画统筹,完成此项工程,表示了深深的敬意。半年之后,她主编的著作《中国近代化与洋务运动》又被推出。该书在近年来洋务运动研究取得丰富成果的基础上,又开拓了许多新的领域,扩大了人们对中国早期近代化和当前改革开放等重大问题的新思考。面对众多的成果,有些好心人认为年逾古稀的孔令仁该封笔休养了。孰料想,毫无倦怠的孔令仁又开始了新的搏击。她主编了国家教委"八五"重点项目、10 卷本 300 余万字的《中国老字号》丛书。这套丛书收录了 1949 年以前创办的具有中国特色的老字号企业 1500 余家,包括工、商、饮食、服务、医药、金融、交通运输和文化娱乐等行业,涉及全国绝大多数地级以上城市及一些县级以上城镇。该书记述了老字号企业艰难坎坷的创业历史、别具风格的经营方略、各显神通的竞争要诀、称雄市场的名优产品,不仅客观地展示了这些企业的传统优势和开拓精神,而且充分肯定了它们在改革开放以来的新发展和新贡献,不仅挖掘出许多鲜为人知的史料,丰富了中国近现代经济的内容,而且还总结出了许多成功的经验及失败的教训,起到了宣传老字号、服务新时代的作用。这项浩大的工程,受到了全国政协副主席谷牧、钱伟长、苏步青、孙孚凌、万国权、马万祺,全国人大常务委员会副委员长陈慕华、费孝通、雷洁琼、王光英等人的关注,他们或者担任了丛书的总顾问,或者欣然泼墨题词。这套融研究性、资料性于一体,具有权威性、永久性的传世史册,目前已进入收尾阶段,即将与读者见面。

科学是无国界的。孔令仁的学术成就早已蜚声异域,海外研究机构和著名学者纷纷邀请她前去讲学。1985 年 4 月,孔令仁以著名学者的身份踏上了美利坚的领土。在美中学术交流委员会的安排下，她先后到了旧金山、洛杉矶、华盛顿、纽约等11座著名城市，访问了斯坦福大学、耶鲁大学等13所高等学府。在美国110天的时间里，她同一大批饮誉全球的美国汉学家进行了学术交流。在俄勒冈大学，她与周锡瑞(Joseph W. Esheriek)教授就社会经济与辛亥革命的关系交流了意见；在西雅图华盛顿大学，她与培礼(Elizabeth Perry)教授等同行围绕着洋务运动进行了座谈；在加州大学洛杉矶分校，她与华裔学者黄宗智教授着重讨论了鸦片战争以后山东各地区的经济变化；在密执安大学，她与费维恺(Albert Feuerwerker)教授就中国19世纪工业化及明清档案资料的利用等问题交流了看法；在匹兹堡大学，她与舒尔曼(Irwin J. Schulman)教授切磋了义和团运动的起源等问题；……谙习孔子名言“有朋自远方来，不亦乐乎”的美国汉学家及一些对中国传统文化感兴趣的美国大学生、各国留学生，获悉她是孔子的第七十六代传人，自然不肯错过让她讲解孔子及儒学这样难得的机会，安排她做了几场专题讲座及座谈。一位韩国的留学生问：“中国是否开儒学课？拿什么思想来教育子女、学生？”一位新加坡女研究生问：“中国的妇女社会地位低下和孔子‘唯女子与小人为难养也’的观点有无关系？”中国台湾留学生问：“大陆是否印孔子的书？是否印《论语》？”……对此，孔令仁都作了令他们满意的回答。

就这样，一路奔波，一路切磋，所到之处，掌声回荡，她为祖国赢得了声誉。她还先后赴日本、新加坡、苏联以及中国香港、澳门等国家与地区进行学术交流。对于这样一位著名的学者，美国马奎斯出版的《世界名人录》和英国剑桥大学出版的《世界名人录》早已把她的名字和成就收录其中,面对荣誉,她总是非常谦逊地说:“我所取得的成绩和荣誉不属于我个人,而是属于每一个中国妇女,属于所有的中国人。”

三

在那场史无前例、是非颠倒的“文革”年代,身为孔子后裔的孔令仁,尽管知书达礼,待人唯善,兢兢业业,工作称职,但还是摆脱不了厄运。运动之初,她被莫名其妙地划为了一个所谓反动组织的“思想史讨论班”的成员,而事实上,她与此毫无干系,时至今日,她对这个纯学术性的讨论班曾就哪些问题进行过讨论仍然一无所知。

1969 年,孔令仁所在的山东大学全部文科被勒令迁往曲阜,与曲阜师范学院合并。这次她在故乡生活、工作了五年。这是她第一次在故乡住了这么长的时间。在这里,她深深地注视故乡, 深深地思考祖先;然而,一天,正当她苦闷地骑着车路过曲阜古城门洞的时候,一辆满载粮种的大卡车将她轧倒在地,使她顿时失去了知觉,自行车早已被轧得支离破碎。真是不幸中的万幸:几吨重的大卡车从她的左大腿及臂膀内侧轧过,竟只造成部分肌肉粘连而未伤到骨骼,但即使如此,车祸也迫使她不得不在病床上躺了半年。

病愈后,孔令仁被安排为工农兵大学生讲授《中国近代史》。当时她一个人带着两个孩子,既要完成日常教学和劳动任务,又要料理全部家务。之后,她的双亲先后辞世,由孔令仁等人悄悄地将骨灰安葬在先人长眠的孔林。她的七位兄弟姐妹，除了大姐孔令和远在大洋彼岸以外，其余的均在大陆各地经受着时代的磨难。她的丈夫由其文则远在青岛，早早地就被打成了右派，席卷大地的“文化大革命”风暴使他又一次在劫难逃。这对情深意笃的夫妻遥岑远目，云天隔阻，两地分居达20年之久，为了探望夫君，孔令仁带着两个孩子在胶济线上往返奔波至少100次以上。

政治上的歧视，精神上的压抑，生活上的劳顿，岁月的艰辛，并没有使孔令仁消沉，她相信：阴云终将过去，历史也终将还自己以本来面目。正是靠着这种坚定的信念，她默默地耕耘在自己所热爱的教育园地，默默地经受着社会所造成的各种磨难。

那个悲剧的时代潮水般地退去了。大地在复苏，春天已经来临。

1978年，她的丈夫由其文从青岛调入山东大学经济系。20年的牛郎织女生活结束了，他们夫妻两人珍视这本该早早到来的比翼双飞的美好时光。白天，他们双双忙碌在讲台上，傍晚，他们并肩漫步于校园里。在1994年底首届“全国十对蓝宝石婚佳侣”评选中，这对相濡以沫的恩爱夫妻荣列其中。和家庭生活的美满相映衬，不知不觉中，孔令仁肩上的社会责任加重了。1983年，她被推选为山东省政协副主席，至今为止，她是山东唯一的连续三届当选的省政协副主席。之后，她又陆续地被推选为孔子基金会副会长、民盟中央副主席、全国政协常委、全国妇联副主席。随着社会地位的提高，她的社会责任感也愈益增强。

作为一名有修养的知识分子，孔令仁深深地懂得爱国主义精神应该流淌在每一个有良知的中国人的血液里，扎根于心灵深处,更为重要的是,应该落实在具体的事务当中。1986年,山东省和青岛市落实党的政策,决定将孔令仁兄弟姐妹在青岛的一栋楼房发还。这栋德国式的楼房位于青岛的黄金地段,编号为“青岛路一号”,原为德国领事馆,后为孔令仁之父孔祥勉购得产权。该楼房占地三亩,建筑面积1000多平方米,连同地下室共四层,院内有草坪和汽车库,现已成为青岛市的一个著名旅游景点,其独特的建筑风格,常常令路过者驻足赞叹。因此,当“青岛路一号”发还孔家的消息一透露,便有不少企业单位和国外企业家纷纷通过各种渠道与孔家联系,有的外商愿意孔家以房产为投资组织中外合资公司,有的外国银行和洋行愿高价租赁该房作为办公楼,有的愿购买,有的愿出巨资将该房改造成高级宾馆……这些好意,均被孔氏兄妹婉言谢绝。作为这项事务的主要经办者,身居陋室的孔令仁在政策落实之初,就与兄弟姐妹商量,一致认为自己身为孔子后裔,如果将房屋捐赠给青岛市,筹建一座孔子纪念馆,可以为继承祖国文化遗产、研究孔子学术思想、进行国内外学术交流提供一个基地,这将是一件很有意义的事情。1986年8月和10月,青岛市政府先后举行了隆重的孔氏兄妹捐献房产仪式和“孔子纪念馆”揭幕式。次年7月,孔令仁又受孔令和之托,将曲阜市政府落实侨务政策而补折的“孔八府”私房款2万元,全部捐赠给了孔子基金会和曲阜市侨联。孔氏兄妹的这些义举,受到了青岛市政府和曲阜市政府的表彰,《人民政协报》《中国新闻》《青岛日报》《曲阜报》《济宁日报》等曾连续予以报道,《青岛日报》为此还刊发了评论员文章,盛赞他们的爱国之举。

无论是在国内举办的国际学术会议上还是在海外学术交流的过程中,孔令仁时刻不忘宣传中华优秀传统文化,主张实事求是地评价孔子及儒学，以自己亲身的感受向国际友好人士介绍中国改革开放所取得的成就，向海外亲朋好友阐释“一国两制”、祖国统一的观点。1985年，她在美国访问期间，会见了很多老朋友，也结识了很多新朋友，其中包括：辛亥革命元勋黄兴的女儿黄德华、女婿薛君度，国民党元老夏勤的儿子夏道泰，居正的孙女居蜜，胡适的儿子胡祖望，龙云的儿子龙绳文、女儿龙国璧，杨森的女儿杨郁文，美国政坛女杰陈香梅等，孔令仁通过各种方式同这些久别大陆的美籍华裔英才积极开展联谊工作，使他们加深对祖国的了解。特别是她的姐姐孔令和伉俪，过去与大陆交往方面的一些犹豫，这次看到她如此自由地在美国访问、探亲、讲学，听到她关于祖国发展变化的全面介绍，很快消除了顾虑，第一次走进新中国驻美大使馆，陪她参加了韩叙大使的就职仪式，并在后来多次回大陆探亲访问。这期间，美国电台还特邀孔令仁就访美感受、中国四化建设、中美文化交流现状及前景、关于孔子等专题连续发表了两次共30分钟的谈话，在美国的土地上掀起了一场中美民间交往的风潮，她也因此成为当时美国汉学界谈论的新闻人物。事后，韩叙大使当面称誉她：“您可堪称是一位民间大使了！”从美国回来后，孔令仁又先后应邀访问了日本，新加坡，中国香港、澳门，苏联，马来西亚等地。走到哪里，她就把联谊工作做到哪里。就这样，这位不知疲倦的老人风尘仆仆，来去匆匆，兼治学与外交于一身，为祖国的繁荣昌盛、和平统一而辛勤地奔波着。与此同时，她那“民间大使”的雅称也不胫而走。对此，她总是谦逊地说：“我做得还不够。我希望每一个有条件的人，都来做这种民间的海外联谊工作。那样，我们祖国统一、民族振兴的宏伟目标就会早日实现。”

格物致知，正心诚意，修身齐家，治国平天下，这是孔子所倡导的而为历代中国知识分子所追求的人生理想。身为孔子后裔的孔令仁教授，以她70多年的人生历程，使这条人生道路越来越宽广。

（原载《济南文史》1997年第1期）

再现中流砥柱的民族经济

——读《中国老字号》

多年以前，我就听说孔令仁教授和李德征教授共同承担了一项国家教委“八五”规划重点课题“中国老字号”。多年以来，我经常得到一些有关进展状况的信息，并对这项浩大工程将在学术界产生的巨大影响，曾有过乐观的估计。然而，当这套10卷本400万字的皇皇巨著《中国老字号》（高等教育出版社1998年版）正式面世，并摆上书案的时候，与所见到的同类著作相比，我还是感到了一股未曾有过的震撼。

通读《中国老字号》，掩卷细思之余，我以为它的价值及特色主要体现在以下几方面。

一、巨大的信息容量，为读者全面客观地展现了众多老字号企业各具特色的风貌。

该书所使用的中国老字号企业的概念很宽泛，凡是在1949年以前创办的中国民族资本企业均在可选之列。该书还对各个时期、各个地域、各个行业有代表性的老字号企业所走过的曲折历程、所蕴含的历史文化内涵进行了最大限度地挖掘，而没有重大的疏漏。该书遴选的1633家老字号企业在时间跨度上，多数经历百年以上的风雨沧桑，创办最早的已有四五百年的历史，最晚的也留下了半个多世纪的艰难足迹。在地域分布上，涉及全国大多数地级以上的城市，以及一些县级以下的乡镇。在资本形式上，有的属于私人资本，有的属于国家资本，有的则采取了官督商办或官商合办的形式。要对如此众多、如此庞杂的内容站在新时代的高度进行科学规范的学术整理和总结，其难度之大可想而知。

二、保留了大量的珍贵资料，深化了中国近现代经济史的研究。

《中国老字号》的出版，可以说做了一项有益的抢救和保护工作，使许多濒临湮没的资料重见天日。书中披露的一大批秘不示人的口头遗训、文字资料、图像照片，是一份珍贵的历史文化遗产，大大地丰富了经济史的宝库。当然，史料整理并不等于历史研究。《中国老字号》的编者面对浩如烟海的资料，去伪存真，去粗存精，披沙沥金，以辩证唯物主义和历史唯物主义为指导，运用当今学术界认可的经济史研究的科学方法和规范手段，条分缕析，由表及里，史论结合，从而再现了中国老字号的历史原脉，概括了他们的内在价值。

三、本书客观地总结了中国老字号的历史经验，同时还充分揭示了他们的当代价值。

该书的编者记述了中国老字号企业艰难坎坷的创业历史，描绘了他们称雄市场的名优产品，并且探讨了这些企业“字号”命名的规律、地域和行业分布特点、组织和资本形成，尤其是总结了他们的经营管理特色。中国老字号企业的主要特色有：第一，重视人才，讲究人和；第二，重视技艺，强调利器；第三，重视品牌，塑造形象；第四，重视规章，完善制度；第五，重视同行，取长补短；等等。这些内容是中国老字号企业为我们所提供的历史经验，与当代价值浑然一体，也使我们在回味他们独特魅力的同时，总结出不少现代化建设的新思路。了解历史本就是为了指导现实，昭示未来。

四、编辑体例得当，装帧设计精美，便于读者的查阅和收藏。

且不说这部著作用纸之考究、印刷之精美、装帧之新颖，给人以总的印象是典雅、气派而不花哨媚俗；仅就她的目录编排体例而论，据我浅见也是既符合规范又有所创新。该书编有四种目录：行业笔画目录、行业英文目录、汉语拼音目录、地域分布目录。这种编排给读者带来的便利，又岂止是能够在10卷400万字的巨作中迅速地检索查阅所需的内容，甚至在某种程度上为读者的计量分析和区域研究提供了一个初始的框架。

（原载《中华读书报》1999年3月31日第7版）

恩师如慈母

——孔令仁先生七日祭

我的恩师孔令仁先生于 2016 年 7 月 18 日以 93 岁高龄仙逝，按照中国传统习俗，24 日是恩师的七日祭，即“头七”。民间的说法，逝者魂魄会在这一日返家看看，安心了，再赴天堂。凯风寒泉，慈乌夜啼，在这个特殊的日子里，思及恩师对我慈母般的关怀，忆及恩师的德容笑貌，无尽的哀思漫上心间。

孔令仁老师的一生犹如一部丰富厚重的多卷本巨著，作为长期在她老人家身边的学生，我见证甚至参与了孔老师人生巨著中的某些章节。她端庄美丽、气质优雅，多重身份赋予了她更多魅力。她是孔子七十六代后裔，著名历史学家和社会活动家，在教学科研、参政议政、海外联谊、妇联工作、弘扬中华优秀传统文化等方面均做出了突出贡献。孔令仁老师逝世后，习近平总书记表示悼念，对其家属表示慰问。

恩师谢世后，我一直想写文章纪念她。对我来说，孔老师不仅是我的恩师，更如我的慈母。在孔老师身边的三十四年，几乎占据了我人生时光的三分之二。三十四年来，孔老师在学习、工作方面甚至家庭生活方面，给予我无尽的指导与关怀，待我如子女般亲厚，我也视孔老师为慈母。

仍然记得，1982 年 8 月底的一个傍晚，我第一次去孔老师家拜访，孔老师热情接待。两小时的交谈，开启了我人生的一个里程碑。1983 年春，我报考了孔老师的研究生。我达到录取标准的成绩公布后，孔老师非常开心。但开心之余，她也面临着为难的选择：因为当时有多人报考她的研究生，考试通过的有两人，而根据规定她只能招收一名。要在同样达标的两人中选择一人，孔老师很为难。最后，她下定决心录取我作为她指导研究生的开门弟子，另一名考生 A 君被其他导师录取，但在此后研究生三年中，孔老师一直把他当自己的学生对待，在学业上悉心指导，生活中温情关怀，成为他事实上的导师。

就在我考上孔老师研究生的那年春天，她当选为山东省政协副主席，但她从不在我们面前摆出高级领导的架子，始终以一名导师对待学生的情谊对待我和 A 君。由于刚刚当选，孔老师的社会活动极其繁忙，但她一直坚持给我们上课。她说："孔子说：'诲人不倦。'我时刻牢记先祖的教诲，即使再累再忙，给学生上课始终是我工作的重点。"执教以来，孔老师一直抱着这种坚定的信念。对教学尽心尽责，这是所有听过孔老师讲课的学生对她的共同评价。

1983 年秋，在山东大学研究生开学典礼仪式上，因其他并非我们所能主导的特殊原因，我们几个同学到达现场时比规定的时间晚了几分钟。当时，孔老师作为导师代表参加开学典礼，眼看仪式开始了，而在全校 100 多名研究生当中没有看到我的身影，她非常焦虑，急切地向别的同学打听："李平生为什么还没来？"事后，我的同学告诉我：那种场景，极像担心自家孩子走失的慈母在四处打听、焦急寻找。

研究生期间，除了学业上的循循善诱，孔老师在生活中也给予我们无微不至的关心和照顾。1983 年 12 月 31 日是公历的“除夕”，孔老师接到了省里很多的请柬，邀请她参加迎接新年的宴会，但她辞去了所有的邀约，把我和A君请到家里，她和丈夫由其文教授一起下厨，亲手做了一桌丰盛的晚餐，我们这两位研究生和她的家人一起，共同迎接1984年元旦的到来。此后的研究生三年中，除了学业上的指导，孔老师经常邀请我到她的家中共进晚餐。

1986年元旦，我快毕业了，孔老师除了督导我的论文写作外，还特别关心我毕业后的工作去向，为我尚未确定理想的工作岗位而着急，甚至为我在找工作过程中遇到的波折焦急落泪——这是后来别人无意之中说起的，而她本人从未说过……正是在孔老师的努力下，1986年7月，我正式留在了山东大学工作，这其中，孔老师对我的操心，于她来说是尽一名导师的责任，于我则是慈母般的关爱。

我参加工作以后，孔老师继续关注着我的成长和发展，在业务上悉心指导，在工作中关心帮助，甚至在家庭生活中，孔老师也一直给予我无尽的关怀。2001年，孔老师已经77岁了，听说我搬了新家，她非常高兴，与81岁的老伴由其文教授一起，按照习俗，带了一块豆腐来到我们的新家，为我们的新家“温锅”。

由于孔老师对我本人及家庭无微不至的关怀，我本人、我的妻子和孩子，都自然而然地把自己看作孔老师大家庭的一员，把孔老师看作大家庭里一位慈祥的长者。孔老师也一直把我们看作她的家庭成员。我会像家人一样对孔老师的工作和社会活动安排提出建议，也会自然地关心孔老师的家庭活动，甚至孔老师家中部分家具的摆放格局也采纳了我的建议。我的孩子曾写文章《甜甜的回忆》说：“我有两位奶奶，一位是亲奶奶,一位是孔奶奶。"孔老师也称我的孩子"永远是孔奶奶甜甜的糖"。

孔老师对待自己的学生像对自己的亲生子女一样,有这种感受的不独我一人,这也是孔老师 12 位研究生的共同感受。正是因为孔老师慈母般的感召力,形成了二十多年来我们每年一聚的惯例。每年的 11 月 17 日是孔老师的生日,生日前夕,我们会从四面八方会聚到孔老师家,为她庆贺生日。家庭式的聚会中,学生的真诚祝福,饭桌上的言笑晏晏,交谈中的情意绵绵,一切都那么自然,一切都那么温暖,往往这次聚会刚刚结束,我们便开始期待下一次的相聚。

20 个月前,孔老师因骨折住进山东省中医院,我第一次去看望她时,她刚做完手术睡着了。第二次去看望时,我刚走进病房,像是心有感应般,孔老师恰好醒来,看到我时,她高兴地笑了,但只说了一句话就又昏睡过去。听身边护理她的亲属说,孔老师醒来时经常会喊我的名字。卧床期间,孔老师很喜欢医护人员给她播放当年我们一起参加活动的视频。有人指着视频中的我对她说"这是李平生",她就会含笑点头。三十四年慈母般的关爱,在她的潜意识里,早已把我当作她的家人。

此后,由于病情加重,孔老师已不能用语言交流,但头脑仍然清醒,每次我去看她时,她都开心地笑。我向她转达校领导、同事、朋友、我的师弟师妹和我家属的问候时,她虽口不能言,但都含笑点头,并抓住我的手握紧示意。此后在交流中,同意的时候她都会点点头。有一次,我向她表示要离开的意思时,她摇摇头,紧紧抓住我的手,我知道,她是希望我在她身边再停留一会儿。

我的恩师孔令仁先生对我说的最后一句话是在 18 个月以

前，我去医院看望她时，她笑着说："平生，你来了，你比以前胖了一点点。"

忆及此处，泪意又漫了上来……

（原载《齐鲁晚报》2016年7月28日）

《文史哲》足迹

谈期刊编辑与作者的联系

随着编辑工作岗位责任制的推行，期刊编辑的责任也在日益明确。它主要包括联系作者、选题组稿、审读加工、校对勘误、反馈信息这一类日常工作中所应当承担的责任。其中，联系作者是责任编辑一项极为重要的工作。在某种程度上说，能否经常地联系一批优秀的作者，使之源源不断地提供上乘之作，这是衡量责任编辑是否称职的一个重要依据。

稍有经验的编辑都知道，办好期刊令人头痛的问题之一就是缺稿。所谓巧妇难为无米之炊，这里所讲的缺稿，倒不是缺乏一定数量的稿件，而是缺乏一批高质量的稿件。一份调查资料表明，在《光明日报》理论版的作者自行来稿中，符合刊用标准的稿件不足3%。其实，在其他期刊的作者自行来稿中，能够达到刊用标准的也为数极少，这样就形成了一个比较令人头痛的局面。一方面，责任编辑每天都收到源源不断的来稿，稍不及时处理就会造成大批积压；另一方面，责任编辑又常常临近发稿时为手头没有一批高质量的稿件而发愁。皮之不存，毛将焉附？没有一定数量的好稿件，自然难以办出好刊物。那么，责任编辑如何才能走出困境，经常地、及时地获得一批高质量的稿件？其主要途径就是靠有意识、有目标地组稿。既要组稿，责任编辑则必须团结一批优秀作者，巩固和扩大其队伍，尤其是要善于发现和培养新秀。

编辑是一个联系面较广的职业。职业的特点决定了编辑应该与作者保持经常而又广泛的联系与交往。然而,在实际工作当中,有的编辑平时并不注意密切联系作者,而是到了急需稿件时,才匆忙与作者联系,向其组稿乃至催稿。这种临时抱佛脚的效果自然是不尽如人意。更有甚者,有的编辑则干脆坐等作者自行来稿,临近发稿,又选不出精品佳作,便以二三流稿件交差了事。这实际上是一种衙门式的恶习,应当摒弃。一个合格的编辑应该注意平时主动与作者保持密切的联系,了解他们的研究项目及进展,掌握他们在所从事研究领域中的优势和缺陷,乃至了解他们各自不同的经历、特长、爱好等等。这样,责任编辑既能经常地找到合适的稿件,又能及时地了解到某一学科的最新进展,从而确定和调整刊物的选题,把刊物办好办活。

要联系作者,首先应该了解作者,其具体的方法大体大致有四:多读、多听、多走、多写。多读即大量地阅读作者的文章和著作,以及关于作者的介绍与报道。多听即经常地倾听作者本人的见解,以及别人对作者的评议。多走即经常走出编辑部,参加学术会议和其他社会活动,在人才荟萃的场合中通过比较以了解作者。多写即经常地与作者保持通讯联系,了解他们的研究最新进展,通过这些方法,编辑对作者便可有全方位的动态的了解,从而避免组稿的盲目性。

编辑与作者联系时,要正确处理好相互之间的关系,既不要居高临下,也不要逢迎迁就。编辑与作者之间的关系是彼此平等的同志和朋友关系。一方面,编辑与作者打交道时要像朋友那样主动热情,自然随和,使作者心情愉快地提供精品佳作;

另一方面，编辑向作者组稿时，要自觉遵守编辑部内部的制度。由于编辑部工作的特殊程序，责任编辑对作者的稿件无论是否采用，都不要轻易地向作者表态，把话说死，在稿件三审定夺之前，乃至在刊物正式出版之前，责任编辑的任何事前表态一旦与事实结果不符，都会招惹麻烦，造成工作上的被动，失去作者的信任，乃至影响到编辑部的信誉和内部团结。在这个问题上，责任编辑宁愿挨上“滑头”的骂名，也不要在工作上造成差错。编辑工作的性质决定了责任编辑在向作者组稿时，既要讲究艺术性，使本可组来的佳作不轻易地流失，又要考虑原则性，不轻易地向作者许诺。当然，这在实际的操作过程中难度较大。为此，期刊的主编要给予责任编辑相应的自主权，作者对于责任编辑的为难之处也应予以足够的谅解。

在联系作者时，责任编辑还要处理好联系名作者与联系一般作者的关系。毫无疑问，名作者的稿件是期刊稿件的重要来源之一。名作者学有所长，是某一学科的专家或权威，知名度高，长期的研究使他们在撰写文章时得心应手，驾轻就熟，并且往往能提出独到的见解。在一定的程度上，他们的文章代表了某一学科的最高水平，体现了某一学科的最新进展，刊用这些名作者的稿件，既能保证刊物自身的质量，又容易引起社会的关注，从而提高刊物自身的声誉。因此，责任编辑应该与名作者建立和保持经常的联系，注意他们的研究进展，听取他们的建议，及时向他们组稿。但是，不可否认，名作者的稿件也并非篇篇佳作、字字珠玑，责任编辑不可因其名望而盲目地向他们组稿，更不可仅仅图其名望而刊登他们某些粗制滥造的急就章。有些刊物本想通过刊发名作者的稿件以吸引更多的读者，但由于组稿毫无选择，或者在审读加工中没有严格把关，结果适得其反，损害了刊物自身的形象，失去了更多的读者。正确地处理好与名作者的联系，就要求责任编辑既要尊重他们，又不能盲从他们；既要保证本来可以组来的精品佳作不轻易地从自己手中流失，又要注意不让个别名作者的粗劣之作粘在手中，造成工作上的被动。

责任编辑在与作者打交道时，自然而然地会遇上大批的青年作者。他们大多是新手，一般尚未崭露头角，与名作者相比，要在青年作者中迅速准确地选定合适的组稿对象，难度要大一些。尽管如此，经常地、主动地与青年作者建立联系，发现新秀，培养新人，这是编辑义不容辞的责任。编辑既要为名作者锦上添花，更应为青年作者雪中送炭。编辑工作的特殊性，为责任编辑在选稿、组稿的过程中提供了较多的发现人才的机会，这就要求责任编辑有胆有识，为繁荣祖国的科学文化事业，勇作伯乐，善做伯乐，发现人才，培养人才。事实上，一个刊物的成功与成名，往往不是因为该刊物能够经常地发表名作者的鸿篇大作，而是因为能够慧眼识英才，连续不断地将一批虽然默默无闻但确有其真才实学的青年作者推向读者，推向社会。我们甚至有理由认为，责任编辑协助名作者不断推出成果固然重要，但在一定程度上说，发现新秀、培养新人，让青年作者的智慧火花燃烧成燎原之势，则是编辑更为重要的责任。只有这样，才能保证我国的科学文化事业人才辈出、后继有人。一个编辑若能发现一批人才，培养一批人才，这就是他最大的贡献。

发现新秀，培养新人，这就要求责任编辑有锐利的眼光。青年作者虽然基础不够扎实，知识面狭窄，但思维敏捷，思想解放，精力充沛，进取心强。他们鲜嫩之作往往不乏新意，如果责任编辑慧眼识才，敢于决断，及时与他们联系，对其文稿进行指导和加工,或许可使之成为名篇佳作。无数事例证明,责任编辑经过认真的审读加工、热情鼓励,发表了一位新人的处女作之后,往往会使他产生一发而不可收的连锁效应,一篇篇精品佳作脱颖而出,从而造就了一位新的科学家、理论家、专家等。其实,任何一位名作者都是由新手而逐渐成长起来的,当他们功成名就时,他们几乎都无一例外地会回忆起自己处女作发表时的情形,从内心深处感谢他们或许不知其名的责任编辑。

如果责任编辑经常主动地联系一批青年作者,从中发现人才、扶植人才,把编辑部塑造成一个伯乐的形象,那么大批的千里马就会奔涌而来,建成一支延绵不断的优秀作者队伍,精品佳作层出不穷,期刊声誉隆隆直上,越办越好。这种互相激励、互相促进的机制,正是每一位编辑所渴求的。

(原载《新闻出版导刊》1999年第5期)

文化·社会·人生

——访杨向奎先生

杨向奎先生是我国著名的学者、博士生导师、中国社科院历史研究所研究员、中国社科院研究生院教授。1988年5月，笔者借山东大学历史系举行博士论文答辩会之际，采访了年逾古稀的杨向奎先生。

问:杨先生。您是《文史哲》的创办人之一,您能否谈谈当年《文史哲》的创办情况?

答:《文史哲》最初是同仁刊物,1951年由山东大学文学、历史两系的同仁共同发起创办。创办时困难重重,既无经费,又无经验,创办人为此花费了不少的心血和精力。当时并无专职编辑,全由两系的教师兼任。为了办好这个刊物,我们承担了所有的约稿、收稿、定稿、编辑、校对等工作。当时山大在青岛,校园离印刷厂很远,为了处理有关出版事宜,我们经常步行去印刷厂,有时还要到车间去校对。刊物出版之后,由于与外界没有联系,无法发行,于是我们找了一些朋友往各大学邮寄,托各大学的朋友放在校传达室。传达室卖不出去时,这些朋友便自己掏钱买下,再将钱寄来。后来在山大华岗校长、罗竹风教务长的大力协助下,与邮局取得联系,由他们发行。这样,《文史哲》慢慢走上了轨道,但这时发行量小,困难万端,我给当时的青岛市委书记兼市长写了一封信,他慷慨地拨给我们2000万元(折合现在2000元,当时货币购买力低),山东省统战部也拨了2000万元,共4000万元,这就从经费上救活了《文史哲》。然而,此时发行量不大,影响很小。后来,由于《文史哲》开展的《红楼梦》讨论引起了毛主席的注意,发行量迅速上升到几万份,从此《文史哲》的经费和销量都解决了。

我一向主张办刊物,这对于发展、普及文化有非常重要的作用。可以说,学术刊物的多少及其水平的高低,反映了一个国家学术水平的高低。这方面,我可能是受我老师顾颉刚先生的影响,他一辈子办了不少的刊物。《文史哲》作为一个大学所办的刊物,发挥的作用和影响是很大的,这已为社会上所公认。当然,这不能归功于某个人,这是大家共同努力的结果。

问:您是我国学术界的前辈,你能否简要地谈谈您的治学经历和治学经验?

答:我的治学范围很杂。最初,我在大学跟顾颉刚先生研究经学,花了10年的精力来解决经学上的关键问题,如《左传》《周礼》《公羊》等,同时,在《书经》《诗经》方面也下过功夫。这种经学的路子是跟顾先生走的。研究经学离不开中国古代史,在此过程中,我也开始研究中国古代史。顾先生从今文经学的立场发展到怀疑中国古代史,形成了“古史辨派”。起初,人们认为我也属于那派,其实后来我并不相信那派的观点。我相信中国古史有四五千年的历史,从有虞氏以后进入了阶级社会,这些和我老师的意见正相反。

后来,我的研究慢慢地进入了哲学、思想领域,研究过道教,读过整个《道藏》,也研究过佛教,主要是唯识宗。但这两方面没有深入下去，只是有个较高的常识了解，不是这方面的专家。我认为，作为一个中国思想、哲学史的研究者，应对佛、道有较深入的了解。我用力较多的是先秦诸子，对孔子、墨子、惠施花了一些精力。此后，我又集中精力研究宋明理学。近年来，我着重研究清代学术，打算写一个《清儒学案新编》，现已出版了几册，至于这套书的详细写作计划、进程、主要内容可以参见《史学史研究》1988年第2期。

这些年来，经常有人要我谈治学的方法和经验。我认为，治学没有什么方法或经验，如果有的话，那只有两个字——“用功”，或者说“努力”。不用功，不努力，而要去找一条捷径是不行的。治学应该有自己的方法论，但普遍的、适合于每一个人的方法是没有的。我跟顾先生做学问时，他从来没告诉我采用什么普遍适用的方法，他只告诉我研究哪个具体课题时应从何入手，还存在什么问题。一般人的智力都是中等的，很少有人特别聪明，要想有所成就，只能靠用功和努力。我曾对研究生说，你们当中有努力的，有不努力的，10年之后再回头比较一下，不努力者会对努力者自叹弗如，但这时已经悔之晚矣。千万不要给将来留下后悔余地，这是我的经验。现在硕士、博士毕业时在30岁左右，再过30年便退休了，如果在这30年当中无所事事，只顾赚钱、追求物质享受，而业务上毫无建树，学问也荒芜了，回头一看，别人有学问，有贡献，受人尊敬，自己会感慨地说：“唉，我真不如你呀！”这时可就永远赶不上了。

问：中国文化在古代曾经灿烂一时，到近代则落伍了，现在我们处于一个新的文化建设时期，您是中国文化史方面的专家，能否就中国文化的过去、现在、将来，谈一些看法？

答:大家知道中国有四五千年的文化,虽然四五千年在人类历史上是弹指一挥间,但从世界范围看,有四五千年文化的国家并不多。中国有四五千年的灿烂文化是值得我们骄傲的,中华民族是一个伟大的民族,它过去有创造灿烂文化的能力,我们相信它现在和将来仍然有这种能力。近百年来,中国处于落后地位,政治上、军事上是弱国,文化科技也落后了,以至于现在仍然落后。但是,历史的发展犹如马拉松赛跑,有时候你在前,有时候我在前,我们不要因为暂时的落后而气馁,要有信心将来会赶上去的。

在科学和文化方面,我们不是凭空断言我们有过灿烂的时代,而是有事实根据的。如,中国曾出现过大家所熟知的四大发明,出现了孔子、墨子等世界上最伟大的思想家、科学家。我认为,墨子在自然科学上的成就绝不低于古希腊的科学家、哲学家,甚至高于他们,他一个人的成就就等于整个古希腊。这一点可以从现在残存的并不完整的《墨经》中得到说明。至于孔子思想之伟大,则更不必说,他有的思想可以说是照耀千秋的至理名言。尤为可贵的是,孔子始终是一个思想家而不是宗教家,儒家也是一学派而没有形成一个教派。儒学如果成为一种宗教,它就僵化了。儒学没有成为宗教,没有使人思想僵化,而使中国人在其思想熏陶下,宗教意识比较淡薄,可见在中国,始终是思想家、哲学家而不是宗教家的影响起主导作用。这是我说中国是一伟大的文明国家这一观点的主要支撑点。过去中国出现了这种伟大的思想家、哲学家,我们相信将来还会出现,这里指的不是那些社会发展史中起添砖加瓦作用的一般名人,而是那些在文明史上起划时代作用的、能帮我们解决重大疑难问题、为全人类的发展指出一条正确道路的伟人。

问:据了解,近年来,您在从事中国文化研究的同时,还在思考一些社会与人生的问题,您能否谈谈这方面的看法?

答:现代社会是个科学突飞猛进的时代,科学的发展应当造福于人类。然而,现代的科学、现代的文明却包含一些破坏宇宙平衡、威胁人类自身生存的危机:现代的战争,超级大国生产的核武器可以多少次地毁灭地球,毁灭人类的生存环境。人类制造武器来毁灭地球,埋葬自己,这从哲学角度来考虑是很荒唐可笑、愚昧不堪的。人类如果不脱离这种野蛮战争,就永远脱离不了动物的种属。这一点如果不引起足够的重视,将来人类的发展就会碰到难以克服的难题。我想,应该有这么一位大科学家、大哲学家出来号召人类保卫自己的地球,人类的文明不应破坏地球。我不是宗教家,也不是向人们宣传宗教,而是从科学哲学的角度提出这个问题,以期引起大家的思考。现在如果不思考这个问题,将来会后患无穷。俗话说,人无远虑,必有近忧。我倒认为,人无近忧,必有远虑。人们往往不大注重哲学家、思想家的作用,其实,如果考虑他们的意见就可免去远忧。当然,现在要人们打破民族的概念、打破国界的概念,从全人类的角度来考虑我们的地球,保卫人类、宇宙的平衡,还为时过早,但应该有这个远见。所以,我们的时代需要一批大的思想家、哲学家,因为他们能给我们指明正确的人生道路。

近年来我常常考虑一些人生的问题。现在整个社会还没有觉悟到应怎样为全人类造福这个水平。作为个人来说,一般是较多地考虑自身的利益。当然,在现实生活中,如果个人的生存不能保障,就无法顺利地发展下去,但一切从个人出发,就会误入歧途。人离不开社会,离不开自然,人是自然与社会的桥梁,没有人便没有宇宙,没有社会。所以,儒家说,人是为天地立心。过去认为这句话是唯心主义的,其实这句话在整个哲学史上是最最高明的一句话。人的地位如此重要,那么该如何看待人生、人生价值?现在不少人的人生价值观变了,一味地去赚钱发财,追求享受。当然,人生需要物质创造财富,否则国家就富不起来。但完全为了个人利益而不顾一切地去干,就偏了。孔子说,“己欲立而立人,己欲达而达人”,“己所不欲,勿施于人”,我认为现在还应加上一句:己欲富而富人,这样就完整了。人们如果按这几句话去做,整个社会就会永远平衡、协调、顺利地发展。

谈到这,我想起了“中庸”。过去人们往往将中庸做了庸俗化的理解,其实中庸讲的是平衡、协调,无论是宇宙还是社会,只有平衡、协调才能发展。宇宙是在平衡的条件下发展的,宇宙最初是能量大于引力,靠这两种力量(现在有人说4种、5种,但其基本力量为这两种)而存在,后来能量与引力平衡了,才有了生物,有了人。社会也是如此,不能没有“中庸”,不偏为中,不倚为庸。一个社会要尽量保持它的平衡,否则就会动乱。

现在社会处于改革之中,有些不合理的现象。在此情况下,知识分子应怎样自守?我想应该做到一条,为社会提供新鲜空气。一个社会只要有了新鲜空气,就能生存发展下去。因此,知识分子的人生价值表现在:从大处看,应是为天地立心;从小处看,则应是社会的新鲜空气。那些完全为了个人利益而奋斗的人,并没有认清人生的价值所在。

我常想,人应当看重自己,把自己的价值看得高一点,在复杂的环境中保持自己的清醒头脑，不要随波逐流，不能只考虑自己，应当考虑人类社会的发展。人生的价值就在于此。

[按：作者(采访者)署名：南平，系《文史哲》时任副主编韩凌轩、史学编辑李平生。原载《文史哲》1989 年第 1 期]

文科学报之王

——《文史哲》45年风雨历程

新中国第一家文科学报

1954年10月16日，毛泽东主席给中共中央政治局的同志和其他同志写了一封《关于〈红楼梦〉研究问题的信》，对山东大学中文系毕业生李希凡、蓝翎发表在《文史哲》上的文章《关于〈红楼梦简论〉及其他》予以表扬。这封信的发表立即震撼了学术界乃至政治理论界，引发了全国规模的讨论，《文史哲》也引起了社会各界的瞩目。实际上，熟悉新中国学术发展史的人们都知道，在此之前，《文史哲》就以新中国文科学报第一家的身份享誉学术界，在人文学科的百花园中结出了累累硕果。

事情还需从《文史哲》创刊说起。

1951年，老解放区的华东大学迁到海滨城市青岛，与开办了半个世纪的山东大学合并组成新的山东大学，下设五院十八系，以及历史语言文学和物理海洋两个研究所，规模之大、人员之多、实力之强都是空前的。针对自身文史见长的优势，山东大学的领导和文学院及历史语言文学研究所的教授们都感到有必要开辟一块学术园地，以推动学术繁荣。

说到《文史哲》的创刊，不能不谈到既是职业革命家，又是历史学家、哲学家和教育家的华岗同志。华岗同志1925年加入中国共产党,解放前曾经先后担任共青团江苏省委书记、中共中央组织局宣传部部长、中共满洲特委书记,全面抗战爆发后任《新华日报》总编辑。新中国成立前夕,他奉党中央之召,搭船从香港赴北平,途中遭敌机轰炸,在青岛登陆,随即被任命为山东大学校长兼党委书记。华岗同志非常重视学术发展,1951年初春的一个晚上,他邀请著名学者罗竹风、陆侃如、杨向奎、孙思白等在家中商讨创办学术刊物问题,后来分别征求了王统照、童书业、冯沅君、萧涤非、赵俪生、王仲荦、刘泮溪、孙昌熙等人的意见。学校领导及有关教师又开会进行了热烈讨论,将办刊宗旨确定为"繁荣学术,培养人才,发现人才",推举华岗为杂志社社长,副校长陆侃如教授和文学院院长吴富恒教授为副社长,杨向奎教授为主编,并将刊物取名为《文史哲》,体现了当时山大文史见长、注重理论的特色。

1951年5月1日,《文史哲》创刊号伴着淡淡的墨香,呈现在读者面前。这是新中国第一家文科学报,她的出现揭开了新中国学报发展史的序幕。《文史哲》与当时北京的《新建设》、上海的《学术月刊》鼎足而立,共执学术界、文科理论刊物之牛耳,推动了新中国社会科学事业的发展。

起伏跌宕的风雨历程

自古创业多艰难,《文史哲》创刊之初经历了起伏跌宕的风雨历程。《文史哲》最初没有专职工作人员,先是由文史两系教师兼任编辑,由两位工人兼管后勤。编辑们在简陋的条件下忘我地工作。但第一期出版后,问题也接踵而至。首先,由于条件不具备,邮局、新华书店都不予以发行,他们只好采取原始的办法,给全国各高校的朋友们寄去,请他们代销。但书生卖刊毕竟不是好办法,许多人出于学术友情,便自掏腰包悉数买下送给知音。后来经过卢振华、殷焕先教授等人的多方努力,发行问题终告解决。其次是经费问题。《文史哲》的创刊之初并无启动经费,学校只能从科研经费中给予菲薄资助,但远不敷用,编委们不仅不要任何报酬,还从个人并不宽裕的薪金中拿出部分作为印刷费和支付校外作者的稿酬,而校内作者则分文不取。尽管如此,仍然是杯水车薪。创办仅几个月,《文史哲》便面临着停刊的风险。最困难的时候,1952 年中共山东省委统战部和青岛市委各自拨出 2000 万元(即 2000 元),使《文史哲》得以渡过经济难关。

在党和政府的关怀下,在全体同仁的努力下,《文史哲》逐步成熟起来。1951 年秋,陈毅元帅曾经盛赞《文史哲》的创刊,并要求其他高校仿效。从 1953 年开始,《文史哲》逐步打开销路,到了 1956 年有了上万元的盈余。1954 年每期印数达 1.3 万册以上,1955 年达 2.7 万多册。1973 年,《文史哲》在中国刊物发行史上上演了令人难忘的一幕,当时全国各地邮局订数达 70 余万册,但由于全国各地都忙于"文革",出版用纸供应不足,结果只能限量发行,维持在 24 万册左右,大批读者驻足兴叹,甚至有的地区读者订阅《文史哲》还需要介绍信。

然而,《文史哲》的发展并不是一帆风顺的。1955 年秋,一场突如其来的反"胡风反革命集团"运动和"肃反运动",使华岗校长蒙受不白之冤,遭到长达 17 年的关押直至含冤逝去。《文史哲》一些编委也受到审查,刊物自身也受到影响,订数迅速下降三分之一以上。到1958年,《文史哲》被迫宣布停刊。

1961年,在中共山东省委的直接关怀下,停刊两年多的《文史哲》复刊。复刊后的《文史哲》由山东大学、山东师范学院、曲阜师范学院、省委党校等共同举办,发行量约1.5万册。就在《文史哲》尚未完全恢复元气的时候,一场更大的政治风暴席卷而来。1966年,标志着“文化大革命”正式开端的“五一六通知”发表半个月后,《文史哲》第二次宣布停刊。这一停就是七年。

1973年11月5日,《文史哲》第二次复刊,在当时特定的政治环境中,所发表的大多是所谓配合运动的“大批判文章”,这是一个时代的悲剧,当时任何一家社会科学刊物都无一幸免,但《文史哲》在学术上所取得的成绩依然是众口称誉的。

当历史终于翻开新的一页,科学的春天到来的时候,学术界一致给予《文史哲》很高的评价。

名人辈出《文史哲》

《文史哲》坚持为社会主义文化事业服务、为发展学术服务的方向。刊登在创刊号上具有发刊词性质的社论《〈实践论〉——思想方法的最高准则》,高度评价了毛泽东《实践论》的理论价值和实践意义,显示了编者敏锐的政治眼光和较高的马列主义理论水平。在以后的编辑过程中,宣传研究马列主义、毛泽东思想以及从理论上阐释党的路线、方针、政策的稿子占了相当大数量,收到了很好的效果。

质量是学术刊物的生命。《文史哲》一直以刊载高水平的学术文章饮誉学界。如华岗的政治理论方面的文章有很高的理论水平,前35期上,他大约发表40篇文章,对带动学术研究起到了积极作用。《文史哲》还发表了当时校内著名学者陆侃如、冯沅君、杨向奎、郑鹤声、赵俪生、吴大琨等人的许多文章,对推进人文科学各个领域的发展同样有促进作用。同时,《文史哲》还特别注重校外名家对刊物的支持,如王亚南、吕振羽、顾颉刚、罗尔纲、齐思和、阴法鲁、任继愈、赵纪彬等都曾将自己的得意之作交给《文史哲》发表,这些成就一代学术的大师级人物,给《文史哲》增添了光彩。《文史哲》今天仍然继承了这样的传统。

《文史哲》非常重视学术争鸣,从创刊之初就很注重不同观点文章的发表,以期引起争论,繁荣学术。先后组织了对资产阶级哲学思想和学术思想的批判、中国古代史分期问题、思想史和哲学史、土地制度和农民战争、资本主义萌芽、《红楼梦》研究等许多重大学术理论问题的讨论,鼓励自由探讨,学术争鸣,相互商榷,对形成良好的学风做出了贡献。

发现人才、培养人才是《文史哲》创刊时就确定的一项原则。华岗同志曾经说过,对待青年人的文章,不要求全责备,只要文章有一得之见,就要给予热情帮助和扶持,“尽量使每一期刊物上出现一个新作者”。在《文史哲》的扶持下,一批青年学者脱颖而出,除了李希凡、蓝翎,还有史学理论家葛懋春,美学家李泽厚,史学家庞朴、汤志钧等等,他们成长的足迹伴随着《文史哲》的历程。当时在《文史哲》上发表文章的许多青年人现在都成了著名学者。

《文史哲》严谨认真的编辑作风也一直为大家称道。历史学家童书业为刊物撰稿、编稿，有一次竟连续工作132个小时。著名学者蔡尚思先生称赞《文史哲》时说：“凡刊物发表的文章，从内容到文字，直至每一个注释出处，都认真校勘，力求把错误减少到最低限度。这种一丝不苟的精神，不仅造福了当今读者，它也是对祖国文化和子孙后代具有高度责任感的一种表现。”这种优秀的编辑作风，仍然为《文史哲》新一代的编辑们所继承光大。

正是具备了上述的办刊特色和优良传统，《文史哲》在众多学术刊物中获得了巨大的成功，在20世纪50年代和60年代初，被学术界誉为“文科学报之王”。

荣誉和成绩只代表过去，当改革开放的春风吹拂大地，学术界又迎来了美好春天的时候，《文史哲》编辑们愈加感到肩头担子的沉重，为了神圣的使命，必须勇敢地面对新时期的挑战。

80%以上的文章被转载摘登

市场经济的发展，为学术刊物提供了更加广阔的天地，但由于种种因素的影响，像《文史哲》这样的学术刊物也面临着许多新的挑战。

挑战之一，原来格局被打破。学术刊物迅速膨胀，仅山东省期刊数量就由20世纪80年代初的几十种，发展到550余种，优秀的稿源分流，刊物间的竞争日益激烈。

挑战之二，学术刊物经费严重不足。由于学术刊物是一种特殊的文化商品，本质上是计划经济的产物，在市场经济大潮来袭时，难免受到冲击。据统计，全国文科学报每家平均年经费不足5万元，缺口很大。

挑战之三，学术刊物订户数量萎缩。这些年来，商业气息浓重，人们的心态有所变化，醉心学术的读者减少。还有一个原因，学术刊物的读者多为教学、科研单位及个人，他们本身的经费也很紧张。

挑战之四，学术刊物稿酬太低。虽然专家学者不会专为稿酬而写作，但过低的稿酬与某些通俗刊物“千字千元”、“千字数百元”相比。价值与价格严重背离，也影响了学术刊物的发展。

面对严峻的挑战，《文史哲》的全体人员积极努力，想方设法采取了一系列的措施。经费上积极争取学校拨款，发行上采取措施，使订数一直保持在2万份左右，稳居全国文科学报之首，并且对外发行到30多个国家和地区。

同时，他们还深挖内部潜力，进一步贴近社会、贴近生活，更好地为社会主义两个文明服务，先后增设了“改革开放与市场经济”“社会发展理论与现代化”“国家与社会关系”等许多栏目。在比较困难的条件下，经过努力，《文史哲》仍取得了令人瞩目的成绩。据统计，历年所发文章被《新华文摘》《文摘报》《高校文科学报文摘》《中国人民大学复印报刊资料》等转载、摘登的平均占80%以上，位居全国同类学报前列；囊括了1988年山东省理论刊物评奖以来的所有第一名，1993年获华东优秀期刊一等奖，再现了创刊初期那种令人信服的大家风范。

面对21世纪日渐逼近的脚步，现任主编韩凌轩教授表示：《文史哲》要用一流的质量，严谨的学风，超前的意识，有序的管理，去迎接新世纪的到来。我们相信《文史哲》在新的世纪里，必将再创辉煌。

（作者李平生、赵爱国。原载《齐鲁晚报》1997年1月5日）

把《文史哲》这块金字品牌擦得更亮

学习了习近平总书记给《文史哲》编辑部全体编辑人员回信，我的内心很激动。习近平总书记的回信，信息量很大，工作指导性很强，需要我们细细消化。

42年前，我从江西吉安一所普通中学报考大学的时候，我的校长对我说："你报考山东大学吧，因为山东大学有个《文史哲》杂志，办得非常好。"这是1979年我当时报考山东大学的最主要原因。之后，我在山东大学度过了7年求学时间。35年前，我研究生毕业以后，到《文史哲》编辑部参加工作，作为《文史哲》的编辑人员，编辑稿件20年。此后15年，我离开了《文史哲》编辑部，但很多工作仍然和《文史哲》编辑部有关联。可以说，我亲身参与和见证了《文史哲》70年历程的一半时间，也就是35年。现结合习近平总书记重要回信，谈谈几点感想。

第一，习近平总书记回信中讲到了《文史哲》在党的领导下的发展历程，对此，我有深切的体会。《文史哲》70年来一步步走向辉煌，主要是得益于党的领导、政府的关怀。《文史哲》创刊不久，就得到了毛泽东主席的亲切关怀，时隔将近70年又收到习近平总书记的回信。两代最高领导人对一个杂志所表现的亲切关怀和充分肯定，这是史无前例的。《文史哲》杂志本身的职责之一是研究历史，而《文史哲》在研究历史的过程当中，它自己又创造了历史，这和党的领导、政府的支持是分不开的。《文史哲》的第一任社长就是时任山东大学校长兼党委书记的华岗同志。在最初遇到困难的时候，是山东大学为《文史哲》解决了经费问题，这是《文史哲》首任主编杨向奎教授30多年前亲口告诉我们的。

第二，习近平总书记的回信中讲到了《文史哲》守正创新。这非常准确地说明了《文史哲》杂志依托山东大学“文史见长”的办学传统，有着深厚的底蕴。更重要的是《文史哲》勇立潮头，引领学术，一直是围绕国家重大战略需求，面向国际学术前沿，不断开拓进取，这是它成功的原因之一。

第三，习近平总书记的回信中提到了推动优秀学术人才成长。这也恰恰是《文史哲》办出特色的一个重要原因，《文史哲》历来是延揽大学者，扶持小人物。

第四，习近平总书记的回信中讲到要坚持中国道路，弘扬中国精神，凝聚中国力量。《文史哲》创刊70年来一直坚持走学术立刊的道路，以传承创新中华优秀传统文化为己任，突出特色，追求卓越。

第五，习近平总书记的回信中讲到了《文史哲》编辑部几代编辑人员薪火相传。很荣幸，我曾经属于其中一代人之列，当年亲身感受和后来见证了《文史哲》编辑队伍的辛勤劳作。这支编辑队伍默默奉献，精益求精，以学术质量作为办刊的生命线。他们心胸开阔，眼光独到，组稿编辑过程中既有“大刀阔斧”，又有“绣花细针”。在学术大视野的背后，处理每一个细节都是很精致的。就校对差错率来看，优秀标准是万分之一以下的差错率，而我在那里工作的20年期间，《文史哲》差错率一直是万分之零点五以下。正是因为拥有这样一支编辑队伍，才使得《文史哲》一路走来达到了现在的新高度。这是一支能打大仗、能打硬仗、能打胜仗的队伍，充分体现了《文史哲》几代编辑人员的薪火相传。

儒学高等研究院党委和《文史哲》编辑部全体同志将以习近平总书记的重要回信精神作为我们的工作指引和基本遵循，牢记习近平总书记的殷殷嘱托，坚守初心、引领创新，推出高水平成果，延揽大学者，继续扶持小人物，促进中外文化交流，把《文史哲》这块金字品牌擦得更亮！

（发布于 2021 年 5 月 12 日，来源：https://www.view.sdu.edu.cn/info/1021/150562.htm）

文化传承创新

胡姬花国度的中华文化

——南洋理工大学孔子学院印象

一

新加坡在世界人民面前有一张精巧秀气的名片——“花园城市”，因为她处处盛开着胡姬花。这应该是一个基本常识。然而，坦率地讲，这个常识在我以前的知识储备中至少有一半是欠缺的，因为作为一个自幼喜爱摸打篮球、一度混迹于学院篮球队的汉子，我对花卉的了解甚少，以前只知道有一种花生油的品牌叫“胡姬花”。我并不知道胡姬花盛产于新加坡，也不知道胡姬花是兰花的英文单词 orchid 在闽南话里的音译，更不知道胡姬花当中的卓锦·万代兰是新加坡的国花。

细细地想来，我以前对新加坡的了解是极为有限的。只是隐隐约约地知道，新加坡有不少华人，那里也有人在说汉语，但是汉语笼罩在英语霸权的氛围里。另外，随着新世纪以来孔子学院开始出现于世界各地，我也知道了山东大学在新加坡与南洋理工大学合作开办了孔子学院。但是，这所南洋孔子学院会是什么样子呢？会和我以前参观过的英国伦敦大学孔子学院、澳大利亚阿德莱德大学孔子学院属于同一类型吗？

心中的谜底终于解开了。

2009年暑期，应山东大学国际教育学院之邀请，在该学院宁继鸣院长、黄历鸿副院长等人的安排下，我前往新加坡南洋理工大学孔子学院讲授中国文化。两个多星期的南洋之行，与当地师生的朝夕相处，街头巷尾的风味品尝，公园海滩的漫步游览，图书馆里的走马观花，使我有机会近距离仔细观赏胡姬花，品味着胡姬花所象征的新加坡人民气质风范，感受着这所南洋孔子学院的样板特色，并进而体会着胡姬花国度里中华文化生生不息的魅力。

选择卓锦·万代兰这种胡姬花作为国花，这是新加坡人民展现智慧的一种体现，也是追求和谐的一种象征。卓锦·万代兰的优美特征是明显的，因为她容貌清丽雅致而端庄谦和。卓锦·万代兰的象征意义是丰富的，信手检索，我们便可知：花朵中间的鄂柱，雌雄合体，象征幸福的根源；花由下面相对的裂片拱扶着，象征着和谐，同甘苦、共荣辱；花的唇片后方有一个袋形角，内有甜蜜汁，象征财富汇流聚集的处所；把蕊柱上的花粉盖揭开，里面有两个金眼状花块，象征着高瞻远瞩；它的茎向上攀援，象征着兴旺发达；她的花一朵谢落，一朵又开，象征国家民族的命脉源远流长，代代无穷，充满着希望。新加坡人喜爱兰花，更偏爱卓锦·万代兰，还因为她在最恶劣的条件下，也能争芳吐艳，象征着民族的刻苦耐劳，勇敢奋斗精神。

然而，在卓锦·万代兰的所有象征意象中，我独独对它唇片四绽这一景象最感兴趣。因为她象征新加坡的华人、马来人、印度人和其他人这四大民族的平等与和谐，以及新加坡人民所享有的英语、汉语、马来语和泰米尔语这四种语言的平等与和谐。

当然，我知道，平等并不意味着新加坡四大民族在人口数量上的完全相同,和谐也不意味着新加坡四种语言被数量相等的人口所使用,但在这个英语霸权的氛围里,我仍然感受到了汉文化的独特魅力。

新加坡的汉文化因素有一些是独一无二的。例如,这里是中国以外,世界上唯一的华人在人口比例方面占绝对多数的国家,达百分之七十左右;这里是中国以外,世界上唯一的汉语享有官方法定地位的国家;这里还是中国以外,世界上唯一的由华人或者华裔掌握着政权的国家。从一定的意义上说,这里也是中国以外,世界上唯一的由政府来推广汉语并且将之定为国策的国家。

新加坡这些独一无二的汉文化因素的形成,既有历史的积淀传承,也有现实的考量选择。新加坡独立之父、开国总理、现任资政李光耀先生早年熟谙英语和马来语,中年以后才下决心学汉语,其毅力至今还让新加坡人民津津乐道,传为美谈。前不久,他还以自己和同事的切身经历,鼓励所有华人家长在家中要与孩子讲华语。因为他知道,在当今全球化时代,华语是英语之外无可替代的世界第二大语言。

在这样的背景下观察这所南洋孔子学院,其独特之处便跃然而出。

二

我到新加坡之时,已经是烟笼海水月笼沙,与其说是深夜,毋宁说是凌晨。当地接待人员驱车送我前往酒店途中,我环视窗外,四周虽有点点星光,但是整体锁在夜幕里,南洋独有的景象还像一个害羞小姑娘似地在躲避着我。早晨醒来，匆匆用完早餐，孔子学院工作人员便开车接我直奔教室。因此，从严格的意义上说，我对新加坡的了解，开始于观察和接触南洋理工大学孔子学院的学生。

这里的学生给我留下的感受确实不一样。在世界各地的孔子学院，负笈前来的学子对中国文化均怀有浓厚的兴趣，但是他们当中的绝大部分学生与这所南洋孔子学院的学生相比，其外表差异一目了然。在伦敦大学的孔子学院，或者是在澳大利亚阿德莱德大学孔子学院，我见到的学生，绝大部分来自世界各地的不同种族，他们隆准深目同时肤色不同，发型各异。而在这所南洋孔子学院，我接触的学生则是清一色的黑头发黄皮肤华人。

外表差异倒在其次，更重要的在于彼此有着不同的文化积淀。其他国家的学生进入当地孔子学院了解中国文化，其学习生涯一般始于咿呀学语，达到能够熟练地运用汉语表达和交流便成为他们预期的较高境界。记得四年前我在伦敦学习期间，认识一位酷爱中国文化而在唐人街值勤的英国警察，他在我所在的大学自费学习汉语已有几年。他向我表示，宁愿在伦敦街头与歹徒赤身搏斗，也不愿使出吃奶的劲去用汉语与人交流，如果要书写汉字则几乎是在谋杀他。可见，对于一个外国人，即使是一个已经耗费时日仍在学习中国文化的学生，要闯过汉语这一关是多么艰难。然而在南洋孔子学院，学生的入学门槛不存在汉语表达与交流的任何障碍，其求学的目的是提升自己对中国文化的了解，以达到更加全面、更加系统、更加深入的程度。或许，在不久的将来，传播中国文化、进行汉语教学，便成为他们理想的职业。

但是,细细想想,我的这一判断也未必准确。因为在我授课的班级里,有两位学生已经退休。如果说,读书只为稻粱谋,那么,陈福生,这位曾经担任过某公司经理、现已退休却来听我课程的学生,颐养天年已经不在话下,不必求得一张证书以便奔走于人才招聘市场。那么,是什么因素促使他自掏腰包、背着行囊,只为求得孔子学院的一张坐席?每天上午,他都开着自家车,顺便接我去上课。在车上,我曾经坦诚地表达了自己的好奇和疑问,他也同样坦诚地告诉我:自己大学时代学的是理工科,后来忙碌于机电类职场,早年零星地学习过中国文化,但不够系统,终有缺憾。现在退休了,有时间来弥补缺憾,而这所南洋孔子学院提供了这样的好机会。

听我课程的学生其用功之勤,令我难忘乃至感动。修课学生分为日班和夜班两类,每班约 30 人。无论是日班还是夜班,满员出勤是常态,偶尔有个别学生缺勤,我一般都给予体谅,甚至充满同情。因为我知道,他们是自费来学习的,如果没有特殊的原因,他们不会拿着自己的辛苦学费来开涮。在日班,我发现两个学生挺着肚子、怀着 baby 来感受我所讲的中国文化。根据常识判断,她们的分娩时刻已经指日可待。另外有一位女生,顶着户外的烈日,置身空调的教室,裹着厚厚的衣服,不知情者以之为怪异,而我则对她充满敬意。因为我被告知,她刚刚生产,婴儿尚未满月。

夜班学生同样很辛苦。新加坡的国土面积不大,东西距离 30 多公里,南北距离 20 多公里,总面积 600 多平方公里,尚不及济南市面积(含下辖区县市),车辆繁多而交通并不拥堵,如果乘坐地铁则更为便捷。但问题在于,如果乘坐便捷的地铁前往目的地,路上要耗费一小时的话,你肯定不会说这段路程很近。然而，前来听课的几位夜班女生却对我说：没关系，路不远，不辛苦。她们说得很轻松，我却听得不轻松。因为我知道，她们已经白天一整天上班；我也知道，她们下班后甚至还来不及吃晚饭，就搭乘地铁匆匆赶来上课；我还知道，晚上十时下课后，她们还要花上一个小时的时间，可能是搭乘末班地铁或者巴士赶回家，家中还有幼小的儿女正在眼巴巴翘首以待。

学生是用功的，辛苦的，同时，我也看得出来，她们是快乐的。这种快乐来自他们把班级当作一个新集体，在许多细微之处体现着彼此的团结友爱。这种快乐来自他们把班级当做一个新家庭，许多学生带来可口的早餐或者是权作晚餐的点心用于彼此分享，称谓之间也就有了兄弟姐妹的成分。这种快乐还来自他们在课堂上的互动讨论，课间茶歇时的言笑晏晏，日班下课后回家路上的AA制聚餐，一起品尝咖啡，乃至相约去shopping（购物）或者window shopping（逛街）。

这种快乐深深地感染了我，以及随后自费前来的我妻子梁俊平。不知不觉地，我发现每天在我的讲台上会有一小块点心，让我能够变着花样地品尝当地风味；有时我的讲台上还会出现一小碗冒着温气的八宝粥，那是学生在家中熬好后小心翼翼地带来的。周末休课时，学生还会带我去博物馆，或者陪我去探寻孙中山在南洋的革命足迹。有时我正在上课，分身乏术，则会有几位暂时无课的女生邀请我妻子："走，我们去shopping。要不，我们一起去window shopping？还有哪些地方没去过？我们陪你去，师母。"我妻子常常感到惭愧，因为其中有几位学生的年纪比她更大，何况她们这么热情。为此，妻子常常埋怨我："你看到了吧。我在动身之前就说过，带的这些小礼品可能不够。"

当然,我也知道,这些学生的快乐来自他们内在的动力和渴求。他们有的在新加坡土生土长,有的来自中国大陆,有的来自中国台湾,有的来自马来西亚。无论各自背景有怎样的差异,但是他们的血脉里都流淌着中华文化。他们都知道,中国正在崛起,在世界舞台上扮演着不可替代的重要角色,因此他们都希望自己对中国文化有更加系统的了解,这里不仅有民族自豪感,也是现实利益所系。

三

学生的快乐,自然离不开这块乐土的开辟者,这个平台的搭建者——南洋理工大学孔子学院。回溯其纵深的背景,便可发现她的诞生,可谓适逢天时、地利、人和。

所谓适逢天时,众所周知,进入 21 世纪以后,中国的国际地位不断提升,越来越多的国家和世界各国人民希望加深了解中国文化,合作创办孔子学院无疑是最佳途径。

所谓适逢地利,展开地图便知,新加坡位于东方文化与西方文化的交汇之地,享有南半球与北半球贸易聚集之利。东西南北的优势在此地汇集,岂有他哉?

所谓适逢人和,打开网站,其发展脉络清澈见底:她成立于 2005 年 7 月,是中国国家汉语推广领导小组办公室(简称“中国国家汉办”)与南洋理工大学合作建设的高层次中华语言与文化机构,也是新加坡唯一经中国国家汉办正式批准设立的孔子学院。2007 年 7 月 14 日,该学院迁入新址,由新加坡内阁资政李光耀主持开幕仪式。

作为山东大学的一名教师,我尤为关注的是中国国家汉办的相关意见:“申请在新加坡设立孔子学院的教育机构近10所,我们经过慎重考虑之后,选择与南洋理工大学合作。我们深信南洋理工大学孔子学院能充分发挥其语言文化教学资源的优势,并与山东大学国际教育学院合作推动中华文化在新加坡及本区域的整体发展,促进中新教育领域的合作与交流,引领汉语走向全世界。”

是呀,天时、地利、人和,一应俱全。难道我们不应该对她充满着殷殷期许么?“引领汉语走向全世界”期许下的这所南洋孔子学院运行如何,这自然是人们关注的内容。

荣幸的是,作为山东大学的一名教师,我有机会来此观察、体验和感受了一番。

这所与新加坡教育部大楼近在咫尺的新学院,其办学条件之优良,我倒不想去细细品评。给我留下深刻印象的是,除了我所接触的学生,便是这所学院的教师风貌及其管理水平。

或许在考验我的耐性,也或许是在检验这所学院教师的耐心和细心,我还没有登机南行,便遇到了难题。原定的航班因为机械故障,推迟了整整3个小时。当我抵达新加坡樟宜国际机场时,已经接近凌晨1点,待出关手续办妥走出海关大厅时,学院的教师早已在那里备车迎候。来到为我所预定的酒店,已经是凌晨2点。学院教师为我办妥入住手续,然后又为我第二天的活动及此后半月的工作和生活做好了安排。望着她们夜行而去的背影,我因为航班延误而产生的心中郁闷和长途飞行造成的身体疲惫一扫而光,暗暗赞叹这所学院教师的耐心和细心。

在随后的讲学过程中,我进一步感受到了这所学院的管理特色。刚出电梯，尚在走廊里，便看到不远之处摆放着孔子塑像，四周映衬着《论语》章句，墙壁上的闭路电视播放着有关孔子的教学片。来到教室，这里已经为我配备好了讲学所需器具，并有专人负责。随着学生鱼贯而入走进教室，每人签到之后，我发现每个学生的桌子上都摆放着名签，便于教师与学生互动讨论。课间休息时，学生到教室外可以取用学院已经备好的咖啡、饼干，坐在大厅的沙发里慢慢品尝。路过学院办公区时，我看到工作人员埋头于办公桌前，忙而不乱，各司其职，偶尔有人接听电话，也是慢声细语。

孔子学院的院长许福吉博士，因有公干外出，在我到达的头两天，尚未与我谋面，但早已通过工作人员转达了迎迓之意。他外出公干结束而回到办公室之后，我与他见面的机会就多了。这位文学学士、教育学硕士、哲学博士多重学科背景出身的院长，有着很强的院内管理能力和社会活动能力。我在接触他的大多数时间里，看见他要么正在接待来访客人，要么正在召开会议。为我准备的临时办公室与他的办公室一墙之隔。从敞开之门向他的办公室望去，我总是见他埋头于办公桌前。虽然是很忙，但是未见他慌乱，甚至未见他匆忙，只是在下班之后才有过匆匆行色。我在给晚班学生上课之前，有好几次看见他到了下午六七点钟才匆匆下班离去，而这时办公区已经空无一人。虽然是很忙，但是他每次见到我时，总是热情而温雅地与我打招呼。虽然是很忙，但是他还是找机会几次宴请我，让我第一次品尝了肥大鲜美、独具风味的黑胡椒螃蟹，真是大快朵颐。他即使再忙，他还是挤出时间，主持了为我安排两个小时所作的精品讲座；他挤出时间，陪同我一起接受当地电视台两个小时的采访。

孔子学院的彭志红博士,这位早年来自湖北武汉而已经在此工作多年的有关项目负责人,不仅为我安排好了赴新加坡之前所要准备好的所有细节,还仔细预览了我将要提交给学生的讲义提纲、PPT 课件,并且提出了中肯的建议,使我在正式讲课之前可以从容斟酌,细细修改。授课过程中,她经常随堂听课,还在课间与我讨论,并且在课程结束之际,预览了我给学生出的考题,以便学生考试时真实合理地体现自己的水平。这种工作上的敬业,我在孔子学院其他工作人员乃至志愿者身上都能够时时感受到。

工作中的管理经历告诉我,从业人员的敬业精神固然重要,但是与此同时,管理过程中的制度设计同样不可或缺。两周时间的讲学过程,不太可能使我对这所孔子学院管理制度有太深的了解,但是讲学过程中的两件事情,还是让我对她的制度设计有了亲身的体会。一件事情是学生给老师打分、写评语,然后将汇总意见反馈给教师派出单位。我在课程结束之际曾经看到学生们鱼贯而出,将评价表交给孔子学院的管理人员。虽然我至今尚未见到意见反馈表的样式,但是我可以肯定,这是为真实地反映教学效果、提高教学质量而设计的。

另外一件事情是,孔子学院邀请我做了一场开放式的有关中国丝绸文化的精品讲座,也是由听众给报告人打分、写评语。稍有不同的是,听众既有我的学生,更有闻讯而来的专业同行和感兴趣者,他们现场打分后,我在第二天就看到了意见反馈表。我被这份意见反馈表所吸引了,这倒不是因为它给了我高于预期的分数,而是它的内容设计,诸如:课程是否达到了预定的目的?设计和结构是否合理?内容与深度是否很适合?教师对所讲的主题是否认识深刻?是否懂得如何进行有效的沟通与信息传递？是否引用了具体实例、案例以辅助教学？是否懂得如何激发及保持学员的学习兴趣？同时，我还从中获得了听众的中肯建议：丝绸与民生的关系还可以讲得深入些，多用图片有辅助之效。古人云："教学相长。"信哉斯言！从中我也看到了孔子学院在管理制度设计方面的苦心孤诣。

据说，讲座之后对学员或者听众意见进行追踪反馈，这是孔子学院的一项制度或者惯例。我虽然不知道在我之前敦煌研究院马竞驰先生、在我之后台湾著名诗人余光中教授他们是否也即时获得这种意见反馈表，但是我知道，在短短一个多月内，借助天时地利，几乎每个周末都安排一次精品讲座，这本身就是国际化的视野，体现了这所南洋孔子学院的人气之旺。

四

欣欣地我走了，正如我欣欣地来；

我多次挥动衣袖，作别南天的云彩。

离开新加坡之际，我在内心默默地改编着徐志摩几十年前的诗句。

是的，当初我的确是欣欣地来。以前我在与同行切磋学术时，曾经得到一个启发：如果说世界文明可以简单概括地划分为东方文明和西方文明的话，那么，两种文明之间在近代以来的历史进程中事实上还存在着一种中间状态，她既非完全东方的，也非完全西方的，这种中间状态的文明落脚地就在南洋。有机会能够感受这里的中间状态，印证自己的朦胧想法，领略独有的南洋风情，来时岂能不欣欣然？

是的，欣欣地我走了。这份欣喜来自离别时我有许多意外的收获。

课程虽然结束了，但是孔子学院在安排车辆送我和妻子去机场之前，又额外地聘请专职导游和租用专车，陪我们一天之内游览了新加坡的唐人街（牛车水）、乌节路购物中心、小印度、政府大厦广场、拦水大坝、花柏山、圣淘沙海滩等地，观看了鱼尾狮喷泉夜景，欣赏了盛大的“海之颂”星光水火海上大汇演。

课程虽然结束了，但是日班的一些学生却依依不舍，不仅邀请我和妻子共同品尝了特色鲜明的早茶，还陪同我们参观了鸟语花香的国家胡姬园，在国立图书馆留下了匆匆的身影，夕阳西下之前漫步于东海岸的海滩。

课程虽然结束了，但是夜班的两位学生在工作了一天之后，不顾辛劳，尚未来得及吃晚饭，便从单位直接赶赴机场为我们送行，直到我们已经通过了机场安检，还隔着玻璃门不断地向我们挥手作别。

更加令我感到意外和欣喜的收获是，在此之前课程结束之际，日班学生和夜班学生分别给我赠送了两张贺卡，每一位学生都在上面留下了手写的赠言。我非常珍视这两张贺卡，并将永远珍藏它们。这并不是因为贺卡中有对我的溢美之词而使我沾沾自喜，而是因为学生们无论有着怎样不同的背景，但是在赠言中都以各自的方式表达了中华民族的自豪感，表达了中华文化的认同感。

登机离开新加坡之时，已经是9月1日凌晨。恰在此时，一位年届花甲的学生给我发来手机短信。原来，9月1日是新加坡的教师节。这位学生知道我的航班时间，特意在此时表达了教师节的问候。作为一名教师,此情此景让我感到特别幸福,因为我回国不久的9月10日又将迎来中国教师节,这也就是说,10天之内,我享有两次教师节!

乘机离开时,我默默地祝愿。祝愿我的这些异国他乡的学生,学有所获,而且学有所成,成为传播中华文化的使者;祝愿这所孔子学院的精心耕耘能够结出更加丰硕的果实,使这块东西文化交汇、南北贸易聚集的园地,处处盛开着芳香洋溢的胡姬花,充盈着为人类文明贡献了五千年的中华文化。

(写于2009年9月10日中国教师节,来源:https://www.rxgdyjy.sdu.edu.cn/info/1023/2940.htm)

坚守校训　传播校训

作为大学价值观的校训，与中华优秀传统文化和时代精神内在契合，其义理也一脉相承。大学校训为社会主义核心价值观注入了丰富内涵，社会主义核心价值观则为大学校训提供了思想引领。坚守和传播校训，是大学培育和践行社会主义核心价值观不可或缺的重要途径。

山东大学校训虽然凝练形成于2002年，成熟完善于2011年的110周年校庆之际，却是山东大学100多年文化积淀的集中体现，更是山东大学立足新世纪、办好人民满意的高等教育的价值追求。

成立于1901年国家危难之际的山东大学堂，不仅在当时承载着救亡图存的历史使命，而且在以后的发展中，一直践履着立德树人的教育圣责。100多年来，山东大学坚守“为天下储人才，为国家图富强”的办学宗旨，形成了“崇实求新”的校风，并逐步凝练和确立了“学无止境，气有浩然”的校训。

“学无止境”意在“为学”，不仅是指对知识和技能的追求，更包含了对道德情操和精神境界的追求。“气有浩然”意在“为人”，是以大义大德造就一身正气，体现了孟子所指的“富贵不能淫，贫贱不能移，威武不能屈”的高尚品格。“学无止境，气有浩然”的校训以永不满足的执着精神激励广大师生在学术和人生的历程中勇于登攀，不断追求文化知识、技术能力、人文素养和道德情操的完美境界。

在一个多世纪的办学历程中，山东大学培养了40余万国家栋梁和社会中坚，其中有革命先驱、抗日名将、共和国元帅，近百位两院院士，十余位党和国家领导人，百余位部长、省长，大批艺术名家、世界冠军以及商界领袖。

在校训的引领下，一代代山大人踔厉奋发、薪火相传，不断丰富完善山大文化内涵。在社会主义核心价值观的指导下，山大校训将与时俱进，成为学校持续发展、创建世界一流大学的动力源泉。

（原载《光明日报》2014年8月22日第6版）

中华民族精神的传承创新

中华民族精神源远流长，不仅没有因为中国历史曲折起伏而消减，更没有因为历经磨难而被压垮，而是愈挫愈勇，不断在曲折中演进、从磨难中奋起，这种情景在2020年新冠肺炎来临中再一次展现。沧海横流，方显英雄本色，在以习近平同志为核心的党中央坚强领导下，全国人民全力以赴，艰苦努力，在打赢这场全方位的疫情防控阻击战中取得了积极成效，扭转了局面，赢得了国际社会广泛的高度赞赏，不仅充分展示了中国特色社会主义的制度优势，也充分说明了中华民族精神在特定历史关头得到了丰富发展。在此，我们拟从中国传统文化所倡导的“修身、齐家、治国、平天下”四个层面，分析探究战疫期间中华民族精神的传承创新。

一、个人修身的情怀

中国传统文化立足于经世致用，形成了一个既逐层推进又各层互通的思想体系。《大学》指出：“古之欲明明德于天下者，先治其国。欲治其国者，先齐其家。欲齐其家者，先修其身……自天子以至于庶人，壹是皆以修身为本。”修身是起点，个人自我修养关联着社会改造的最终指向。这次疫情防控总体战,使得个人品行与社会价值密切相连,自我修身与共克时艰达成共振,其中既有历史积淀的传统美德,又有时代发展赋予的新内涵。

（一）家国情怀

自古以来,中国人怀有“家国同构”的观念,认为自身个体是家国群体的基础细胞。《孟子·离娄上》说:“天下之本在国,国之本在家,家之本在身。”这种观念影响至今。一荣俱荣,一损俱损。一旦发生巨大社会灾难,任何个体难以自保,所谓“覆巢之下,岂有完卵?”家国一体的情怀促使人们把个人命运放到“宏大叙事”中去观照,新冠病毒把个人得失与国家安危紧密联系在一起。在这次疫情灾难面前,无数“逆行者”响应国家号召投入一线参加疫情防控,数万医务人员千里驰援湖北,大批志愿者不计个人得失而辛勤服务,各地市民自觉响应政府号召在家封闭隔离,各界人士为疫情防控而捐款捐物,在党和政府的统一领导下形成抗击疫情的巨大合力。这充分说明,在中国人民的内心深处,个人命运与民族兴亡休戚与共,尚公贵公、公高于私的家国情怀具有深厚的基础,是新时代尤其是危难时期激发出来的爱国主义。

（二）责任担当

个体的家国情怀转化为实际行动就是不限于满足一己私利,而应该超越自我,主动担当社会责任,尤其是在重大历史关头和危难时刻,甚至要公而忘私,奋不顾身。早在春秋时期,《论语·泰伯》指出:“士不可以不弘毅。任重而道远,仁以为己任,不亦重乎?死而后已,不亦远乎?”战国时期,法家韩非主张明确公义赋予个体的职责:“必明于公私之分,……私义行则乱,公义行则治,故公私有分。”明清鼎革之际思想家顾炎武有句名言“天下兴亡,匹夫有责”,早已妇孺皆知。鸦片战争之际,爱国名臣林则徐明确表示:“苟利国家生死以,岂因祸福避趋之。”在这次疫情防控阻击战中,无数身居不同岗位从事不同工作的党员干部、医务工作者、公安干警、社区工作人员,乃至快递小哥、志愿者、个体户,从不同角度担当了社会责任,展现了大爱无私的文化底蕴,谱写了屡见不鲜“舍小家顾大家”的感人篇章。

(三)重信守诺

诚信历来是中华民族注重的修为。个人对国家的责任担当,在一定意义上是一种道义信诺。中国传统的信诺与西方的契约不同,契约是围绕商业活动进行的,本质上是利益交换的保障;而信诺则更多体现的是一种道德修为的自觉。《礼记》说:“是故贤者之祭也,致其诚信,与其忠敬。”把个体的信义上升到忠于国家的道德层面。《左传》云:“信,国之宝也,民之所庇也”,这是把国家信义作为民众赖以庇护的依托,国家命运连接着个人命运。《论语·颜渊》载孔子说“自古皆有死,民无信不立”,这是主张国家培育人民视信义重于生命的核心价值。这些道理从社会发展、国家治理层面阐释了个人信诺的主流价值导向。在抗疫行动中,科学家、医护人员、解放军冒着生命危险奔赴一线,这是对国家人民的信诺;党员干部冲锋在前、吃苦在前,这是对初心使命的信诺;无数民众在社区在公共场所按规定如实填报个人的信息和行踪轨迹,这是个体公民对社会的信诺。至于隐瞒谎报疫情防控信息的失信行为，则是患上了比现实疫情更为严重的心灵瘟疫，违背了重信守诺的基本要求，不仅要受到社会的谴责，情节严重者还要受到法律惩戒。

（四）仁爱友善

仁爱是中华文化的精髓，推己及人是中华民族的传统美德。孔子主张“仁者爱人”，“己欲立而立人，己欲达而达人”，“己所不欲，勿施于人”。孟子认为人本性善，人有四端：恻隐之心、羞恶之心、辞让之心、是非之心，强调“仁人无敌于天下”，主张“老吾老以及人之老，幼吾幼以及人之幼”。这类仁爱观念在民间早已根深蒂固，转化为普遍认可的社会共识，通俗表达为将心比心、设身处地、感同身受，做人要厚道，送人玫瑰、手有余香，善待他人就是善待自己，积德有福报。至于友善，不仅是千百年来中华民族的优秀传统，而且也是新时代社会主义核心价值观个人层面的明确要求。在这次疫情防控阻击战中，涌现出无数的仁厚友善个案事例，展现了人性的真善美，传承弘扬了中华美德，但同时也暴露了不少人的丑恶习性，滋生了某些冷漠、歧视乃至仇恨、对立，需要引起反思而加以纠正。

二、社会和谐的境界

在中国传统文化领域，“修身齐家”之“家”，不是指当今话语中的家庭，而是指家族、村落、社区，乃至一定范围的社会。《左传》载：“故天子建国，诸侯立家，卿置侧室，大夫有贰宗，士有隶子弟，庶人、工、商各有分亲，皆有等衰，是以民服事其上，而下无觊觎。”孔子所说“有国有家者,不患寡而患不均,不患贫而患不安”,是指拥有封国或领地的诸侯卿大夫应有的理念和作为。《孟子》也说:“天下之本在国,国之本在家,家之本在身。”因此,“齐家”也就在一定意义上赋予了社会和谐稳定的内涵,在打赢疫情防控阻击战得到了充分体现。

(一)关爱生命

中华民族自古以来充满着关爱生命的情怀,这也是生生不息、和谐发展的根本保障。先祖炎黄教民稼穑,遍尝百草,发明医药,以关爱生命为始发点。《周易》有云:“天地之大德曰生”,把关爱生命看作天地之间最伟大的道德,人命关天是不言而喻的道理。这次疫情防控阻击战打响伊始,以习近平同志为核心的党中央就明确要求各级政府要始终把人民群众生命安全和身体健康放在第一位,把提高收治率和治愈率、降低感染率和病亡率作为突出任务来抓,确保人民群众生命安全和身体健康,这是治国理政的一项重大任务。疫情防控期间,各地各社区、社会各界不惜一切代价采取积极应对措施,其根本要义在于生命无价,经济成本服从于治病救人,这是中国即使遭逢百年罕见的大瘟疫而能够维持社会和谐稳定的重要保证。反观其他国家面对这次世纪大瘟疫,即使美国历史上杰出领袖林肯也认为世间有三大权力:生命的权力、自由的权力、追求幸福的权力,然而现实情况是有些国家出于经济成本核算,以防止发生医疗资源挤兑为由,准备以人口一半以上的比例感染新冠病毒以获得“群体免疫力”,其核心是未能将关爱生命当作第一要义,对疫情放任自流,采取社会达尔文主义政策,必将付出惨重代价,自食其恶果。

（二）天人合一

人类与自然和谐相处是中华民族的千年智慧。敬畏自然、尊重自然是中国传统文化最朴素，也是最本质价值追求。传统道家观点“人法地，地法天，天法道，道法自然”，就是强调要按照大自然规律来进行人类活动，取之有时，用之有度。庄子提出“天地与我并生，而万物与我为一”，要“天人合一”，这是中华文化生生不息、自强不已的坚实基础。恩格斯《自然辩证法》指出：“我们不要过分陶醉于我们人类对自然界的胜利。对于每一次这样的胜利，自然界都对我们进行报复。”习近平总书记强调，“自然是生命之母，人与自然是生命共同体”。党的十九届四中全会提出，“坚持和完善生态文明制度体系，促进人与自然和谐共生”，这与传统文化一脉相承。然而，少数人却无知无畏，破坏自然法则，2003 年的 SARS、2014 年非洲的埃博拉病毒，以及这次新冠病毒，都违背了人类与自然和谐相处的法则，应当引以为训。

（三）守望相助

一方有难，八方支援，这是中华民族历久而弥新的传统。在这场严峻的疫情防控阻击战中，涌现出无数的可歌可泣的感人事迹，从决策咨询到下沉服务，从分省包干到部门协同，从联防联控到网格管理，从诊断救治到后勤保障，从千里驰援到就地值岗，从党员干部到社区群众，从专家院士到医生护士，从人民军队到公安干警，从快递小哥到环卫工人，从志愿义工到海外华侨，启动了一场史诗般的全民大动员，展现了中华民族空前大团结。早在两千多年前的春秋战国时期，墨子大力倡导

“兼相爱,交相利”,主张天下百姓人人都应该相亲相爱,不分亲疏贵贱,相互帮助,共谋福利。稍后的孟子也主张“乡田同井,出入相友,守望相助,疾病相扶持”,深情呼唤人与人之间、邻里之间的相互扶助、互助互爱。古代先贤的理想境界,在这次共克时艰的全方位打赢疫情防控阻击战中,由无数的平凡个体人员用汗水、鲜血甚至是生命赋予了新时代内涵,谱写了千百年来中华民族守望相助、同舟共济、共赴国难、共克时艰的新篇章。

（四）坚韧不拔

中华民族是世界上历尽磨难最严重的国家之一,但从来没有被压垮过,而是愈挫愈勇,不断在磨难中成长、从磨难中奋起,在涅槃中化作凤凰,其动力源泉在于中华民族具有强大的不畏艰险、迎难而上的勇气,蕴含着顽强的自我恢复和自力更生能力,呈现出变通达久的智慧和自强不息的活力。《周易》说:“天行健,君子以自强不息”。老子《道德经》说:“胜人者有力,自胜者强。”自强可以迸发强大的力量,就像我们身体的免疫系统一样,在同病毒作战中,完全都是靠自己的努力,一边同病毒鏖战一边修复自己,并且更加茁壮成长。孔子指出:“岁寒,然后知松柏之后凋也”。荀子在《天论》中说:“天行有常,不为尧存,不为桀亡”,与其“从天而颂之”,不如“制天命而用之”,与其“慕其在天者”,不如“敬其在己者”,他的“人定胜天”思想激励着一代又一代的后人同频发的灾害和不公的命运进行顽强抗争。在这次疫情防控阻击战中,全国人民怀着必胜的信心,全力以赴,顽强拼搏,演绎了中华民族坚韧不拔、自强不息的时代精神。

三、国家治理的理念

中国传统文化在国家治理方面积累了丰富的经验,而且得到历代智者辗转相承,不断充实提高,积淀为珍贵的政治遗产。疫情发生以来,在以习近平同志为核心的党中央统一领导、统一指挥下,各地各部门各司其职、协调联动,紧急行动、全力奋战。全国各地大批医务人员迅速集结、驰援武汉,建设者日夜奋战,人民军队快速反应,企业生产加班加点,防疫物资统一调度……体现了中国共产党全心全意为人民服务的初心使命,展示了国家高超的指挥协调、统筹安排能力,强大的基础建设、物资调配能力,迅速地决策部署、动员组织能力,彰显了中国特色社会主义制度集中力量办大事的巨大优势,蕴含中华民族智慧的国家治理体系和治理能力,在艰难困苦的重大关头得到了充分诠释和成功演绎。

(一)民为邦本

中国传统文化历来重视正确处理民众与国家之间的关系,即使在封建君主时代,当政者也明白"得民心者得天下,失民心者失天下"这个颠扑不破的历史真理。《尚书》指出:"民惟邦本,本固邦宁。"其中《泰誓》篇说得明白:"天视自我民视,天听自我民听"。孔子讲道"为政以德,譬如北辰,居其所而众星共之。"孟子主张"民为贵,社稷次之,君为轻"。这些基本原理被后世统治者奉为圭臬,唐太宗也充分认识并且践行"君,舟也;人,水也,水能载舟,亦能覆舟"的道理,从而开启了贞观之治。中国共产党建立的宗旨就是全心全意为人民服务,习近平总书记指出:“中国共产党人的初心和使命,就是为中国人民谋幸福,为中华民族谋复兴。”面对此次疫情肆虐,党中央、国务院凝聚党心军心民心,统筹人力物力财力,汇集各方面智慧和力量,为打败新型冠状病毒这个瘟神、实现人民群众对美好生活的向往,提供了坚强的保证,体现了以民为本、执政为民的责任担当。

（二）统筹兼顾

这次突如其来发生的新冠疫情,打乱了社会的正常秩序和人们的生活节奏,给如何处理好公共卫生危机与保持社会发展稳定带来了严峻的挑战。中国传统文化历来注重保障民生与治理社会的辩证思维,认为爱民则安,富民则强。西周姜子牙就已提出“大农、大工、大商,谓之三宝”。管子认为“仓廪实而知礼节,衣食足而知荣辱”。汉代刘安认为:“治国有常,而利民为本”。元代陈天祥说:“国家之与百姓,上下如同一身,民乃国之血气,国乃民之肤体。血气充实则肤体康强,血气损伤则肤体羸病。未有耗其血气能使肤体丰荣者。是故民富则国富,民贫则国贫,民安则国安,民困则国困,其理然也。”统筹做好各方面工作,是我们党在社会主义建设实践中形成的重要经验,是处理各方面矛盾和问题的重大方针,也是科学有效的工作方法。习近平总书记指出:“统筹兼顾是中国共产党的一个科学方法论。它的哲学内涵就是马克思主义辩证法。”这次疫情暴发之后,党中央、国务院清醒地认识到武汉等地封城之举属于非常措施,但是国家行政运转、经济社会运行不能长期停摆,因而适时做出了统筹推进新冠肺炎疫情防控和经济社会发展决定，运用辩证思维、掌握辩证法，为全面打赢疫情防控总体战、最终夺取双胜利提供了根本遵循。

（三）德法并重

著名中国法制史专家张晋藩指出，中国历代政治家、思想家都重视道德教化与刑罚惩戒两者之间的互动关系。西周初期政治家周公旦强调以礼乐主宰刑罚而使刑罚得中。孔子将“不教而杀”视为暴虐行径，并提出“道之以政，齐之以刑，民免而无耻；道之以德，齐之以礼，有耻且格。”荀子认为“不教而诛，则刑繁而邪不胜。”法家主张“使民知法，以法为教”，“以吏为师”，所以提出“法莫如显”，其目的既可以使民远离犯罪又可以借法保护其自身的权益。汉儒传承了以礼乐主宰刑罚的传统，形成了德主刑辅的指导原则。两千多年来，中国德法互补互用的法律结构和二元的社会控制手段，这种传统在世界司法制度史上是少有的。当今中国在强调依法治国的同时，又提出以德治国，是有着充分的史鉴和现实施政经验为根据的。这次疫情突然暴发，让人措手不及，在局面危急的特殊情况下，当断不断反受其乱，有些地方“乱世用重典”，以菩萨心肠，行霹雳手段，果断采取了非常措施，各种铁腕措施多管齐下才扭转局面，属于应急之举。同时，也有一些地方和部门面对突如其来的疫情进退失措，出台的一些防控措施朝令夕改，一些地方甚至出现了严重妨碍疫情防控的违法犯罪行为，群众对此不满意。党中央、国务院及时发现问题，指出“疫情防控越是到最吃劲的时候，越要坚持依法防控”，适时做出决定，要求在法治轨道上统筹推进各项防控工作，保障了疫情防控工作顺利开展，维护了社会大局稳定。

（四）道器并用

中国传统文化涉及国家管理经验时，借鉴吸收了“道器并重”的原理。《周易》有云“形而上者谓之道，形而下者谓之器”。一般而言，所谓道，就是道义、原则、规律；所谓器，就是技术、手段、工具，要求统治者既崇尚普遍原理的重要性，也注重具体操作的适用性，两者不可或缺。中国古代有“治大国若烹小鲜”，“工欲善其事必先利其器”之类的管理智慧。女娲炼五色石以补苍天，燧人氏钻木取火，神农氏遍尝百草，有巢氏构木为巢，大禹治水，这些传说故事表明，历史上每一次技术革新的出现或者新器物的发明，都会给广大民众带来福祉。引发这次疫情的新冠病毒，是人类历史上从来没有遇到过的，目前还没有直接的解药，而最终战胜这个瘟神，还需要依靠科学。以习近平同志为核心的党中央指出：“人类同疾病较量最有力的武器就是科学技术，人类战胜大灾大疫离不开科学发展和技术创新”，要求“把疫情防控科研攻关作为科技战线的一项重大而紧迫任务，综合多学科力量，统一领导、协同推进，在坚持科学性、确保安全性的基础上加快研发进度，尽快攻克疫情防控的重点难点问题，为打赢疫情防控人民战争、总体战、阻击战提供强大科技支撑。”

（五）兼听则明

当今社会自媒体高度发达，互联网形成的各类舆情往往可能给社会带来重大影响，有时甚至会左右政府的决策。认真收集、研判和应对舆情，是现代国家治理能力的重要组成部分。在抗击疫情期间，正确处置网络自媒体上出现的各类舆情，是赢得胜利的关键一环。这一点同样可以从中国传统文化中汲取智慧。中国古代统治阶级重视舆情,周王室和各公室设有专门采诗官以察民风民情,中国古代第一部诗歌总集《诗经》就是这一制度的产物。《汉书·食货志》载:“孟春之月,群居者将散,行人振木铎徇于路,以采诗,献之大师,比其音律,以闻于天子。故曰王者不窥牖户而知天下。”汉唐时期谏官,宋代的进奏院、登闻鼓院,都是民意表达的重要组成部分。如何看待民意或舆情?中国古代就有“兼听则明,偏信则暗”的传统。这次疫情高峰期间,真假信息交织,善意的传言与叵测的谣言混杂在一起,加之一些境外势力煽风点火、推波助澜,导致一度舆情汹涌,令人无所适从。党中央、国务院高度关注疫情引发的舆情,提高新闻舆论工作有效性,完善疫情信息发布,主动回应社会关切,不仅打赢了疫情防控阻击战,同时也打赢了舆情反击战。

(六)慎终如始

中华传统文化历来注重善始善终的战略定力,激励人们明确目标,勇往直前,克服艰难险阻,取得最终胜利。《老子》指出:“民之从事,常于几成而败之。慎终如始,则无败事。”《论语》篇载子夏云:“有始有卒者,其惟圣人乎!”很多的时候,伟大与平庸的差距就在最后的那一点坚持努力。同时,历史上留下了大量反面警示,《诗经》有“靡不有初,鲜克有终”的古训,孔子有“譬如为山,未成一篑,止,吾止也”的比喻,孟子有“辟若掘井,掘井九轫而不及泉,犹为弃井也”的类比,《战国策》有“行百里者半于九十,此言末路之难”的劝谕,这些都在告诫人们,通往胜利的道路,最终依然不平坦,甚至充满荆棘,对此不可有任何松懈、麻痹和动摇。在全国战疫积极向好的态势下，既要坚定必胜之心，又要防止疫情反弹。习近平总书记要求“加强疫情防控必须慎终如始，对疫情的警惕性不能降低，防控要求不能降低，继续抓紧抓实抓细”，体现了党中央高度清醒的头脑和沉着严谨的战略定力。

四、世界大同的胸襟

地球是人类共居一个村落，共居者彼此相互依存。在当今全球化进程中，世界并不太平，人类还面临着种种危机。这次抗击新冠疫情，是人类社会共同面对的一场大战。随着疫情在全球各国多地蔓延，疫情防控已经不是哪一国家和地区自己的事情，大灾大难当前，树立和平发展、合作共赢的价值理念，构建人类命运共同体，比以往任何一个时期都显得更加重要。中国在这次全球抗疫大战中显示了大国担当，体现了中华文化崇尚天下大同的内涵及其当代价值。

（一）协和万邦

中华传统文化注重整体思维，善于将独立个体置于总体统揽的关照之中，主张正确处理国与国之间的关系。《尚书·尧典》有云：“曰若稽古帝尧，曰放勋，钦明文思安安，允恭克让，光被四表，格于上下。克明俊德，以亲九族。九族既睦，平章百姓，百姓昭明，协和万邦，黎民于变时雍”。《论语》主张：“大道之行也，天下为公”，“四海之内皆兄弟也”。中共十八大明确提出要倡导“人类命运共同体”理念。习近平总书记指出，国际社会日益成为一个你中有我、我中有你的“命运共同体”，面对世界复杂形势和全球性问题，任何国家都不可能独善其身。天下一家、世界大同，山川异域、风月同天，构建人类命运共同体已经获得广泛认同，日益成为国际共识。随着新冠病毒肺炎疫情在全球蔓延，在首届二十国集团领导人应对新冠肺炎特别视频峰会上，各方代表均认为，面对这一全人类的共同危机，没有任何一个国家可以独善其身，国际社会比以往任何时候都更需要团结和合作，共同携手战胜新冠病毒全人类的敌人。

（二）名正言顺

中华文化历来注重“正名”，因为“正名”是价值判断的基础，是行为认同的准绳，是达成目标的依据。孔子强调：“必也正名乎！”“名不正，则言不顺；言不顺，则事不成”。名正言顺，名实相符，防止污名化，这是社会法则的基本要求。如何命名导致这次瘟疫的病毒，本来是一个医学问题，应该尊重专业权威组织和科学家的意见。这个以前从未在人体中发现的冠状病毒新毒株，2020 年 1 月 12 日被世界卫生组织命名为“2019 新型冠状病毒（2019-nCoV）”，简称“新冠病毒”。对于这样一个常识问题，一些敌对势力和居心险恶人员却拿来大做文章，企图借题发挥，诋毁抹黑，挑拨是非，转嫁矛盾，甩锅诿过，浑水摸鱼。在这样一个大是大非的问题上，中国人民和世界正义力量毫不含糊，表示强烈谴责和明确反对，指出新冠病毒溯源问题是个复杂的科学问题，需要听取科学和专业的意见，将病毒同特定的国家和地区相联系是在借此搞污名化，毫无道德可言。

（三）互助互利

一方有难，八方支援，这不仅体现为邻里之间、社区之间、省市之间的守望相助，也体现为国与国之间守望相助，中华民族自古以来的携手并肩、团结互助精神在这次全球抗疫大战中演绎成为新时代的国际主义精神。《诗经》有云："岂曰无衣？与子同泽"，墨子提倡"交相利"，孟子主张"守望相助，疾病相扶持"。病毒感染不分种族，不论阶级，其蔓延超越国界疆域，社会制度和意识形态。中国在疫情发生之初，曾经得到许多国家的政府、组织、机构和民间友好人士的关心和支援。"滴水之恩，涌泉相报"，对于在中国抗疫形势最困难时候国际社会给予的真诚帮助和支援，中国人民始终铭记并珍视这份友谊。随着中国抗疫形势的好转，曾经帮助过中国的一些国家自身也面临了疫情蔓延成灾的困难局面，中国政府和人民感同身受，及时予以回报，有的是加倍回报乃至于十倍回报。对于其他一些疫情严重的国家，中国政府和人民在保障自身抗疫需求的前提下，尽己所能予以帮助和支援。这种守望相助体现了人性善良、人间博爱，日常生活中"好人有好报"的民间俗语在困难险境中再一次得到灵验，升华为全球抗疫大战中的实际行动和国际主义精神。

（四）大国担当

春秋战国时期，诸侯并立，礼崩乐坏，社会失序，齐国"一匡天下"，"九合诸侯，不以兵车"，通过非战争手段为秩序重建发挥了积极作用，孔子称赞"如其仁！如其仁！"并主张"远人不服，则修文德以来之"，体现了仁政德化思想。当今世界，和平与发展是主流,各国都应为这个共同愿景而担当相应责任。疫情在中国发生后,中国始终本着公开、透明、负责任态度,及时将相关信息通报给国际社会,并且顶住巨大压力,付出巨大代价,将依靠硬核实力所取得的经验分享给各国,为全球疫情联防联控赢得了宝贵的时间窗。疫情全球蔓延以来,中国政府和人民在自身抗疫任务相当艰巨的情况下,派出医疗救援队伍驰援多国,向世卫组织捐赠款项用于全球抗疫,向 80 多个国家提供医疗和物资援助……表达出守望相助、共克时艰的充分诚意。在首届二十国集团领导人应对新冠病毒肺炎特别视频峰会上,习近平主席分享中国疫情防控的经验和成果,提出有效开展国际联防联控的中国主张和中国倡议,并表示秉持人类命运共同体理念,愿向其他国家提供力所能及的援助,为世界经济稳定作出贡献,展现了打好新冠病毒肺炎疫情防控全球阻击战的中国智慧和中国经验,彰显出负责任大国勇于担当的胸襟气度。

（五）合作共赢

团结就是力量,合作达成共赢。《周易》讲道:“二人同心,其利断金。”同心之言,其嗅如兰,这个道理不仅适用于个人之间,也适用于国与国之间。在全球化的背景下,面对重大传染性疾病这种全人类敌人,任何国家都无法置身事外,袖手旁观,隔岸观火。“覆巢之下,岂有完卵?”全球疫情发生后,挑战是共同的,责任也是共同的。促进团结与合作,是全球各国至关重要的共同责任。“团结,团结,还是团结!”这是世界卫生组织发出的强烈呼吁,也是全球各国不应有任何犹豫的共同抉择。在二十国集团领导人应对新冠肺炎特别视频峰会上,中国国家主席习近平提出倡议:第一,坚决打好新冠疫情防控全球阻击战;第二,有效开展国际联防联控;第三,积极支持国际组织发挥作用;第四,加强国际宏观经济政策协调。合作共赢是全球抗疫大战的必然选项,也是构建人类命运共同体理念的实践之路。

通览世界历史可以发现,在四大文明古国中,只有中华文明一脉相承,并且不断创造辉煌,这得力于中华文化千百年来铸就的坚实底座,拥有讲仁爱、重民本、守诚信、崇正义、尚和合、求大同等文化底蕴,崇尚修身、齐家、治国、平天下的价值追求,其内涵博大精深,平时春风化雨,润物无声,百姓日用而不自知;危难时刻,如《国歌》所唱,激发民众呐喊,犹如火山爆发,将点点星火汇成燎原之势。《左传》载:“多难以固其国,启其疆土;或无难以丧其国,失其守宇。”多难兴邦激发了中华儿女敢教日月换新天的豪情壮志。当前,世界处于百年未有之大变局,中国处于鸦片战争以来民族复兴的最佳时期,却遭遇了一场突如其来的大考。在党中央坚强领导下,全国人民勇战疫情,交出的答卷不仅证明中国特色社会主义制度优越性,展示了改革开放带来的强大综合国力,也体现了中华民族历久弥坚的凝聚力,印证了中华文化生生不息的生命活力,推进了中华民族精神在新时代的传承创新。

[按:此文作者李平生、王震。说明:此文系山东省社会科学研究项目(项目类别:重大委托;批准号:18AWTJ59)阶段性成果。来源:https://difang.gmw.cn/sd/2020-04/05/content_33715744.htm?s=mlt]

以文化人　以文育人

——李平生谈推动中华优秀传统文化创造性转化、创新性发展

2021年5月9日，习近平总书记在给《文史哲》编辑部全体编辑人员回信时强调："增强做中国人的骨气和底气，让世界更好认识中国、了解中国，需要深入理解中华文明，从历史和现实、理论和实践相结合的角度深入阐释如何更好坚持中国道路、弘扬中国精神、凝聚中国力量。回答好这一重大课题，需要广大哲学社会科学工作者共同努力，在新的时代条件下推动中华优秀传统文化创造性转化、创新性发展。"

山东大学儒学高等研究院以古典学术为重心、以儒学研究为特色，同时致力于本科生、硕士生、博士生等人才培养，《文史哲》编辑部是其重要组成部分。在此背景下，本刊就推动中华优秀传统文化创造性转化、创新性发展等相关问题，对山东大学儒学高等研究院党委书记李平生进行了专访。

记者：李教授您好！很高兴您接受我们的采访。中华文化源远流长，其内涵随着时代的发展和进步而不断丰富，山东是儒家文化的发源地，也是中华优秀传统文化的发祥地。对于中华传统文化的传承发展，能谈一下您的理解吗？

李平生：在我看来，中华传统文化的传承发展实际上是个

古老而又常新的话题。中华传统文化可以溯源到五千年以前，初步成型于两三千年前春秋战国时期的百家争鸣，到了汉代又定型为以儒家文化为主流。也就是说，汉代就已经体现了传统文化的传承发展。

汉代董仲舒提出“罢黜百家，独尊儒术”后，儒家文化成为当时社会意识形态的主流，在保留其自身核心学说体系的同时，本身就已经吸收了百家争鸣时期其他学派的学术思想，所以儒学是一个开放和发展的学说体系。这一特征，从儒学的诞生也可看出。孔子作为儒家学说的创始人，他吸收了很多周公的思想，比如对周礼的认同和推崇。春秋时期百家争鸣，儒家又立足社会实际，吸收了诸子百家的思想和学术观点，或者说与其他学说有相融性，“儒道同源”的说法，在一定程度上表明了儒家和道家都受到过《周易》的影响。

孔子曾经整理“六经”，其中就包括《易经》，而且他本人还说过：“加我数年，五十以学易，可以无大过矣。”可见孔子对《易经》是很推崇的。成语“韦编三绝”便很好地说明了孔子学《易经》时的勤奋和认同，若不认同，他肯定不会学到“韦编三绝”的程度。另外还有一种说法，说孔子曾经向老子问道。由此可见，儒学本身是开放和发展的，孔子本人对于其他学派是兼容并收的。

除了创始人孔子之外，儒学还在孟子、荀子那里得到了大力传承和发展。荀子是战国末期儒家学派的代表人物，但他的学生韩非子却是法家的集大成者，这说明儒学本身就是发展的、包容的、开放的，所以汉代儒学已经是吸收和包容其他学说的儒学。同时，对汉代人来说，儒学就是他们的传统文化，所以从这个角度来理解，传统文化的传承和发展本身就是一个古老而又常新的话题。

汉代确立了儒学在意识形态领域的主导地位，魏晋南北朝时期儒学遇到玄学和佛学的挑战，唐代韩愈兴起古文运动，尝试通过古文运动恢复儒学的道统地位。循着这一方向，儒学在宋代又实现了大发展，尤其是经过朱熹阐释之后，儒学的传承发展又呈现新的高度。明清之际，儒学又与时俱进地增加了新的内容，比如王阳明对孟子思想的承继，文人士大夫强调知行合一。

以儒学为主体的中华传统文化在鸦片战争之后开始遭到巨大挑战。这时西方列强的入侵、中西发展的差距以及西方先进科学技术的传入，使得中华传统文化面临着“三千年未有之变局”。

记者：感谢您对中华传统文化发展脉络的梳理。谈到中华传统文化发展时，以前通常会讲“推陈出新”“守正创新”等，习近平总书记提出要“推动中华优秀传统文化的创造性转化、创新性发展”。对于这一重要指示，我们应该怎样理解？

李平生：其实这三者是一脉相承的，或者说相互融通的。我们可以从中国共产党人的初心使命说起。中国共产党从诞生那天起，就把传承创新中华优秀传统文化作为自己的使命，是中华优秀传统文化的践行者和弘扬者。从毛泽东同志当年概括的推陈出新，到后来党中央文献提出的守正创新，再到习近平总书记提出的推动中华优秀传统文化创造性转化、创新性发展，其实是一脉相承的，这代表了中国共产党人对中华优秀传统文化的基本立场和态度。谈及具体说法上的变化，那就要考虑到随着时代条件的变化，我们党与时俱进，对中华传统文化的认识不断升华。

需要重视的是,2021 年 7 月 1 日习近平总书记在庆祝中国共产党成立 100 周年大会上的讲话中提到了“九个必须”,其中第三个“必须”是“以史为鉴、开创未来,必须继续推进马克思主义中国化”,并且讲到“新的征程上,我们必须坚持马克思列宁主义、毛泽东思想、邓小平理论、‘三个代表’重要思想、科学发展观,全面贯彻习近平新时代中国特色社会主义思想,坚持把马克思主义基本原理同中国具体实际相结合、同中华优秀传统文化相结合,用马克思主义观察时代、把握时代、引领时代,继续发展当代中国马克思主义、21 世纪马克思主义”。所以,从这个意义上说,“推动中华优秀传统文化创造性转化、创新性发展”是“推陈出新”“守正创新”发展的必然结果。

另外,我们还需要特别注意的是,由“中华传统文化”到“中华优秀传统文化”,在表述上的演化。中华传统文化博大精深,其中有精华,也有糟粕,知识界越来越多的人认识到,需要传承创新的是精华部分,是优秀传统文化。事实上,中国共产党成立 100 年来,一直承担着中华优秀传统文化传承创新的使命,中国共产党是中华优秀传统文化的忠实践行者和弘扬者。从这方面来看,关于中华优秀传统文化的创造性转化和创新性发展,这一课题从中国共产党诞生之日起便已存在,是 100 年来我们党一直面对的重要时代课题,而将“中华优秀传统文化创造性转化、创新性发展”作为文化发展的指导思想则是在党的十八大以后,其中有一些重要的节点是我们不能忽视的,通过串联这一系列的节点便会发现,中国共产党在推动中华优秀传统文化传承创新方面的科学方法和态度是越来越明确的。

其中一个重要的节点是 2013 年 11 月,习近平总书记在曲阜考察时强调:“一个国家、一个民族的强盛,总是以文化兴盛为支撑的,中华民族伟大复兴需要以中华文化发展繁荣为条件。对历史文化特别是先人传承下来的道德规范,要坚持古为今用、推陈出新,有鉴别地加以对待,有扬弃地予以继承。”习近平总书记这段讲话是一个标志性的信号,即处理好传承与创新的关系,重点做好创造性转化和创新性发展。随后,习近平总书记在多种场合再三对这个命题进行了阐释。2014 年,在纪念孔子诞辰 2565 周年国际学术研讨会暨国际儒学联合会第五届会员大会上,习近平总书记就提到要“科学对待文化传统”,要“善于把弘扬优秀传统文化和发展现实文化有机统一起来,紧密结合起来,在继承中发展,在发展中继承”,要“坚持古为今用、以古鉴今,坚持有鉴别地对待、有扬弃地继承,而不能搞厚古薄今、以古非今,努力实现传统文化的创造性转化、创新性发展,使之与现实文化相融相通,共同服务以文化人的时代任务”。

另外,我们还要注意到,这次在国际儒联大会的讲话中,提到的是“传统文化的创造性转化、创新性发展”,此后便越来越明确地表述为“中华优秀传统文化的创造性转化、创新性发展”。直至今年 5 月 9 日,习近平总书记在给《文史哲》编辑部全体编辑人员的回信中,又明确地提出“新的时代条件下,要推动中华优秀传统文化创造性转化、创新性发展”。这表明,在新的时代条件下,我们应该更加重视中华优秀传统文化的传承创新。“新的时代条件”意味着我们现在正面临百年未有之大变局,在党的领导下,我们实现了从站起来到富起来再到强起来的历史性转变。“新的时代条件”还意味着我们完成了第一个百年奋斗目标,历史性地消除了绝对贫困,正在意气风发迈向第二个百年奋斗目标。所以,在理解“推动中华优秀传统文化创造性转化、创新性发展”这一命题的时候,要结合新的时代条件,将这些联系起来,这样才能更加清楚地看到目前这项工作的重要性、紧迫性。

记者:是的,文化是国家综合国力和国际竞争力的深层支撑,推动中华优秀传统文化创造性转化、创新性发展意义重大。那么具体该如何实现呢?还请您分享一下对这一问题的思考。

李平生:这其实既是一个学术问题,也是一个关于工作实践的问题。我认为创造性转化和创新性发展,既有侧重,更有相通,这一问题的本质是如何看待中华传统文化。以儒学为代表的中华传统文化经历了两三千年的发展演变,从目前来看,至少由三部分组成。

第一,精华部分,可以直接运用。这是我们传承几千年,在历代实践和历史长河的积淀中,已经证明了的带有普遍性的真理。比如儒家学说当中的“民为邦本,本固邦宁”的政治理念,比如“学而时习之”“诲人不倦”“有教无类”“三人行,必有我师焉”等可以传之万世的鼓励人们学习上进的基本原理。任何时代,这些都是可以直接拿来便能应用的真理。再比如《论语》里面所讲到的“君子敬而无失,与人恭而有礼,四海之内,皆兄弟也”,可以用来处理朋友关系、邻里关系,甚至是国与国之间的关系。此外,汉代概括的儒家学说精华“仁、义、礼、智、信”,历经两千年,对当今社会仍然有指导意义。很多优秀传统文化传承到现在,实际已经流淌在我们的文化血液当中,对此,习近平总书记曾用“百姓日用而不觉”来概括。

第二,可以运用但需改造的部分。我们的传统文化中,有些基本命题或者原理虽仍然可用,但需要结合时代条件进行改造，而这一部分其实是占比最多的一部分。中华优秀传统文化的创造性转化、创新性发展，既包括那些直接拿来就能运用的内容，也包括那些有用但需要改造的内容，或者说需要根据其原理进行类推的。

第三，糟粕部分，这是需要批判的。哲学上有一个概念叫“扬弃”，儒家学说当中也有一些糟粕需要扬弃。

那么如何实现创造性转化呢？在2020年新冠肺炎疫情防控过程中，我发觉中华优秀传统文化发挥了很大作用，并在新的时代条件下推进了自身的传承创新。谈及中华优秀传统文化的价值追求时，常常提到“修身、齐家、治国、平天下”。在抗疫中，“修身”就体现为百姓把个人命运、个人防护和国家的疫情防控措施紧密联系，和国家命运、民族命运紧密结合，这时“修身”就上升到家国情怀这一层面了，表现为爱国主义、集体主义。再讲“齐家”，我觉得这一观念在当今社会得到了创造性转化。现在很多人对“齐家”当中“家”的理解其实是不全面的，因为在孔子、孟子那个时代的“家”和我们现在所说的“家”不是同一个概念。孔子曾说：“有国有家者，不患寡而患不均，不患贫而患不安。”在特定的时代背景下，也就是春秋战国时期，孔子所谓的“国”其实是诸侯国，“家”是卿大夫的封地，而我们现在的家在那个时代叫户、室，一户一室就是一个小家庭。所以春秋战国时期“家”实际上是个大家族、一片封地，有点类似于我们现在的大社区，而“家”在抗击疫情的时候我们可以将它创造性转化为社区。而“齐家”就是大社区的联动管理，比如社区的网格化管理。“齐家”的核心在于“齐”，“齐”就意味着和谐，所以“齐家”又可以理解为社会和谐，邻里守望相助、疾病相扶持，这些都是社会和谐的表现，都可以看作“齐家”在当下所发挥的作用。传统文化当中的“治国”理念和经验，在这次疫情防控中也得以应用，并创造性发展为进一步提升国家治理体系和治理能力现代化。此外，传统文化当中所讲的“四海之内，皆兄弟也”“协和万邦”“天下大同”，也可以创新性发展为加强全球防疫合作，进一步推进构建人类命运共同体。

其实传统文化的有些内容，在现代社会应用的时候，既有创造性转化，也有创新性发展。比如中国古代的“民为邦本，本固邦宁”，这句话原本是对“君”而言的，暗含了君与民之间某种程度上的依存制衡关系，君首先要关心和满足民的需求，关注民的利益诉求，民众安宁才能江山社稷稳固。在当今中国，超越民众权利之上的“君”早已不存在，“民为邦本，本固邦宁”可以创新性发展为增强“以人民为中心”“人民就是江山，江山就是人民”的执政理念。同时，我们国家现在的制度设计中所提到的“把权力关进制度的笼子”，其实也可以看作是传统文化中权力制衡理念在新的时代条件下实现创新性发展的体现。从秦汉到宋代，一直就有权力制衡之术，唐代三省六部制中的“三省”实际上就是“三权分立”，尚书省、中书省、门下省，互相制衡，各司其职。比较典型的还有宋代三法司的设置，也是为了进行权力制衡。但不同的是，中国古代权力制衡的最高层是皇帝，而社会主义社会一切权力归人民，以人民为中心。

事实上，任何文化都必须融入生活、融入实践，这样才能够具有生命活力。不论是何种探索和转化，只有真正与日常生活相融合，才能实现中华优秀传统文化对百姓的启迪和教化。我们应该致力于探索和打造东方伦理型生活方式，助推中华美德与社会主义核心价值观相结合。因为儒学对中国古典生活方式的造就体现在伦理本位，倡导家庭生活，儒家生活方式的恒久意义在于儒学扎根于人们的世俗生活，它有着彻底的道义立场与道德取向，有着推己及人、由家而国的情怀并以一种理性的、世俗的伦理道德精神为其根本精神。打造东方伦理型生活方式的出发点和落脚点，就是要让中华优秀传统文化的精华实实在在地走进百姓的生活。我认为，这是实现中华优秀传统文化创造性转化、创新性发展的根基所在。

记者：确如您所说，走进生活，才能真正实现中华优秀传统文化创造性转化、创新性发展。中华优秀传统文化内涵丰富，其中蕴含的思想观念、人文精神、道德规范等是提振当代中国人的精神力量。在您看来，中华优秀传统文化的内涵大致可以概括为哪些方面呢？

李平生：中华优秀传统文化博大精深、源远流长，蕴含着丰富的道德理念和规范，如天下兴亡、匹夫有责的担当意识，精忠报国、振兴中华的爱国情怀，崇德向善、见贤思齐的社会风尚，孝悌忠信、礼义廉耻的荣辱观念，这些体现着评判是非曲直的价值标准，潜移默化地影响着中国人的行为方式。曾经有无数的学者和专家对其内涵进行概括。党的十八大以来，习近平总书记围绕弘扬中华优秀传统文化、传承中华传统美德作出一系列重要论述，把中华优秀传统文化的时代价值概括为“讲仁爱、重民本、守诚信、崇正义、尚和合、求大同”六个方面。在2014年国际儒联大会的讲话中，习近平总书记将中华优秀传统文化的内涵概括为“丰富的哲学思想、人文精神、教化思想、道德理念等”，并强调，这可以为人们认识和改造世界提供有益启迪，可以为治国理政提供有益启示，也可以为道德建设提供有益启发。

我认为，可以从不同的角度对中华优秀传统文化的内涵进行概括。比如“修身、齐家、治国、平天下”，这是对中华优秀传统文化价值追求相关内容最核心的概括。另外，还可以依据表现形式的不同对其内涵进行概括，比如中华传统美德。中华优秀传统文化的内涵主要体现在中华传统美德当中，几经演变汇入新时代中国特色社会主义文化后，集中凝练为社会主义核心价值观。

中华优秀传统文化的传承发展源远流长，从炎黄、周公，尚书、左传，到孔子、孟子，到汉代“三纲五常”，宋代“孝悌忠信、礼义廉耻”八德，再到明清之际的知行合一、经世致用，尤其是近代以来，与时俱进地融入了开放包容、救亡启蒙、改良维新、民主革命等新的时代内容。中国共产党成立之后，在实践中不断将马克思主义中国化、时代化、大众化，传承创新中华优秀传统文化，从百年前的“红船精神”“建党精神”，革命战争年代的“三山一坡精神”，到新中国的雷锋精神、大庆精神、红旗渠精神、五讲四美三热爱，到2012年党的十八大提出社会主义核心价值观，再到“文化自信”“伟大抗疫精神”“脱贫攻坚精神”等，丰富了中国共产党人的精神谱系，并且还将随着时代的发展而不断完善。

在日常生活和工作实践中，中华传统美德在思想观念、道德规范等很多方面都对人们有诸多有益的指导，所以推动中华传统美德真正落地、落实，走入“寻常百姓家”，也是当前推动中华优秀传统文化创造性转化、创新性发展的一项非常重要的工作。为此，山东大学中华美德教育学院致力于构建中华美德教育培养体系，自2019年5月成立以来进行了一系列探索和实践，比如与山东省儒学发展促进会、济南市章丘区委宣传部联合举办“儒学讲堂”,派出专家学者、儒学讲师、志愿者、实习生等,或集中组织,或走村入户,开展乡村儒学、社区儒学、中华美德、家风家训等系列讲座和公益活动,打造“传统节日与中华美德”系列品牌,把学术研究成果和百姓日常生活密切结合起来,共同推动中华优秀传统文化的创造性转化和创新性发展,为新时代乡村和社区文明实践搭建重要平台。再比如,中华美德教育学院还分别与济南市历城区的企业和学校合作,立足于加强传统国学、儒学思想、社会治理现代化的实践与研究,强化解决事关当地经济发展、社会治理、文化建设的重点、难点问题,使校地合作成为传统国学文化与社会综合发展融合的重要平台。

记者:中华优秀传统文化是中国人文化自信的源泉,增强了做中国人的骨气和底气。对于“文化自信,是更基础、更广泛、更深厚的自信,是更基本、更深沉、更持久的力量”这句话,您怎么看?

李平生:“文化”乃是“人文化成”一语的缩写,出自《周易》“观乎天文,以察时变;观乎人文,以化成天下”。文化是民族的血脉,是人民的精神家园。

改革开放以后,随着经济社会的发展和综合国力的提升,对文化问题的讨论开始引人注目。20 世纪 80 年代初期,《文史哲》引领潮流,举办关于文化问题的讨论,著名学者费孝通、季羡林、庞朴等纷纷提出了“文化自觉”。党的十八大以来,文化自觉从学术界延伸到社会各界,进入政策层面,呼唤出了具有特定意义的“文化自信”。2011 年 11 月,党的十七届六中全会出台了《中共中央关于深化文化体制改革　推动社会主义文化大发展大繁荣若干重大问题的决定》,这是中国共产党成立以来第一次以中央全会的形式讨论文化问题。2016年5月17日习近平总书记在哲学社会科学工作座谈会的讲话中提出“文化自信是更基本、更深沉、更持久的力量”。2016年的7月1日,习近平总书记在庆祝中国共产党成立九十五周年大会上明确提出了四个自信——道路自信、理论自信、制度自信、文化自信。他指出“文化自信,是更基础、更广泛、更深厚的自信”。后来,文化自信写入党的十九大报告,形成了更加系统的“四个自信”理论。

从特定的角度来看的话,文化自信关联着中国人的骨气和底气。中国人的骨气是什么?历史上有关中国人的骨气最有概括力的是“自强不息,厚德载物”。百年来,中国人的骨气经历了“站起来”“富起来”“强起来”,当下中国人的骨气是实现中华民族伟大复兴中国梦!中国人的底气在哪里?从一百年来看,全面建成小康社会;从两百年来看,生逢盛世,肩负重任;从三千年来看,百家争鸣,汇成主流;从五千年来看,源远流长,博大精深。所以,文化自信说到底就是能够增强我们做中国人的骨气和底气,反过来,文化自信又扎根于中国人的骨气和底气当中,这是相通的。

齐鲁大地就具有文化自信的底气。身处孔孟之乡,拥有天然的不可替代的地缘优势和文化资源,礼乐文明扎根于这片沃土,诸子百家在这里各显风采,形成各家学派的源头活水,历经多次历史演变,风云激荡,大浪淘沙,最终汇聚成以儒学为代表的中国传统文化主流,并且发扬光大,影响广泛,历久弥新,惠及后世,至今依然焕发出生机活力。

记者:作为哲学社会科学工作者,您认为在推动中华优秀传统文化创造性转化、创新性发展过程中,高校应发挥怎样的作用呢?

李平生:2017年2月,据新华社报道,中共中央、国务院印发了《关于加强和改进新形势下高校思想政治工作的意见》,这个文件明确地提出了大学的"五大使命",即大学肩负着人才培养、科学研究、社会服务、文化传承创新、国际交流合作的重要使命。可以说,推动中华优秀传统文化创造性转化、创新性发展,是大学完成"五大使命"的题中应有之义,也是大学义不容辞的责任,两者是密不可分的。

我认为,若要理解两者之间的关系,可以从特定的角度来理解"大学文化"四个字的丰富内涵:大学文化之"大",在于三大——大师、大楼、大树。其中,大师是指拥有一支优秀的教师队伍,大楼是指拥有良好的办学支撑条件,大树是指拥有自己的固有文脉。大学文化之"学",是指高等学校应以学术、学者、学生为核心。其中,学术是大学的核心竞争力,代表着大学的高度;学者是大学的品牌铸造师,体现着大学的纯度;学生是大学与社会的纽带和连接者,学生培养质量彰显着大学的亮度。关于大学文化之"文",所谓文者,纹也,最初指条纹、图案,可以引申出文章、典章、功能、使命等抽象概念,这里可以理解为大学"五大使命"。至于大学文化之"化",则是指其培育、教化功能,可以理解为大学立德树人的根本任务,具体到校园文化的育人功能,包括理念文化、制度文化、环境文化、行为文化等,涉及办学宗旨、校训、校风、校歌、学校主色调等诸多方面。

作为哲学社会科学工作者,对于中华优秀传统文化的"两创",我认为高校至少应该发挥如下作用:一是回应时代关切,立足于国际学术前沿,面向国家重大战略需求,探索中华优秀传统文化在经济社会中如何发挥重要作用；二是进行学理研究，把马克思主义基本原理同中国实际相结合，梳理中华优秀传统文化在当代社会的价值体现，加深理解社会主义核心价值观的丰富内涵；三是指导工作实践，把高校科研取得的大批丰硕成果转化为促进社会发展的生产力，走出象牙塔，推进文化走向社会，走向生活，彰显其“以文化人、以文育人”的功能，并在社会生活中获得新的生机活力；四是促进文明交流互鉴，让世界更好地认识中国、了解中国，讲好中国故事，传播中国声音，展示中国形象，贡献中国方案，共同推进构建人类命运共同体。

高校是推动中华优秀传统文化创造性转化、创新性发展的重要阵地，始终坚守文化传承创新的文化自信，既是高校的重要职能，也是落实立德树人根本任务的重要内容和实践抓手。

记者：只有读原著而非只读注释作品、翻译作品，才能真正发掘中华优秀传统文化的丰富内涵，形成对传统文化的理解和独特认知。当前，很多优秀古籍原著都是文言文，但文言文有时晦涩难懂，这对习惯了现代文阅读的大学生来说，可能会存在阅读障碍，导致畏难情绪的产生，久而久之，会大大削弱他们阅读文言文的兴趣。对此，您有什么好的建议吗？

李平生：关于读书尤其是读原著的问题，我特别推荐大家去学习培根的那篇《论学问》。他讲到“史鉴使人明智，诗歌使人巧慧，数学使人精细，博物使人深沉；伦理之学使人庄重；逻辑与修辞使人善辩”。其中还专门讲到“有些书可供一尝，有些书可以吞下，有不多的几部书则应当咀嚼消化”，意思是说“有些书只要读读它们的一部分就够了，有些书可以全读，但是不必过于细心地读；还有不多的几部书则应当全读，勤读，而且用心地读”。

这里提出了关于读书的方法问题，读原著是非常有必要的。如果要真正掌握和理解中华优秀传统文化的内涵，就必须读元典。所谓元典，就是最初的那几本经典，因为中华优秀传统文化的源头就是从那里来的，读懂了元典才能够更加清晰地理解这些优秀传统文化的源头活水和后来的发展演变。有些元典也许当初读的时候消化不了，甚至并不理解，不过没关系，只要这些元典烂熟于你的胸中，多年以后，随着各种新情况的出现，某种机缘的触发，那些在你心中积淀多年的元典，就会突然在你的记忆深处被激活，带给你某种启发，从而形成对传统文化的深刻理解和独特认知。

关于读元典有很多成功的具体事例，有些大学问家就是读"烂"了几本书。比如，当年山大历史系的童书业教授，他是一位传奇的学者，读的书很多很多，其中《左传》是他读"烂"了的书，这帮助他对中国古代史的研究达到了顶尖水平。还有著名的法学家乔伟，他是山大法学系的第一任主任，他读"烂"了《唐律疏议》，这助力他成为中国法制史专家。据说李泽厚先生当年对德文版的康德的《纯粹理性批判》《实践理性批判》《判断力批判》等也是读到烂熟于胸的程度。这些大学问家有个共同的特点，就是对自己研究领域的元典读"烂"、读透之后，自然而然地引出对相关问题的探索。

需要特别注意的是，读书一定要在读"烂"了的同时，有意识地做到融会贯通，不能死读书，食古不化。对于元典，一定要特别熟悉，只有烂熟于胸，才能触类旁通，结合实际融会贯通，从而产生意想不到的效果。

[原载《山东教育》(高教版)2021 年 11 月刊]

弘扬传统文化　传承中华美德

山东电视台《说“两创”》系列节目——《弘扬传统文化，传承中华美德》

主持人：大家好，欢迎收看《理想中国》，我是李毅。

在人类历史上曾经有四大古文明，分别是古巴比伦文明、古埃及文明、古印度文明和中国文明，然而能在漫漫历史长河的冲刷下依旧屹立不倒的，只有中国文明。也正因为如此，中国才会是拥有上下五千年历史的礼仪之邦，中华民族的传统美德和传统文化也代代相传，从未间断。

今天的《理想中国》，我们特别邀请了山东大学儒学高等研究院党委书记兼中华美德教育学院党委书记李平生教授，和我们大家一起来探讨，在新时代如何更好地弘扬传统文化，传承中华美德。欢迎您，李教授。

李平生教授：观众朋友们，大家好。

主持人：中华文化源远流长，并且随着时代的发展和进步不断的丰富，是东方文化的杰出代表，是人类文化最辉煌的组成部分。中华文化在5000年的发展历程当中，也形成了自己鲜明的特点和独特的精神。李教授，这种特点和精神可以称为中华优秀传统文化吗？

李平生教授：首先这里面涉及的是关于文化的理解。文化一词来自《周易》所说的“观乎天文，以察时变；观乎人文，以化成天下”，所以就简称是人文化成，再简称文化。什么意思呢？就是将人间的典章制度、价值观念来改变社会，改变人心，教化人心，这就是文化。

主持人：中华优秀传统文化其实是一脉相承的，它的发展脉络是不是很清晰？

李平生教授：我们说5000多年的文明是从炎黄时代算起，那个时候就形成了我们现在的一些基本的价值观念和基本的典章制度。从炎黄到夏商，再到周王朝的周公，这些是早期的中华文化的形成时期。从周公以后到后来的春秋战国时代，形成了百家争鸣，孔子和孟子在这样的过程当中起到了不可替代的作用。往后的发展有一个重要的节点，这就是进入了汉代。经过汉武帝的“罢黜百家，独尊儒术”，当然是采用了董仲舒的建议，就形成了以孔子、孟子的儒学为代表的、容纳了诸子百家各自所长的中华优秀传统文化的这样一个基本框架，成为汉民族大一统这样状态下的国家意识形态。它的最核心表现就是影响了中国封建社会2000多年的“三纲五常”。

其实我们说以儒家思想为主流的中华优秀传统文化，它的第一个重要特点，这是一个开放的同时也是一个包容的体系，另外还有一点更重要的特点就是它本身也是与时俱进、发展的体系。我们知道，到了宋代的时候，儒学进入了一个新的阶段，对于中华美德的形成有了更进一步的发展和更加具体化的表现内容。到了明清的时候，中华优秀传统文化以及它所蕴含的中华美德，又和时代的发展相结合，融入了“知行合一”“经世致用”等等这方面的新的时代内容。鸦片战争以后，当时的人已经认识到中国面临3000年未有之变局。

（穿插电影片段：略）

在这样的时代背景下，中国传统文化，包括中华优秀传统文化和中华美德，也增添了新的时代内容，比如开放、变革；到了清朝末年戊戌变法以后和辛亥革命时期，还增加了维新、启蒙、民主、共和，融入了新的时代内容。1921年中国共产党成立的时候，自觉地把传承创新中华优秀传统文化作为自己的使命。我们可以这样说，中国共产党是中华优秀传统文化的传承者、践行者，也是中华优秀传统文化的创新者，尤其要特别注意的是，党的十八大以来，我国文化发展进入了新时代，从特定的意义上来说，我们经常说现在处于世界百年未有之大变局，其实要换一个角度来说，我们现在进入了百年未有的文化传承创新的最好时局。

在这样的新时代，已经凝练了社会主义核心价值观，并且在其发展脉络当中还在不断丰富发展，比如此时此刻还仍然在进行的抗疫斗争当中，我们凝聚了伟大的抗疫精神，在完成的脱贫攻坚战总结的时候形成了伟大的脱贫攻坚精神，这就说明了一个最核心的问题，即具有5000多年历史的中华文化既有最核心的内涵，同时又与时俱进，会结合新的时代再不断地丰富和发展。在这样的一个过程当中，我们对待中华优秀传统文化和中华美德，最需要掌握的一条基本原理就是要创造性转化、创新性发展，这就是文化“两创”。2021年7月1日在庆祝中国共产党成立100周年大会上，还明确地提出了：新的征程上，要坚持把马克思主义的基本原理同中国具体实际相结合、同中华优秀传统文化相结合。我们现在的文化战略最准确的也是最简练的概括，就是“两创”“两个结合”。我们还要特别注意到，党的十九届六中全会所形成的《中共中央关于党的百年奋斗重大成就和历史经验的决议》,其中具有决定性意义的贡献就是“两个确立”。第一个是确立了习近平同志的党中央的核心、全党的核心地位;第二个是确立了习近平新时代中国特色社会主义思想的指导地位。关于习近平新时代中国特色社会主义思想,在这个决议当中有了最新的论断,即:习近平新时代中国特色社会主义思想是中国当代马克思主义、21世纪马克思主义,是中华文化和中国精神的时代精华。所以,从这样的意义上来说,我们赶上了中华文化大发展大繁荣的最好时代,因为我们有了更加明确的指导思想。

主持人:中华优秀传统文化是中华5000多年文明的结晶,是中华民族的独特标识。那么进入新时代,当今中国正向“两个一百年”的战略目标迈进,整个社会也日益走向现代化、市场化、全球化、大众化和世俗化。李教授,在中国社会不断转型的历史发展变化当中,我们为什么要大力弘扬中华优秀传统文化?

李平生教授:从大的方面来说,社会发展在每个时代有每个时代的主题。社会是不断发展的,从特定意义上来说,一个国家、一个政党的相应政策也要根据时代的发展而及时地进行相应的调整,也可以是发展。中国共产党现在可以说已有100多年的历史了,大体上有几个最核心的阶段划分,第一个阶段是中国共产党领导的新民主主义革命时期,时代主题和任务就是要建立无产阶级政权,新民主主义革命主题是推翻“三座大山”,带领全国人民站起来。新中国建立之后到1978年改革开放,这个时候中国核心主题是进行社会主义革命和建设,前期仍然以社会主义革命为主,到后期是进入相应的社会主义建设。随着时代的发展,党的十一届三中全会之后,社会发展进入的主题就是改革开放，实现中华民族从站起来到富起来，要进一步再思考未来的方向，在已有的站起来、富起来的基础之上考虑长远发展。这个根基在哪里？这就是文化。因为文化是民族的血脉，是民族的精神家园，在社会急速发展的进程中，它深层的、内在的价值就体现出来了。正是因为如此，党的十八大以来，习近平总书记特别强调了文化的作用，特别倡导了文化自信。

（**穿插字幕//习近平：**文化是一个国家、一个民族的灵魂，文化兴国运兴、文化强民族强）

李平生教授：文化自信是更基础、更深沉、更持久的力量。党的十八大以来，习近平总书记在很多场合提出了弘扬中华优秀传统文化和文化自信的时代命题。2016 年 5 月 17 日，在哲学社会科学工作座谈会上讲话的时候，习近平总书记进一步明确了文化自信是更基本、更深沉、更持久的力量。

主持人：这个文化自信对于中华民族有多么重要，我觉得一个民族的文化自信，对于一个民族来说，那也是有一个很基础的力量。

李平生教授：我们为什么要弘扬中华优秀传统文化？在这样的时代背景之下，如果要概括性地来说，这就是随着时代的发展，我们已经走到了这一步，需要一种更深沉、更基本、更持久的力量来支撑，指引我们未来的发展。

主持人：所以党的十八大以来，围绕传承和弘扬中华优秀传统文化，习近平总书记发表了一系列的重要论述，特别强调推动中华优秀传统文化创造性转化、创新性发展，不断提高人民思想觉悟、道德水平、文明素养，不断铸就中华文化新辉煌。这对我们坚持发展社会主义先进文化，在世界文化激荡中站稳脚跟，都具有非常重要的意义。李教授，您觉得我们应该如何更好地去弘扬中华优秀传统文化呢？

李平生教授：关于弘扬中华优秀传统文化，我们现在讲的是“两创”“两个结合”。怎样做到“两创”？怎样做到“两个结合”？应该是从两个方面来着手，这就是“顶天”“立地”。首先我们来讨论一下关于“顶天”。“顶天”事实上就是进行关于中华优秀传统文化的高端研究，关于“两创”怎么做的理论上的探讨。这里面涉及什么是创造性转化？怎么样创新性发展？所谓的创造性转化就是中华优秀传统文化已经有相关的智慧，但在新的时代条件下，我们不一定完完全全地采用它的原有框架和边界。比如说，中华优秀传统文化当中有一个体系叫作“修身、齐家、治国、平天下”，在新的时代条件下结合我们的这次疫情防控，其中就有很多既能够从中华优秀传统文化当中得到传承的一些内容，也有一些可以创造性转化的内容。比如说关于“修身”，我们可以传承中华优秀传统文化当中关于个人品德修养的那些价值，同时也可以把它和新时代的爱国主义、集体主义结合；比如“齐家”，中华优秀传统文化中讲的“齐家”，事实上我们现在有些学者以及日常生活当中理解的“齐家”是有所不同的，这恰恰有适合于用来创造性转化的内容。“治国”一般好理解，可以把它在这个时候进一步联系到国家治理体系和治理能力的现代化。关于“平天下”，当然古代的天下实际上和我们现在所理解的天下是不一样的，我们可以理解为无论是在抗疫这样的伟大斗争实践当中，还是在外交实践当中，乃至于在我们的奋斗目标当中，去贯彻习近平总书记所提出的构建人类命运共同体。这就叫创造性转化，这是我的理解。从“顶天”的角度，我们往高层想，往理论的高度、深层去思考的时候，创新性发展也就是说将已有文化当中非常优秀的一部分结合着新的时代条件给它增添新的内容。可以举一个最简单的例子，国家监察委员会设立的最核心点是什么？要把权力关进制度的笼子，一切权力归人民这是全国人民代表大会制度一个最基本的内容，这个基本制度借鉴吸收了公检法的相应分立，以及相应的既合作又分立，这里面也有整个制度设计当中的立法、行政、司法的分立。从这个意义上，中华优秀传统文化对我们现在来说仍然还有借鉴意义，我们可以创新性发展。另外，还得“立地”，我们要让学术走向社会，让文化融入生活，具体途径就包含着要让中华优秀传统文化或者中华美德，甚至可以用个通俗的说法就叫儒学，让它“进乡村、进社区、进企业、进机关、进学校”，这样的“立地”，实际上归结为一个目标，就是让文化融入生活。

主持人：就是让这些经典，让这些传统美德，融入我们现代的生活。

李平生教授：对。

主持人：2013 年 11 月，习近平总书记视察山东时，作出“四个讲清楚”的重要指示，发出传承弘扬中华优秀传统文化的号召。这些年来山东时刻牢记总书记嘱托，开展了一系列富有创新、富有成效的工作，那么接下来，我们就通过一个短片来了解一下。

穿插短片：《论语》主题展在孔子博物馆开幕，展览以《论语》的起源、演变、传播方式为基本主线，集齐了从汉代《诗经》到清乾隆《诗经》，以及保存下来的《论语》拓本拓片，这在国内尚属首次。

游客：“让我更加了解了儒家文化，然后对中国传统文化也更加的热爱。”

主题展还特别推出《论语》描红、石刻拓印等活动，寓教于乐，吸引不同年龄段的观众参与其中，让经典“活”起来。

专家：“推出一系列的儒家经典的精品展览，去感受经典，诵读经典，理解经典。

让我们在坚定文化自信的方面，从经典中汲取智慧和力量。”

推动中华优秀传统文化创造性转化、创新性发展。近年来，济宁市强抓曲阜文化示范区纳入国家规划的重大机遇，组织实施一批先导性、基础性的重大文旅项目。目前济宁已建成尼山书院 13 处，乡村社区儒学讲堂 3740 处，每年开展普及推广活动 1 万多场。

专家：“我们今天的中国是历史中国的延续。因为有了孔子儒家的学说，我们中华民族几千年来更加和睦，更加和谐地共同生活在一起，今天弘扬传统文化，对于我们社会建设会起到非常好的一个助推作用。”

李平生教授：刚才看了短片，应该说我很有一种亲切感，因为里面的几个专家都是我的好朋友，我们也在一起进行过这方面的理论探讨，也有过合作，所以他们刚才在短片里面所表达的，特定意义上也表达了我的内心感受。看完短片之后，更直接的感受，是进一步明确我们在“顶天”的同时还要做“立地”工作，就是说，要通过感受经典，让经典“活”起来，让经典融入生活，让我们每一项具体的工作和生活，在不知不觉当中都能够体现出中华优秀传统文化和中华美德。让我们在无数的工作、生活、实践的过程当中，体现中华优秀传统文化、中华美德这样的一种状态。中华优秀传统文化已经渗透在中华民族、我们每一个中国人的血液当中了。我想，中华美德、中华优秀传统文化，如果“立地”，如果走向生活，大概就是这样一种境界。

主持人：您说得特别好。山东也是齐鲁文化发祥地，是孔孟之乡，是墨子、孙子、荀子等古代思想家的故里，在弘扬中华优秀传统文化方面资源丰富，特点鲜明。刚才的片子我们也看到济宁曲阜通过保护梳理儒家文化资源，对中华优秀传统文化也进行了很好地挖掘阐释，让经典走进我们的现实生活，让传统美德融入我们的现代生活。那么说到传承美德、弘扬中华优秀传统文化，我觉得有一个非常重要的方面就是把中华美德很好地传承和整理发扬。那您觉得什么叫中华美德？正好您也是中华美德研究方面的专家了，您给大家讲讲您最注重的中华美德是什么？

李平生教授：中华优秀传统文化和中华美德有的时候是不好区分，他们是融为一体的。中华优秀传统文化是个很丰富的体系，中华美德是整个体系当中更加精炼的那一部分。中华美德可以说从炎黄就开始了，比如勤劳、团结、开拓、奋进；再往后到了孔子、孟子，孔子讲仁，讲义，讲忠，讲信，讲勇，孟子讲“四端”，而且是从性善的角度概括人的“四端”，就是“仁、义、礼、智”；而最集中的概括、最权威的概括，那就到了汉代董仲舒主张“罢黜百家，独尊儒术”。他当时出于国家意识形态的需要，主张“三纲”，它是一个封建时代的指导思想，我们在现代社会对它进行了扬弃。关于“五常”，这些是美德——“仁、义、礼、智、信”。中华美德最核心的发展，从“五常”经过1000年发展到了宋代形成了“八德”，这就是“孝、悌、忠、信、礼、义、廉、耻”。宋代“八德”使中华美德形成了一个新的高峰，更具有操作性，甚至“八德”价值观与我们后来倡导的“八荣八耻”是有关联的。到了近代，出现了新的美德——开放、维新、民主、共和，这些既是政治观念，也是美德价值。到了当下，中华美德最核心的内容就是党的十八大确定的社会主义核心价值观，从国家层面、社会层面和个人品德层面给我们明确指明了方向。社会主义核心价值观就是我们当代最集中的中华美德。

主持人：我可不可以这样问一下，您刚才提到的我们的中华美德和我们现在所提倡的社会主义核心价值观，它们内核是一致的吗？

李平生教授：这里面如果要从学术理论的探讨来说，社会主义核心价值观其实有三大组成部分，第一大组成部分来源于中华优秀传统文化，第二组成部分来源于我们的红色文化和当代社会主义先进文化。第三组成部分，社会主义核心价值观事实上也吸收了人类共同的、美好的、大家认可的价值，但不是简单地拿来，而是结合了中华优秀传统文化和当代的社会主义先进文化，同时吸收了全人类共有的一些核心价值理念在里面。社会主义核心价值观有三个组成部分，中华优秀传统文化是其中的一项重要组成部分。

主持人：应该是这样理解，就是社会主义核心价值观，它是我们中华美德的第一个组成部分，而且是最重要的组成部分，它的内涵是相似的。

李平生教授：是相通的，贯通的。

主持人：通过您的归纳和讲述，我们觉得中华美德应该说是内容非常的庞大，应该说是博大精深，它涉及我们社会的各个领域各个层次，应该说中华美德是我们中华民族的“形”和“魂”。您觉得我们现在去学习中华美德，对于我们现实社会来说，对于我们现实的生活来说，有什么样的意义？尤其是比如说现在的年轻人，对于他们的现实生活来说有什么样的指导意义？

李平生教授：首先可以从大的层面来讲，道德建设是和法制建设相辅相成的。在讲到道德和法律关系的时候，孔老夫子也就是我们中华优秀传统文化的主要代表。2000多年前的孔子有一段非常到位的、到现在还仍然适用的一段论述。很简单，因为我们现在讲到社会治理的时候，一般会讲德治、法治，依法治国、以德治国，事实上我们在追求和实施德法并治，这个观念在2000多年的孔子那里他就是这么主张的，也是这么做的。他当年是鲁国的大司寇，也就是说，孔子做过鲁国最高司法长官，他作为一个主管司法的人，强调的不是我怎么完善司法，更加精致，更加准确，怎么去实施，然后我怎么有创新。不是。他当年表示，首先，不去犯罪；第二，尽量不要去发生民事纠纷。所以在德和法之间协调人与人之间的关系，德可以说是高峰、底线，最基本的底线，别犯法。在最高端和最底端当中它有个中间的平衡，这就是礼仪。我们现在讲的礼仪，既能够比最底线要高一点，但是比起最高端的要考虑它的实施，还有一个大家适中可做的。中华优秀传统文化对于青少年的教育，第一能够达到什么？因为文化本身就是一种价值血脉、价值基因，让他在潜意识里头有一种高道德、高理想的追求。另外一方面，让他至少有一个敬畏之心，不能触犯法律，然后在这个过程当中还要找到他的平衡点。如果最高的道德对大家来说实行起来可能不是太容易，但是在日常生活当中可以通过礼仪在无限地接近，首先是要内化于心，通过这种教育在潜意识里有这样的一种追求；还要外化于行，不能触碰法律底线。在日常生活当中要遵从公序良俗，比如说最简单的一件事，在公交车上，第一不要去拥挤霸位，第二遇到老弱病残要礼让。这就是一种公序良俗，比如在高铁，你不能去霸占别人的座位。

主持人：就要知廉耻。虽然没有法律条文的规定你不可以做这个，但是如果我不那样做的话，我内心会不安，我觉得不好意思。

李平生教授：前提是他已经内化于心了，然后外化于行，至少在行为上要遵守公序良俗。

主持人：就是公共道德。

李平生教授：现在叫遵守公共道德，我们现在进行这方面的教育，这是至少要做到的。我们要达到百姓日用而不察，成为一种自觉的行为，在无形当中，在潜移默化当中，在不知不觉当中，就按这些行为规范来做，遵守社会的公共道德、公共的行为准则。

主持人：所以我们每个人都应该是中华美德的守护者和传承者，每个人都有责任。它是传承的践行的，当然在践行的过程中，合起来都是属于守护的范围。

前段时间有个热播的电视剧叫《人世间》，这部剧我就觉得它其实就是在一个那种很简单的、平淡的、那种生活的讲述当中，一家人他们日复一日辛苦地去劳作，然后在酸甜苦辣的人生百味当中，让年轻人去体会到我们的生活一天天地变好，对于我们小家来说，就是我们同甘共苦的一茶一饭，对于国家来说，就是每一位建设者他们筚路蓝缕的一砖一瓦。我觉得这些都是我们中华优秀传统文化，我们中华美德最好的体现，就是您说的内化于心、外化于行的一个很好的实践的作品。山东作为儒家文化的发源地，深受儒家文化的影响，“厚道齐鲁地，美德山东人”形象深入人心，就在前不久山东省委宣传部举行了一场道德模范和先模人物见面会，我们一起来看一下。

（穿插短片）

田象霞、赵利、张连钢、谢立亭、刘华5位道德模范和先模人物代表与媒体记者进行了面对面交流。

第八届全国道德模范提名奖获得者，济南市天桥区工人新村南村街道西区联合党委书记田象霞，工作39年，将昔日脏乱差的老旧社区变成全国文明和谐社区，示范社区。田象霞：我的愿望就是不仅把我们社区建成居民生活的家园，更把我们社区建成居民精神的家园。

第八届全国见义勇为模范，新泰市青云街道管家洼村村民赵利，30多年来成功救起16名落水者，他还发起成立同舟公益救援服务中心。赵利：该出手时就出手。对我来说一个举手之劳，可以说对一个家庭来说，失去一个亲人，那是塌天大祸。

第八届全国诚实守信模范谢立亭，今年82岁，几十年来写了80多万字的讲课材料，到企业、学校等单位义务宣讲党的政策700多场次。谢立亭：只要心中有信仰，脚下就会有力量，身上就会有使不完的劲儿。我要为党多争光，多添彩。

第八届全国敬业奉献模范，"时代楷模"张连钢和团队成员从一张白纸起步，打破了国外垄断，建成了亚洲首个拥有自主知识产权的全自动化集装箱码头。张连钢：我们把所有的节假日都变成了工作日，在全球自动化领域树立一个中国的标杆。

来自广饶县大王镇崔寨村的刘华，20多年来承担了照顾5位老人的责任，被评为第八届全省道德模范。刘华：把我的经历分享给大家，让更多的人去帮助更多的老人，给老人更多的幸福。

主持人：看完短片李教授什么感受？我们片子里有5位道德模范，他们是不是就是中华美德的一个传承的最好的实践者？

李平生教授：看了这5位道德模范相关的一些报道，可以说感慨很深，一个是他们体现了山东人身上的优秀品质，同时这种品质当中又是中华美德，在我们的工作，在我们的生活当中的具体的践行者。应该说讲到山东人，我还有特别的感慨，我出生在江西。

主持人：您不是山东人？

李平生教授：我是江西人，但是我后来在全国性的活动当中，很多人都要我作为山东代表发言。

主持人：那您是新山东人。

李平生教授：我是在江西出生，在江西读的中小学，不到17岁我考进山东大学，没想到这一下在山东大学已经43年了。所以从特定的意义上来说，我认为山东既是我的第二故乡，也可以说我第一故乡了，因为在这里占据了我三分之二以上的人生。

主持人：您这个新山东人觉得我们山东人怎么样？

李平生教授：山东人的最大的优点就一个字——实；两个字——实在；三个字——真实在。事实上我因为工作上的原因接触过天南海北各式各样的人，各地的人，而讲到山东人则更有特别感受，从大的方面来说，所有的其他外省人都认为山东人实在、厚道，说到底就是有美德。

主持人：这就是中华美德。

李平生教授：讲到刚才的那5位道德模范，我还有一个感受就是，想起来孔子曾经说过"其身正，不令而行；其身不正，虽令不从"。为什么要讲这个？因为一般讲到榜样的时候，他们好像都是高高在上的；而刚才那5位道德模范，从特定的意义上来讲,他们就在身边。

主持人:是。诚实守信,见义勇为。

李平生教授:他们的道德力量、榜样力量在哪里?就是会影响我们身边的这些人,会在不知不觉当中,在潜移默化当中会去学习他们。因为他们是身边的榜样,感染我们在行动上也学习他们,践行他们的行为。他们可以说是中华美德、中华优秀传统文化的践行者,也是传播者。

主持人:所以我们希望所有的人,都能够以我们这些道德模范为榜样,去传承、传播、实践我们的中华美德,一起来守护我们中华优秀传统文化。

李平生教授:事实上,我们在日常工作当中,在生活当中,身边这样的榜样是一大批,他们是其中的代表,实际上身边还有一大批并没有得到表彰,或者说也没有得到宣传,但是这种人是越来越多。

主持人:榜样就在我们身边。

李平生教授:就在我们身边。

主持人:所以中华民族迄今所取得的一切成绩中都饱含着中国力量的作用,凝聚着中华美德的成果。如今当我们努力实现中华民族伟大复兴中国梦的时候,我们更应该做好继承和传承,把中华文化和传统美德发扬光大。我们也再次感谢李平生教授做客我们理想中国的演播室,下期节目我们再见。

(说明:山东电视台《理响中国》栏目该节目播出于2022年3月28日。此处根据播出视频整理成文字稿,并对其中口语化表述做了个别文字调整。视频链接:https://www.media.sdu.edu.cn/info/1004/29624.htm)

筑牢文化自信　传扬中华文明

山东电视台《理想中国》:筑牢文化自信,传扬中华文明

主持人:观众朋友们,大家好!欢迎收看《理想中国》,我是李毅。

习近平总书记在党的二十大报告中鲜明指出,推进文化自信自强,铸就社会主义文化新辉煌,这为新时代新征程上社会主义文化强国建设进一步指明了前进方向。那么文化自信自强的底气从何而来?我们又该怎样推进文化自信自强?山东在贯彻落实党的二十大精神,打造文化"两创"新标杆上又做了哪些工作呢?今天让我们共同走进《理想中国》,首先为大家介绍今天做客演播室的两位专家,他们是:山东大学儒学高等研究院党委书记——李平生教授。欢迎您,李教授。

李平生教授:主持人好!大家好!

主持人:山东省委党校(山东行政学院)教师进修学院院长、副教授王颖。欢迎您,王教授。

王颖教授:主持人好,大家好!

主持人:今天在我们的演播室还请来了三位来自基层的优秀青年代表,欢迎你们。同时我们还有一位场外嘉宾也会在节目当中和我们实时互动,共同学习。

首先我想请教一下李教授,从党的十九大报告提出"坚定

文化自信,推动社会主义文化繁荣兴盛”,到现在(党的)二十大的报告中指出“我们要推进文化自信自强,铸就社会主义文化新辉煌”,您觉得这一表述的转变有着什么样的意义?

李平生教授:这一表述的转变说明了中国共产党关于文化的理论有了进一步的发展,更加趋于成熟完善。习近平总书记在党的二十大报告当中第八部分专门论述了“推进文化自信自强”,指出:增强文化自信,要围绕着举旗帜、聚民心、育新人、兴文化、展形象这五个方面来开展工作,建设社会主义的文化强国。在整个第八部分我们要特别注意的是它的标题使用了“推进文化自信自强”,和党的十九大报告相比,它的标题由原来的“文化自信”,而增加为“文化自信自强”;原来提到的是“坚定文化自信”,现在使用的是“推进文化自信自强”,这里面我们要特别注意增加了“自强”的内容。在内容方面,仍然涉及的是五个部分,第一部分是关于建设具有强大凝聚力和引领力的社会主义意识形态,这与党的十九大报告当中的内容主题是一致的,是关于意识形态。第二部分是广泛践行社会主义核心价值观,这个和党的十九大的报告当中所提到的培育和践行社会主义核心价值观有主题的相同,但侧重有所变化。第三个方面是提高全社会的文明程度,和党的十九大报告这一部分的内容相比,层次更高,范围更广。第四个方面,在党的二十大报告方面论述的内容是繁荣发展文化事业和文化产业,这一部分的内容把党的十九大报告当中的第四部分、第五部分合并在一起了。在党的二十大报告当中,关于文化建设的第五部分,这是新增加的内容,即论述了增强中华文明的传播力、影响力。

王颖教授:党的二十大报告表述中的转变,就像刚才李教授所讲，这意味着我国在文化领域方面理论上的进一步成熟和完善，也意味着我们文化建设在已经取得历史性成就的基础上，对文化领域未来的发展提出了更高的要求。我们国家作为文明大国，发展中大国、社会主义大国，负责任的大国，中国要立足自己的实际，正确看待自己的文化，正确对待别人的文化，走自己的文化发展道路，建设具有强大吸引力、影响力、强大活力、强大创造力、强大竞争力的文化强国。只有文化上真正强起来，才能铸就社会主义文化新辉煌，才能凝聚起实现中华民族伟大复兴的精神力量。

主持人：通过两位教授的阐述，我们对于党的二十大报告中关于文化的表述有了更深层次的理解。党的二十大报告为文化领域未来5年的工作擘画了明晰的发展蓝图，部署了工作路径，同时也意味着较之以往提出了更高的要求。那么李教授，报告中谈到文化建设有哪些关键词又需要我们去怎样把握呢？

李平生教授：关于文化建设的有些关键词，或者说有些专有名词，这里面涉及文化自觉、文化自信、文化自强。文化自觉，实际上是指一个民族对自己文化的一种自我反省，以及在这样的基础之上的文化觉醒。这个过程，费孝通先生有一个很详细的论述，到了晚年他把涉及文化自觉方面的一系列的论题论证，概括为16个字，这就是“各美其美，美人之美，美美与共，天下大同”。这是关于文化自觉。关于文化自信讨论有很多不同的表述，我认为文化自信就是对于本民族的文化血脉的认同，对本民族的精神家园的全力维护，对于自身悠久历史底蕴保持定力，以及对于历朝历代传承下来的文化立场予以不懈地坚守。文化自强，在我看来，应该与时俱进，不断传承创新，在当下就是要对中华优秀传统文化在新的时代条件下实现创造性转化、创新性发展。同时我们还要给它赋予时代的内容,在世界的舞台上展示出中国智慧、中国方案。在当下,我们已经为世界文化贡献了中国式现代化,我想,这也是文化自强的一种体现。

主持人:李教授对于这几个关键词的阐述,让我们能够感受到现在文化真的是国家和民族之魂,也是我们国家治理之魂。那么接下来,我们来现场连线我们的场外专家——中国社会科学院马克思主义研究院党委书记研究员辛向阳辛教授。

辛向阳教授:我们指导文化建设首先强调坚持马克思主义,首先要坚持马克思主义的这种立场,我们文化建设,一定要站稳人民立场,这我觉得是首要的。第二就是在我们的文化建设中,我们要坚持马克思主义的一些基本原理,然后用马克思主义的原理,用马克思主义的真理来反对一些错误的思潮。我们要坚持马克思主义是保证我们的文化建设始终沿着中国特色社会事业这个方向发展。第三就是我们要用马克思主义一些世界观方法论,来处理我们文化建设中遇到的一些重大的关系。比如说文化产业与文化事业的关系,我们文化发展的眼前的解决的问题和长远要解决的问题,我们文化建设的整体布局和具体我们在某一个行业中的发展的关系,我们要处理好。还有一个我们民族文化的发展跟世界文化之间的关系,这都是我们用马克思主义方法论去解决好的一些重大关系。

主持人:感谢辛教授的解读。今天在我们的现场有一位来自山东大学马克思主义学院的青年学生代表祖紫钰。紫钰,你学习完党的二十大报告之后,有什么样的感受,跟大家分享一下。

祖紫钰:党的二十大报告中提出的“加快构建中国特色哲学社会科学三大体系”,其中“中国特色”让我感受最为深刻。毛泽东同志曾指出“每个国家每个时期都有新的理论家提出新的理论”,所谓“中国特色”不是空泛的、抽象化的,是植根于中华大地的具体可感的实践。针对农村贫困人口的实际情况,创造性地提出精准扶贫、精准脱贫,创造减贫治理的中国样本,带领全球约五分之一的人口,集体迈入小康社会,在超大规模的国家推进中国式现代化,每个巨大发展变化的发生都离不开理论的力量。基于中国实践总结中国理论,用中国理论解读中国实践,正是中国特色哲学社会科学不断取得新进展的重要原因。用学术话语讲好中国故事,引领时代发展,是哲学社会科学工作者的时代使命。党的二十大报告中还提到“讲好中国故事,传播好中国声音,展现可信、可爱、可敬的中国形象”。我想请教一下李教授,对此我们该如何理解并去践行呢?

李平生教授:这个问题提得非常好。中华优秀传统文化博大精深,源远流长,拥有着无穷的宝藏。对此,习近平总书记对于中华优秀传统文化的时代价值给予了高度的概括,分为六个方面,这就是讲仁义、重民本、守诚信、崇正义、尚和合、求大同六个方面。这六个方面符合于中国的国情,同时也适合于对外交往,也契合于各国人民的共有价值。比如《尚书》就提到了“协和万邦”,这用我们今天的话来说,就是要协调不同国家之间的关系,大家平等相处,合作发展。在《论语》当中,有关的智慧也同样很多,比如“四海之内皆兄弟”“己所不欲,勿施于人”“己欲立而立人,己欲达而达人”,《礼记》也讲到了最高的理想是“大道之行也，天下为公”。在《孟子》当中，也能看到类似的智慧，比如孟子所主张的“出入相友，守望相助，疾病相扶持”等等，那些基本的原理在我国古代可以用来处理大家族、族群、邦国之间的关系，事实上也可以借鉴运用到当下处理国际关系，借鉴这些智慧来应对全球抗疫斗争，应对全球气候变化。正是因为中华民族这些基本价值与世界各国人民的价值追求是相通的，所以我们现在在谈到讲好中国故事、传播好中国声音的时候，可以和中华优秀传统文化结合起来，这样我们就能做到不忘本来，吸收外来，面向未来。由此，我们还可以进一步深刻认识关于人类命运共同体有关理念和价值更深层次的意义所在。

主持人：李教授从中华优秀传统文化发散开来，对于党的二十大报告中关于文化自信自强做了更深切的解读。党的二十大报告在总结社会主义文化建设经验上有新概括，在目标任务上有新要求，在战略部署上有新提法，在这里我也有一个问题想要请教一下王教授，比如说我们“两个结合”，从第一次提出“两个结合”到党的二十大报告中的进一步提出，语义有了什么样的深切的变化，给大家解读一下。

王颖教授：在 2021 年的 7 月 1 日，习近平总书记在庆祝中国共产党成立 100 周年大会上的讲话中，第一次提出了“两个结合”，也就是坚持把马克思主义基本原理同中国具体实际相结合、同中华优秀传统文化相结合。在此基础上，党的二十大报告在第二部分又进一步指出，坚持和发展马克思主义必须同中华优秀传统文化相结合，这个语义可以说有了更为深刻的变化，明确把同中华优秀传统文化相结合，作为坚持和发展马克思主义的内在要求和基本原则。马克思主义理论不是教条，而是行动指南,所以它必须随着实践的发展而不断地发展,必须中国化才能够落地生根,本土化才能够深入人心。那么怎么样落地生根?怎么样本土化?就是要进一步跟中华优秀传统文化相结合,这也是我们党在百年奋斗中所得出的宝贵经验。可以讲,我们党始终是马克思主义的忠实继承者和成功实践者,也是中华优秀传统文化的忠实继承者和弘扬者。在推动马克思主义基本原理,同中华优秀传统文化相结合的历史进程中,也必须把坚持马克思主义和发展马克思主义统一起来,结合新的实践,不断地作出新的理论创新和创造,从而更好地把中华民族的价值共识、精神追求、政治智慧、历史经验寓于马克思主义中国化的理论成果中,也更好地把马克思主义的科学性、人民性、实践性、开放性,寓于中华优秀传统文化的创造性转化和创新性发展中。党的二十大报告中提出“坚持和发展马克思主义,必须同中华优秀传统文化相结合”的这一重要论述,可以说将马克思主义基本原理同中华优秀传统文化的结合提升到了新的境界、新的高度。

主持人:王教授把两个结合做了更深刻地阐述。我想请教一下李教授,山东是文化大省,您觉得下一步山东应该如何结合自身的优势在文化建设方面发力呢?

李平生教授:2013 年的 11 月,习近平总书记来到了山东曲阜考察,在特定意义上是为新时代的文化建设吹响了新的号角。在这个方面,山东省责无旁贷,走在前列,为弘扬中华优秀传统文化做了大量的工作,也受到社会各界的关注,我把它概括为两个方面的工作:一个是“顶天”,一个是“立地”。所谓的“顶天”,指的就是我们的文化建设工作要服务于国家的重大文化战略需求,要站在国际的学术前沿,要回应时代和社会的关切，甚至还能参与顶层设计。比如尼山世界文明对话论坛简称尼山论坛，山东大学儒学高等研究院作为这一论坛的学术承担单位，在里面参与过一些前期筹备，论坛举行的过程当中也直接参与了讨论，能够感受到在“顶天”方面进行学理探讨，在服务国家文化战略方面做出了突出的贡献，越来越受到社会各界的关注。社会上有一种比较达成一致的看法：在经济论坛方面，南方有博鳌论坛；在文化建设方面，北方有咱们山东曲阜举办的尼山论坛，在特定意义上这里做的是一种“顶天”的事业。这样的工作山东实际上做了很多，比如山东曾经推出了被称为山东省的“四库全书”的《山东文献集成》，这项工作就是由我所在的单位山东大学儒学高等研究院的一些教授们承担的。再往后，山东大学服务于国家的重大文化战略需求，现在仍然在进行着全球汉籍合璧工程，山东大学还承担着《永乐大典》的综合整理，这仅仅是就山东大学来说的。在山东省方面来说，这样的大型工程还有很多，比如说在今年的尼山论坛的会议当中，我们高兴地看到山东省推出了大型的文化建设项目《儒典》，另外山东省还推出了一系列文化典籍，比如《中国字　中国人》等等。与此同时，我们还注意到山东省在文化推广普及方面做了大量的工作，也可以说是“立地”。“立地”的核心要求，就是让学术走出象牙塔，让学术走向社会，将文化融入生活，推进中华优秀传统文化以及中华美德进乡村、进社区、进企业、进学校、进机关，这些都需要沉下心去做，要实实在在地深入基层去做。就在今年春节后的不久，山东省思想文化主管部门就推出了一个新的方案——《关于倡树新时代美德健康生活方式的实施方案》。所以，山东省在“顶天立地”方面迈出了坚实的步伐，取得了许多优秀的成果。下一步，继续做好

“顶天立地”这样的大文章，山东文化建设就一定能够在新时代交出一份合格的答卷，也使山东文化建设走在全国前列。

主持人：说到这里我也向大家介绍一群大学生，他们对于中华传统文化同样的热爱，他们有自己的表达，我们一起来连线滨州医学院的大学生们。

（穿插节目视频）

艾木：Hello，大家好，主持人好，我叫艾木，来自巴基斯坦，现在是一名滨州医学院留学生，我的专业是临床医学。今天我带大家去看一下我们学院话剧社同学们表演的沉浸式古装剧，看我们外国人怎么演绎儒家经典题材话剧，大家跟我来。

话剧

A：夫子，你看那边？

B：你不对呀？

C：二位童子，你们在争论什么？

A：我们争论的是太阳何时离地面最近？

C：那你说太阳何时离地面最近呢？

A：我认为早晨和下午太阳离地面最近，因为这个时候太阳大如车轮，而中午却小如圆盘。凡人看东西近的大远的小，所以早晚太阳离得近。

C：你有什么不同的想法呢？

B：早晨和下午的太阳凉飕飕的，而中午的太阳像火炉一样，凡人感受事物，近的热，远的凉，所以中午的太阳离得最近。

A：那你说，我们谁说的对？

C：二位童子，实在对不起，你们这个问题我也弄不明白。

B：看来圣人也不比别人知道得多啊。

A:传闻也靠不住哇。

B:咱们走吧,该回家吃饭了。

D:夫子,你何必那么认真,就说其中一个对就行了,也免得他们这样说您。

C:休得胡言,人在世上要童叟无欺,而且他们这个问题我的确不懂,对任何问题,不懂不要装懂,知道的就是知道,不知道的就是不知道,这才是智慧啊。

D:夫子,此话怎讲呢?

C:我们应该做诚实的人,把知道的东西传授给别人,但如果不知道,我们应该勇于承认这一点,然后认真学习,努力探索,这个不会更让我们有机会进步吗?

D:夫子说得对,夫子,我们受教了。好,我们继续赶路吧。

艾木:你们觉得他们的表演怎么样?

学生:非常好,无论是从台词还是情感方面都表达得特别好。

艾木:大家都是留学生,你们觉得他们表演怎么样?

学生:我觉得他们表演得很好,每当他们组织表演的时候我都会过来看。

学生:看了这个话剧,我对中国古代哲学的了解更加深入了,我学到了一句名言:"知之为知之,不知为不知,是知也。"

学生们:传承儒学经典,共建美好未来。

艾木:文化为桥,沟通世界,以上就是第二现场的情况。

主持人:好的,感谢我们滨州医学院的大学生朋友们。确实,中华优秀传统文化不仅为中华民族生生不息、发展壮大提供了丰富滋养,并且为中外交流也搭建了一座桥梁。王教授,您觉得我们要发展文化事业和文化产业,推出更多增强人民精神力量的优秀作品,我们需要把握的创作导向是什么?

王颖教授:社会主义文艺是人民的文艺。在中国文联十一大、中国作协十大开幕式上,习近平总书记指出“源于人民,为了人民,属于人民,是社会主义文艺的根本立场,也是社会主义文艺繁荣发展的动力所在”。以人民为中心的创作导向,是进行一切文艺创作的“总开关”。文艺作品的风格可以多种多样,可以万紫千红,但是创作的起点都应该是满足人民的需求,反映人民的心声,所有的创作目的都应该是为了人民的接受和赞赏。我们可以看一下那些优秀的文艺作品,那些流传后世的经典作品都是深入生活、扎根人民、书写人民、歌颂人民的作品。比如说我们山东省坚持以人民为中心的工作导向,同时也予以政策的大力扶持,实施了文艺精品创作质量提升工程,制定了推动文艺高质量发展的实施意见,发布了山东省“十四五”重点文艺创作选题,做强规划引导,深化改革创新,也推出了一批反映新时代具有山东特色人民情怀的精品力作,也推动了我们山东的文艺创作从高原走向了高峰。只有真正做到以人民为中心,书写人民的喜怒哀乐和精神追求,才能够创作出经得起人民评价和市场检验的优秀作品,才能够真正的出精品力作。

主持人:山东这几年就推出了很多的优秀文艺作品,就在刚刚结束不久的第十三届中国艺术节上,我们山东剧取得了丰硕的成果,有 4 部作品获奖,今天其中一部获奖作品的参演者鲍振宇就来到了我们的节目现场,我们来认识她。

鲍振宇:大家好,我是山东歌舞剧院青年演员鲍振宇。我们剧院所创排的大型民族歌剧《沂蒙山》,获得了第十七届中国文化艺术政府奖“文华大奖”、第十五届精神文明建设“五个一工程”奖、第四届中国歌剧节优秀剧目奖等。除了我们《沂蒙山》之外，咱们山东省还有3部作品获奖，分别是情景器乐曲《沂蒙那段情》，两夹弦小戏《公鸡过寿》，群舞《村里来的新书记》荣获了“群星奖”，获奖作品数量并列全国第一。我在《沂蒙山》剧中饰演的是“山妮子”这个角色。这个角色是生长在沂蒙山区，一个性格非常活泼开朗、又十分能干的15岁左右的小女孩。一开始我在接到这个任务的时候，既激动又兴奋，继而又非常忐忑。后来通过熟读剧本，翻阅历史史料，写人物小传等，慢慢地我回到了多年前发生在沂蒙山地区的一个十几岁孩子的世界里，也真真切切地体会到沂蒙老区人民吃苦耐劳、军民同心、生死与共的精神。受到感染的不仅仅是我们每一位演职人员，还有观众。我记得我们站在第十三届中国艺术节的舞台上谢幕的时候，现场观众饱含着激动的泪水，拍手叫好，久久不愿离场，纷纷表示对《沂蒙山》中的军民鱼水情所打动，受到了沂蒙精神的洗礼。

主持人：振宇，你能不能在现场重现一下当时的情景，你挑一段给大家演唱一下。

鲍振宇：好，我为大家演唱一首我们《沂蒙山》剧中的主题曲《等着我亲爱的人》。

鲍振宇：（唱）等着我亲爱的人，等着我不变的心，听你听我彼此呼唤，一生有情有梦。

主持人：谢谢我们的振宇在现场的演唱。王教授您看过《沂蒙山》吗？感受怎么样？

王颖教授：非常震撼，也很受精神的洗礼。沂蒙精神诞生于沂蒙老区，发展于齐鲁大地，是中国共产党精神谱系的重要组成部分，是伟大建党精神在山东这片红色热土的具体承载、展现和升华。沂蒙精神具有极其深刻的内涵和鲜明的精神特质。概括起来说就是16个字,党群同心、军民情深、水乳交融,生死与共。在抗日战争和解放战争中,沂蒙革命根据地420万人口中有120多万人拥军支前,20多万人参军参战,10万多名将士血染疆场,党政军民的同心和情深,经受了血与火的严峻考验,形成了生死与共不可分割的血肉关系。可以说沂蒙精神凝聚了共产党人一心为民的崇高品质,彰显了人民群众一心向党的博大情怀,也诠释了我们这个党百年大党的成功密码,那就是恪守人民至上的党性原则、全心全意为人民服务的根本宗旨。

主持人:是啊,红色基因是深植于中国共产党人精神世界里的遗传基因,是深深烙印于中华民族的精神图谱。党的二十大报告强调,要弘扬以伟大建党精神为源头的中国共产党人精神谱系。李教授,您觉得我们在新时代、新征程上,应该如何继承发扬红色传统,推动理想教育、信念教育走深走实呢?

李平生教授:讲到中国共产党人的精神谱系,特别强调的是以伟大的建党精神作为它的源头,这伟大的建党精神就是坚持真理、坚定理想,践行初心、担当使命,不怕牺牲、英勇斗争,对党忠诚、不负人民。有了这样的伟大的建党精神,后来进一步产生了在革命战争年代的“三山一坡”精神,指的是井冈山精神、宝塔山精神、沂蒙山精神、西柏坡精神。再往后,进入社会主义革命和建设时代,进入了改革开放和社会主义现代化建设的时代,进入了中国特色社会主义新时代,中国共产党人精神谱系一以贯之。我们弘扬这种中国共产党人精神谱系,就是要牢记总书记指示和教导——“江山就是人民,人民就是江山”,中国共产党领导人民打江山、守江山,守的是人民的心。

在当下,我们必须不断实现人民对美好生活的向往。

主持人:好的。我们要守江山,要守民心,在实践中我们不仅要传承中华优秀传统文化,弘扬革命文化,还要发展社会主义先进文化。党的二十大报告着重强调提高全社会文明程度,那么我们该如何展开以社会主义核心价值观为引领,不断地创造和发展社会主义先进文化呢?今天我们请到了济南市新时代文明实践服务中心的毕伟杰。我们请伟杰来谈谈你的理解。

毕伟杰:社会主义核心价值观植根于中华文化沃土,是社会主义先进文化的精髓。近年来,我们紧紧围绕培育和践行社会主义核心价值观,坚持以先进典型为引领,大力推进公民道德建设,推选出大量表现突出、事迹感人、群众认可的好人模范,凡人善举不断涌现,崇德向善蔚然成风,"泉城义工""市民巡访团"活跃在大街小巷,化身城市的"流动名片","量身定制"前移斑马线,优化交通出行,让城市路口更有温度。如今的济南,凡人善举、行善如流成为城市新风尚,大爱之城的美誉度得到提升,精神文明建设达到新高度。

主持人:丰富人民精神世界,是中国式现代化的重要内涵,也是推进中国式现代化的文化力量。今天我们对于文化自信自强做了很多的阐述和分享,最后我想请两位专家用几句话来表达一下你们的感受。

王颖教授:党的二十大报告中指出,物质精神富有是社会主义现代化的根本要求,物质贫困不是社会主义,精神贫乏也不是社会主义,所以中国式现代化的特征之一,就是物质文明和精神文明相协调的现代化,一定是物质文明和精神文明比翼齐飞的现代化,也就是我们既要有国家的富强、民族的振兴、人民幸福的物质基础,还要有中国精神、中国智慧、中国价值、中国力量的不断彰显。

李平生教授:我们当下处在文化复兴、文化自信、文化大发展大繁荣、文化建设的百年未有之大好时局。我们恰逢其时,珍惜当下,我们应该进一步的推进文化自信自强,铸就社会主义文化的新辉煌。

主持人:感谢两位专家,我们三位学习代表有什么样的心得和体会,跟我们《理想中国》的观众朋友们分享一下。

祖紫钰:意识形态工作是我学习和工作的主战场,我将不断强化自身的政治素质和责任意识,以强烈的责任感和使命感维护主流意识形态的权威性、公正性、公信力,在自己学习和工作的岗位上,真正做到守土有责,守土尽责,从而为不断增强社会主义意识形态引领力"添砖加瓦"。

鲍振宇:作为一名青年演员,要与千千万万文艺工作者一起持之以恒深入生活,扎根人民,坚持以人民为中心的创作理念,多创作为人民所喜爱和接受的无愧于时代的艺术作品。

毕文杰:作为济南市新时代文明实践服务中心的一员,我们将持续结合文明典范城市创建,积极探索实践创新活动开展,一方面持续壮大全市志愿服务力量,形成社会合力,在引领全市志愿服务高质量发展中践行社会主义核心价值观,另一方面持续擦亮"一城大爱暖泉城"志愿服务招牌,让全城志愿精神熠熠生辉。

主持人:感谢我们三位青年代表的分享,也感谢我们三位专家的解读。我们只有将文化建设置于实现中华民族伟大复兴的进程中,推进中国式现代化的历程中,协调党和国家事业各领域各方面各环节过程中和铸就社会主义文化新辉煌的前程中，才能充分发挥文化建设的作用，实现文化建设的目标。感谢收看今天的理想中国，下期节目我们再见。

（说明：山东电视台《理响中国》栏目该节目播出于 2022 年 12 月 22 日。此处根据播出视频整理成文字稿，并对其中口语化表述做了个别文字调整。视频链接：https://view.inews.qq.com/a/20221222A075E400）

山东大学儒学高等研究院教授自选集

◎王绍曾　《文献学与学术史》
◎吉常宏　《古汉语研究丛稿》
◎龚克昌　《中国辞赋学论集》
◎董治安　《先秦两汉文献与文学论集》
◎孟祥才　《学史集》
◎张忠纲　《耘斋古典文学论丛》
◎徐传武　《古代文学、文化与文献》
◎马来平　《追问科学究竟是什么》
◎郑杰文　《墨家与纵横家论丛》
◎冯春田　《〈文心雕龙〉研究》
◎孙剑艺　《里仁居语言论丛》
◎王学典　《史料、史观与史学》
◎黄玉顺　《生活儒学与现象学》
◎张其成　《国学之心与国医之魂》
◎杨朝明　《洙泗文献征信》
◎戚良德　《〈文心雕龙〉与中国文论话语》
◎李平生　《中国近现代史研习录》
◎赵睿才　《唐诗纵横》
◎杜泽逊　《文献探微》
◎叶　涛　《民俗文化与民间信仰》
◎张士闪　《民俗之学：有温度的田野》
◎宋开玉　《语文丛考》

◎徐庆文 《儒学的现代化路径》

◎王承略 《古典文献与学术史论丛》

◎刘　培 《思想、历史与文学》

◎聂济冬 《汉唐文史论集》

◎周纪文 《和谐美散论》

◎赵卫东 《道教历史与文献研究》

◎何朝晖 《书与史》

◎孙　微 《杜诗的阐释与接受》

◎陈　峰 《重访中国现代史学》

◎王加华 《农耕文明与中国乡村社会》

◎龙　圣 《山河之间：明清社会史论集》